LECTURAS

Serie dirigida por Óscar Soberón M.

8

LA SOCIEDAD MEXICANA: PRESENTE Y FUTURO

LECTURAS

8

La sociedad mexicana: presente y futuro

SELECCIÓN DE

MIGUEL S. WIONCZEK

EL TRIMESTRE

ECONÓMICO

FONDO DE CULTURA ECONÓMICA

MÉXICO

Primera edición en Sep/Setentas, 1971
Segunda edición 1974
Tercera edición, 1979

ISBN 968-16-0182-3

Impreso en México

PRÓLOGO A LA SEGUNDA EDICIÓN

La historia de este libro, cuya primera edición vio luz en diciembre de 1971 en la colección Sep/Setentas de la Secretaría de Educación Pública y se agotó en menos de seis meses, es quizás tan interesante como el contenido del mismo libro.

De acuerdo con el prólogo al primer volumen de la edición original, prólogo que fue fechado en mayo de 1971,

> la obra se gestó durante el año de 1970 que... parece haber cerrado una larga etapa de la vida del país, periodo en el que, en aras del crecimiento económico cuantitativo, se sacrificó la democracia política y el bienestar social... Si bien los participantes en este esfuerzo intelectual representan variadas corrientes ideológicas, comparten dos premisas básicas: la primera es que los problemas del desarrollo son demasiado serios y complicados para que se dejen exclusivamente en manos de los economistas; la segunda es que no es factible entender el presente sin hacer incursiones en el pasado, ni pronosticar el futuro sin realizar un análisis del presente. Además, los autores están de acuerdo en que la estrategia del crecimiento económico, conocida hasta hace poco tiempo como "desarrollo estabilizador", que supuestamente se ha traducido en el "milagro mexicano", no beneficia a los intereses de las grandes masas de población, en rápido crecimiento, para las cuales el costo de ese "milagro" representó una carga difícil de soportar durante mucho más tiempo.

Originalmente, el libro con fuerte olor "revisionista" iba a representar la respuesta a los *dos primeros* volúmenes de una antología bastante curiosa publicada en 1970-1971 bajo el título, no menos raro, de *El perfil de México en 1980*. Lo curioso y lo raro de aquella antología provenían de que, primero, el contenido no correspondía al título ya que el libro no trataba del futuro del país, y, segundo, al lado de algunas contribuciones excelentes, aparecían otras más numerosas, francamente de muy baja calidad, expresivas del afán de sus autores de no correr riesgo político alguno en momentos en que nadie sabía todavía el rumbo que habría de tomar el país después de Tlatelolco. De hecho, el título provisional de la antología que aparece aquí era *El contraperfil de México,* título que fue abandonado por consideraciones hacia los contribuyentes valientes e innovadores de *El perfil.*

Los participantes en esta hazaña tal vez pensaban con un grado impresionante de ingenuidad que una revisión multifacética y multidisciplinaria del "modelo de desarrollo" mexicano de 1940-1970 iba a verse acogida con entusiasmo por cualquier casa editorial nacional de prestigio. Pero no fue así. La casa editorial que originalmente incluso firmó el contrato se retiró de la empresa en el último momento ya que "el contenido del manuscrito fue distinto de lo esperado". La misma casa editorial cuyo lema parece ser la defensa del libre pensamiento estaba dispuesta a pagar lo convenido en el contrato, pero se negaba a publicar el libro probablemente por no tener el original un "color" suficientemente intenso. Lo mismo ocurrió con otra editorial, por razones muy poco claras.

Se nos dijo que esa editorial no solía publicar antologías de trabajos sueltos, sino que se dedicaba a la divulgación de "obras macizas" de un solo autor. El catálogo de la misma editorial contradice estas aseveraciones: aparecen en él —naturalmente ya publicadas— varias docenas de antologías sobre todos los temas posibles. Frente a tan alentadora actitud de nuestras casas editoriales de izquierda, en una reunión de todos los autores se planteó la posibilidad de acudir a una editorial semioficial o, alternativamente, publicar el libro por cuenta propia. Se decidió seguir paralelamente ambos caminos. La casa editorial —que es la misma que publica esta segunda edición— también rechazó su publicación por aquellas fechas.

El hecho de que el libro haya sido demasiado blando para unos y demasiado duro para otros demostraba solamente que la posición que tomaba era justa. Una razón más para ver la obra publicada como dé lugar. En el medio de los preparativos para imprimirla y distribuirla por cuenta de los autores cayeron como del cielo el historiador mexicano de la "nueva ola" Enrique Florescano y el antropólogo y actualmente Subsecretario de Cultura Popular y Educación Extraescolar, Gonzalo Aguirre Beltrán. Contrataron la obra para la recién creada colección Sep/Setentas proponiendo por razones de índole técnica su división en dos tomos bajo distintos títulos *¿Crecimiento o desarrollo económico?* y *Disyuntivas sociales* y el título general que ahora aparece como el único *La sociedad mexicana: presente y futuro.* La edición de Sep/Setentas apareció unas semanas antes de la Navidad de 1971. Hacia mayo de 1972 sus 10 mil ejemplares (5 mil por volumen) desaparecieron del mercado quizás exactamente porque la obra no era ni demasiado dura ni demasiado blanda. Era sencillamente honesta.

A la nueva edición de *La sociedad mexicana: presente y futuro* se añaden dos ensayos más: uno del joven economista norteamericano David Barkin —*La persistencia de la pobreza en México— Un análisis económico-estructural,* y otro, escrito por un grupo de médicos del Instituto Nacional de Nutrición —*Aspectos socioeconómicos de la alimentación en México.* Se espera que de esta manera la obra cobrará un interés que ha de corresponder con las dimensiones adicionales en lo referente al análisis del fenómeno de la pobreza en México.

MIGUEL S. WIONCZEK

México, D. F., junio de 1973.

PRÓLOGO A LA EDICIÓN DE SEP/SETENTAS

Esta obra, ofrecida al público en dos libros separados, el primero de los cuales trata de la disyuntiva entre el crecimiento cuantitativo y el verdadero desarrollo económico del país, no obstante estar integrada por ensayos escritos por separado por distintos autores, representa el esfuerzo mancomunado de un grupo de economistas, demógrafos, educadores y sociólogos, quienes consideran que tienen la obligación de aportar sus conocimientos a fin de establecer un diagnóstico objetivo de la realidad mexicana al principio del decenio de los setenta. La obra se gestó durante el año de 1970 que, visto dentro de la perspectiva de hace apenas unos meses, parece haber cerrado una larga etapa de la vida del país, periodo en el que, en aras del crecimiento económico cuantitativo, se sacrificó a la democracia política y al bienestar social. La estrategia de desarrollo adoptada durante el último cuarto del siglo condujo a la acumulación de contradicciones y tensiones socio-políticas de magnitud desconocida durante todo el periodo posterior a la Revolución.

Si bien los participantes en este esfuerzo intelectual representan variadas corrientes ideológicas, comparten dos premisas básicas: la primera es que los problemas del desarrollo son demasiado serios y complicados para que se dejen exclusivamente en manos de los economistas; la segunda es que no es factible entender el presente sin hacer incursiones en el pasado, ni pronosticar el futuro sin realizar un análisis del presente. Además, los autores están de acuerdo en que la estrategia del crecimiento económico, conocida hasta hace poco tiempo como "desarrollo estabilizador", que supuestamente se ha traducido en el "milagro mexicano", no beneficia a los intereses de las grandes masas de población, en rápido crecimiento, para las cuales el costo de ese "milagro" representó una carga difícil de soportar durante mucho más tiempo.

Al reconocer que a últimas fechas el país ha entrado en una etapa de revisión muy amplia de política y prácticas de toda índole, seguidas durante alrededor de un cuarto de siglo bajo el lema "orden y progreso", los autores de este libro quieren ayudar al proceso revisionista y a las aperturas democratizantes. Sabedores de la realidad nacional y de los resultados de intentos análogos en otros países y otras partes del mundo, tienen presente que experimentos de esta naturaleza no se llevan adelante sin tropiezos ni están dotados de automaticidad alguna. La historia moderna abunda en deshielos que han terminado en un retorno del invierno debido a la lucha implacable que en defensa del *statu quo* libran los poderosos intereses creados internos y externos. Sería ilusorio desconocer la presencia en México de estos grupos fortalecidos por un cuarto de siglo de "desarrollo estabilizador".

Habida cuenta de que trata el tema del presente y del futuro de la sociedad mexicana, abordado desde los ángulos de diversas disciplinas, este libro leído junto con el segundo, intitulado *Disyuntivas sociales*, quizás ofrezca un enfoque de nuevas dimensiones en la bibliografía socio-económica mexicana. No obstante la complejidad de los temas tratados, se hizo un esfuerzo por presentar aquí un análisis asequible al nivel de preparación no sólo de los círculos intelectuales selectos sino también de los legos preocupados por el futuro de México. Queda para los lectores juzgar si este propósito ha sido logrado.

MIGUEL S. WIONCZEK

México, mayo de 1971.

I. LAS CONDICIONES BÁSICAS DEL FUTURO DESARROLLO ECONÓMICO-SOCIAL

Miguel S. Wionczek

En términos del crecimiento económico *cuantitativo* México está entre los primeros diez países en todo el mundo, incluyendo los industrializados. En el último decenio, el aumento anual del Producto Nacional Bruto de orden del 6.5% —en términos reales— se ha traducido, a pesar de la explosión demográfica, en el crecimiento del PNB *per capita* de algo más del 3% al año. Consiguientemente, y tomando en cuenta el crecimiento económico del país, conseguido en los decenios de los cuarenta y los cincuenta, el ingreso *per capita* excedió en 1969 el equivalente de dls. 600 en comparación con dls. 100 en vísperas de la segunda Guerra Mundial y alrededor de dls. 350 en 1960. Si la distribución de la riqueza en México hubiera sido mejor, hasta podría hablarse del "milagro del crecimiento económico" en el caso de nuestro país. Empero, dado los patrones altamente inequitativos de la distribución del ingreso entre distintas capas de la población, el tema discutido abiertamente en la campaña electoral y los pronunciamientos del actual presidente de la República en los primeros meses de su gobierno, surge urgentemente la pregunta de si será factible por razones políticas y sociales continuar la estrategia del desarrollo seguida en el último cuarto de siglo.

Se nos decía durante los últimos quince años que la impresionante tasa global del crecimiento de la economía mexicana en el periodo posbélico era el fruto del modelo del crecimiento estabilizador o, en otras palabras, de un conjunto de políticas financieras, fiscales y monetarias, las que al haber suprimido las presiones inflacionarias que acosaban a México entre 1940 y 1955 han resultado a la postre en la aparición de un excelente clima para el incremento de los ahorros internos y de la inversión privada nacional y extranjera. De hecho fue así. Entre 1960 y 1969 la participación del ahorro interno bruto en el producto nacional bruto (PNB) aumentó del 15 al casi 18%. La inversión fija bruta se incremento aún más, del 16 al 20% del PNB, llenándose la brecha entre el ahorro total y la inversión total con el ahorro externo, el endeudamiento público y la inversión extranjera privada. Durante el decenio que acaba de terminar la deuda externa pública creció de dls. 800 millones a dls. 3 500 millones y el valor en libros de la inversión extranjera privada de dls. 1 400 millones a dls. 2 500 millones. Si tomáramos en cuenta también las obligaciones financieras actuales a corto plazo de los sectores público y privado con el exterior, fácilmente podría llegarse a la conclusión de que el país en su conjunto debe hoy al resto del mundo unos dls. 7 000 millones, es decir, por lo menos el doble de lo que debía apenas hace 10 años. Los inconvenientes políticos y económicos de tal situación y la imposibilidad de seguir el mismo camino parecen ser obvios.

En teoría, nada tiene de extraño que un país en proceso de desarrollo acelerado acuda al ahorro externo público o al privado para llenar la brecha entre su propio ahorro interno y las necesidades de inversión. La gran mayoría de los países hoy desarrollados —con la excepción de los países socialistas— han pasado en sus tiempos por experiencias semejantes. Estados Unidos mismo fue a lo largo del siglo XIX importador neto de capital externo. Empero, en el caso de México surgen serias dudas respecto a lo adecuado del uso creciente de los recursos externos si tomamos en cuenta que la movilización y el grado de eficacia del uso de los ahorros internos dejan todavía mucho que desear. La creciente dependencia de México de los recursos financieros externos ocurre en una situación bastante inquietante.

Primero, los ingresos fiscales del Gobierno Federal, como proporción del producto nacional bruto, siguen siendo de los más bajos en el mundo entero, representando apenas el 8% del PNB. Segundo, a pesar de las condiciones de auge económico sostenido, el ahorro del sector público en su totalidad crece a una tasa menor que la economía en su conjunto. Tercero, el crecimiento rápido del ahorro privado, concentrado en las capas de los ingresos altos y medianos, no se ve acompañado por el aumento de la eficacia de su uso, a juzgar por el hecho de que la gran mayoría de las empresas financiadas con la inversión privada trabajan muy por debajo de su capacidad. Cuarto, la propensión al consumo de las clases de ingresos altos sigue en aumento si tomamos como indicadores: *a)* la explosión del gasto de los nacionales por concepto de viajes alrededor del mundo y visitas a las capitales europeas y otros puntos del globo; *b)* el volumen de contrabando de productos suntuarios de origen norteamericano, y *c)* el contenido de las llamadas "secciones sociales" —a todo color— que ocupan una proporción creciente de la prensa nacional y no tienen equivalente alguno, ni aun en los países de ingresos más altos del mundo. En una sociedad opulenta se podrían olvidar fácilmente todos estos problemas, pero es imposible pasarlos por alto en una sociedad cuya mitad —más o menos—, como lo pudo comprobar y destacar en su campaña electoral y después de la toma del poder, el presidente Luis Echeverría, vive a niveles de subsistencia semejantes en algunas partes del país a los del siglo pasado.

La relativa escasez de ingresos fiscales y de ahorro público, aunada a la aparente abundancia del ahorro privado y la magnitud del gasto suntuario de un cuarto de millón de familias mexicanas de altos ingresos, comprueba la presencia de un fenómeno conocido de sobra por los expertos nacionales e internacionales. Es el resultado sencillamente de la renuencia del Estado durante los sexenios pasados a usar una política fiscal equitativa como arma principal de desarrollo en favor de políticas financieras, monetarias y crediticias aparentemente brillantes, conocidas con el nombre de políticas estabilizadoras. Es cierto que estas políticas han dado por resultado un crecimiento global muy impresionante. Ahora bien, su costo social y su costo en términos de creciente dependencia financiera del exterior es más alto de lo que parece a primera vista. Además, a la larga tal estrategia parece difícil de sostener en una sociedad altamente nacionalista cuyas mayorías esperan con afán el cumplimiento de las promesas contenidas en la ideología de la Revolución Mexicana y de la Constitución de 1917.

Es de particular interés hacer notar aquí que las políticas financieras, fiscales y crediticias seguidas en México en los últimos quince años, se han visto acompañadas por políticas no menos conservadoras respecto a la distribución del gasto público. Los datos oficiales disponibles ofrecen este cuadro poco satisfactorio. Entre 1960 y 1969 el sector público otorgó prioridad máxima a la inversión pública en el sector industrial, gasto que en gran medida representa un apoyo directo a las actividades industriales del sector privado a través de la política de precios de los bienes y servicios producidos por el Estado y el sector paraestatal. Entre 1960 y 1969 la participación de la inversión en la industria dentro de la inversión pública total aumentó del 31 al 41%. El segundo sector que registró un incremento considerable en términos relativos y absolutos es el de la inversión pública agrícola, del 8 al 13% del total entre 1960 y 1969. Hay que insistir, sin embargo, en que hasta años muy recientes, como en el pasado, la mayor proporción de esta segunda parte de la inversión pública fue dirigida a las regiones de la agricultura comercial y no a proyectos de apoyo a la agricultura de subsistencia. En el tercer rubro principal —el de la inversión pública en transporte y comunicaciones— la participación proporcional de la inversión estatal disminuyó considerablemente —del 36 al 21%—, reflejando el hecho de que para fines de los cincuenta y después de unos 25 años de esfuerzos, el país contaba ya con una infraestructura de transporte y comunicaciones adecuada. Lo menos esperado y lo más inquietante es que, en el curso de todo el decenio de los sesenta, la participación relativa de la inversión pública total *en el sector social* no ha sufrido cambios mayores —frente al 23% del total dedicado a este sector en 1960 se llegó apenas al 25% en 1968/69. Empero, este dato no refleja correctamente la baja prioridad otorgada por el sector público a la inversión social. El mayor volumen de los gastos de inversión social es absorbido por los servicios municipales, construidos principalmente en el Distrito Federal, y en unos cuantos centros urbanos importantes de la República. Por otra parte, la participación de la inversión pública en la construcción de hospitales disminuyó entre 1960 y 1968 del 6 a 3.5% de la inversión pública total y la correspondiente a la vivienda se redujo del 5 al 2.5%. El hecho de que haya ocurrido esto en un país donde la mitad de la población es menor de 18 años y que además presencia un proceso muy acelerado de urbanización, explica de sobra la creciente disparidad entre los indicadores de crecimiento *cuantitativo* de la economía y el nivel de bienestar de la gran parte de la población.

Habida cuenta de estas circunstancias, los intelectuales mexicanos tienen el deber de plantear los problemas que en el decenio pasado no se consideraba conveniente exponer en forma abierta a otros niveles. Uno de tales planteamientos serios fue ofrecido recientemente por un economista mexicano de conocida competencia, David Ibarra, en los siguientes términos:

> El sector público se ve rodeado de una serie de problemas financieros que comienzan a restarle iniciativa y a crear una situación en que la política fiscal, lejos de facilitar el desarrollo, podría entorpecerlo. El expediente del crédito no puede ser, a la larga, el sustituto del esfuerzo gubernamental del ahorro.[1]

En contraposición al coro de cortesanos de toda índole que hasta hace muy poco insistían en que de alguna manera milagrosa México ya había entrado en una etapa de crecimiento autosostenido que nos llevaría en un par de decenios a los niveles de desarrollo y bienestar social que son característicos de algunas partes de Europa, los planteamientos críticos como el arriba citado se están multiplicando afortunadamente a últimas fechas. A mediados del año pasado, por ejemplo, un diario capitalino publicó una serie de artículos sobre los problemas de la política económica, uno de los cuales contenía la siguiente reflexión:

> ¿De dónde van a salir los recursos para la educación, las carreteras, las presas, los servicios públicos, las obras de urbanización y demás gastos e inversiones que el Estado tiene que enfrentar por su responsabilidad de organizar mejor la economía y la sociedad mexicana? Se podría responder que de las mismas fuentes que hasta ahora han permitido las sustanciales tasas de crecimiento económico de los últimos años. Sin embargo, esta es una proporción irreal sin menoscabo de la notable habilidad de las autoridades hacendarias que explica en gran parte ese crecimiento.[2]

[1] David Ibarra, "Mercados, desarrollo y política económica: perspectivas de la economía de México", en *El perfil de México en 1980*, Vol. 1, Siglo XXI Editores, México, 1970, p. 185.

[2] Samuel I. del Villar, "Ahorro, equidad, expansión", *Excélsior* (México, D. F.), 9 de junio de 1970.

La aseveración de que los intentos de seguir por las rutas del pasado no tienen de hecho una base real puede apoyarse en muchas cifras fácilmente disponibles a los investigadores económicos y sociales. En 1960 el 57.5% de la inversión del sector público fue cubierto con los ahorros propios del Gobierno Federal, Distrito Federal y las empresas descentralizadas, mientras el restante 42.5% fue movilizado con el uso del endeudamiento interno y externo. En 1968 los recursos propios del sector público permitieron financiar sólo el 48% de la inversión pública. La participación del endeudamiento interno y externo tuvo que elevarse ese año al 51% de la inversión pública total. La aplicación de tal modelo de política hacendaria tuvo sus corolarios. En 1960 el sector público recibió del exterior créditos brutos por un total de dls. 320 millones; pagó por cuenta de amortización de la deuda externa (sin contar los intereses) dls. 170 millones, lo que dejó un remanente neto para la nueva inversión de dls. 150 millones. En 1969 fue necesario solicitar préstamos en el exterior por dls. 750 millones y pagar por concepto de amortización dls. 450 millones, quedando para uso interno dls. 300 millones.

En sólo nueve años la carga del servicio de la deuda pública externa aumentó del 12% de los ingresos del país, por concepto de sus exportaciones de bienes y servicios, a casi 25% de los mismos ingresos. Aún más el costo real del endeudamiento externo creció constantemente. Cuando un país como México tiene que buscar en el exterior créditos de una magnitud anual de dls. 700-800 millones, su poder de negociación se vuelve muy limitado. Por consiguiente, una parte muy considerable de los créditos asume la forma de "créditos atados" o créditos de proveedores cuyo costo —como lo han comprobado los estudios de los organismos internacionales— no consiste sólo en la tasa de interés, ya de por sí muy alta, sino en el sobreprecio pagado por las importaciones financiadas con tales créditos, que puede exceder los precios internacionales en 25 a 50%. Es patente que la continuación del ritmo del endeudamiento externo actual en los próximos 10 años no es factible a menos que de alguna manera pudiera traer consigo un ritmo mucho más acelerado del crecimiento de la economía y de las exportaciones que los registrados en la década pasada.

Tampoco parece factible una expansión continua del endeudamiento interno que ha aumentado casi cuatro veces entre 1960 y 1969, de 1 700 millones a 6 000 millones de pesos anuales. Tales prácticas son particularmente inequitativas en términos económicos y sociales. Es difícil ver razón alguna para que el Estado de un país con la estructura de la distribución de ingreso que caracteriza a México, en vez de aumentar los ingresos fiscales, acuda en proporción creciente al ahorro privado para financiar la inversión estatal.

Frente a esta realidad se está extendiendo, tanto dentro del Gobierno actual como entre los economistas y otros científicos sociales, la convicción en el sentido de que a pesar de que en el último cuarto del siglo se ha registrado un crecimiento del producto nacional bruto del 6% al año, México requiere necesariamente un cambio de estrategia de su desarrollo ya que han aumentado las desigualdades tanto en lo que se refiere al desarrollo regional como al sectorial y al social.[3] Tal cambio en la estrategia de desarrollo tendría que incluir, entre otros, los siguientes elementos:

1) La reforma tributaria o por lo menos el ajuste del sistema tributario, tendiente a la eliminación del grado sorprendente de evasión fiscal de los sectores de altos ingresos;
2) la reestructuración de las prioridades y las políticas del gasto público y la eliminación del ambiente de secreto que rodea la elaboración y aplicación del presupuesto del Gobierno Federal y de las empresas descentralizadas;
3) la mejoría de la eficiencia financiera y administrativa del sector paraestatal, que habría de tener en cuenta que los contribuyentes al fisco tienen derecho a saber cómo se administran sus contribuciones una vez entregadas a las empresas estatales para fines de inversión;
4) la aplicación de la Ley de Responsabilidades a todos los niveles de administración pública;
5) el reajuste de los precios de bienes y servicios producidos por el Estado y consumidos por el sector privado; y, finalmente,
6) la revisión de todo el sistema de incentivos fiscales, y otros, de los que se beneficia el sector privado y que, en muchos casos, representan un premio a la ineficacia de las empresas privadas nacionales o bien ofrecen ganancias desmedidas a las empresas extranjeras eficaces.

Sólo de esta manera sería factible movilizar mejor y más equitativamente el ahorro interno total, ampliar el ahorro del sector público y disminuir la creciente dependencia de México de los recursos financieros externos, mejorando a la vez la distribución sumamente incorrecta del ingreso nacional, que refleja el costo social del modelo de desarrollo seguido por México en los últimos decenios.

[3] Véase sobre el particular el ensayo de Rodrigo A. Medellín, "La dinámica de distanciamiento económico-social en México", incluido en este volumen.

II. EL DESARROLLO POLARIZADO DE LA AGRICULTURA MEXICANA

Sergio Reyes Osorio y *Salomón Eckstein*

El sector agrícola en México ha sido objeto de una profunda transformación en su estructura de tenencia de la tierra. Contrariamente a lo que muchos expresan, este cambio estructural no trajo consigo una contracción en la producción, sino que a partir del momento en que la reforma agraria mexicana tomó un carácter masivo en el país, la producción agrícola inició un crecimiento que puede considerarse como ejemplar, permitiéndole al país disfrutar del crecimiento económico que ha tenido lugar durante las últimas décadas.

No obstante lo anterior, el sector agrícola presenta serios desajustes internos que, de acuerdo con el comportamiento observado, tienden a profundizarse y agravarse. Estos desajustes pueden llegar a convertirse en el cuello de botella a que con tanta frecuencia suelen referirse los estudiosos del desarrollo económico. Este punto de estrangulamiento no será función de una mal entendida incapacidad productiva —como se acostumbra apuntar— sino, por el contrario, de la limitada demanda de productos agrícolas y no agrícolas por parte de la población rural. La muy deficiente distribución del ingreso en México, que se presenta con mayor agudeza en el campo, impide que el país tenga una base amplia y firme para la expansión de la producción industrial y aun para la propia expansión de la producción agrícola.

El primer paso para buscar una solución a estos desajustes, que han sido englobados bajo el nombre genérico de "problemas del campo", necesariamente habrá de consistir en un análisis global del mismo para cuantificar las magnitudes de sus componentes, clarificar sus causas, sus interrelaciones con otros componentes, sus interrelaciones con otros sectores, sus tendencias, etcétera. En pocas palabras, todo aquello que permita localizar los puntos estratégicos sobre los cuales se debe actuar, dentro de un orden de prioridades y de acuerdo con un plan definido, para provocar una serie de reacciones que sean consecuencia lógica de las primeras acciones y que, en forma acumulativa, orienten todo el proceso hacia la solución real de sus desajustes internos.

La elaboración de un diagnóstico general de este problema puede evitar el tomar medidas de carácter parcial o aislado que, por no hacerse dentro del contexto de una política general de desarrollo, conducen muchas veces a desperdiciar recursos y esfuerzos, sin contribuir realmente a la solución del problema.

El sector agrícola debe desempeñar tres funciones fundamentales en el desarrollo económico general del país: *a)* proveer productos agropecuarios para los mercados locales y exteriores; *b)* proveer un ingreso adecuado a los productores agrícolas, tanto operadores como asalariados; *c)* proporcionar una base propicia para el desarrollo de los demás sectores de la economía.

El propósito del presente trabajo [1] es evaluar en qué medida ha logrado el sector agrícola cumplir su papel en esas tres funciones, con el fin de ubicar los problemas agrarios que han impedido o pudiesen impedir su desarrollo posterior.

De acuerdo con lo anterior, el desarrollo agrícola se enfoca desde estos ángulos principales: el efecto-producto a nivel nacional; el efecto-ingreso dentro del sector agrícola; el efecto-demanda a nivel nacional, y las transferencias intersectoriales de mano de obra y de capital.

La producción agrícola y la economía nacional

El crecimiento del producto agrícola

El crecimiento del producto agrícola ha sido, en términos generales, satisfactorio, pues durante los últimos 32 años (1935-1967) este producto se ha incrementado a un ritmo medio anual de 4.4% a precios constantes. Esta tendencia no ha sido uniforme durante los años considerados, ya que existieron periodos intermedios de crecimiento rápido y otros de crecimiento lento: de 1935 a 1942, el ritmo de crecimiento de producto agrícola fue de 5.2% anual; de 1942 a 1945 de 2.3%; de 1945 a 1956 de 5.9%; de 1956 a 1961 de 3.4%, observándose a partir de este último año un nuevo incremento en la tasa de crecimiento.

El crecimiento logrado por este sector ha evitado que exista déficit de productos agrícolas, eliminándose con ello las importaciones de esta clase y evitándose, además, aumentos considerables en los precios de los productos agrícolas. El monto total de importaciones agrícolas constituyó, entre 1940 y 1954, aproximadamente el 2.5% del producto agropecuario, disminuyendo esta proporción al 0.3 y 0.9%, a partir de 1949. En cuanto al nivel de precios de los productos agrícolas, en términos globales, ha seguido al índice general de precios durante el periodo estudiado.

El desarrollo industrial del país y la demanda de productos agrícolas que éste origina han cambiado la composición del producto agrícola, el cual, en 1940, estaba compuesto en 70% por productos destinados a la alimentación humana, proporción que bajó a 60% en 1960.

[1] Para más detalles véase Salomón Eckstein, *El marco macroeconómico del problema agrario mexicano*, Centro de Investigaciones Agrarias, México, 1968, XIX + 253 pp., apéndices y cuadros estadísticos.

Los productos básicos en la dieta alimenticia nacional (maíz, frijol y trigo) han tenido tasas de crecimiento superiores a la de la población nacional, al grado de invertir la balanza comercial agrícola de México y convertirlo de un país importador a uno exportador de dichos productos. Las proyecciones que sobre oferta y demanda de productos agrícolas realizó el Banco de México, S. A., estiman que habrá excedentes considerables de maíz, frijol y trigo para el año de 1975.[2] Sin embargo, al analizar el desarrollo de la producción en los últimos años, se observa que las proyecciones fueron muy conservadoras. Esto traerá consigo fuertes presiones sobre las políticas de precios y de consumos de estos productos a nivel nacional, puesto que no es costeable para el país su exportación, debido a los precios que rigen en el mercado internacional.

En lo referente a productos agrícolas-industriales, son tres los que engloban el 70% del valor total de los productos de este tipo: algodón (32%), caña de azúcar (27%) y café (11%). De 1940 a 1963 la producción de algodón creció a una tasa del 8.7% anual, la caña de azúcar al 6.3% y la del café al 3.4%.

Si bien la producción agrícola ha satisfecho las necesidades del mercado interno, la producción pecuaria no ha tenido el mismo comportamiento. De 1940 a 1966 la producción pecuaria creció a una tasa de 3.6% anual, lo cual, aunado a las mayores elasticidades-ingreso de los productos animales, se ha reflejado en un aumento de consideración en los precios relativos de estos productos.

Balance nutritivo

La ingestión media diaria de calorías por persona aumentó de 1 800 en 1934-1938 a 2 654 en 1960, rebasando el mínimo aceptable que señala la FAO. Pero en cuanto al consumo de proteínas, la situación no es de ninguna manera satisfactoria, pues, no obstante el aumento logrado en su consumo de 1963 a 1964 (de 53 a 67 gramos diarios *per capita*), casi todo este aumento se compuso de proteínas vegetales. En lo referente a proteínas animales el consumo promedio nacional fue de 19 gramos en 1960, mientras que el nivel mínimo recomendado por el Instituto Nacional de Nutrición es de 30 gramos diarios. Las tendencias actuales de la producción pecuaria y pesquera, así como el crecimiento en el ingreso, indican que pasarán aún muchos años, cincuenta en el mejor de los casos, para que la totalidad de la población alcance el consumo de proteínas mínimo requerido.

[2] Secretaría de Agricultura y Ganadería, Secretaría de Hacienda y Crédito Público, Banco de México, *Proyecciones de la oferta y de la demanda de productos agropecuarios en México a 1965, 1970 y 1975*, México, D. F. 1966.

Contribución a la balanza de pagos

Las exportaciones de productos agropecuarios han aumentado considerablemente. En 1940 un 8% de la producción agropecuaria nacional se destinaba al mercado exterior; en 1950 esta proporción se elevó al 9% y en 1960 al 14%. Las exportaciones agropecuarias componían el 28.3% de la exportación total de bienes y servicios del país en 1950 y el 25.8% en 1960. Sin embargo, en las condiciones previsibles, no se proyecta un crecimiento similar en el futuro, ya que con excepción de los productos ganaderos, existen dificultades para colocar en el mercado internacional cantidades crecientes de la mayor parte de los productos agrícolas. Estas dificultades tienen diversos orígenes y entre ellos podemos citar: cambios tecnológicos (como la sustitución del algodón y el henequén por fibras sintéticas); muchos de nuestros costos de produción que no resultan competitivos a nivel internacional; existencia de excedentes en el mercado mundial; fijación de cuotas de importación de productos básicos en los países avanzados, etcétera.

Todo lo anterior viene a indicar que la producción agrícola nacional tendrá que destinarse cada vez más al mercado interno, dependiendo su crecimiento futuro de la demanda efectiva, la cual, a su vez, estará condicionada por el crecimiento y distribución del ingreso.

Factores determinantes del desarrollo agrícola

El incremento de la producción agrícola puede analizarse en función de dos componentes: la tierra en producción y el rendimiento por unidades de superficie. El concepto rendimiento viene a englobar todos los factores adicionales a la tierra: capital, mano de obra, conocimiento técnico, etcétera.

Examinando la influencia que estos dos componentes tienen sobre el desarrollo de la agricultura, vemos que el crecimiento del producto agrícola ha tenido los siguientes componentes:

Cuadro 1. Tasas de crecimiento medio anual (porcentajes)

	1940-1945	*1945-1952*	*1952-1956*	*1956-1961*	*1961-1967**
Cultivos (*quantum*)	3.5	6.5	6.5	3.6	4.0
Superficie	0.6	4.3	2.9	1.5	1.6
Rendimiento	2.8	2.0	3.8	2.2	2.4

* Preliminares.

Del cuadro 1 se desprende que en el incremento de la producción agrícola ha existido un efecto combinado de los aumentos de la superficie cosechada y de la elevación de los rendimientos agrícolas. La elevación en los rendimientos es el resultado de un uso más intensivo de la tierra debido principalmente al cambio en la calidad de los recursos, efecto de la política de irrigación. Por otra parte, la asociación de mayor capital con la tierra y las mejores técnicas productivas han permitido elevar los rendimientos. Los incrementos observados, tanto en superficie como en rendimientos de 1961 a la fecha, parece que han superado la tendencia hacia la baja en el crecimiento agrícola, que se presentó entre 1956 y 1961.

El acelerado crecimiento de la agricultura en México en los últimos 30 años, encuentra su explicación, además de las altas inversiones en las obras de irrigación, en políticas complementarias que han sido desarrolladas durante todo el periodo considerado: *a)* la introducción de semillas mejoradas en los cultivos principales; *b)* el uso de fertilizantes, cuyo consumo se sextuplicó durante el periodo; *c)* un más eficiente control de plagas mediante el uso de insecticidas, y *d)* mejores técnicas de cultivo.

Sin embargo, gran parte de estas innovaciones se han adoptado como resultado de la inversión pública dedicada a riego, y se han concentrado en las áreas beneficiadas por estas obras, o se han aplicado en las pocas regiones de buen temporal que tiene el país, permaneciendo un sector muy importante de la agricultura de temporal fuera de este proceso innovador.

Monto y distribución del ingreso rural

Es indudable que el objetivo de abastecer de productos a los mercados interno y externo ha sido cumplido con eficiencia por el sector agrícola mexicano. Sin embargo, en lo referente al ingreso generado por ese desarrollo, la situación no resulta clara.

El ingreso *per capita* del sector agrícola generalmente es menor que el de los sectores no agrícolas, sólo que esta diferencia tiende a disminuir conforme se avanza en el proceso de desarrollo. Sin embargo, en México en 1960, esta disparidad entre ingresos agrícolas e ingresos no agrícolas (1 a 5.9) es mucho mayor que en países de igual o menor desarrollo, lo que indica un serio desajuste de nuestra estructura económica interna.

Una parte importante de la distribución del ingreso dentro del sector agrícola se explica en función de las características comerciales o de autoconsumo con que se practica la agricultura. Al respecto, cabe apuntar que en 1940 sólo el 50% de la producción agrícola total entró al mercado; para 1950 y 1960 este porcentaje se elevó al 80% lo cual refleja una fuerte tendencia hacia la comercialización de la agricultura mexicana. Pero también se pone de manifiesto que gran parte del crecimiento del producto agrícola observado se originó en las cosechas agrícolas comerciales, las cuales contribuyeron con el 95% del incremento observado entre 1940 y 1960.

Lo anterior podría considerarse como una tendencia favorable y necesaria para el desarrollo económico, si no se viese acompañado, en el mismo lapso, por un notable crecimiento en el número de explotaciones de subsistencia, es decir, de aquellas que no venden ninguna parte de su producción. Su proporción dentro del total de predios con producción agrícola aumentó del 9% en 1940 al 20% en 1960. En ese último año, el valor de la producción anual de medio millón de agricultores fue de escasos 730 pesos (el equivalente a una tonelada de maíz), por lo que no pudieron acudir con sus productos al mercado. Se trata aquí de lo que debería considerarse como predios de subsistencia pura. Este grupo de agricultores está constituido en una parte importante por predios no ejidales menores de 5 hectáreas, ya que los ejidos son mucho más comerciales de lo que generalmente se cree, pues el 96% de todos los ejidos entregaron, en 1960, parte de su producción al mercado.

A fin de clarificar la estructura de la agricultura mexicana respecto a las características de los predios,[3] éstos han sido clasificados, en cuanto al valor de su producción agrícola, en: *a)* predios de infrasubsistencia; *b)* predios subfamiliares; *c)* predios familiares; *d)* predios multifamiliares medianos; *e)* predios multifamiliares grandes.

a) *Los predios de infrasubsistencia.* Se consideran aquellos con producción menor a 1 000 pesos en 1960 y que, de hecho, sólo alcanzaron a producir en promedio menos de 750 pesos anuales, lo cual significa un ingreso muy reducido para el agricultor y su familia. Se supone que la mayor parte de ellos complementan sus ingresos vendiendo su fuerza de trabajo fuera del predio. Dentro de este estrato queda comprendido el 50% de los predios agrícolas del país (1 240 000). Estos predios (ejidales y no ejidales) contribuyeron con tan sólo el 4% de la producción agrícola nacional.

b) *Predios subfamiliares.* Comprende a los que produjeron entre 1 000 y 5 000 pesos en 1960. Esta clasificación engloba 800 000 predios, es decir, la tercera parte de la explotaciones agrícolas en ese año y que aportaron sólo el 17% del producto agrícola. El producto medio por predio se acerca a los 5 000 pesos anuales, lo que quiere decir que

[3] Se entiende por predio agrícola las parcelas ejidales y las empresas agrícolas no ejidales.

una parte importante de su producción se dedica a su consumo interno. Su contribución a la economía nacional consiste principalmente en producir lo que el operador y su familia consumen. En un sentido económico pueden considerarse como predios de subsistencia.

c) *Predios familiares.* Son aquellos que en 1960 tuvieron una producción entre 5 000 y 25 000 pesos. Ese año, estos predios produjeron en promedio 15 500 pesos. Su número se eleva a 300 000, lo cual representa el 13% del total de predios explotados, que contribuyeron con el 25% del producto agrícola total de 1960.

d) *Predios multifamiliares medianos.* Cuentan con una producción entre 25 000 y 100 000 pesos al año. En 1960 estos predios produjeron un promedio de 48 000 pesos anuales. Su número se eleva a 67 000, lo que representa el 2.8% del total de predios y aportaron el 22% del producto agrícola en el año mencionado.

e) *Predios multifamiliares grandes.* Son los que tienen una producción anual superior a los 100 000 pesos. En 1960, estos predios produjeron en promedio 385 000 pesos anuales. Su número se eleva a 12 000 o sea el 0.5% del total de predios. Este reducido número de explotaciones produjo en dicho año el 32% del producto agrícola nacional. En 1950, representaban el 0.3% del total de predios explotados y el 25% del producto agrícola nacional.

Las cifras anteriores subrayan la polaridad en que se desarrolla la agricultura mexicana. Mientras en un extremo se sitúa el 50% de los productores que generan tan sólo el 4% del producto agrícola nacional, en el otro, el 0.5% de los predios produce el 32% del producto agrícola nacional.

Desafortunadamente esta situación tiende hacia una mayor polarización, ya que en la década 1950-1960 los predios multifamiliares medianos y grandes, que representan menos del 4% del total, contribuyeron con un 80% del incremento en el producto agrícola generado en esos años; y en forma complementaria, disminuyó las participación dentro del producto agrícola de los predios familiares y subfamiliares.

Cuadro 2. Estratificación por tipo de tenencia: 1960

	Total: miles de predios	*Mayores de 5 ha.*	*Menores de 5 ha.*	*Parcelas ejidales*
Total	*2 448*	*292*	*721*	*1 345*
Infrasubsistencia	1 241	43	528	670
Subfamiliar	821	120	171	530
Familiar	307	86	21	200
Multifamiliar mediano	67	31	1	35
Multifamiliar grande	12	12	—	—

La polaridad antes mencionada es explicable en función de los recursos en poder de los distintos productores y de la eficiencia con que los usan. Este supuesto se confirma al observar en el cuadro 3 cómo la producción sigue a la distribución porcentual de los recursos, en los distintos estratos de predios. Es conveniente observar cómo la distribución de recursos en 1960 estaba aún más polarizada que la propia producción.

Se ha expresado que una parte importante del incremento en la producción se origina principalmente en la expansión del área de riego y en la capitalización de la agricultura. El fenómeno de la polarización que se observa en la producción agrícola, bien puede explicarse en función de la distribución tanto de la tierra regada como del valor de la maquinaria, esto último como un índice de capitalización.

Cuadro 3. Distribución de la producción y de los recursos: 1960

Tipo de predio	*Número de predios %*	*Valor de la producción %*	*Valor del predio* %*	*Superficie de labor %*	*Valor de la maquinaria %*
Total	*100.0*	*100.0*	*100.0*	*100.0*	*100.0*
Infrasubsistencia	50.3	4.2	6.7	13.6	1.3
Subfamiliar	33.8	17.1	13.8	24.5	6.5
Familiar	12.6	24.4	22.6	19.2	17.0
Multifamiliar mediano	2.8	22.0	19.3	14.4	31.5
Multifamiliar grande	0.5	32.3	37.6	28.3	43.7

* El valor del predio está compuesto por el valor de la tierra, del capital fijo y semifijo y del ganado. Por predios se entienden las parcelas ejidales (no los ejidos) y los predios no ejidales.

Cuadro 4. Distribución de la maquinaria y la superficie de riego: 1960

Tipo de predio	*Producción agrícola en 1960 %*	*Variación de la producción 1950-1960 %*	*Valor de la maquinaria 1960 %*	*Superficie de riego en 1060 %*
Total	*100.0*	*100.0*	*100.0*	*100.0*
Infrasubsistencia	4.2	—1	1.3	—
Subfamiliar	17.1	10	6.5	3.9
Familiar	24.4	11	17.0	27.0
Multifamiliar mediano	22.0	35	31.5	31.5
Multifamiliar grande	32.3	45	43.7	37.6

Los cuadros insertos nos indican que si bien la Reforma Agraria había distribuido, para 1960, cerca de la cuarta parte del territorio nacional, la distribución de la tierra adolecía aún de una fuerte concentración. Este hecho dio por resultado que, a fines de la década de los cincuenta, el proceso redistributivo de la tierra cobrara un nuevo impulso, el cual se mantiene en forma acelerada, hasta la fecha. Esta política habrá de cambiar sensiblemente el panorama que se presentaba en 1960, pues de ese año a agosto de 1968, se han distribuido cerca de veintún millones de hectáreas de las cuales dos millones son de labor, en beneficio de casi medio millón de campesinos.

Por otra parte, los mismos cuadros nos permiten observar que los elementos que intensifican el cultivo de la tierra se encontraban, en 1960, altamente concentrados. Esto explica cómo el producto agrícola fue generado en forma tan concentrada.

La polarización del sector agrícola se explica en función de la forma en que están distribuidos los recursos que entran en el proceso productivo, y no en lo que pudiésemos considerar como eficiencia o ineficiencia económica con que los distintos grupos de productores utilizan los recursos que la sociedad ha puesto bajo su dominio.

Eficiencia comparada de los grupos de productores

En este análisis se utilizan distintos métodos de medición: el producto medio, el producto residual, el producto marginal y el producto residual marginal. Del análisis se desprende que, contrariamente a lo que se suele suponer, no son los predios mayores los que resultan más eficientes al usar sus recursos, cuando el examen de eficiencia se hace dentro del marco real de la escasez de recursos en el campo mexicano. En dicho marco resulta que, a nivel nacional, es el predio menor de 5 hectáreas el que se explota más intensamente y el más eficiente en sus recursos; le sigue el ejido y luego el predio mayor de 5 hectáreas.

El resultado anterior es sorprendente por el hecho de que generalmente se tiende a relacionar abundancia de recursos con eficiencia económica. En muchas ocasiones, esta errónea interpretación ha conducido a atribuir el origen de la miseria en que se ven envueltos los muy pequeños productores, a una supuesta ineficiencia económica y a olvidar su verdadero origen que es la pequeñez de los recursos productivos a disposición de estos productores.

La conclusión que se podría derivar de los resultados anteriores debe ser considerada cuidadosamente, pues no obstante ser los predios menores y los ejidos los que mayor eficiencia tienen en un sentido de relaciones insumo-producto, esta eficiencia se alcanza en medio de niveles de miseria para el productor. Lo que estos resultados indican es que no sería irracional plantear una política económica que permitiese que los recursos se orientaran hacia estos predios, donde su respuesta en producto sería superior. Una política de este tipo, con tener un carácter eminentemente económico, tendría un alto contenido social.

EL SECTOR AGRÍCOLA Y EL DESARROLLO ECONÓMICO

Liberación de la mano de obra agrícola

El desarrollo económico va asociado a un cambio en la estructura ocupacional que consiste en la disminución, proporcional primero y después absoluta, de la población económicamente activa en la agricultura, y un crecimiento acelerado de la población económicamente activa en los sectores secundario y terciario. Es decir, mientras que en los países poco desarrollados una familia agrícola produce para su consumo y para el de una o dos familias más, en los desarrollados una familia agrícola produce para ella y para diez o más no agrícolas. Esto repercute indudablemente en el nivel de ingresos de la población campesina.

Este cambio de ocupación es resultado de dos procesos complementarios: la liberación de la fuerza de trabajo del campo y la absorción de esta mano de obra por los demás sectores. Cuando estos procesos no actúan en forma complementaria, la falta de creación de empleo no agrícola impide una migración masiva del campo hacia otros sectores, con lo cual la agricultura se congestiona y mantiene baja la productividad de la mano de obra en el campo.

En México este cambio estructural ha ocurrido al bajar la proporción de la población activa en la agricultura del 70% en 1930, al 54% en 1960 y actualmente a menos del 50%. No obstante esta disminución proporcional, la población activa agrícola no ha dejado de crecer pues se ha incrementado en 2.2 millones de individuos activos de 1940 a 1960, esperándose que durante la presente década se incremente en 1.7 millones más.

Se estima que entre 1940 y 1950 hubo una transferencia neta de 600 000 individuos activos de la agricultura hacia otros sectores, mientras que de 1950 a 1960 esta transferencia fue de sólo 480 000, cifras que representan el 36 y el 28% del incremento natural de la población agrícola, respectivamente.

La anterior disminución se origina en la baja de la tasa de crecimiento de los sectores no agrícolas en la última década, y que es resultado de la tecnología que el desarrollo industrial está tomando, en base a técnicas de mayor densidad de capital que se importan de países con problemas de escasez de mano de obra y que, por tanto, de ninguna manera reflejan las necesidades ocupacionales de México.

Como consecuencia de esta disminución en la transferencia de mano de obra del sector agrícola y del fuerte incremento que ha tenido el crecimiento demográfico del país, aumentó la tasa de crecimiento de la población activa agrícola entre 1950 y 1960, ocasionando que el crecimiento del producto por hombre activo agrícola se redujese drásticamente del 2.9% en 1940-1950, al 1.9% en la década siguiente.

Mientras no se consiga reducir en números absolutos la población económicamente activa en la agricultura, la lucha por elevar su productividad *per capita*, y por lo tanto, sus ingresos, presentarán muchas complicaciones.

De acuerdo con un trabajo reciente,[4] de mantenerse las tendencias en el crecimiento de la población activa no agrícola de los últimos 15 años, el fenómeno de reducción de población activa en la agricultura no se presentará hasta poco después de 1985; para ese momento se tendrán dos millones de individuos activos adicionales en la agricultura. Pero, si la tasa de formación de empleo no agrícola actual se incrementa en 0.5% anual, el problema del empleo en el campo prácticamente no se agravará, pues el fenómeno de contracción absoluta de población activa en la agricultura aparecerá antes de 1980, cuando sólo un millón de individuos activos se habrán adicionado a la fuerza de trabajo que había en 1965 en la agricultura. De ahí que una de las "políticas agrarias" fundamentales, será aquella destinada a acelerar el crecimiento de los sectores no agrícolas.

El desempleo rural

La pequeñez de la parcela ejidal y el minifundio no ejidal, así como las características de los cultivos que en ellos se practican, impiden a estos predios absorber la fuerza de trabajo familiar a su disposición, generando elevadas tasas de desempleo o subempleo.

Las diferencias existentes tanto en la estructura productiva, como en la de los recursos de los distintos tipos de predios, marcan diferencias en su capacidad de absorción de trabajo. Así, en 1960 y de acuerdo con la información censal, los predios mayores de 5 hectáreas ocuparon 59 días-hombre por hectárea sembrada, mientras que los predios con menos de 5 hectáreas ocuparon 54 días-hombre y las parcelas eji-

[4] Véase Sergio Reyes Osorio, "Estructura agraria, demografía y desarrollo económico", *Planificación*, México, enero de 1968.

dales sólo 45. Por otra parte, mientras un predio mayor requería para su explotación un promedio de 1 024 días-hombre, los menores y los ejidales por su pequeñez apenas exigían 61 y 200 días-hombre, respectivamente.

No obstante el reducido empleo que generan las dos últimas clases de predios, las características de la producción agrícola los obligan a disponer de jornaleros durante alguna época del año y a ocupar la fuerza de trabajo de su familia. Sin embargo, al analizar estas condiciones, se llega a la conclusión de que los predios menores de 5 hectáreas no pueden aprovechar cerca del 90% de la fuerza de trabajo del operador y de su familia, disponible en el predio. En las parcelas ejidales este fenómeno, que podríamos llamar tasa de subempleo del predio, llega al 58%. Esta tendencia, debido al acelerado crecimiento demográfico, tiende a agravarse. Un indicador de ello en los ejidos es que, de 1950 a 1960, el número de familias con uno o más ejidatarios dueños de tierra, que cubren más de la mitad de sus gastos con productos ejidales, bajó del 84 al 66%.

Esta situación de desempleo en la agricultura tiene una mayor incidencia en aquella población que no posee tierra y cuyo único recurso productivo es su propia mano de obra, es decir los jornaleros agrícolas. Éstos integran casi el 50% de la población activa en la agricultura y se componen básicamente de las nuevas generaciones campesinas que no han tenido acceso a la tierra. Éstos tienen que competir en la búsqueda de trabajo con todos aquellos que, poseyendo tierra, no logran que ésta absorba la totalidad de su trabajo, debiendo por tanto complementar sus ingresos mediante la venta de su esfuerzo. La situación de los jornaleros se ha ido agravando, pues las cifras censales indican que mientras en 1950 se estima que trabajaron en promedio 190 días, en 1960 este promedio apenas es cercano a los 100 días. A lo anterior debe agregarse que el salario mínimo rural ha descendido en términos reales, en cerca del 6%, de acuerdo con el índice general de precios del Banco de México, S. A. El problema del desempleo y subempleo se tendrá que seguir agravando en virtud del crecimiento futuro de la población activa en la agricultura.

El deterioro de la situación ocupacional de la mano de obra en el campo, no obstante el fuerte incremento de la producción agrícola, se debe al acelerado crecimiento demográfico y a una política sustitutiva de mano de obra por maquinaria: mientras en 1940 lo imputado por concepto de maquinaria constituía el 6% de los costos de producción, para 1960 había subido al 11%. En el mismo periodo, la erogación por trabajo asalariado dentro de los costos de producción, baja del 22% en 1940, al 7% de los mismos en 1960%.

Tecnología, empleo e ingreso

Dentro del proceso de desarrollo, la evaluación de la técnica agrícola tendrá que hacerse en función de una condición general de desempleo, y de un lento proceso de absorción de la población agrícola por los sectores industrial y de servicios.

Si se impusiese, como se ha llegado a proponer, un proceso de concentración de la propiedad, que llevara a la tierra ejidal y a la de los pequeños predios no ejidales, técnicas de producción similares a las utilizadas por los predios mayores, el excedente neto de personas económicamente activas en la agricultura sería de más de tres millones, las que no podrían tener ninguna ocupación dentro del sector agrícola. Por tanto, una política tendiente a ahorrar mano de obra, que podría parecer lógica en una situación de empleo pleno en la agricultura, resulta incongruente y socialmente explosiva en una situación de desempleo creciente en el campo.

Ante esta situación, reforzar y elevar la productividad de los distintos recursos en poder de las fincas medianas y pequeñas, aprovechando al máximo la abundante disponibilidad de mano de obra, tendrá que ser una política adecuada para el desarrollo del país a mediano plazo.

Transferencias intersectoriales de capital

Dentro del funcionamiento de la política económica mexicana para el desarrollo, es necesario determinar si el sector agrícola debe financiar el desarrollo de los demás sectores mediante la transferencia de sus capitales; o si, por el contrario, el desarrollo agrícola debe ser fomentado mediante un flujo de capital proveniente de los demás sectores, que compense el que, en sentido contrario, hace crecer la mano de obra. Esta determinación es función de las condiciones económicas y sociales que tenga el país en sus distintos periodos de desarrollo.

No obstante las múltiples dificultades que tiene el análisis de las transferencias intersectoriales de capital, se partió de algunos trabajos publicados al respecto y se realizaron elaboraciones especiales, con el fin de tener una visión del sentido que tiene el flujo neto de capitales. Los canales de transferencia estudiados fueron: el sistema fiscal, el sistema bancario privado y el mecanismo de precios.

El sistema fiscal ha actuado en favor del sector agrícola de 1942 a 1961, ya que en 15 de los 20 años que comprende el periodo, ha canalizado, a través del gasto público en el sector agrícola, mayores recursos que los que recibe del mismo, vía impuestos. En los 5 años restantes de dicho periodo, el gasto público en la agricultura fue menor que los impuestos recabados en ella. Esto originó un saldo total en el periodo de, aproximadamente, 3 000 millones de pesos, a precios de 1960, lo que es positivo para el sector agrícola.

El ingreso fiscal que el Estado obtiene del sector agrícola ha ido perdiendo importancia relativa dentro del ingreso fiscal total, y sigue, en términos generales, la misma tendencia hacia la contracción que la proporción del producto agrícola ha tenido dentro del producto nacional. En igual forma, la parte del gasto público dirigido al sector agrícola ha disminuido de entre 15 y 18% en 1942-1947, a poco más del 10% en 1960-1962.

El sistema bancario privado, por su parte, actuó en forma contraria al sistema fiscal, pues los recursos captados en la agricultura fueron superiores a los canalizados hacia este sector. Durante el periodo estudiado, y de acuerdo con las estadísticas disponibles, se estima que el sistema bancario privado transfirió recursos de la agricultura hacia otros sectores, por un total cercano a 2 500 millones de pesos, a precios de 1960.

El sistema de precios, a su vez, actúa como un canal de transferencia de recursos cuando los precios agrícolas crecen a un ritmo inferior al nivel general de precios, lo cual produce una transferencia del poder adquisitivo de la agricultura al resto de la economía. No obstante la deficiencia de los datos disponibles, se estima que, durante el periodo analizado (1942-1961), la relación de precios ocasionó una transferencia neta de recursos del sector agrícola hacia el resto de la economía por un valor aproximado de 3 600 millones de pesos, a precios de 1960.

El saldo de los tres sistemas mencionados da una transferencia total de recursos de la agricultura hacia los demás sectores de poco más de 3 000 millones de pesos durante todo el periodo enunciado. En otras palabras, el sector primario ha hecho una aportación significativa al desarrollo económico del país, no sólo mediante la provisión de los productos físicos requeridos por los mercados local y externo, y mediante la liberación de la mano de obra necesaria para los demás sectores, sino también por la transferencia de una considerable cantidad de recursos de capital.

En las condiciones actuales del país sería aconsejable que este flujo invirtiera su sentido y se destinasen mayores recursos a apoyar la elevación de los ingresos del campesinado. Si la agricultura ha ayudado eficientemente al resto de la economía nacional, es tiempo ya de que los renglones favorecidos, en su propio beneficio, apoyen a este sector.

Mercado, distribución del ingreso y desarrollo económico

El reducido ingreso del sector agrícola, aunado a su inequitativa distribución, da como resultado un escaso poder de compra del sector mayoritario de la población nacional.

Lo anterior señala que gran parte de la demanda efectiva total y, por ende, la base del desarrollo económico general, descansa solamente sobre una parte de la población, localizada principalmente en las áreas urbanas y que comprende no más del 50% de la población total. Esta demanda efectiva se refiere tanto a productos y servicios no agrícolas, como a la demanda de productos agrícolas.

III. LA INDUSTRIALIZACIÓN Y EL COMERCIO EXTERIOR: ANÁLISIS Y PROPOSICIONES

*Bela Balassa**

El crecimiento y la política económica

A través de las dos últimas décadas, el crecimiento económico logrado por México ha sido superior al de la mayoría de los países en desarrollo. Su producto interno bruto (PIB) creció a una tasa promedio anual de más del 6% y el ingreso *per capita* al 3%. Los crecimientos correspondientes en otros países en vías de desarrollo fueron del orden del 4.5% y 2% respectivamente, en promedio. Los tres sectores principales —agricultura, industria manufacturera y servicios— han participado en este proceso de crecimiento. En especial, es notable que México haya logrado una rápida expansión de la producción agrícola: 4.5% al año, contra 3% en el conjunto de los países en desarrollo.

El favorable crecimiento alcanzado por México no es ajeno al éxito obtenido en los esfuerzos por incrementar rápidamente el ingreso de divisas derivado de las exportaciones. En el periodo 1950-1970, el valor de las exportaciones creció a una tasa promedio anual del 5.5%; el de los ingresos por turismo al 8% y el de las transacciones fronterizas al 10%. El turismo revistió especial importancia durante los años sesenta, con ingresos que aumentaron a una tasa de 13% anual; el aumento de los ingresos por turismo y por transacciones fronterias sobrepasa, en valor absoluto, al derivado de las exportaciones de mercancías. La exportación de bienes y servicios, en conjunto, creció a una tasa promedio anual de 6% durante los años cincuenta y de 8% durante el decenio siguiente. Esta evolución estuvo acompañada por un crecimiento acelerado de la economía: el PIB de México creció al 7% anual durante los años sesenta; en cambio, en el decenio anterior, el crecimiento fue menor del 6%.

La expansión de las exportaciones ha contribuido en diversas formas al crecimiento económico de México; además de aumentar directamente el ingreso nacional, ha originado demandas de productos intermedios de fabricación nacional y —a través de aumentos en los ingresos— demandas de bienes de consumo. Más aún, la rápida expansión de las exportaciones, junto con la afluencia de capital extranjero, ha permiti-

* Las recomendaciones contenidas en este ensayo reflejan las opiniones del autor, pero no necesariamente las del Banco Internacional de Reconstrucción y Fomento en donde presta sus servicios.

do los aumentos de las importaciones necesarias para sostener una tasa elevada de crecimiento económico.

La proximidad de Estados Unidos ha sido un factor importante en el crecimiento económico logrado por México. Además de los turistas, Estados Unidos ha proporcionado oportunidades para el desarrollo de industrias fronterizas y representa un vasto mercado para las exportaciones de México. Gracias a la política económica seguida en México, ha sido posible el aprovechamiento de, por lo menos, algunas de estas oportunidades.

Un gobierno estable, el mantenimiento de un tipo de cambio realista y la estabilidad de los precios, han actuado como incentivos para la exportación y para la inversión extranjera. Las exportaciones de productos agrícolas se han visto favorecidas, porque la agricultura no ha sido tan discriminada en México como en la mayoría de los países en desarrollo; por su parte, las exportaciones de manufacturas se han beneficiado con el establecimiento de los llamados "perímetros libres" a los que es posible introducir materias primas libres de impuestos para ser procesadas y reexportadas a Estados Unidos.

El trato relativamente favorable a la agricultura explica el hecho de que México haya desarrollado nuevas exportaciones para sustituir las ventas decrecientes de plomo, cobre y productos pesqueros. Entre los productos de exportación que han cobrado importancia en el periodo de posguerra se cuentan el tomate, el azúcar, el ganado, el camarón y el maíz. México ha comenzado a exportar también frutas y legumbres (además del tomate), pero la participación conjunta de éstas en el total de las exportaciones de mercancías no alcanza aún el 2%.

La contrapartida al trato relativamente favorable a la agricultura ha sido el bajo nivel de protección otorgado al sector manufacturero, en comparación con los que existen en la mayoría de los países en vías de desarrollo. La diferencia, en promedio, entre los precios internos e internacionales de los bienes manufacturados no excede del 25% y las tasas de protección efectiva (es decir, la protección al valor agregado en el proceso de producción) son sustancialmente menores que en otros países mayores de América Latina.

En este contexto, debe hacerse una distinción entre protección arancelaria y protección "implícita", pues esta última se refiere al exceso relativo de los precios internos sobre los internacionales. En la mayoría de los alimentos procesados, materiales de construcción, bienes de consumo y productos intermedios utilizados en su manufactura, la protección arancelaria no llega a utilizarse completamente, puesto que, generalmente, la diferencia entre los precios internos y los internacionales es bastante menor que el arancel. Además de la competencia interna en algunas de estas industrias, esta situación refleja los efectos del contrabando sobre los precios de los productos en cuestión. En contraste, en el caso de los bienes de consumo duradero, maquinaria, equipo de transporte y productos intermedios técnicamente más elaborados, las empresas han aprovechado las posibilidades que suponen las restricciones cuantitativas, para elevar sus precios por encima de la suma del precio de importación más el arancel.

Esta última categoría contiene varios grupos de productos en los que las diferencias de precios son, en promedio, del 40 al 50%. Incluye la manufactura de telas con fibras sintéticas, tejidos y calcetería, accesorios eléctricos y vehículos de motor. Se observan diferencias de precios aún mayores en ciertos productos dentro de cada uno de estos grupos. Los incentivos de precio, originados en el sistema de protección, contribuyeron a propiciar la sustitución de importaciones de estos productos durante la década de los sesenta, después de las primeras sustituciones de bienes de consumo no duradero, productos alimenticios y materiales de construcción.

Al mismo tiempo, el sostenimiento de un tipo de cambio realista, el relativamente bajo grado de protección para los insumos y, más recientemente, el establecimiento de zonas libres, han actuado como incentivos para la expansión de las exportaciones de productos manufacturados. En el periodo de posguerra, estas exportaciones —que comprenden hormonas sintéticas, productos de acero laminado, utensilios de cobre, textiles, vidrio y, en años recientes, equipo eléctrico y partes de automóviles— crecieron a una tasa anual de más del 10%, aumentando de ese modo su participación en la producción manufacturera. Como resultado, la participación de los productos manufacturados en el total de exportaciones se elevó del 9% en 1950 a más del 20% en 1969, excediendo sustancialmente las proporciones que se observan en otros países en desarrollo.

El dilema de México

Parece, entonces, que las exportaciones de bienes y servicios, así como la sustitución de importaciones, primero de bienes de consumo, productos alimenticios y materiales de construcción y, más adelante, de productos intermedios y bienes de capital sencillos, han contribuido al crecimiento económico de México durante el periodo de posguerra. La cuestión estriba en si estas fuentes de crecimiento podrán continuar actuando en el futuro. Una cuestión adicional es la de cómo podrían proporcionarse incentivos para lograr mejoras en la eficiencia de la industria manufacturera mexicana.

De acuerdo con las proyecciones del BIRF, para poder sostener una tasa de crecimiento del PIB del 6% anual, las exportaciones de bienes y servicios tendrían que mantener una tasa de crecimiento apenas menor de la de 8%, alcanzada durante los años sesenta. Sin embargo, parece que, por diversas razones, la estructura actual de las exportaciones no será capaz de asegurar la continuidad de las recientes tasas de crecimiento de las ventas al exterior. Entre esas causas se hallan: la debilidad de los precios del algodón; las limitaciones al crecimiento de las exportaciones de café y de azúcar, y la inminente saturación del mercado de tomate de Estados Unidos. Por ello, serán necesarios cambios de política para alcanzar las tasas de crecimiento proyectadas de las exportaciones y del PIB.

Para asegurar la expansión de las exportaciones de productos agrícolas, sería necesario aplicar diversas medidas. Un control de las plagas y enfermedades del algodón, así como un tratamiento más favorable al mismo, podrían representar una enorme ayuda para las exportaciones de este producto. El hecho de que los cereales reciban un subsidio del 20 al 30% en la forma de precios de garantía, mientras que el algodón está sujeto a impuesto de exportación, ha sido un poderoso motivo para que se sustituya su producción por la de cereales. Mediante cambios en los precios relativos, se podría volver a cultivar algodón en el norte del país, mientras que en El Bajío podría extenderse la producción de cereales.

Existen también posibilidades para expandir las exportaciones de frutas y legumbres de temporada a Estados Unidos. Para impulsar dichas exportaciones sería conveniente establecer entidades comerciales que, bajo contratos a largo plazo, aseguraran la venta de estos productos, sujetos a normas de calidad. La reducción en el precio de los fertilizantes, como consecuencia de la puesta en servicio de nuevas plantas, podría contribuir también a la expansión de las exportaciones de productos agrícolas, mientras que la disminución en los precios de los envases metálicos, actualmente sólo un 25% más altos que en Estados Unidos, podría propiciar las exportaciones de frutas y legumbres enlatadas.

Aunque los ingresos por concepto de turismo crecieron a una tasa promedio anual de 13% durante los años sesenta, el aumento del gasto de los turistas mexicanos en el extranjero sobrepasó el 20% anual. Dada la alta elasticidad-ingreso del turismo en México, serán necesarios grandes esfuerzos para poder sostener las antiguas tasas de crecimiento del ingreso neto. Aumentos en las inversiones para el turismo, así como en las campañas para promoverlo, contribuirían a lograr esta meta.

La expansión de las exportaciones de productos agrícolas y del turismo debe verse acompañada por esfuerzos paralelos tendientes a promover las exportaciones de bienes manufacturados, puesto que, además de su contribución a largo plazo a los ingresos de divisas, la expansión de las exportaciones de manufacturas contribuiría a mejorar la eficiencia del sector manufacturero y, por lo tanto, las expectativas de crecimiento de la economía mexicana. Por una parte, el familiarizarse con los mercados y con la competencia extranjera, tiende a mejorar la calidad y a propiciar innovaciones técnicas; por otra, la expansión de las exportaciones hace posible reducir los costos al utilizar plenamente la capacidad instalada de las plantas actuales y a propiciar la construcción de otras de tamaño eficiente. Además, hace factible evitar la continuación y aun el incremento de las actividades tendientes a la sustitución de importaciones, que suponen altos costos internos.

Los beneficios que se pueden obtener del paso de la sustitución de importaciones a la exportación de bienes manufacturados, quedan de relieve al comparar el costo interno de obtener una unidad de divisas a través de exportaciones con el de ahorrarla mediante la sustitución de importaciones. El costo interno de los bienes manufacturados de exportación difícilmente excede el precio *f.o.b.* de las importaciones, ya que los subsidios a estas exportaciones son únicamente del orden del 2 al 3% del valor de exportación. En cambio, en las nuevas industrias establecidas al amparo del sistema de permisos previos de importación, los costos internos exceden los precios *c.i.f.* de importación en un promedio del 40 al 50%; para algunos productos, esta diferencia en costos llega a ser del 100%.

Las diferencias son todavía más pronunciadas si se consideran sólo los costos internos de fabricación excluyendo los costos de los insumos físicos. Se encuentra entonces que las exportaciones están penadas por el alto costo de algunos insumos nacionales, por lo que a menudo no es posible tener éxito al exportar, a menos de que los costos internos de fabricación sean menores que los del exterior. Por otra parte, los productores de sustitutos de importaciones se ven beneficiados por el hecho de que la diferencia entre los precios internos y los del exterior es generalmente mayor para los productos acabados que para sus insumos.

Estas consideraciones subrayan la conveniencia de fomentar la producción de manufacturas aumentando las exportaciones, en lugar de sustituir importaciones con producción interna. Esta conclusión se refuerza si se advierten las limitadas posibilidades de seguir sustituyendo importaciones en el protegido mercado mexicano. Después de concluir el proceso de sustitución de importaciones de bienes de consumo no duradero y de una variedad de productos intermedios y bienes de capital sencillos, habría que avanzar progresivamente hacia maquinaria y equipo que requieren de producciones en gran escala, así como tecnologías más elaboradas. Producir estos bienes en el marco de un estrecho mercado interno, acarrearía altos costos y dejaría a México con una industria manufacturera ampliamente diversificada, pero constituida por pequeñas empresas con pocas probabilidades de progresar técnicamente. He apuntado que la expansión de las exportaciones de bienes manufacturados evitaría la necesidad de tener que producir artículos cuyos costos internos son altos. Pero las exportaciones y la sustitución de importaciones eficiente no se excluyen, ya que las empresas técnicamente avanzadas que producen para los mercados extranjeros, abastecerán también el mercado interno a bajos costos.

Para incrementar las exportaciones de bienes manufacturados será necesario, sin embargo, mejorar los incentivos que se ofrecen a esas exportaciones. Después de una evaluación del sistema de subsidios aplicado actualmente, en este texto se formularán recomendaciones para un sistema de promoción de exportaciones que contribuiría a la expansión de las exportaciones de mercancías en general y a las de bienes manufacturados en particular. Más adelante, se examinará el sistema actual de protección y se harán sugerencias para introducirle mejoras, dentro del contexto de una nueva política industrial para el país.

Los subsidios a la exportación en México

En los últimos años, un número creciente de países en desarrollo ha advertido que las políticas proteccionistas que desalientan las exportaciones son nocivas, ya que dichas políticas afectan adversamente los ingresos por exportación, al tiempo que fomentan la producción interna a altos costos para sustituir importaciones. Esto es especialmente cierto para los bienes manufacturados, por los cuales el productor obtiene altos precios en los mercados internos protegidos, pero que tendría que vender en el exterior a los precios del mercado mundial.

Tales consideraciones han movido a varios países a reformar sus sistemas de incentivos, a fin de dar un trato más favorable a las exportaciones. En Formosa y Corea esta política ha adoptado la forma de una variedad de subsidios directos e indirectos a las exportaciones, que comprenden exención de impuestos y aranceles sobre los insumos, créditos a tasas preferenciales y exención de impuestos directos. En Corea, los subsidios a la exportación alcanzan un promedio de 30%, siendo aún más altos los concedidos a la exportación de manufacturas. En el sector manufacturero, las exportaciones reciben aproximadamente los mismos incentivos que la producción para consumo interno, de manera que el costo interno de las divisas obtenidas mediante exportación y el de las ahorradas con la sustitución de importaciones se iguala.

En Europa occidental, los impuestos indirectos, que representan del 12 al 20% del valor de las ventas, son reembolsados a los exportadores y, en los últimos años, también se han establecido mecanismos de subsidios a la exportación en América Latina. En Argentina se tiene un subsidio del 12% a las exportaciones de bienes manufacturados —que se dice representa un reembolso de los impuestos indirectos—, devolución de los derechos pagados sobre insumos importados y tasas preferenciales en el impuesto al ingreso, que proporcionan en conjunto un subsidio del 16 al 18% a las exportaciones de bienes manufacturados. Desde 1969, Colombia concede un subsidio del 15% a todas las exportaciones, en forma de certificados que el exportador puede usar para pagar impuestos, tanto directos como indirectos, independientemente de que éstos se relacionen o no con operaciones de exportación; en Brasil, las devoluciones de impuestos indirectos y los créditos fiscales en favor de las exportaciones de manufacturas alcanzan del 40 al 45% del valor de esas exportaciones. En Chile, los subsidios a la exportación alcanzan niveles variables, sobre la base del estudio especial de cada caso.

El sistema de incentivos a la exportación de México es muy débil comparado con los vigentes en estos países. Los créditos a tasas preferenciales para la exportación de bienes manufacturados se proporcionan a través del Fondo para el Fomento de las Exportaciones de Productos Manufacturados, administrado por el Banco de México. Tales préstamos sumaron 700 millones de pesos en 1968. Con una diferencia de 5 puntos en la tasa anual de interés y con un plazo de seis meses en promedio, el valor de las preferencias crediticias para los exportadores es de cerca de 18 millones de pesos, lo que representa un 0.5% del valor de las exportaciones de manufacturas.

También existe el llamado "sistema de incentivo triple", administrado por la Secretaría de Hacienda, que incluye exenciones de impuestos de exportación, devoluciones de la parte del impuesto sobre ingresos mercantiles correspondiente al Gobierno Federal (1.8% del valor de la transacción), así como un reembolso del 50% del impuesto al ingreso imputable al incremento en las exportaciones sobre los niveles de 1961. Puede obtenerse, además, la devolución de los derechos de importación sobre los insumos importados utilizados en las exportaciones, si se reúnen ciertas condiciones, y los exportadores reciben el beneficio de tarifas preferenciales en los ferrocarriles, a criterio de la Secretaría de Hacienda.

La suma total de los estímulos concedidos es, sin embargo, bastante pequeña: de acuerdo con estimaciones extraoficiales, difícilmente excede del 2% del valor de las exportaciones de manufacturas. Estos beneficios concedidos por ley no sólo son pequeños, sino que su otorgamiento está sujeto a diversas limitaciones y, cuando se reúnen las condiciones estipuladas, las dificultades prácticas para obtener los beneficios son considerables.

Los subsidios a la exportación se conceden sólo a productos terminados que no requieren de transformación posterior en el extranjero. Asimismo, la exención del impuesto sobre ingresos mercantiles se aplica sólo a las ventas directas; de hecho, las ventas a través de exportadores especializados están penadas, ya que la tasa de 3% del impuesto sobre ingresos mercantiles se aplica tanto a la venta del producto a la empresa exportadora, como a su venta en el extranjero por dicha empresa. Finalmente, el reembolso de derechos sobre los insumos importados sólo se concede si estos insumos no exceden del 20% del valor del producto.

Las restricciones impuestas a los subsidios a la exportación, carecen de justificación económica. En primer lugar, el limitar los subsidios a los bienes finales desalienta la exportación de productos intermedios, los que generalmente se enfrentan a menores aranceles en el extranjero y son de colocación relativamente fácil; desalienta también las exportaciones de partes y componentes para las que existe una demanda considerable en Estados Unidos. Por otra parte, la exclusión de la devolución del impuesto sobre ingresos mercantiles (cuota federal) de las ventas a través de exportadores especializados, junto con la doble imposición a estas ventas, generalmente provoca que la devolución sólo beneficia a los grandes productores que pueden vender directamente en el extranjero y desalienta el establecimiento de empresas exportadoras, que podrían comercializar en el exterior los productos de numerosas empresas pequeñas.

Finalmente, la limitación a la devolución de los derechos aduaneros a los productos cuyos insumos importados representen menos de una quinta parte del precio, desalienta el procesamiento de materiales importados, actividad en la que México podría aprovechar su mano de obra relativamente barata. Esto se demuestra por la rápida expansión de las exportaciones de bienes hechos con materiales importados desde Estados Unidos libres de impuestos, en los perímetros libres. En todo caso, no se debe considerar como indeseable la importación de insumos, ya que desde el punto de vista de la balanza de pagos y del ingreso nacional, lo que cuenta son los ingresos netos derivados de la exportación.

El asunto se complica, además, porque en lugar de concederse automáticamente, la decisión sobre la aplicación de los estímulos se basa en un estudio de cada caso particular, mediante un largo proceso que incluye varios pasos, cada uno de los cuales requiere la presencia física de los exportadores o sus representantes en las correspondientes oficinas gubernamentales. Las solicitudes de subsidio sólo pueden ser presentadas una vez que la exportación se ha llevado a cabo, por lo que las devoluciones se obtienen después de varios meses. Lo largo del proceso administrativo, su costo y los requisitos de contabilidad bastante estrictos para lograr una decisión favorable, tienden a desaminar a los exportadores de solicitar los subsidios, sobre todo a las empresas pequeñas y medianas, que no suelen hacer uso de las ventajas que provee la ley.

Suprimiendo las restricciones descritas y haciendo automático el proceso de concesión de subsidios, se incrementaría el monto de subsidios concedidos a la exportación, pero aun así su nivel sería bastante pequeño en comparación tanto con los incentivos proporcionados a la sustitución de importaciones, como con los sistemas de subsidios de algunos países competidores. Por lo tanto, para fortalecer las exportaciones parece deseable aumentar el nivel de los subsidios y exenciones complementarias con otras medidas. A continuación, se presentan recomendaciones para adoptar un sistema de promoción de exportaciones, incluyendo un mecanismo de subsidios a la exportación y otras medidas.

Un posible mecanismo de subsidios a la exportación

Un mecanismo de subsidios a la exportación debe satisfacer criterios. En primero lugar, debe ser fácil de administrar y no requerir decisiones discrecionales; en segundo, los beneficios deben variar entre las distintas ramas industriales dependiendo de la magnitud de las diferenciales de costos originadas en el sistema de protección e imposición. En tercer lugar, debe estar organizado de forma que no provoque represalias externas que nulificarían sus beneficios y que podrían incluso reducir los ingresos de divisas por exportación. No es necesario subrayar que, en el caso de México, la amenaza de represalias vendría de Estados Unidos, su mercado más importante.

El sistema colombiano, al ser automático, cumple con el primer criterio, pero no con los otros dos. Por una parte, al establecer una tasa fija de subsidio a todas las exportaciones, no toma en cuenta el hecho de que la industria manufacturera utiliza, en mayor cantidad que otros sectores, materias primas que han pagado impuestos directos e indirectos; por otra, está sujeto a represalias, ya que no se ajusta a la usanza internacional, tal como se codifica en el GATT. En Brasil, sólo las exportaciones de manufacturas reciben subsidios, pero los créditos fiscales no se ajustan a las reglas del GATT.

El hecho de que México no sea miembro del GATT no altera las cosas, ya que ello no impide que Estados Unidos establezca derechos compensatorios (*countervailing duties*). Esto ha ocurrido en el caso de los textiles de algodón, en el que México reembolsa los impuestos a la exportación de algodón, favoreciendo a su industria textil algodonera por encima de sus competidores, en violación de las reglas del GATT. Aún más, la comunidad empresarial y los sindicatos de Estados Unidos no dejan de ver con recelo las exportaciones mexicanas, como se deduce de las medidas restrictivas aplicadas a las exportaciones mexicanas de tomate y las protestas en contra de las industrias fronterizas.

Las cláusulas del GATT permiten reembolsar los derechos aduanales y los impuestos indirectos que gravan a los insumos usados en la fabricación del producto exportable, tanto en la última como en anteriores etapas de fabricación. De acuerdo con el Anexo al Artículo XVI, relativo a *Instrumentos básicos y documentos seleccionados del GATT*, "el eximir a un producto exportado de los derechos o impuestos de que es objeto ese mismo producto cuando se destina al consumo interno, o el reembolso de tales derechos e impuestos, en cantidades que no excedan a aquellas que se han pagado, no debe considerarse como un subsidio". Una interpretación de esta disposición se encuentra en el informe del 19 de noviembre de 1960, publicado en el *Noveno suplemento* del documento citado. De acuerdo con este informe, debe considerarse como un subsidio a la exportación, "la exención respecto de bienes exportados, de derechos o impuestos distintos de los relacionados con derechos de importación o los impuestos indirectos, recaudados en una o varias etapas, que gravan a los mismos bienes cuando se destinan al consumo interno; o el pago, respecto de bienes exportados, de cantidades que excedan a aquellas realmente cubiertas, en una o varias etapas, por los productores de estos bienes en la forma de derechos de importación o de impuestos indirectos, o en ambas".

Ya que el reembolso de derechos aduaneros de importación y de impuestos indirectos está permitido por el GATT, no es objeto de represalias por parte de Estados Unidos y otros importadores, lo que hace que la adopción de dichos reembolsos sea conveniente en el caso de México. Al compensar las diferenciales de costos, de ciertos artículos, causadas por los impuestos indirectos y los derechos aduaneros, un mecanismo como el aquí propuesto también se ajusta al segundo requisito de los subsidios a la exportación. Sin embargo, no neutraliza el alto costo de los insumos producidos internamente, lo cual no puede conseguirse sin violar las reglas del GATT, por lo que la adopción de este mecanismo tendría que ir acompañada de esfuerzos para reducir el costo excesivo de los insumos internos, transformando el actual sistema de protección.

He señalado que las reglas del GATT en materia de reembolso de impuestos han sido aprovechadas por algunos países europeos. La experiencia de Alemania Federal es de especial interés, ya que, hasta hace poco, tenía un impuesto a las ventas en cascada, como el de ingresos mercantiles en México. La tasa impositiva alemana era del 4% en todas las etapas del proceso de producción y al transformar este sistema en uno que grava el valor agregado, la tasa se ajustó al 12% sobre dicha base. En México, la Secretaría de Hacienda ha estimado que la tasa del 3% del impuesto sobre ingresos mercantiles es equivalente a una del 8% de impuesto al valor agregado. El reembolso de impuestos indirectos excedería, sin embargo, del 8% en el caso de los productos manufacturados que pasan por varias etapas de elaboración, y sería menor en el caso de los artículos primarios.

Pero, ¿cómo estimar los impuestos indirectos pagados en las etapas previas del proceso de fabricación? La experiencia alemana es también instructiva en este aspecto. Las autoridades fiscales de ese país establecieron normas para cada rama industrial de acuerdo con la cantidad aproximada de impuestos pagada en la última etapa y en las precedentes. Parece conveniente que al adoptar un sistema de devolución de impuestos indirectos, México establezca normas sobre cuya base los reembolsos se concedan automáticamente. Tales normas deben ser establecidas por la Secretaría de Hacienda, tomando en cuenta la opinión de la comunidad empresarial y ser dadas a conocer oficialmente. Como las normas se basarían en las tasas impositivas legales, no se verían afectadas por la posible evasión en las primeras etapas del proceso de elaboración. No obstante, además de incrementar la recaudación, las medidas tomadas para reducir la evasión tendrían el saludable efecto de aumentar los incentivos para exportar, en lugar de vender en el mercado nacional.

En los cálculos deben tomarse en cuenta los impuestos indirectos que gravan no sólo a los insumos directos, sino también a la maquinaria utilizada tanto en la última como en las anteriores etapas del proceso de producción. Las devoluciones de los derechos aduaneros de importación deben estimarse del mismo modo, aunque en las condiciones actuales la existencia de exenciones en casos particulares complica la situación. Sin embargo, con la reforma en el sistema de exenciones arancelarias que se presenta más adelante, será posible establecer también normas generales para reembolsar los derechos aduaneros.

El mecanismo de subsidios a la exportación que se propone es más general que el sistema actual y, al mismo tiempo, supondría subsidios a tasas sustancialmente mayores. En primer lugar, el mecanismo se aplicaría, automáticamente y sin excepción, a todas las exportaciones; en segundo, las devoluciones abarcarían no sólo a los derechos y los impuestos pagados en la última, sino también en las etapas precedentes del proceso de producción. En tercer lugar, las devoluciones incluirían la parte de los impuestos indirectos que corresponde a las autoridades estatales.

En las exportaciones de manufacturas, las devoluciones de impuestos pueden significar un subsidio del orden de 12 a 15%, al que se sumarían los beneficios derivados de la devolución de los derechos aduaneros a la importación. Conforme a esto, México podría abandonar las exenciones parciales del impuesto sobre la renta, que no se concilian con las reglas internacionales. De cualquier forma, las exenciones en el impuesto sobre la renta han sido muy pequeñas, debido en parte a las dificultades para determinar las cantidades precisas, y en parte porque en el caso de las industrias de exportación, las utilidades, y por consiguiente los pagos de impuesto sobre la renta, han sido bajas. No obstante, este asunto podría ser reconsiderado si el Congreso de Estados Unidos aprueba una ley comercial, que incluye medidas que equivaldrían a subsidios a la exportación, por una cantidad de cerca del 50% de las utilidades derivadas de la exportación.

Sin embargo, surge la cuestión de si los subsidios deben concederse a todas las exportaciones o únicamente a los aumentos de exportaciones sobre un año base determinado. Frecuentemente se ha indicado que la primera alternativa no es conveniente, ya que puede simplemente proporcionar una ganancia extra a los exportadores, que no necesariamente los conduce a un esfuerzo por incrementar las exportaciones. No obstante, los principales países que otorgan subsidios a la exportación han elegido esa primera modalidad por varias razones.

Ante todo, los que se oponen a la concesión de subsidios a todas las exportaciones parten del supuesto de que la oferta de exportaciones no responde a cambios en los precios. Las investigaciones estadísticas han demostrado que éste no es el caso incluso en las economías primitivas y menos aún en la de México, que tiene una estructura industrial relativamente desarrollada. Más aún, una decisión en cuanto al año base para calcular los incrementos en las exportaciones trae consigo un grado considerable de arbitrariedad y puede dar lugar a manipulaciones por parte de los empresarios, como el cambio de las exportaciones de un producto a otro. La segunda alternativa no satisface, además, el criterio de eficiencia económica, ya que el subsidio a las exportaciones se basaría en un incidente histórico y podría favorecer la exportación de artículos con mayores costos internos, en demérito de aquellos que tienen menores costos.

Finalmente, existe el problema del costo presupuestario del mecanismo propuesto. Dado que en México las actividades primarias tienen una mayor participación en las exportaciones que en la producción interna, el promedio de las devoluciones de impuestos indirectos probablemente no exceda del 6%. El reembolso de los derechos aduaneros puede añadir un 4%, para hacer un total de 10%, del cual habría que deducir la actual tasa promedio de subsidio del 2%.

Considerando el valor de las exportaciones en 1969, el incremento en los subsidios alcanzaría así la cantidad de casi 1 600 millones de pesos, a la cual habrá que agregar el subsidio al incremento en las exportaciones. Esto se compara con un ingreso corriente del Gobierno Federal, que en 1969 fue del orden de 36 000 millones de pesos. Pero la expansión de las exportaciones daría también lugar a incrementos en la recaudación, tanto en forma de impuestos al ingreso de las empresas, derivado de las exportaciones, como en forma de aranceles sobre las mayores importaciones que sería posible financiar gracias a la expansión de las exportaciones. De acuerdo con esto, el Gobierno Federal tendría que encontrar financiamiento sólo para la pérdida neta de recaudación debida a la aplicación de subsidios a la exportación, después de tener en cuenta el incremento en las percepciones por impuestos.

El rango de posibilidades de obtener ingresos impositivos adicionales es amplio, ya que en México la proporción de impuestos a ingreso nacional es relativamente baja. Las posibles fuentes de ingreso comprenden la introducción de impuestos sobre artículos de lujo, que tendrían el efecto adicional de mejorar la distribución del ingreso; el aumento de la cuota federal en el impuesto sobre ingresos mercantiles; el aumento del impuesto sobre la renta; la eliminación de las formas actuales de exenciones de impuestos, y el perfeccionamiento de la recaudación con el objeto de reducir la evasión. La devolución de los impuestos indirectos se facilitaría si México adoptara el sistema de imposición al valor agregado como se propuso en 1969, pero un cambio en la base del impuesto no es necesario para la aplicación del proyecto propuesto.

Una posibilidad alternativa es la de imponer impuestos indirectos a las importaciones, en la misma proporción en que se han reducido para las exportaciones. Esta compensación concuerda con las reglas del GATT y se ha adoptado en la mayoría de los países europeos. Sin embargo, puede no ser una solución apropiada para México, en parte porque los impuestos a las importaciones deben determinarse dentro del contexto de una política de protección, más que sobre la base de consideraciones en materia de recaudación, y en parte porque en muchos artículos la imposición de un gravamen adicional a la importación incrementaría los incentivos al contrabando.

Otras medidas de promoción de exportaciones

Además de los subsidios, en México se aplican muy diversas medidas para promover las exportaciones. Aparte de los créditos para la exportación de bienes manufacturados otorgados por el Fondo para el Fomento de las Exportaciones, el Banco Nacional de Comercio Exterior proporciona créditos para la exportación de productos agrícolas e industriales. Un mecanismo de seguro de crédito a la exportación acaba de iniciar su operación. El Instituto Mexicano de Comercio Exterior y las oficinas comerciales establecidas en el extranjero por el Banco Nacional de Comercio Exterior, las misiones comerciales y los consejeros comerciales, recogen y difunden información sobre las posibilidades de exportación. Con anterioridad al establecimiento del Instituto Mexicano de Comercio Exterior, la Secretaría de Industria y Comercio intervenía en la organización de la participación de México en las ferias comerciales en el exterior, y el Comité Coordinador de la Promoción del Comercio Exterior, bajo la presidencia del secretario de Industria y Comercio, tenía la tarea de coordinar las actividades de promoción de las exportaciones en el extranjero.

A pesar de los avances logrados en años recientes en el campo del crédito a las exportaciones, el seguro de crédito y la promoción de las exportaciones en general, queda aún mucho por hacer. En primer lugar, la autoridad en materia de actividades de promoción de exportaciones está distribuida entre varias dependencias: las secretarías de Hacienda y Crédito Público, Relaciones Exteriores, Industria y Comercio, el Banco de México y el Banco Nacional de Comercio Exterior. Algunas funciones particulares, como la concesión de créditos, la obtención de información y la organización de ferias comerciales, se distribuyen también entre varias dependencias. En estas condiciones no se ha asegurado una coordinación adecuada de los esfuerzos de promoción de exportaciones lo que se supone logrará el Instituto Mexicano de Comercio Exterior, establecido a fines de 1970.

Sería también deseable, en el campo del crédito a la exportación, la centralización de su otorgamiento. Además, dichos créditos podrían extenderse provechosamente a la producción de artículos de exportación, como sucede con algunos de los que otorga actualmente el Fondo, aunque en cantidades relativamente pequeñas. Finalmente, existe la necesidad de mejorar los créditos de exportación para las manufacturas en pequeña escala y las artesanías.

También sería conveniente unificar y ampliar los actuales servicios de información comercial. A este respecto, puede pensarse en el aumento del número de centros comerciales y consejerías comerciales en el extranjero; el establecimiento de centros comerciales en México, para familiarizar a los importadores extranjeros con las ofertas mexicanas, y una creciente participación en las ferias y exposiciones internacionales, asumiendo el gobierno por lo menos una parte de los costos en que incurren las empresas privadas que acuden a dichas ferias.

Las actividades de acumulación de información deben comprender la relativa a las condiciones económicas generales de los principales países importadores de productos mexicanos y las posibilidades de mercado para ciertos grupos de productos. El análisis de las condiciones económicas generales en el extranjero debe cubrir las tendencias a corto y a largo plazo; el sistema de restricciones a la importación y los posibles cambios futuros; el costo y los medios de transporte; la organización de las empresas importadoras; un calendario de las ferias y convenciones comerciales, etcétera. Con este propósito, sería necesario establecer un "banco de información" al que se canalizaría la información recogida por entidades públicas, así como la recopilada por los exportadores mexicanos.

Aunque una dependencia gubernamental no podría encargarse de investigaciones de mercado para productos específicos, sí podría reunir datos sobre los principales grupos de productos, principalmente en lo que aluda a los módulos estacionales del consumo; a los factores psicológicos que afectan la estructura de la demanda; a la existencia de competencia interna y externa; a los canales de distribución de los productos; a las comisiones de ventas usuales, y a los controles a la importación, derechos y otras regulaciones.

La información sobre productos específicos puede ser recogida por las empresas exportadoras. La legislación actual discrimina a tales empresas, restringiendo el disfrute de los subsidios a la exportación establecidos a las ventas directas, y mediante la doble imposición a las ventas efectuadas a través de empresas exportadoras. Además de eliminar estas restricciones, sería conveniente proporcionar estímulos impositivos a las empresas exportadoras, cuya actividad beneficiaría especialmente a las industrias pequeñas y medianas, que hasta ahora han tenido pocas probabilidades de exportar directamente. La creación de estas empresas exportadoras haría posible también organizar la producción con propósitos de exportación, puesto que en la actualidad generalmente se busca dar salida a artículos que de todas formas se producen.

Las empresas exportadoras pueden operar dentro del sector privado, para que respondan al incentivo de las utilidades. Las empresas públicas de exportación pueden, sin embargo, cumplir una función útil, tanto en la agricultura como en las artesanías. A este respecto, se debe prestar atención a la propuesta formulada por el Instituto Mexicano de Investigaciones Tecnológicas, que sugiere una combinación de asistencia técnica e investigación de mercados para las artesanías.

También sería conveniente mejorar las condiciones del transporte de los artículos de exportación. Las principales reformas deben operarse en los puertos, cuyas condiciones actuales significan obstáculos, especialmente para las exportaciones de bienes manufacturados. Además de mejorar la organización de los puertos, es necesario hallar una solución a los problemas sindicales que actualmente causan retrasos, así como mayores costos para los exportadores.

El sistema de protección

Aunque las medidas propuestas para la promoción de las exportaciones proporcionarán incentivos para exportar bienes manufacturados, su efecto limitado en la medida en que las restricciones a la importación hagan posible obtener mayores ganancias por las ventas en el mercado interno que por las exportaciones. A continuación se describirá el actual sistema de protección y se presentarán recomendaciones para modificarlo.

Desde los primeros años de la posguerra, los permisos previos de importación han sido el instrumento básico de la política de protección, relegando a un lugar secundario a los aranceles y a las exenciones. Las importaciones sujetas a permiso equivalen a cerca de las dos terceras partes del valor total y llegan a cuatro quintas partes de las fracciones del arancel de importación. Dada la amplia gama de importaciones para las cuales no es posible obtener permisos, los anteriores datos sólo reflejan el alcance del sistema de permisos. Debe añadirse que los productos que no requieren permiso de importación son principalmente bienes que no se producen en México.

Los permisos de importación son expedidos por la Secretaría de Industria y Comercio (SIC) tomando en cuenta las recomendaciones de 80 comités consultivos que se ocupan de grupos particulares de artículos. En los comités están representados, además de la SIC, los grupos de empresas relacionados con la producción, importación y exportación de los artículos en cuestión. Las recomendaciones de los comités pueden ser rechazadas por el director general de Comercio, un alto funcionario de la SIC.

Hace años, las solicitudes de permiso de importación eran negadas siempre que el artículo se producía internamente, independientemente de su costo. Sin embargo, desde 1966, los permisos de importación generalmente se conceden si la diferencia de precio entre el artículo producido internamente y los sucedáneos extranjeros excede cierto límite. Esta diferencia de precios fue fijada en 100% (y posteriormente reducida al 90%) tanto para productos "viejos" como para los "nuevos" no sujetos a programa de integración, y en 25% para artículos cuya producción se halla sujeta a un "programa de integración" aprobado por la SIC. La presentación de dicho programa es generalmente una condición previa para obtener permisos de importación de materiales, partes y componentes.

Sin embargo, se encuentran considerables variaciones en la aplicación práctica de estas normas. Esto se observa en las instrucciones a los comités consultivos, publicadas en *Comercio Internacional*, el órgano oficial de la Dirección General de Comercio de la SIC. En las nueve industrias tratadas en números recientes de la revista, las reglas descritas se aplican sólo a la maquinaria no eléctrica; en cambio la regla del 90% se aplica a todos los motores y dispositivos eléctricos, tubería, alambres y clavos, y la regla del 25% a la mayor parte de la maquinaria agrícola. Finalmente, los tipos de bombas y compresoras producidos internamente no pueden importarse y no ha sido establecida una diferencia de precio límite para los artículos electrónicos, las herramientas y los materiales de construcción.

Tampoco se establecen límites de costos en las listas, publicadas por la SIC, mediante las cuales se informa a los inversionistas nacionales y extranjeros de los artículos que el gobierno desea se produzcan en el país, para fomentar la sustitución de importaciones. La primera de estas listas se publicó en 1965 y la segunda en 1967; desde entonces, el 60% de los productos incluidos en ellas se han empezado a producir internamente. La última lista, publicada en 1970, contiene 751 artículos, un tercio de los cuales pertenece a la categoría de maquinaria no eléctrica y en la que las partes y componentes automotrices, los aparatos eléctricos y electrónicos y los productos farmacéuticos representan, cada uno, la décima parte de los productos incluidos. Además, en las industrias sujetas a programas de integración, a menudo, los costos han aumentado, a medida que una mayor proporción de las partes y componentes se han tenido que producir en el país. Por ejemplo, el costo de producción de los automóviles ha aumentado en un 30% después de que las disposiciones respecto al contenido mínimo de partes nacionales entraron en vigor, y los aumentos en los precios se han evitado mediante la reducción de los impuestos que gravan la venta de automóviles. De acuerdo con un estudio elaborado por Nacional Financiera, los precios de los automóviles en México exceden, en promedio, en un 75% los precios de los extranjeros similares, mientras que para los camiones, la diferencia en precios es de un 42%. Asimismo, en la industria de equipo eléctrico, los costos han aumentado a raíz de la aplicación de las disposiciones sobre contenido nacional.

En algunos casos se han proporcionado incentivos adicionales a los productores, en forma de permisos para la importación de artículos similares, aumentando así el costo de la producción interna para la economía nacional. Este es el caso de las industrias vinícola y manufacturera de relojes y el de algunos productos químicos. Tales permisos se conceden antes de empezar la producción, y se han dado casos en que el poseedor del permiso no ha empezado nunca la fabricación.

La sustitución de importaciones es fomentada también por los sistemas de exención de impuestos y aranceles, aunque éstos son mucho menos importantes que los permisos. Con la Ley para el Fomento de Industrias Nuevas y Necesarias, la Secretaría de Hacienda puede conceder exenciones sobre la cuota federal del impuesto sobre ingresos mercantiles y sobre los derechos de importación, y reducir en un 40% el impuesto sobre la renta, a industrias que sean nuevas en México o que actúen en ramas que suministran menos del 80% del consumo interno. Sin embargo, las solicitudes para acogerse a dicha Ley siguen un proceso lento y su resultado es incierto, ya que la Secretaría de Hacienda tiene que considerar una amplia gama de criterios.

La Secretaría de Hacienda dispone de amplia flexibilidad en cuanto a la concesión de exenciones de impuestos aun en casos que no caen bajo la Ley de Industrias Nuevas y Necesarias, y puede, además, aprobar planes de depreciación acelerada. Pueden concederse exenciones de derechos del 50 y el 75% para la importación de determinadas instalaciones, aun cuando las industrias con programas de integración pagan los mismos derechos sobre las partes y componentes importados que la tasa aplicable al producto acabado.

Reformas al sistema de permisos de importación

El sistema de permisos previos de importación fue útil durante las primeras etapas del desarrollo industrial de México, cuando el objetivo principal era fomentar la sustitución de importaciones de bienes de consumo no duradero y de productos intermedios sencillos; pero, conforme ha venido aumentando el grado de complejidad de la industria mexicana, se ha vuelto cada vez más deficiente.

Los criterios para limitar la importación de artículos estandarizados, tales como textiles, acero y aluminio, son relativamente fáciles de formular, y el establecimiento de cuotas para ropa, calzado y otros bienes de consumo no duradero, en vista de la competencia interna y el contrabando, no significó un sacrificio excesivo para la economía mexicana. Pero, por otra parte, dichos criterios se vuelven cada vez más complejos en el caso de productos diferenciados, como maquinaria y productos intermedios con un alto grado de elaboración. La calidad, el funcionamiento, el cumplimiento en las fechas de entrega y el servicio de reparación son a menudo más importantes que el precio mismo, y los criterios de costo, por sí solos, no resultan suficientes.

La SIC trata de hacer frente a algunos de estos problemas fijando normas de calidad. Pero estas normas son difíciles de controlar, y siendo necesario tomar decisiones sobre 3 000 solicitudes de permiso a la semana, es prácticamente imposible hacer una investigación minuciosa de cada una de ellas. Por tanto, existe un grado considerable de arbitrariedad en el proceso de adopción de decisiones y hay un amplio margen de negociación. El solicitante de permiso suele argüir que el producto nacional no cumple con sus especificaciones, mientras que el productor pedirá a la SIC que niegue solicitudes de permisos, incluso sin tener experiencia para fabricar el producto, de acuerdo con las necesidades del comprador. En la práctica, la mayoría de las veces es el productor el que sale victorioso.

Debe añadirse que en el caso de los bienes de consumo y de partes y componentes sencillos, el comprador recurre a menudo al contrabando proveniente de Estados Unidos o de los perímetros libres. Sin embargo, esta práctica es poco factible para la maquinaria o para partes y componentes mayores. El usuario tiene que acceder entonces a utilizar productos nacionales, a menudo de inferior calidad y mayor precio, en lugar de mercancía extranjera, o bien, producir él mismo.

Los efectos adversos del sistema de permisos se manifiestan especialmente en las partes, componentes y otros insumos que necesitan ajustarse a especificaciones exactas. Es frecuente que las dificultades para obtener los permisos y la desconfianza en los abastecedores nacionales, induzcan a las empresas a integrarse verticalmente y a producir ellas diversos tipos de insumos. Tales insumos incluyen, entre otras cosas, piezas forjadas, engranajes e incluso motores eléctricos. Si bien la integración vertical es provechosa para el usuario, desde el punto de vista de la economía nacional es ineficiente, porque ocasiona la producción de los insumos en pequeña escala. En términos más generales, el desarrollo industrial del país se ve adversamente afectado por el hecho de que no se cuenta con el sistema de proveedores especializados que existe en los países industriales.

Nótese además que, excepto en el caso de la industria de automotores, la SIC aparentemente continúa con la antigua política de sustitución de importaciones, sin considerar las posibilidades de exportación. En un mercado nacional protegido, el estímulo a la sustitución de importaciones de productos intermedios y maquinaria complicada, origina el establecimiento de empresas pequeñas que frecuentemente utilizan tecnología anticuada. Tales empresas tienen pocas posibilidades de tornarse competitivas internacionalmente, puesto que para estar al día en materia de progreso tecnológico requerirían de labores continuas de investigación, para las cuales no cuentan con los recursos suficientes.

Estas consideraciones explican por qué los países industriales con un ingreso nacional de magnitud absoluta comparable al de México, como por ejemplo Suecia, Holanda y Bélgica, se han especializado en algunas ramas de la industria de bienes de capital, al tiempo que importan otros bienes de capital. De esta forma, se han establecido grandes empresas, tecnológicamente avanzadas, que exportan una gran parte de su producción. Existen varias ramas de la industria de producción de maquinaria en México que podrían orientarse a las exportaciones, como la de maquinaria para la industria del vidrio, la de maquinaria textil y la de maquinaria agrícola, mientras que otros tipos de maquinaria podrían importarse.

Hacia una nueva política industrial

Se ha visto que el sistema de permisos previos de importación acarrea un grado considerable de arbitrariedad debido a las diferencias de calidad y de especificaciones entre los productos nacionales y los extranjeros. Estas diferencias se eliminan automáticamente si se utilizan los aranceles, ya que el precio del artículo nacional no puede elevarse por encima del precio *c.i.f.* —que incluye el arancel— del artículo extranjero equivalente, y si existen diferencias en la calidad y en las especificaciones, éstas se reflejan en el precio. Los aranceles tienen la ventaja adicional de que no es necesario adoptar decisiones para cada caso en particular, reduciéndose de este modo la incertidumbre para el empresario.

Podrían hacerse consideraciones adicionales en materia de avance tecnológico. En una primera etapa del desarrollo de la economía mexicana, pudo ser apropiado permitir a las empresas producir para el mercado nacional, obteniendo grandes ganancias al amparo de los permisos de importación, en el supuesto de que esas ganancias serían reinvertidas. Aparte de consideraciones de orden social, esta estrategia se vuelve cada vez más inadecuada, puesto que las empresas que obtienen grandes utilidades carecen de incentivos para lograr avances tecnológicos o para esforzarse en exportar sus productos. Por el contrario, bajo un sistema arancelario, la competencia real o potencial del extranjero sería un incentivo para mejorar la tecnología y la calidad del producto, y se desalentaría menos la exportación. La aplicación de aranceles, *cum* subsidios a la exportación, reduciría la predisposición contra las exportaciones, estimulando la especialización interindustrial.

Para entonces, que entre mayor sea el nivel de desarrollo industrial, los permisos se vuelven cada vez menos adecuados y su sustitución por aranceles sería conveniente. Esto explica la tendencia observada en los países semi-industrializados a pesar de los sistemas de cuotas de importación a los de aranceles. Un cambio de tal naturaleza se efectuó hace varios años en Argentina y se ha hecho incluso en países socialistas. La reforma de la economía húngara, en 1968, se basó en un cambio de este tipo y también hubiera tenido lugar en Checoslovaquia, de no haber sido por la intervención soviética.

Estas consideraciones apuntan la necesidad de reemplazar los permisos por protección arancelaria en México; pero la transformación del actual sistema de protección no puede ocurrir de la noche a la mañana. Aquí se propone que, como primer paso, el gobierno declare que, como criterio en materia de permisos de importación, las diferencias permisibles entre los precios de los productos nacionales y los precios de las importaciones equivalentes se reducirán al 25% en un periodo determinado, de preferencia no mayor de seis años. La publicación de tal plazo significaría que los cambios en el diferencial de precio permitido, son debidamente anticipados y las empresas pueden prepararse para ellos. Debe agregarse que se ha señalado que ese 25% constituye el objetivo de la SIC pero no se ha anunciado oficialmente ni se ha determinado la fecha de su aplicación.

La igualación de los márgenes de protección al 25% suprimiría la anomalía actual de permitir mayores diferencias de precios en el caso de productos "viejos" que en el de "nuevos" productos. Tales diferencias resultan en un trato inequitativo para los productos sujetos a permiso y afectan también la redituabilidad de distintos productos, a los que se aplican idénticas reglas, a pesar de que sus respectivos insumos reciben tratos diferentes. Más aún, las perspectivas de exportación son afectadas adversamente siempre que los insumos se producen internamente a elevados costos.

Al basar el sistema de permisos en una regla fija del 25% se suprimiría la *raison d'etre* de los permisos. Así, una vez que se haya adoptado el principio general del 25% como la máxima diferencia en precios entre los productos nacionales y extranjeros equivalentes, pueden hacerse los preparativos para sustituir el sistema de permisos por el de aranceles, el que se establecería al final del periodo de transición. Posteriormente, podría revisarse la regla del 25% en términos de la estructura arancelaria óptima para México, asunto que cae fuera de los límites del presente ensayo.

La transformación del sistema de protección que se ha señalado, debe formar parte de una política industrial que incluiría incentivos a las exportaciones, ayuda para la investigación y desarrollo (R&D), reglamentos para las exenciones de impuestos, así como la reglamentación de la inversión extranjera. Una nueva Ley de Desarrollo Industrial podría reemplazar a la Ley de Fomento de Industrias Nuevas y Necesarias, que ha alentado la aplicación de métodos intensivos de capital en la producción, y que, con su aplicación *ex post facto* sin reglas claramente articuladas, ha significado a menudo ganancias crecientes para el beneficiario, sin afectar sus decisiones de inversión. La nueva Ley podría establecer beneficios impositivos proporcionales a los efectos de la inversión en la creación de empleo y favoreciendo la localización en áreas descongestionadas.

Mientras que la política de permisos seguida en México ha impulsado la sustitución de importaciones en una gama muy amplia de productos, el sistema de aranceles *cum* subsidios de exportación que aquí se propone, proporcionaría incentivos para el desarrollo selectivo de industrias productoras de bienes de capital y de productos intermedios más complicados. Para hacer competitiva a la industria mexicana, se necesita además impulsar el desarrollo de proveedores especializados de partes, componentes y accesorios. En los países industriales esto se ha llevado a cabo por empresas medianas y pequeñas a base de subcontratos; la creación de facilidades de crédito, asesoramiento técnico y control de calidad, ayudaría al establecimiento de tales empresas en México, así como un cambio en la imposición a las ventas, para basarla en el valor agregado.

Se tiene, finalmente, el problema de la inversión extranjera. México requiere la participación de empresas extranjeras en la industria moderna ya que además de capital, estas empresas aportan el conocimiento tecnológico y administrativo. Pero bajo un sistema de promoción bastante indiscriminado de la sustitución de importaciones, la inversión extranjera puede ser, en algunos casos, perjudicial para el país, porque los altos precios en los mercados internos acarrean una transferencia de ingresos de los usuarios a los accionistas de las empresas extranjeras.

Tales efectos adversos pueden ser evitados si las subsidiarias de las empresas extranjeras no pueden fijar precios que exceden en mucho el precio en el mercado mundial y exportan parte de su producción. Mientras se mantenga el sistema de permisos, esto puede cumplirse limitando a 25% la diferencia de precio permitida y exigiendo a las empresas recién establecidas la exportación de parte de su producción, como se hace en la industria de automotores. Después del cambio a un sistema de arancel *cum* subsidios, los incentivos de precios proporcionarán los móviles apropiados.

Conclusiones

En este ensayo se han presentado recomendaciones para reorganizar los sistemas de incentivos a las exportaciones y de sustitución de importaciones. Por lo que respecta a las exportaciones, se ha sugerido que el sistema actual sea reemplazado por un sistema de devoluciones de impuestos indirectos y aranceles, acompañado por medidas adicionales de promoción. Tales medidas se refieren al crédito a las exportaciones, a la obtención de información comercial, a la asistencia para el establecimiento de empresas exportadoras, y a la consolidación de las actividades gubernamentales en materia de promoción de exportaciones.

Además, existe la necesidad de transformar el sistema de protección. Aunque el sistema de permisos previos de importación pudo haber sido apropiado en la primera etapa del desarrollo industrial de México, se ha venido haciendo cada vez más inadecuado, a medida que el sistema económico se ha vuelto más complejo. Para afrontar las necesidades de la nueva situación, se sugiere que los permisos sean reemplazados por aranceles. Esto puede llevarse a cabo reduciendo e igualando la diferencia de precios entre los artículos nacionales y extranjeros, actualmente utilizada como criterio para los permisos, y cambiando posteriormente el sistema de permisos por el de aranceles.

Los cambios propuestos deberían formar parte de una nueva política industrial en México, que comprendiera una Ley del Desarrollo Indusdrial con el propósito de sustituir a la Ley de Fomento de Industrias Nuevas y Necesarias, y la cual incluiría medidas relacionadas con las exportaciones, la protección, la investigación tecnológica, el empleo y el desarrollo regional. Hasta donde sea posible, la nueva ley debe comprender medidas automáticas, en lugar de medidas discrecionales.

IV. LA POLÍTICA FISCAL EN EL DESARROLLO ECONÓMICO DE MÉXICO*

Francisco Javier Alejo

I. El ámbito de la política fiscal

Las definiciones de política fiscal que, implícita o explícitamente, se manejan en la copiosa bibliografía sobre el tema, van desde las que limitan su ámbito a la operación con uno de sus instrumentos —los tributarios con mayor frecuencia— hasta las que la confunden con el conjunto de la política económica. Es frecuente también que las decisiones de la política fiscal se conciban como actos volitivos del Estado, en lugar de ser consideradas como resultados de un proceso continuo y permanente de negociación entre los distintos grupos de interés económico y el Estado. En consecuencia, suele confundirse al conjunto de la política fiscal con sus instrumentos, en lugar de contemplarla como un proceso continuo y permanente de remodelación de los esquemas sociales de compromiso, en el que se renegocian continua o periódicamente los objetivos de la política fiscal y los instrumentos para alcanzarlos, e incluso, en algunos casos, los criterios de evaluación de los resultados.

Según una de las mejores definiciones de política fiscal:

> el ámbito de la política fiscal es el conjunto de medidas relativas al régimen tributario, al gasto público, al endeudamiento interno y externo del Estado, y a las operaciones y la situación financiera de las entidades y los organismos autónomos o paraestatales, por medio de las cuales se determinan el monto y la distribución de la inversión y el consumo públicos como componentes del gasto nacional y se influye, directa o indirectamente, en el monto y la composición de la inversión y el consumo privados.[1]

* El autor se encuentra en deuda con Eduardo Chávez por su ayuda en las recopilaciones y cálculos estadísticos. Además el ensayo se enriqueció con los comentarios de David Barkin, Gerardo Bueno, Alejandro Carrillo, Víctor L. Urquidi y Miguel S. Wionczek. Quiero dejar constancia de mi agradecimiento a estas personas y de su absoluta inocencia por los errores que aún contenga el ensayo.

[1] Víctor L. Urquidi, "La política fiscal en el desarrollo económico de América Latina", en *Reforma tributaria para América Latina: II. Problemas de política fiscal*, Unión Panamericana, Secretaría General, OEA, Washington, D. C., 1964, pp. 2-3. Véase también vol. 2 de esta Serie, pp. 46-47.

De acuerdo con la misma fuente, los objetivos son parte integrante de la política fiscal, y la medida en que se les satisfaga depende en buena proporción de los instrumentos que se seleccionen y de su eficacia operativa. Asimismo, la influencia que tenga la política fiscal sobre la economía y la sociedad depende de la amplitud de las funciones que se asignen al Estado.

En suma, dentro de un contexto político nacional dado, la política fiscal comprende todos los aspectos financieros de las actividades del sector público, cuyo propósito sea cumplir con las funciones de promoción económica y social, seguridad nacional, paz pública y bienestar colectivo, que le hayan sido asignadas por la sociedad. Así, la política fiscal se presenta como una función derivada del conjunto de obligaciones impuestas al sector público por la comunidad a través de los procesos de negociación mencionados.

De esta suerte, las tres principales manifestaciones concretas de la política fiscal son:

a) El acopio de recursos humanos, físicos y financieros que el sector público hace para cumplir los cometidos que le han sido impuestos, lo que se traduce en un determinado volumen total de gasto;

b) La distribución que el sector público hace de dichos recursos entre las distintas finalidades u objetivos, de donde surge la jerarquía real de prioridades, es decir la intencionalidad real de la política, la que puede o no ser la misma que se haya planteado públicamente (intencionalidad declarada); y

c) El conjunto de instrumentos y mecanismos que el sector público pone en juego para financiar el volumen de gasto en que deba incurrir para alcanzar los objetivos.

La eficiencia de la política fiscal se juzga, en consecuencia, atendiendo a la medida en que el sector público haya sido capaz de movilizar y aplicar el volumen de recursos necesarios para alcanzar los objetivos planteados. Aquí hay que tener en cuenta si se han asignado tales recursos de acuerdo con la jerarquía de prioridades concertada por la comunidad. cualquiera que sea el mecanismo político por el cual se llegue a los acuerdos.

El contexto mexicano

La discusión y análisis de la política fiscal mexicana exige tener presente las siguientes características principales del contexto social y político en que sucede:

a) La Constitución Política promulgada en 1917 representó un rompimiento con los postulados del liberalismo clásico, al concebir al Estado como una entidad facultada para intervenir amplia y profundamente en los procesos económicos. Se abandonó así definitivamente la concepción del "Estado gendarme", según la cual las funciones del mismo se limitaban a preservar la integridad del Estado-nación, mantener la paz pública y administrar los asuntos de interés colectivo, procurando interferir lo menos posible el libre juego de las decisiones e intereses de los particulares. El rompimiento con la tradición liberal fue radical, si se tiene en cuenta que la letra de los artículos 27 y 28 constitucionales implica considerar que la propiedad privada no surge conforme a derecho natural sino, antes bien, que se trata de un producto social, que puede ser removido por decisión soberana de la comunidad.

b) La Constitución de 1917 y algunas leyes reglamentarias otorgaron al Estado mexicano un amplio conjunto de poderes para intervenir e influir en los procesos económicos. Una parte importante de los poderes de intervención económica que utiliza el ejecutivo federal son discrecionales, hasta el extremo de que "legisla" por vía administrativa.

c) El espiritu de algunas leyes reglamentarias (la de Atribuciones del Ejecutivo en Materia Económica, la de Secretarías y Departamentos de Estado, entre otras) y el de los programas de los gobiernos de la Revolución, implica concebir al Estado como responsable en primera y última instancia, ante la comunidad, por el crecimiento de la economía nacional. La enorme masa de poderes de intervención económica de que dispone el Estado Federal es concomitante a esa concepción. Todo ello caracteriza al Estado mexicano como un Estado interventor en oposición a la idea de Estado gendarme.

d) Por una serie de características del sistema político vigente, el poder ejecutivo tiene una fuerza muy grande frente a los poderes legislativo y judicial. Como para todo propósito práctico el sistema político del país funciona casi como "unipartidista", la vinculación entre el Congreso de la Unión y el Ejecutivo Federal es muy estrecha y de hecho la influencia del Ejecutivo en el Congreso es grande. Sin embargo, la presencia de diputados de partido de la oposición en las últimas legislaturas ha empezado a animar la discusión en la Cámara de Diputados alrededor de los proyectos legislativos del Ejecutivo, especialmente cuando se trata de asuntos relacionados con la política fiscal. El llamado reciente por parte de las Cámaras a algunos secretarios de Estado para que informen sobre las iniciativas de leyes se puede considerar como un indicador de cambio.

e) La naturaleza del sistema político da lugar a que los funcionarios de la administración pública federal se vean más forzados a tener en cuenta consideraciones de éxito político personal, de lo que sería normal en un sistema político "pluripartidario". La "personalización" del poder y las decisiones matizan la acción cotidiana de la política económica y dificultan en la práctica la clara delimitación de funciones y atribuciones, así como la coordinación entre las distintas dependencias de la administración.

f) La carencia de una lucha intensa entre partidos y facciones, el papel poco activo del Congreso y la falta de mecanismos de concertación apropiados, conducen a que la negociación de la política económica [2] se produzca en forma cerrada y con una aguda tendencia a las relaciones personales. De esta suerte, los mecanismos de negociación de la política económica en todas sus instancias (objetivos, instrumentos y su uso, asignación de recursos y evaluación) suelen ser poco institucionales, y suelen estar fuera del alcance de grupos con poco poder económico o político. Una parte importante de la población con frecuencia desconoce los elementos que entran en juego para la toma de decisiones de política, la forma como se asignan los recursos entre los distintos objetivos que se persiguen, así como los resultados alcanzados. Esta falta de información y participación con frecuencia dificulta la adhesión solicitada a los votantes, de manera que las decisiones se aíslan más de la población.

g) Finalmente, la forma como han evolucionado el desarrollo y la política económica del país, especialmente la política fiscal, en términos regionales, impone ciertas limitaciones prácticas al funcionamiento del pacto federal. Los ingresos de los gobiernos estatales y municipales son muy escasos en términos absolutos y en relación con los recabados por el Gobierno Federal, lo que le da a este último un peso muy grande en las decisiones de inversión de las autoridades locales a todos los niveles.

II. La asignación de recursos públicos y los objetivos del desarrollo

Importancia del gasto público federal

Puesto que en México se ha asignado al Estado el papel de responsable ante la comunidad por el desarrollo económico y social del país y dado que los gobiernos de la Revolución se han propuesto cumplir con ese cometido, la magnitud, tendencia y estructura del gasto público adquieren una importancia considerable. Esta importancia no sólo

[2] De aquí en adelante por "negociación de la política económica" o fiscal se da a entender el proceso mediante el cual los agentes sociales directamente interesados o el conjunto de la sociedad, en su caso, participan en la toma de decisiones de política económica.

deriva del hecho de que el gasto público sea en la actualidad, en cualquier país, un elemento esencial en la determinación del nivel de demanda efectiva [3] sino además porque de la magnitud y distribución del mismo dependen en una proporción importante el ritmo, la forma y la dirección del desarrollo económico, puesto que el propósito esencial

Cuadro 1. Egresos públicos en México: Participaciones federal, estatal y municipal en años seleccionados, 1900-1960

	Total (pesos per capita *de 1950)*	*Federal*	*Estatal (porcentajes)*	*Municipal*
1900	63	63.0	24.1	12.9
1923	84	72.6	14.5	12.9
1929	101	71.1	21.2	7.7
1932	86	64.0	27.1	8.9
1940	122	71.4	23.3	5.3
1950	180	78.3	18.4	3.3
1960	369	71.1	26.3	2.6

FUENTE: Dirección General de Estadística, *Anuario Estadístico,* 1906, pp. 222-224; 1923-1924, p. 285; 1926, p. 285; 1940, pp. 741, 745, 747-748; 1942, p. 1245; 1954, pp. 695, 697, 698; 1960-1961, pp. 558, 587, 592, tomado de James W. Wilkie: *The Mexican Revolution: Federal Expenditure and Social Change Since 1910,* University of California Press, Berkeley, Calif., 1967, p. 3.

que anima la acción del Estado es el de *promover* el crecimiento de la economía nacional.

El gasto de la federación es el de mayor importancia, a causa de que además de que el Gobierno Federal dispone de recursos muy superiores a los del conjunto de los gobiernos locales, los criterios en que se basan sus decisiones están vinculados a problemáticas y objetivos de índole nacional y no local. Así, se desprende del cuadro 1 que, dejando de lado los gastos de los organismos paraestatales, el gasto de la federación ha sido, entre 1900 y 1960, cuando menos dos veces mayor que el correspondiente al conjunto de los gobiernos estatales y municipales. Considerando el gasto total del sector público —gobiernos federal y locales y el subsector paraestatal— los gobiernos locales (incluyendo al Departamento del Distrito Federal) gastaron durante el sexenio 1947-1952 únicamente el 9.6% de las erogaciones públicas totales, frente a 40.2% del gasto federal y 50.2% de las entidades para-

[3] Véanse: Clark Reynolds, *The Mexican Economy: Twentieth Century Structure and Growth,* Yale University Press, New Haven, 1970, cap. 6 (existe versión en castellano del FCE); y Leopoldo Solís, *La realidad económica mexicana: Retrovisión y perspectivas,* Siglo XXI Editores, México, 1970.

estatales. Para el sexenio 1959-1964 los primeros mejoraron ligeramente su posición al absorber el 11.7% del gasto público total, frente al 39.5% correspondiente al gobierno federal y el 48.8% a las entidades paraestatales; sin embargo, el principal beneficiario del aumento relativo fue el Distrito Federal que absorbió el 48.3% del gasto de los gobiernos locales en el periodo, ya que las erogaciones del gobierno del D. F. crecieron (a precios de 1960) a un ritmo anual de 19.8% mientras las del resto de los gobiernos locales lo hicieron a una tasa anual de sólo 6.3%.[4]

El gasto público federal, incluyendo a las entidades paraestatales, es la expresión de las prioridades de la política de desarrollo económico del país, en la medida en que su estructura por finalidades revela los objetivos que el sector público federal está atendiendo en forma preferente. Dada la importancia que la acción del Estado tiene en México para la formación de capital y la producción de bienes y servicios básicos, un volumen abultado de recursos públicos destinados a una finalidad específica indica, en principio, que el área de la economía o el sector de la sociedad correspondientes están teniendo un desarrollo más acelerado que las demás. El cuadro 3 muestra en términos generales la evolución de la estructura del gasto del Gobierno Federal de acuerdo con la naturaleza de las finalidades atendidas.[5] El cuadro 4 presenta la evolución de la estructura de toda la inversión pública federal, incluyendo entidades paraestatales, de acuerdo con los mismos criterios.

En los últimos dos decenios el gasto público federal ha crecido a un ritmo apreciablemente superior que el conjunto de la economía, con excepción del último periodo gubernamental, en el que aumentó al paso del Producto Bruto Interno (PBI). En efecto, en el periodo 1950-1969, el gasto público federal a precios corrientes creció a un ritmo anual de 15.5% mientras que el PBI a precios corrientes lo hizo al 12.4%. Sin embargo, durante el decenio de los cincuenta el ritmo de aumento del gasto fue superior, ya que el gasto federal creció a un ritmo anual de 17.3% en 1950-1960, frente a 12.0% en 1960-1969 (según se desprende de las cifras absolutas del cuadro 2). El elevado ritmo de aumento del gasto federal durante los años cincuenta se explica por el rápido ascenso de los precios durante la primera mitad del decenio,[6] pero también por la expansión considerable en el mismo perio-

[4] Carlos Medina, *Consideraciones sobre el gasto público y la planeación*, Tesis Profesional, Escuela Nacional de Economía, UNAM, 1967.

[5] Debe tenerse en cuenta que no se consideró el efecto de los costos del refinanciamiento de la deuda externa.

[6] Considerado a precios constantes de 1950, el gasto federal creció al 10% anual en 1950-1960 y al 9.8% en 1961-1969, lo que en todo caso muestra un ritmo de aumento apreciablemente mayor que el de PBI.

do de las actividades del subsector paraestatal, continuando una tendencia que se sostuvo hasta 1964. La ampliación de las actividades paraestatales durante el sexenio 1959-1964, se reflejó en un elevado ritmo de expansión del gasto total (15.0%), y en particular de la inversión pública total (16.5%)[7] y de los gastos corrientes de las entidades paraestatales (18.2%).

En cambio, durante el sexenio 1965-1970, el gasto público federal disminuyó su ritmo de crecimiento (9.7% anual en 1964-1969), como consecuencia de la aparición de una serie de problemas financieros y de la necesidad de reforzar las medidas de estabilización de la economía que se iniciaron desde mediados de los años cincuenta. La consecuencia inmediata más importante de la disminución del crecimiento del gasto federal fue la caída concomitante del ritmo de aumento de la inversión pública (7.7% anual en 1964-1969, frente a 12.1% en 1950-1960 y 16.5% en 1961-1964). En otras palabras, la federación dejó en manos del sector privado una parte mayor de la responsabilidad de promoción del crecimiento de la economía, al reducir el ritmo de su inversión.

Sin embargo, a pesar de las variaciones del ritmo de crecimiento del gasto, la importancia del mismo en la economía aumentó en forma notoria. A partir de 1954 la relación entre el gasto público federal y el PBI se ha situado entre 17 y 19%, según se considere o no para la comparación los pagos de sueldos y salarios hechos por las entidades paraestatales productoras de bienes y servicios para otras actividades económicas.[8] Tan sólo el gasto del Gobierno Federal representa ya algo más del 9.0% del PBI, frente a algo más de 7.0% a fines de los años cincuenta. Si se consideran las erogaciones de los gobiernos locales, los gastos totales del sector público en México (sin incluir las compras de bienes y servicios intermedios por las entidades paraestatales) se aproximan al 20% del PBI.

Lo anterior sitúa el peso específico del sector público federal mexicano en la economía en niveles cercanos a los países capitalistas desarrollados que no ponen un énfasis muy marcado en la provisión de bienes y servicios de consumo a la población a través del presupuesto pú-

[7] Las cifras, a precios de 1950, muestran un crecimiento del gasto total del sector público federal de 12.7% en 1960-1964 y 7.6% en 1964-1969.

[8] Algunos autores estiman que estas negociaciones tienen más carácter de gasto privado que público. En todo caso, sí parece lógico eliminar de la comparación las compras de bienes intermedios hechas por las entidades mencionadas. Véase la nota 1 del Cuadro 120 de Raúl Ortiz M., Víctor L. Urquidi, Albert Waterson, Jonas Haralz, *El desarrollo económico de México y su capacidad para absorber capital del exterior*, Fondo de Cultura Económica, México, 1953, pp. 372-373.

Cuadro 2. Gastos efectivos del sector público federal (1950-1969)

(Miles de millones de pesos a precios corrientes)

Concepto				TASA DE CRECIMIENTO %		
	1960	*1964*	*1969*	*1960/69*	*1960/64*	*1964/69*
Gasto corriente	14.6	27.0	46.5	19.5	16.6	11.5
Gobierno Federal	7.7	13.7	23.5	14.8	15.5	11.4
Departamento del Distrito Federal	0.6	1.0	1.9	12.6	13.6	13.7
Entidades paraestatales [a]	6.3	12.3	21.1	—	18.2	11.4
Inversión fija federal [b]	8.9	16.4	23.8	12.1	16.5	7.7
Inversión financiera [c]	2.3	1.7	1.8	—	—	—
Amortización de la deuda externa	2.2	3.8	5.7	9.0	14.6	8.4
Gasto total	*28.0*	*48.9*	*77.8*	*15.5*	*15.0*	*9.7*

FUENTE: Secretaría de Hacienda y Crédito Público, *Cuenta de la Hacienda Pública Federal;* y Banco de México.

a Incluye los organismos descentralizados y empresas del Estado controladas por la Secretaría de Hacienda.
b Incluye las inversiones físicas del Gobierno Federal, las Entidades paraestatales y el Departamento del D. F.
c Adquisiciones de inmuebles, financiamiento a otros sectores (principalmente aportaciones de capital a organismos descentralizados y empresas del Estado), adquisiciones de pasivos de sociedades privadas en dificultades financieras, y otras erogaciones de capital no especificadas.

blico. Tal es el caso de la República Federal Alemana, cuyo gasto público representaba 17.6% de su PNB en 1961 y de Estados Unidos con el 20.9% del PNB en 1962.[9] En México, una definición similar de gasto público arrojaba una proporción de 17.7% del PBI en 1964 y de 17.0% en 1969. En cambio, en el caso del Reino Unido la proporción era 24.8% en 1962, en el de Suecia de 25.3% en 1961, y en el de la URSS de 43.5% en 1962. Sin embargo, debe tenerse en cuenta que en casi todos estos países los gastos militares representan una proporción importante del gasto público. Por otro lado, los gastos militares en México representan apenas el 3.7% del gasto público federal y su participación tiende a descender, lo que permite al Estado poner un poco más de énfasis en el bienestar colectivo de lo que sería posible si los gastos militares se aproximaran a los niveles de los países mencionados.

De esta suerte, el gasto público federal ha ido ganando importancia en la determinación del nivel y dirección de la actividad económica nacional. En los últimos veinte años, la inversión pública federal se convirtió en el principal elemento de demanda autónoma determinante del crecimiento de la economía, mientras antes de mediados de los años cincuenta jugaba un papel aparentemente compensatorio de los movimientos de la inversión privada; o sea que la inversión pública pasó a jugar un papel activo y autónomo en la promoción del crecimiento de la economía nacional en los últimos tres lustros.[10] Consecuentemente gracias a la expansión del gasto público federal, y en particular de la inversión, la economía nacional pudo evitar parcialmente los efectos de la evolución desfavorable de la demanda del mercado internacional, que se inició alrededor de 1956-1958.

Principales tendencias del gasto público federal

El cuadro 3 ofrece la evidencia cuantitativa del cambio de concepción del papel del Estado en la economía, que se produjo después de la Revolución.[11] Hacia mediados de los años veinte empezó a aumentar rápidamente la proporción de gasto destinada por el Gobierno Federal a sus funciones de intervención en los procesos económicos y sociales,

[9] Véase Richard A. Musgrave, *Fiscal Systems*, Yale University Press, New Haven, 1969, p. 38.

[10] Véanse las referencias indicadas en la nota 3.

[11] El cambio tenía que ocurrir, puesto que la Revolución significó el ascenso al poder de grupos con concepciones de la sociedad y el desarrollo completamente distintas de las prevalecientes en la situación anterior. Ascendieron al poder clases sociales diferentes de los grandes hacendados rurales que habían gobernado al país en el pasado.

especialmente los primeros. La expansión de este tipo de gasto fue posible gracias a que en la segunda mitad del mismo decenio se adoptaron algunas medidas que hicieron más flexible el financiamiento de la acción pública, y otras que hicieron posible la elaboración y ejecución de grandes proyectos de inversión. Hay que mencionar aquí la creación del Banco de México, la introducción del impuesto sobre la renta, la emisión de bonos de deuda interna para el financiamiento de obras públicas, y la creación de la Comisión Nacional de Caminos y de la Comisión Nacional de Irrigación.

Desde principios de los años treinta —cuando se frenó el gasto para fines militares— empezó a disminuir rápidamente la proporción de gasto del Gobierno Federal destinada a las funciones clásicas del Estado liberal ("Estado gendarme") hasta llegar a los años recientes en los que los gastos destinados a las funciones generales de gobierno (con excepción de los militares) representan apenas 5.9% del total de gasto del Gobierno Federal. Probablemente la disminución del énfasis puesto en este tipo de erogaciones haya sido excesiva —dada la alta prioridad asignada al crecimiento de la economía— y ello explique, aunque sea parcialmente, el notorio deterioro que han sufrido ciertos aspectos de la administración pública. Es evidente que algunas áreas de la administración de la "cosa pública" —la administración de justicia quizá sea el caso más conspicuo— se encuentran en un grado apreciable de atraso.

El rápido crecimiento experimentado por el gasto público federal en los últimos decenios es el resultado de dos factores: por un lado, el aumento de las responsabilidades asignadas al Estado por la comunidad, y por otro, la solución parcial de los problemas financieros que el sector público federal enfrentará hasta finales de los años cuarenta.

A finales de los años veinte el Gobierno Federal se encontró ante la necesidad de reconstruir la economía nacional y promover el crecimiento ulterior de la misma sobre bases firmes. Era necesario —además de la transformación que produciría la reforma agraria— construir una infraestructura de capital social básico, que hiciera posible la integración del territorio nacional, el aprovechamiento de los recursos naturales y la elevación de la productividad de la economía.

En el cuadro 4 se observa que el sector público se concentró hasta mediados de los años cuarenta en la construcción de vías de comunicación y de obras de irrigación. La primera prioridad la tenía el crecimiento económico y, dadas las dificultades de financiamiento que enfrentó el Gobierno Federal en esa época, la promoción del crecimiento permitió un escaso margen de maniobra para atender otros objetivos. En el cuadro 3 se puede apreciar que las funciones de intervención en la economía absorbieron más del 50% de los gastos totales

Cuadro 3. Gobierno Federal: estructura de los gastos efectivos según el carácter político de la función [a]
(Porcientos)

Periodo	Funciones de Estado "gendarme": Total	Funciones de Estado "gendarme": Aministración y funciones fiscal	Funciones de Estado "gendarme": Gastos militares [b]	Funciones de Estado "gendarme": Otros gastos [c]	Funciones de Estado interventor: Total	Funciones de Estado interventor: Económicos [d]	Funciones de Estado interventor: Sociales [e]	Deuda pública [f]
1900-1911	47.4	10.8	21.9	14.7	22.6	16.0	6.6	30.0
1917-1920	78.2	13.9	55.2	9.1	18.3	16.3	2.0	3.5
1921-1924	63.9	10.3	43.9	9.7	27.6	17.9	9.7	8.5
1925-1928	52.4	13.0	31.2	8.2	34.9	24.8	10.1	12.7
1929	56.9	12.1	37.3	7.5	36.1	23.2	12.9	7.0
1930-1932	51.4	13.5	29.9	8.0	43.9	28.1	15.8	4.7
1933-1934	50.7	19.5	23.6	6.6	37.1	21.7	15.4	12.2
1935-1940	33.7	10.2	18.0	5.5	45.9	37.6	18.3	10.4
1941-1946	27.3	6.8	16.6	3.9	55.7	39.2	16.5	17.0
1947-1952	19.4	4.8	9.7	4.9	65.2	51.9	13.3	15.4
1953-1958	16.8	4.2	8.0	4.6	67.1	52.7	14.4	16.1
1959-1963	15.8	4.3	6.0	5.5	58.2	39.0	19.2	26.0
1967 [g]	10.4	3.3	4.5	2.6	60.8	40.9	19.9	28.8

FUENTE: James Wilkie, *The Mexican Revolution: Federal Expediture and Social Change Since 1910*, University of California Press, 1967; y Secretaría de Hacienda y Crédito Público, *Cuenta de la Hacienda Pública Federal, 1967*.

a La clasificación que se usa difiere de la de J. Wilkie porque presenta por separado los gastos por concepto de deuda pública y porque agrupa, por un lado, los gastos correspondientes a la función del Estado liberal clásico (Estado gendarme) y por otro los gastos correspondientes al Estado interventor, aunque hay algunas dificultades de separación, lo que hace que las cifras deban tomarse sólo como indicios de orden de magnitud.

b Secretarías de Defensa y Marina y Departamento de la Industria Militar.

c Poderes Judicial y Legislativo; secretarías de Presidencia, Relaciones Exteriores y Gobernación, y Presidencia de la República y Procuraduría General de la República.

d Secretarías de Industria y Comercio, Agricultura y Ganadería, Comunicaciones y Transportes, Obras Públicas, y Recursos Hidraúlicos; departamentos Agrario y de Turismo, y transferencias y subsidios para fines económicos.

e Secretarías de Educación Pública, Salubridad y Asistencia, y Trabajo y Previsión Social, los pagos al IMSS y al ISSSTE; y las transferencias y subsidios para fines de bienestar social.

f Comprende todos los pagos por concepto de deuda del Gobierno Federal.

g Las cifras corresponden a gastos brutos totales, sin deducir transferencias internas.

del Gobierno Federal entre 1945 y 1960. A pesar de que en los años treinta se intentó aumentar el énfasis en los "gastos sociales" —gracias en parte a que se liberaron recursos destinados a gastos militares—, la alta prioridad otorgada a la promoción del crecimiento económico pospuso la atención de los objetivos sociales hasta finales de los años cincuenta.

A pesar de que se acudió al uso de expedientes financieros poco ortodoxos, puede decirse que hasta mediados de los años cuarenta, el sector público federal había enfrentado con relativa facilidad las responsabilidades de promoción del crecimiento económico que se le habían asignado, concentrando su acción principalmente en las obras de infraestructura. Sin embargo, desde principios de los años cuarenta, dos nuevos fenómenos habían empezado a reclamar una atención creciente por parte del Estado: en primer lugar, el crecimiento de la producción industrial que sobrevino con la segunda Guerra Mundial exigió aumentar el énfasis en la construcción de vías de comunicación, la modernización de los medios de transporte y, especialmente, la producción de bienes y servicios básicos para el crecimiento industrial (petróleo, electricidad, acero, cemento, etcétera); y en segundo lugar, la aceleración del crecimiento de la población, y especialmente el rápido aumento de la población urbana, demandaron la elevación del gasto en obras urbanas y en servicios educativos y médico-asistenciales.

El cuadro 4 demuestra que, a partir de fines de los años cuarenta, empezó a aumentar rápidamente la proporción de inversión pública dedicada al fomento industrial (especialmente electricidad y petróleo) en perjuicio de la proporción de fondos destinados a la construcción de obras de infraestructura (en forma aguda en el caso agropecuario) que son las que contribuyen a garantizar la elevación a largo plazo de la productividad de la economía. La disminución de énfasis en el fomento agropecuario y en las comunicaciones y transportes se manifestó en forma aguda también dentro del gasto total del Gobierno Federal y no únicamente en la inversión física.

La atención de las demandas sociales de la población fue largamente pospuesta, a causa de la alta prioridad asignada al crecimiento económico, especialmente a la industrialización; prioridad que se vio reforzada por las dificultades de balanza de pagos que se presentaron en 1947-1954. Sin embargo, hacia mediados de los años cincuenta una proporción importante de la población se había concentrado ya en las principales zonas urbanas, exigiendo la atención de sus demandas. Además, el propio crecimiento económico planteaba la necesidad de modernizar las principales ciudades del país y mejorar las condiciones educativas y de salud de la fuerza de trabajo urbana. Para 1963 los gastos del Gobierno Federal en servicios médico-hospitalarios, educativos, asistenciales y de seguridad social absorbían ya el 34.1% de sus gastos totales, si bien esto se logró a costa de la disminución de la proporción de recursos destinados a fomento económico. En lo tocante a la inversión (cuadro 4), a partir del sexenio 1959-1964 empezó a aumentar la proporción destinada a bienestar social, hasta llegar a 26.6% en 1968, aunque cabe destacar que la mayor parte de esos recursos se destinan a obras públicas urbanas y construcción de viviendas en las principales ciudades del país. Asimismo, la mayor parte de las inversiones en educación y centros hospitalarios y asistenciales se realizan en las principales zonas urbanas.

Cuadro 4. Distribución de la inversión pública federal por destino: 1947-1968

(Por cientos del total de cada año o periodo)

	1947-1952	*1953-1958*	*1959-1964*	*1967*	*1968*
Total	*100.0*	*100.0*	*100.0*	*100.0*	*100.0*
Agropecuarias	*19.8*	*13.6*	*10.3*	*11.4*	*10.6*
Irrigación	15.9	12.8	9.9	9.6	9.2
Otros	3.9	0.8	0.4	1.8	1.4
Industria	*23.1*	*32.0*	*35.5*	*40.5*	*37.5*
Electricidad	8.5	7.1	16.3	11.9	12.2
Petróleo	12.5	21.0	15.2	19.6	21.9
Acero	—	1.6	1.6	nd	1.2
Otros	2.1	2.3	2.4	9.0	2.2
Comunicaciones y transportes	*42.1*	*36.9*	*28.5*	*23.2*	*23.4*
Carretera	17.5	14.0	11.4	10.3	9.5
Ferrocarriles	21.7	16.9	11.2	6.4	5.9
Otros	2.9	6.0	5.9	6.5	8.0
Bienestar social	*13.7*	*14.4*	*21.7*	*22.7*	*26.6*
Servicios públicos [a]	6.6	8.5	10.1	10.9	15.5
Habitación [b]	1.1	1.6	4.6	4.1	1.7
Otros [c]	6.0	4.3	7.0	7.7	9.4
Administración y defensa	*1.2*	*2.8*	*3.4*	*2.2*	*1.9*

FUENTE: Secretaría de la Presidencia, *La inversión pública federal 1921-1963*, Dirección General de Inversiones, México, 1964: *Informes Presidenciales*, de 1965 a 1968, edición de la Secretaría de Gobernación.

[a] Casi la totalidad en zonas urbanas.

[b] La mayor parte en zonas urbanas.

[c] Educación, investigación, hospitales, centros asistenciales y otras inversiones.

Situación actual del gasto público federal

Así, el gasto público federal ha venido aumentando y diversificándose, en los últimos decenios, de conformidad, en términos generales, con el aumento de las responsabilidades que se le han venido asignando al Estado. Desde el punto de vista político-funcional, el Gobierno Federal destinó en 1967 el 10% de sus gastos totales a cubrir sus funciones de gobierno general, el 41% a las funciones de fomento económico, el 20% a las funciones de "Estado benefactor" (gastos sociales) y el 29% a pagar la deuda pública (cuadro 3). Desde el punto de vista funcional-administrativo destinó en 1967 el 47% a fomento económico (7.2% para fomento agropecuario), el 27% para beneficio social (16.5% para educación), el 18% para administración general y el 8% a pagar los intereses de la deuda. Respecto a la inversión pública federal, el 34% se destinó en 1968 a obras de infraestructura (9% a irrigación), el 37% a fomento industrial y el 27% a bienestar social, con 16% para obras urbanas (cuadro 4).

Al final del proceso de diversificación del gasto arriba descrito, el sector público se enfrentaba a un amplio conjunto de responsabilidades y prioridades que la fueron asignadas a través de los mecanismos de negociaciones vigentes, y que son, en términos generales, las siguientes:[12]

1) Garantizar el crecimiento de la economía, a través de un cierto volumen global de inversión en áreas estratégicas tales como: comunicaciones, irrigación, energéticos, petroquímica, fertilizantes, acero, etcétera;

2) Operar las industrias básicas al ritmo que lo exija el crecimiento de la industria en su conjunto, siendo este objeto inescapable so pena de frenar el crecimiento de la economía.

3) Garantizar el crecimiento industrial subsidiando los costos de instalación y operación de un número creciente de empresas industriales;

4) Garantizar el aumento de la productividad agrícola con obras de irrigación, de mejoramiento de áreas de cultivo, y producción de semillas mejoradas, fertilizantes e insecticidas;

5) Sacar del atraso económico y social a la población de las áreas rurales menos desarrolladas;

6) Mantener en operación y reponer las inversiones de los distritos de riego;

7) Ampliar y mantener en operación los sistemas básicos de trans-

[12] Esta lista de responsabilidades no necesariamente guarda relación con ordenamientos legales o documentos oficiales; se trata más bien de deducciones del autor derivadas de las regularidades observables en la acción del sector público federal.

porte y comunicación, aunque sea en condiciones antieconómicas (caso de los ferrocarriles, por ejemplo);

8) Evitar colapsos financieros que perjudiquen a los ahorradores o a trabajadores industriales, absorbiendo pasivos en que incurren empresas financieras o industriales;[13]

9) Elevar las condiciones generales de vida de la población, en sus aspectos de salud, vivienda y mejoramiento ambiental (agua potable, alcantarillado, etcétera), en condiciones demográfico-expansivas;

10) Extender el sistema de seguridad social, en condiciones demográfico-expansivas;

11) Universalizar el sistema de educación primaria y ampliar la educación media y superior, también en condiciones demográfico-expansivas;

12) Habilitar al menos a las principales áreas urbanas del país, de modo que la actividad económica pueda desenvolverse en ellas con fluidez;

13) Evitar, por lo menos en las principales zonas urbanas, que el mercado pauperice demasiado a los grupos de ingresos bajos, subsidiando el mercado de los artículos de primera necesidad;

14) Modernizar la administración general de los asuntos de interés público.

En adición a estos objetivos, se supone que el Gobierno Federal no debe cobrar impuestos "altos", de conformidad con sus necesidades financieras; los organismos descentralizados y empresas del Estado deben subsidiar a las empresas industriales, sin atender a sus costos, y finalmente, que el sector público no debe competir "deslealmente" con el privado en los mercados de dinero y capitales al demandar fondos para inversión.

Ante un número tan abultado de obligaciones, que, como se mostró antes, ha ido creciendo con el tiempo, y limitaciones financieras tan rígidas, en los últimos doce años, el sector público federal se ha visto obligado a ir "saltando" de una área a otra de sus obligaciones y a disminuir apreciablemente el énfasis puesto en algunos de los objetivos. El fomento agropecuario y la administración de justicia son quizá los dos ejemplos más conspicuos de disminución de énfasis en objetivos que en otras condiciones financieras podrían tener una alta prioridad.

Por otra parte, se aprecia que en los dos últimos sexenios el Gobierno Federal ha ido desplazando el énfasis de los objetivos económicos a los sociales. El efecto de las limitaciones financieras se refleja, además,

[13] Estas actividades de apoyo explican parcialmente los elevados montos de inversión financiera en que incurre con frecuencia el Gobierno Federal (cuadro 6).

en la disminución del ritmo de crecimiento del gasto federal en el sexenio de 1965-1970 (cuadro 2).

Dos fuentes adicionales de limitación financiera de la acción pública federal son el crecimiento de los gastos corrientes y el hecho de que la federación suele contraer innecesariamente algunos compromisos financieros a largo plazo. En cuanto al crecimiento del gasto corriente, en el cuadro 2 se aprecia la forma como han aumentado las erogaciones corrientes de todo el sector público federal y en el cuadro 5 las del Gobierno Federal. En el caso de este último, en los últimos diez años el conjunto de los gastos corrientes y las transferencias de capital han crecido a un ritmo superior que los gastos de inversión física, disminuyendo apreciablemente la proporción representada por ésta dentro del gasto total (cuadro 5). Y si bien es cierto que durante el sexenio 1965-1970 se redujo el ritmo de crecimiento de los gastos corrientes, esto se logró en parte gracias a la disminución del énfasis en los gastos en educación y bienestar social.

Cuadro 5. Gobierno Federal: estructura de los gastos netos corrientes y de capital.

(Millones de pesos a precios corrientes y por cientos)

	GASTO NETO TOTAL	GASTOS CORRIENTES (PORCENTAJES)				GASTOS DE CAPITAL (PORCENTAJES)	
Año	*(Millones de pesos corrientes)*	*Administración*	*Transf. al consumo y la inv.*	*Intereses de la deuda* [a]	*Otros*	*Inversión física-directa*	*Otros* [b]
1940	552	62.3	7.2	1.1	4.1	18.6	6.7
1945	1 321	48.2	6.0	3.8	6.4	27.3	8.3
1950	2 796	45.3	12.0	3.1	1.5	23.4	14.7
1955	6 590	35.7	14.5	3.9	1.4	28.7	15.8
1960	11 928	40.3	20.7	4.3	0.8	23.4	10.5
1961	13 311	39.0	26.1	6.8	0.8	20.5	6.8
1962	14 839	38.4	30.0	4.8	0.9	19.9	6.0
1963	16 807	38.3	28.7	4.1	1.1	18.4	9.4
1964	19 761	35.8	26.7	5.7	0.9	19.8	11.1
1965	23 447	32.8	24.8	7.8	0.8	18.1	15.7
1968	30 790	36.6	20.9	9.8	1.1	19.0	12.6

FUENTE: Secretaría de Hacienda y Crédito Público, Dirección General de Estudios Hacendarios, *Cuenta de la Hacienda Pública Federal.*

[a] Correspondiente a la deuda del Gobierno Federal y sin incluir amortización.

[b] Comprende adquisiciones de inmuebles, financiamiento a otros sectores (principalmente aportaciones a organismos del sector público para inversión física y financiera) y gastos de capital no clasificados.

El rápido crecimiento de los gastos corrientes del Gobierno Federal se explica principalmente por:

a) Un cierto grado de ineficiencia administrativa con que operan la mayor parte de las secretarías de Estado, que hace crecer los gastos corrientes más allá de lo estrictamente necesario para el cumplimiento de las funciones;

b) El rápido crecimiento de la población, que se traduce en una intensa demanda por servicios del Estado que tienen un alto contenido de gasto corriente (educación, principalmente); y

c) El aumento de las transferencias corrientes a entidades paraestatales y al sector privado.[14] En el sexenio 1959-1964 los gastos corrientes del Gobierno Federal llegaron a representar casi el 60% del gasto total, con una tasa de crecimiento de más del 13% anual [15] que se explica en su mayor parte por el aumento de los sueldos y salarios y de las transferencias corrientes. El personal del Gobierno Federal pasó de 278 698 empleados en 1959 a 394 204 en 1964 (7.2% al año) y sus remuneraciones promedio pasaron de 7 954 a 10 677 pesos anuales por empleado. Los mayores aumentos de contratación de personal se registraron en las secretarías de Hacienda, de Educación Pública y de Obras Públicas, y en la Industria Militar, absorbiendo las dos primeras más de las dos terceras partes del aumento neto.[16] Los ramos de Educación, Salubridad, Hacienda, Defensa y Comunicaciones y Transportes, absorbieron algo más de la mitad del gasto corriente del Gobierno Federal

[14] Algunos autores suelen atribuir el crecimiento de los gastos corrientes a la falta de probidad de los funcionarios de algunas áreas de la administración pública. Sin embargo, los estudios realizados no parecen confirmar esa afirmación. Aparentemente, el fenómeno de falta de probidad —que indudablemente existe y bastante difundido— afecta más al costo final de las inversiones públicas que al gasto corriente. Véase al respecto la interesante y descarnada entrevista sostenida por James W. Wilkie con el exsecretario de Hacienda Ramón Beteta, en James Wilkie, *The Mexican Revolution: Federal Expediture and Social Change Since 1910*, University of California Press, Berkeley, Calif., 1967, pp. 8-9.

[15] Los gastos corrientes de las entidades paraestatales crecieron también a un ritmo muy alto (17.9%) en 1959-1964, si bien en esos gastos corrientes el 55.8% corresponde a compras de bienes y servicios intermedios necesarios para el desarrollo de la producción de dichas entidades. Empero, los gastos en sueldos y salarios aumentaron a un ritmo superior que el de otras actividades productivas, y probablemente no fuese difícil encontrar elevación artificial de costos en las compras de bienes y servicios intermedios.

[16] Es interesante considerar lo que dicen al respecto Gerloff y Neumark: "Por presión anónima el gobierno se ve finalmente obligado a mantener el nivel de personal, dejar a los empleados en su servicio y seguir remunerándolos... Así sucede que el Estado está por un lado sobrecargado de personal y que por otro, por sus dificultades financieras, no está en situación de sostener el nivel de salarios en forma adecuada", Wilhelm Gerloff y Franz Neumark, *Tratado de finanzas,* El Ateneo, Buenos Aires, 1961, II, pp. 90-91.

en 1959-1964. De ahí que, cuando éste se ve en dificultades financieras y disminuye el énfasis de inversión en objetivos de beneficio social, se registra disminución más que proporcional de la fracción de recursos destinados a esa finalidad en términos de gasto total. Asimismo, cuando la inversión para beneficio social aumenta; se produce un aumento más que proporcional del énfasis en los objetivos de beneficio social en términos de gasto corriente.

Las transferencias corrientes representaron el 26.7% de los gastos corrientes del Gobierno Federal en 1959-1964. Se estima que en 1969 absorbieron más del 30% de dichos gastos. Los principales receptores de las transferencias corrientes son las empresas ferroviarias (entre 14 y 18% del total de transferencias corrientes en 1966-1968), las instituciones de educación superior (entre 12 y 16%), y los bancos agropecuarios y la CONASUPO (entre 16 y 24%). Además, hay que tomar en cuenta los subsidios a importación y exportación y otros subsidios al comercio y la industria. Indudablemente, algunas de estas transferencias y subsidios corrientes son inevitables y continuarán creciendo (casos de las instituciones de seguridad social, las universidades y el comercio exterior); sin embargo, en otros casos (ferrocarriles, bancos agropecuarios, CONASUPO, etcétera) se podrían reducir si la actividad del Estado se concibiese de manera diferente. La permanencia de transferencias y subsidios prescindibles guarda relación con la tendencia del sector público federal a contraer innecesariamente compromisos financieros a largo plazo. Cabe mencionar algunos de los ejemplos más conspicuos de tales compromisos financieros.

Primero, el Gobierno Federal ha desarrollado áreas de agricultura moderna comercial con la construcción de grandes obras de irrigación en los llamados distritos de riego. De hecho, los agricultores de esas zonas han sido los principales y casi únicos beneficiarios del extraordinario desarrollo agropecuario del país. Sin embargo, el Gobierno Federal asumió la responsabilidad de sufragar la mayor parte de los costos de operación, mantenimiento y rehabilitación de tales distritos. A pesar de ello, las empresas agrícolas comerciales pagan mucho menos impuestos que las de otras actividades económicas (véase cuadro 10). Quizá convendría diseñar un mecanismo que hiciera que los agricultores mencionados participasen en mayor proporción en el financiamiento de la operación y mantenimiento de los distritos de riego, con lo que el Gobierno Federal liberaría una proporción importante de recursos para emprender otras actividades.

Segundo, el Gobierno Federal asumió la responsabilidad de otorgar crédito agropecuario a los campesinos, independientemente del nivel de recuperación del financiamiento. De esta suerte los bancos de crédito agropecuario adquieren más un carácter de instituciones de beneficencia que de organismos de fomento,[17] y el Gobierno Federal se ve obligado a otorgar permanentemente subsidios a los bancos Agrícola y Ejidal; los fondos transferidos a esas instituciones en 1960-1969 ascendieron a 2 954 millones de pesos.

Tercero, el desarrollo industrial del país se ha logrado en una alta proporción gracias a la protección otorgada por el Gobierno Federal a las empresas que sustituyen importaciones, y a los beneficios que las obras de infraestructura y las empresas públicas proporcionan a esas mismas empresas. Sin embargo, numerosas industrias han disfrutado de subsidios (aparte de evadir impuestos) durante periodos que parecen más prolongados de lo necesario; de donde, mientras las empresas en cuestión obtienen elevadas tasas de ganancia, el sector público incurre en gastos virtuales que limitan su capacidad financiera para promover otras empresas o actividades.

Al considerar estos fenómenos tiene uno la impresión que se le ha dado tan alta prioridad al fomento de la produción, que cuando el sector público empieza a proteger una actividad adquiere un compromiso financiero perpetuo. Ahora que la preocupación por el crecimiento de la producción ya no tiene que ser tan intensa como en el pasado, el sector público podría programar sus labores de fomento de manera que, en un plazo relativamente breve, pudiese habilitar a una determinada empresa para operar por sí sola en el mercado y entonces liberar los recursos involucrados para apoyar una nueva actividad. Sin embargo, una vez que una rama industrial se ha desarrollado al calor de la protección, se convierte en un grupo de presión, cuya influencia no puede superarse si desde el principio no se establecen con claridad las condiciones de la protección, y si la negociación de la política tiene una orientación demasiado casuística y se otorga en ella un peso muy grande a los grupos empresariales de presión.

Un último aspecto que debe tenerse en cuenta al hablar de las principales tendencias del gasto público federal es el de la importancia que ha ido ganando la deuda pública dentro de los gastos totales de la federación. En el cuadro 5 se aprecia que de los intereses de la deuda pública la participación en el gasto del Gobierno Federal ha ido aumentando, hasta llegar a niveles de casi 16% y que el conjunto de los pagos por endeudamiento ha llegado hasta casi 29% de su gasto total. La amortización de la deuda externa, por sí sola, absorbió en

[17] Es sintomático que la mayor parte del crédito otorgado por dichas instituciones es refaccionario. Además, la tasa de recuperación es muy baja, porque lo que más necesitan los agricultores es mejorar su dotación de capital físico y humano para elevar la productividad de su parcela. Así, el crédito refaccionario más que capital de trabajo de la empresa agrícola es un subsidio al consumo del agricultor.

1968-1969 el 20% de las disponibilidades totales de recursos para inversión del sector público federal. Este fenómeno es la consecuencia obligada de la forma como se ha venido financiando la inversión pública federal en los últimos tres lustros.

El "objetivo" de la estabilidad

En los últimos 15 años la práctica del gasto público federal ha estado matizada por el objetivo de estabilización de la economía que se propusieron y alcanzaron las autoridades monetarias y financieras del país.[18] Como la mayor parte de la expansión monetaria que se produjo en 1940-1956 se explica por el financiamiento del déficit del Gobierno Federal, se impusieron a mediados de los cincuenta ciertas restricciones a la expansión del gasto público, en tanto se establecieron limitaciones a la forma de financiar el déficit. En 1965, por ejemplo, hubo necesidad de detener el aumento del gasto federal —contrayendo incluso la inversión— en razón de que la alta tasa a que había crecido el gasto total en el año anterior [19] había provocado una expansión excesiva del crédito.

La preocupación por no alentar los factores psicológicos de la inflación, junto con la exigencia legal de que la Secretaría de Hacienda prepare presupuestos "equilibrados", condujo además a que el Gobierno Federal presentara al Congreso como regla presupuestos de egresos que difieren en forma creciente de la práctica real. Esta costumbre empezó con el inicio del financiamiento deficitario del gasto a mediados de los años treinta. En efecto, mientras en 1930-1935 la diferencia entre el gasto presupuestado y el ejercido era de sólo 9 a 15%, a partir de 1936 las diferencias empezaron a ser notables: en el sexenio 1935-1940 el gasto ejercido superó en 28.6% al presupuestado, en el sexenio 1940-1946 la diferencia fue de 46.1%, en 1947-1952 de 42.1%, en 1953-1958 de 53.3%, en 1959-1964 de 69.7%, en el año de 1965 de 78.3% y en 1967 de 45.9%.

Evidentemente, esta práctica presupuestaria ha dejado de tener justificación desde principios de la década pasada, puesto que las presiones inflacionarias prácticamente han desaparecido. La notable diferen-

[18] Véase Leopoldo Solís, *op. cit.*, pp. 108-122 y especialmente 118-122. Cabe consultar también: Antonio Ortiz Mena, *Desarrollo estabilizador. Una década de estrategia económica en México*, Secretaría de Hacienda y Crédito Público, México, 1969. [Véase *El Trimestre Económico*, núm. 146, pp. 417-449].

[19] En 1964 el gasto del Gobierno Federal aumentó un 17.9% respecto al año anterior, y el conjunto de la inversión pública federal lo hizo en 36.7%, como manifestación de la costumbre de sobrecargar de obras el último año de una administración.

cia entre el gasto presupuestado y el ejercido no sólo dificulta la programación del mismo, sino además hace improbable la negociación de los objetivos implícitos en la estructura del gasto.

El gasto público y los objetivos del desarrollo: evolución del énfasis del gasto público

En los cuadros 3 y 4 se pueden distinguir con claridad tres periodos en la evolución del gasto público federal, desde el punto de vista de los objetivos prioritariamente atendidos por el mismo: el primero, que cubre aproximadamente los años de 1920 a 1940, se podría definir como el periodo de surgimiento y consolidación del "Estado interventor"; el segundo, que corre aproximadamente de 1941 a 1958, se podría definir como el periodo de énfasis en el gasto "directamente productivo", y el tercero, que va aproximadamente de 1959 a la actualidad, se podría definir como el periodo de diversificación del gasto entre los distintos objetivos.[20]

Durante el periodo de surgimiento y consolidación del Estado interventor el Gobierno Federal concentró su actividad en tres direcciones: pacificar el país, crear las instituciones e iniciar la construcción de obras de infraestructura. Una vez que se hubo pacificado al país, se crearon las instituciones necesarias para ampliar e intensificar la intervención del Estado en la economía. Surgieron así el Banco de México, varias secretarías de Estado, las comisiones constructoras de obras de infraestructura (irrigación y caminos), los bancos de crédito agropecuario, Nacional Financiera, Petróleos Mexicanos y la Comisión Federal de Electricidad, entre otras. La creación de nuevas instituciones se reflejó de inmediato en el aumento de la proporción de gasto destinado a fines administrativos y a las funciones de intervención en la economía. La alta proporción de recursos absorbida por los gastos militares y, especialmente la limitación impuesta por la permanencia del sistema tradicional de financiamiento (cuyas características se explican en la tercera parte), obligó a que la mayor parte del esfuerzo se concentrase en lo más urgente. Sin embargo, en el sexenio cardenista se intentó atacar también los objetivos sociales (educación, salud, etcétera), con gastos "redistributivos" que elevaran la movilidad social y la productividad del trabajo. El aumento de los gastos sociales fue posible porque se acudió, por primera vez en 1936, al uso amplio del

[20] Wilkie ofrece una periodización desde el punto de vista político-ideológico: "revolución política" de 1910 a 1930, "revolución social" de 1930 a 1940, "revolución económica" de 1940 a 1958 y "revolución equilibrada" de 1959 en adelante. James W. Wilkie, *op. cit.*, pp. 40-96.

financiamiento deficitario con crédito proveniente del banco central. Este fue, de hecho, un periodo en el que la sociedad mexicana se organizó para el crecimiento económico acelerado (mediante cambios en el régimen de propiedad de la tierra, nacionalización de recursos básicos, creación de instituciones de fomento, pacificación) independientemente de que se realizaron esfuerzos genuinos para acelerar el cambio social en el periodo de 1935-1950.[21]

El segundo periodo, el de énfasis en el gasto "directamente productivo" se caracteriza por el refuerzo del papel del gobierno como "Estado interventor", a costa de su papel de "Estado benefactor". Se adoptó el principio de que lo que más convenía al país y a la sociedad era elevar en lo posible el ritmo de crecimiento económico; es decir, aumentar la tasa de crecimiento de la producción agrícola para mejorar el abastecimiento de alimentos, estabilizar los precios internos y aumentar las exportaciones, y acelerar el ritmo de industrialización. Para ello era necesario intensificar aún más que antes la construcción de obras de infraestructura y aumentar rápidamente la producción de bienes y servicios básicos para el crecimiento industrial, a través de las empresas del número creciente de empresas estatales (Altos Hornos y otras).

Mediante el control de una porción creciente de las decisiones estratégicas de inversión, el Estado sustituyó plenamente a la inversión extranjera en el papel de promotor principal del crecimiento económico interno que había jugado ésta desde la era porfiriana hasta fines de los años veinte.

La expansión de PEMEX y CFE significaron no sólo la garantía de abastecimiento de energéticos para fines de crecimiento económico interno sino también mecanismos de absorción de excedentes por parte del Estado para destinarse a "bienes públicos" y "meritorios" (infraestructura, energéticos, acero, cemento, etcétera). Simultáneamente descendieron las proporciones de recursos públicos destinadas a las funciones de gobierno tradicionales ("Estado gendarme") y a gastos sociales. Estos últimos se atendieron en la medida que lo permitían los recursos ordinarios que pudo captar el Gobierno industrial y la expansión de los núcleos de población no federal. Finalmente, este segundo periodo se caracterizó —debido a los requerimientos del crecimiento urbano— por el aumento del gasto en las zonas urbanas a costa de los sectores rurales.

El tercer periodo, el de diversificación del gasto público para atender simultáneamente una gama creciente de objetivos, respondió a las

[21] Se puede encontrar un análisis bastante agudo de las características e importancia de este periodo de transición en Donald B. Keesing, "Structural Change Early in Development: Mexico's Changing Industrial and Occupational Structure from 1895 to 1950", *Journal of Economic History*, diciembre de 1969.

demandas sociales largamente postergadas de la población y a una amplia diversificación de las fuentes no ordinarias de financiamiento del gasto federal. Desde mediados de los años cincuenta empezaron a aumentar con mayor rapidez los gastos en obras urbanas, educación y beneficio social, de modo que hacia 1964 habían hecho disminuir el énfasis en todos los demás renglones, especialmente fomento agropecuario y obras de infraestructura. Sin embargo, a partir de 1965, la necesidad de intensificar la sustitución de importaciones hizo aumentar más el énfasis en fomento industrial, reduciéndose en términos relativos el énfasis en los demás renglones, con excepción de las obras urbanas, ya que la presión numérica de la población siguió aumentando. El alto contenido de importación de las inversiones para fomento industrial, y de algunas obras urbanas, y la incapacidad de las fuentes tributarias de ingreso para financiar la expansión de los gastos del Gobierno Federal, condujeron a una aguda aceleración del endeudamiento durante los años sesenta, de modo que en la segunda mitad del último decenio los costos del endeudamiento empezaron a revertir pesadamente sobre la estructura del gasto. Por otra parte, se hizo más evidente la existencia de una estructura dual dentro de la administración federal. Por un lado aparecen las dependencias relativamente modernas que pueden cumplir con los objetivos considerados prioritarios durante muchos años (distritos de riego, carreteras, telecomunicaciones, petróleo, electricidad, entre otros) y, por otro lado, las dependencias de alto grado de ineficiencia, debida a la absolescencia de su estructura administrativa, que deberían cumplir con los objetivos que han merecido en los últimos decenios prioridades secundaria o casi nula (agricultura de temporal, servicios tradicionales del "Estado gendarme", educación, salud pública, entre otros). Quizá lo más exacto que puede decirse de este periodo es que mientras durante él aumentaron considerablemente las presiones sobre el Estado (en términos de número de objetivos por atender y de complejidad y dimensión de los procesos involucrados), se hicieron evidentes tanto la ineficiencia de las fuentes ordinarias de financiamiento (tributos principalmente) cuanto la necesidad de programar.

Los resultados

Ante una evolución del gasto público federal como la descrita, no debe sorprender que el aspecto más sobresaliente del desarrollo del país en los últimos tres decenios haya sido el crecimiento económico y el desarrollo de no más de una decena de ciudades importantes. La acción del Estado no tendió a contrarrestar las desigualdades sociales que ha ido poniendo en evidencia el crecimiento económico mismo, ya que la mayor parte del gasto federal ha estado asociada con la promoción de dicho crecimiento (irrigación, fomento industrial, obras urbanas y gastos de beneficio social en las tres principales ciudades del país). Los gastos sociales y el fomento del desarrollo de las áreas atrasadas han dependido obviamente de los excedentes de recursos por encima de los gastos de fomento económico.

El extraordinario éxito alcanzado en términos de crecimiento económico está a la vista [22] y a pesar de todo, el esfuerzo realizado por la federación en materia de gastos sociales ha sido considerable. Entre 1940 y 1965 se redujeron apreciablemente algunas de las principales deficiencias en términos de nivel de vida básico de la población (nutrición, salud, educación). Sin embargo, en los últimos años se ha notado que tales déficit ya no disminuyen, a pesar del cuantioso esfuerzo realizado por el Estado, y a causa del efecto combinado del alto ritmo de crecimiento de la población y de la insuficiencia de recursos en manos del Gobierno Federal.[23] El nivel de nutrición de la mayor parte de la población es todavía muy bajo; el grado de escolaridad de los grupos de edad correspondientes a los distintos niveles de enseñanza dejó de aumentar en los últimos años e incluso disminuyó en uno de los casos; la parte de la población atendida por el sistema de seguridad social no llega aún a 20%; el déficit de vivienda crece aceleradamente.

Las perspectivas para el decenio de los setenta

Durante el decenio 1971-1980 el sector público se enfrentará a la urgente tarea de atender varios objetivos de magnitud y complejidad crecientes y de alta prioridad: elevar la tasa de expansión de la producción de energéticos, acero, productos petroquímicos básicos, y fertilizantes, insecticidas y semillas mejoradas (estos últimos a precios bajos), entre otros, a menos que se esté dispuesto a aceptar las consecuencias del déficit de su abastecimiento; integrar las redes básicas

[22] Una exposición amplia y sistemática del proceso se puede encontrar en: Leopoldo Solís, *op. cit.*, David Ibarra, "Mercados, desarrollo y política económica: Perspectivas de la economía de México", en *El perfil de México en 1980*, Siglo XXI Editores, México, 1970, pp. 89-199; Francisco Javier Alejo, *La estrategia del desarrollo económico de México en 1920-1970*, Tesis Profesional, Escuela Nacional de Economía, UNAM, 1970.

[23] Véase una amplia exposición al respecto en Francisco Javier Alejo, "Aspectos demográficos del crecimiento económico" en *Dinámica de la población de México*, El Colegio de México, Centro de Estudios Económicos y Demográficos, 1970, cap. VIII, pp. 212-254.

de comunicación terrestre, para elevar su productividad y completar la vertebración del territorio nacional; ampliar la red de caminos de penetración; ampliar e integrar completamente la red de telecomunicaciones; modernizar las instalaciones portuarias; aprovechar las oportunidades de grandes y pequeños embalses para ampliar al máximo la superficie bajo riego; extender el crédito y la asistencia técnica a las zonas de agricultura de temporal; organizar a los minifundistas en unidades multifuncionales que les permitan contratar crédito, absorber tecnología, operar eficientemente en el mercado; dotar de obras y servicios básicos a los núcleos de población de 500 a 2 500 habitantes, a fin de que funcionen como polos de atracción de los casi 14 millones de habitantes y que, por ello, hasta ahora no se han beneficiado con las obras sociales, dispersos en localidades muy pequeñas; atender las demandas de servicios de los grandes núcleos urbanos; universalizar la educación primaria, al menos triplicar la inscripción en educación media y aumentarla en lo posible en educación superior, reformando su estructura; elevar drásticamente los recursos destinados a investigación científica y tecnológica; extender la seguridad social; reducir aún más la mortalidad infantil mediante programas médico-asistenciales y de nutrición; y modernizar la administración pública.

La pregunta básica que surge es si el sector público federal, y en especial el Gobierno Federal, podrá captar los recursos necesarios para atender tan abultado número de objetivos de alta prioridad, y al mismo tiempo atender el objetivo de estabilidad de precios y cambios; o bien, si la negociación de la política fiscal seguirá estableciendo jerarquías arbitrarias de prioridades, con tal de que la estructura del financiamiento del gasto federal no cambie.

Además, debe tenerse presente que los objetivos señalados deben ser atacados por la federación en un medio demográfico-expansivo: con la población total creciendo por lo menos al 3.5% al año y la de ciudades de más de 15 mil habitantes haciéndolo al menos al 5% anual.

III. Financiamiento de la acción del Estado

La definición de política fiscal planteada al principio implica concebir la política de ingresos del Estado como subordinada de la política de gasto, *a contrario sensu* de lo que ocurriría, por ejemplo, en una empresa privada. Es decir, desde el punto de vista lógico, el objetivo principal en el manejo de los instrumentos de ingreso (tributarios, crédito) es proveer los recursos financieros necesarios para sufragar las necesidades de gasto del Estado, atendiendo, por supuesto, a otros objetivos de carácter secundario que actúan como restricciones del objetivo principal: estabilidad de precios, fomento de la formación privada del capital, redistribución del ingreso, entre otros. En ocasiones estos objetivos secundarios imponen restricciones muy fuertes y limitan las posibilidades de financiar las necesidades de gasto, dependiendo de la urgencia con que se presenten las coyunturas económicas del momento (inestabilidad de precios y pagos, estancamiento de la economía, incertidumbre) y de la jerarquía de prioridades que imponga la negociación de la política fiscal en cada circunstancia.

Los objetivos que, aparentemente, han prevalecido durante la época que ha dado en llamarse del "desarrollo estabilizador" fueron planteados no ha mucho tiempo por el entonces secretario de Hacienda, Antonio Ortiz Mena: "la creación y ampliación a largo plazo de la infraestructura económica y social, mediante inversión pública; la estabilidad monetaria y de precios a corto plazo; el estímulo a la inversión privada y su debida canalización; la protección y fortalecimiento de la balanza de pagos; y la redistribución del poder adquisitivo de la población". El propio Ortiz Mena planteó las restricciones que dificultan el cumplimiento simultáneo de tales objetivos, diciendo que "si se transfiere al sector público una proporción muy pequeña del ingreso nacional, las cinco categorías de objetivos antes señaladas no podrán lograrse de manera congruente"; asimismo, el que la proporción sea mayor o menor "dependerá de las tarifas de los impuestos y de la efectividad de los sistemas de recaudación... (y) del volumen de recursos crediticios internos que el sector público pueda absorber sin contribuir a las presiones inflacionarias".[24]

El hecho es que los recursos de que ha dispuesto la federación en los últimos decenios han sido suficientes apenas para atender los objetivos asociados a la promoción del crecimiento económico: producción de energéticos, obras de infraestructura, obras urbanas. Además el que los instrumentos de captación de ingresos se hayan usado intensamente para promover la inversión, subsidiando a los propietarios del capital [25] ha dado lugar a que, por un lado, se hagan considerables

[24] Antonio Ortiz Mena, *Conferencia* sustentada ante el Tribunal Fiscal de la Federación, Secretaría de Hacienda y Crédito Público, Dirección General de Prensa y Memoria, Biblioteca y Publicaciones, México, 1966, p. 11. Véase también Antonio Ortiz Mena, *Desarrollo estabilizador, loc. cit.*

[25] Tan sólo por concepto de impuestos indirectos, los subsidios otorgados ascendieron a más de 16 000 millones de pesos en 1950-1967 (Banco de México, S. A., *Cuentas nacionales y acervos de capital*, México, junio de 1969) a lo que deben agregarse los impuestos no cobrados por subsidio a las utilidades de las empresas, y lo que las personas con ingresos de capital tendrían que pagar si tuviesen que acumular tales ingresos a los fines de pagar el impuesto al ingreso global de las personas de acuerdo con la Ley del Impuesto sobre la Renta. La cifra global resultante podría ser varias veces superior a la correspondiente a impuestos indirectos.

sacrificios tributarios a los fines de fomentar la formación de capital, y a que, por otro, el ingreso tienda a concentrarse en manos de los propietarios del capital en mayor proporción de lo que ocurriría sólo con la operación del mercado. De esta suerte, los objetivos asociados con la redistribución del ingreso se encuentran en un segundo plano en la política fiscal no sólo por el lado del gasto, sino también por el del ingreso.

Puede decirse que, en términos generales, la contradicción más importante de la política fiscal en México es la diferencia que se ha ido desarrollando entre la política de gasto y la de ingreso. Mientras que la política de gasto ha sido audaz —especialmente en los años treinta y cuarenta— independientemente de sus efectos y falta de racionalidad en muchos aspectos, la política de ingresos tributarios ha sido conservadora e inadecuada a la intencionalidad declarada de la acción del Estado.

La negociación de la política fiscal es evidentemente más rígida cuando se trata de los instrumentos de captación de ingreso: aparentemente los grupos propietarios del capital tienen un peso importante en la negociación. Así, resulta difícil atender a la filosofía tributaria planteada en su tiempo por Antonio Ortiz Mena:

> La percepción de ingresos elevados es en gran parte producto del nivel de educación de la persona que los percibe y, en consecuencia, de su productividad marginal; también es el resultado de la posesión de bienes, a veces heredados, a veces obtenidos mediante largos esfuerzos; en ocasiones el ingreso individual cuantioso proviene de posiciones de privilegio, de la audacia y la astucia, o aun de negocios de dudosa conveniencia social. A quien la suerte depare cualquiera de estas circunstancias, la sociedad debe exigir una contribución más que proporcional para sufragar las necesidades colectivas y el desarrollo económico nacional; a quien su capacidad como asalariado sólo le permita un modesto ingreso, la sociedad debe reducir las cargas fiscales y, más aún, proveer gratuitamente de los bienes y servicios que demanda una condición decorosa. Un sistema fiscal redistributivo, dentro de los límites compatibles con sus demás objetivos de desarrollo, supone establecer impuestos progresivos sobre la renta acumulada y, a través de buenos programas de gasto público corriente, elevar el ingreso real y la productividad de los sectores de la población cuyo poder de compra normal sea débil.[26]

Este ensayo tiene como propósito mostrar que la práctica real en México no ha obedecido a esa filosofía y que, en consecuencia, no ha

[26] Antonio Ortiz Mena, *Conferencia, loc. cit.*, pp. 10-11.

Cuadro 6. Cambios en la estructura de ingresos ordinarios de la federación en 1867-1966

(Porcentajes)

Tipo de impuesto	*1867-68* [a] %	*1907-08* [b] %	*1939* [c] %	*1948* [c] %	*1956* [d] %	*1964* [e] %	*1968* [f,7] %
Directos tradicionales [1]	4.8	6.6	1.4	0.9	–	0.1	–
Comercio exterior [2]	63.8	47.7	30.8	20.7	29.9	19.9	13.2
Indirectos internos [3]	23.0	28.9	37.7	31.9	28.3	27.2	30.1
Directos modernos [4]	–	–	6.9	22.1	32.4	40.6	43.9
Otros ingresos ordinarios [5]	8.1	19.8	21.7	24.4	9.4	12.2	12.8
Total de ingresos [6]	*100.0*	*100.0*	*100.0*	*100.0*	*100.0*	*100.0*	*100.0*

FUENTES: a Matías Romero, *Memoria de la Hacienda Pública Federal, 1867-68.* b El Colegio de México, *Estadísticas económicas del Porfiriato.* c Ramón Beteta, *Tres años de política hacendaria, 1951.* d Banco de México, S. A., *Informe Anual 1957.* e Secretaría de Hacienda y Crédito Público, *Cuenta de la Hacienda Pública Federal.* f Dirección de Estudios Hacendarios.

1 Comprende impuestos sobre capitales, propiedad raíz, herencias y legados, etc.

2 Comprende impuestos a la importación y la exportación.

3 Comprende impuestos específicos a la minería, la industria y las ventas y —en la época moderna— impuestos generales a las ventas y la producción.

4 Impuestos sobre la renta de personas físicas y empresas y sobre sorteos.

5 Derechos, productos, aprovechamientos y venta de activos.

6 No incluye colocación de empréstitos y otros financiamientos.

7 Cifras preliminares.

obedecido a un principio que puede considerarse de aplicación general: en el *sistema capitalista* los tributos deben imponerse para distribuir el costo de los servicios públicos, en una forma apropiada para ajustes de distribución, o para controlar el nivel de demanda agregada en una forma neutral desde el punto de vista distributivo.[27]

Las etapas de cambio del sistema tributario

El cuadro 6 refleja la evolución que ha seguido el sistema tributario federal en el largo plazo. Se aprecian fácilmente tres etapas en la evolución de dicho sistema: la primera llega hasta 1946, la segunda corre de 1947 a 1960 y la tercera de 1961 a la actualidad.

La primera etapa se caracteriza por el hecho de que, a pesar del cambio ideológico y estructural que implantó la Revolución, prevaleció durante ella una estructura tributaria tradicional, basada en los impuestos al comercio exterior y en impuestos indirectos muy regresivos y de tipo alcabalatorio (entre otros el Impuesto del Timbre) que generaban poca recaudación y entorpecían la actividad económica. Fue tal el afán de la federación para elevar los volúmenes recaudados que en 1917-1946 se introdujeron por lo menos 70 modificaciones importantes a la estructura tributaria.[28] Se pretendió gravar en forma específica prácticamente todo, creándose impuestos especiales para: licores, botellas cerradas, luz y fuerza, cerillos, anuncios, teléfono (1917); capitales, tabacos, ingresos de los ferrocarriles (1922); cerveza (1924); gasolina (1923); exportación de capitales (1936); utilidades de instituciones de crédito (1938); consumo de energía eléctrica; azúcar, sal (1939); alcohol, aguardiente y mieles incristalizables, venta de bebidas alcohólicas (1941); benzol, xolil, toluol y similares (1942); hule, aguas envasadas, producción de oro (1943); despepite de algodón (1944); ixtle de lechuguilla (1945), entre otros. Se creó así una estructura de impuestos indirectos excesivamente dispersa y de costosa administración.

Los acontecimientos más importantes del periodo en términos de reforma del sistema tributario fueron la unificación de los impuestos de exportación (1917) y a la importación (1929); la implantación del sistema de impuesto sobre la renta (1921) y sus siete reformas de 1924 y 1945; promulgación de leyes de fomento industrial, a partir de

[27] Véase R. Musgrave, *op. cit.*, p. 16.

[28] Véase una discusión de este proceso de reforma en Ignacio Pichardo Pagaza, "Cambios en la estructura jurídica tributaria de México", *Comercio Exterior*, octubre de 1968, pp. 870-879; y un análisis detallado en el libro que está preparando el autor: *50 años de política fiscal en México.*

1926; y la celebración de dos convenciones nacionales fiscales.[29] El propósito de las convenciones era resolver los problemas de competencia entre la federación y los gobiernos locales, y modernizar la tributación a las ventas, eliminando los impuestos alcabalatorios e implantando un impuesto general a las transacciones comerciales. Ambos propósitos sólo pudieron alcanzarse hasta la III Convención Nacional Fiscal (1947) que es quizá el acontecimiento más importante en materia de política tributaria ocurrido en los últimos cincuenta años.

El hecho importante es que el sistema tributario federal continuó descansando fundamentalmente en los impuestos al comercio exterior y los indirectos tradicionales hasta 1947. Los recursos que la federación podía obtener de sus fuentes ordinarias de financiamiento eran muy reducidos. En un principio, el Gobierno Federal dependió de las escasas posibilidades de emisión de bonos para el financiamiento de las obras de infraestructura (bonos para caminos especialmente). De esta suerte cuando en 1936 el Estado se decidió a intensificar sus actividades de intervención en la economía, la única vía abierta para aumentar sus recursos era el financiamiento monetario del déficit vía endeudamiento con el banco central.

Los activos monetarios del Banco de México a cargo del Gobierno Federal aumentaron en casi 50% de 1930 (223 millones de pesos) a 1940 (308 millones) y en siete veces de 1940 a 1954 (2 378 millones); en cambio, a partir de este último año tendieron a decrecer. Esta monetización del déficit del Gobierno Federal provocó fuertes presiones inflacionarias, en parte, porque una porción importante del gasto se destinó en esa época a obras de infraestructura, cuyo rendimiento se da en el largo plazo.[30]

Indudablemente, en esta época eran escasas las posibilidades de lograr mayores niveles de recaudación a través de mecanismos como el impuesto sobre la renta, ya que éste exige una economía que haya cambiado estructuralmente hacia la industria fabril y los servicios modernos, y la existencia de numerosas empresas capaces de llevar la contabilidad necesaria para la liquidación del impuesto. Ninguna de las dos condiciones se cumplía en México en esta época. Sin embargo, había otras fuentes de recaudación que fueron olvidadas o gravadas

[29] Acerca del proceso de reforma del impuesto sobre la renta véase Francisco Javier Alejo y Carlos Ocaña, "La carga fiscal en México. Su evolución e importancia", *Comercio Exterior*, febrero de 1963, pp. 80-82 y marzo de 1963, pp. 169-173; y Francisco Javier Alejo, *op. cit.* Respecto a las convenciones nacionales fiscales véase: Ramón Beteta, *Tres años de política hacendaria (1947-1949). Perspectiva y acción*, Secretaría de Hacienda y Crédito Público, México, 1951.

[30] Véase Dwight Brothers y Leopoldo Solís, *Evolución financiera de México*, Centro de Estudios Monetarios Latinoamericanos, México, 1967, pp. 124-125 y 129.

sólo levemente y que podrían haber producido cuantiosos recursos. Tal es el caso de la propiedad raíz rural y urbana —especialmente esta última— que han permanecido hasta la fecha con cargas fiscales relativamente bajas, si se tiene en cuenta la magnitud de las ganancias que producen. Un impuesto a la propiedad inmobiliaria similar al que implantó en Japón la restauración Meiji,[31] ampliado a las áreas urbanas, habría proporcionado cuantiosos ingresos a la federación. El relativo desperdicio de esta fuente de recaudación ha continuado hasta la fecha —tanto por el Gobierno Federal como por los locales— y sólo parece tener una justificación en la fuerza política de los grupos de presión que hubieran sido afectados.

La segunda etapa, que se inició con la Tercera Convención Nacional Fiscal celebrada en 1947, se caracteriza por la progresiva pérdida de importancia de los impuestos al comercio exterior, que se empezaron a usar más con finalidades de fomento que de recaudación,[32] se implantó un impuesto general a las ventas (Ley Federal del Impuesto sobre Ingresos Mercantiles) derogándose los impuestos indirectos más tradicionales (Impuesto del Timbre) y de tipo alcabalatorio; ganaron importancia en la recaudación los impuestos indirectos modernos y el impuesto sobre la renta (véase el cuadro 6); se realizaron los primeros esfuerzos en 1951 y 1956, por modernizar el impuesto sobre la renta, mediante la acumulación del ingreso personal, para hacerlo más justo y elevar con mayor rapidez la recaudación; se intensificaron y aumentaron las medidas tributarias para el fomento de desarrollo industrial; y en general, se procuró simplificar el sistema tributario federal.

A pesar de todo, durante todo este periodo las necesidades de gasto del Gobierno Federal crecieron con mayor rapidez y fueron mayores en términos absolutos a sus ingresos ordinarios: los gastos efectivos de la federación superaron a los gastos presupuestados en 42.1% en 1947 y en 53.3% en 1953-1958. Sin embargo, un elemento adicional que caracterizó a este periodo fue que durante él cambió apreciablemente la forma de financiar el déficit del Gobierno Federal. En efecto, a par-

[31] K. Ohkawa y H. Rosowsky, "The Role of Agriculture in Japanese Economic Development", *Agriculture in Economic Development*, McGraw-Hill, New York, 1964; B. F. Johnston, "Agriculture and Economic Development: The Japanese Experience", *Food Research Institute Studies Stanford, Calif.*, vol. VI, No. 3, 1966.

[32] La carga fiscal sobre las importaciones pasó de 17.8% en 1940 a 14.1% en 1950 y a 13.7% en 1965. En el caso de las exportaciones pasó de 9.2% en 1940 a 15.4% en 1950, 6 a 6.1% en 1955. Véase Rafael Izquierdo. "El proteccionismo en México". cuadro 5, p. 235, *Serie de Lecturas*, núm. 4, Selección de L. Solís, tomo I, F.C.E. y EL TRIMESTRE ECONÓMICO, 1973; Naciones Unidas, *Yearbook of International Trade Statistics;* y Gerardo Bueno, "La estructura de la protección efectiva en México en 1960", *Demografía y Estadística*, vol. VI, núm. 2, 1972.

tir de 1955, los activos monetarios del Banco de México a cargo del Gobierno Federal dejaron de aumentar e incluso disminuyeron en términos absolutos, con excepción de 1958 en que se registró una cifra superior a la de 1954. En cambio, las obligaciones del Gobierno Federal con el sistema bancario —exceptuando al banco central— aumentaron en seis veces de 1952 (615.0 millones de pesos) a 1960 (3 609 millones); y las obligaciones con las instituciones de crédito no monetarias —incluyendo las nacionales— aumentaron en cinco veces en el mismo lapso, pasando de 463 millones de pesos en 1952 a 2 359 millones en 1960.[33]

Para 1961, el endeudamiento neto —incluyendo al crédito externo— ya aportaba un poco más de la mitad del financiamiento de la inversión fija realizada por el Gobierno Federal. De esta manera se sustituye el financiamiento monetario del déficit del Gobierno Federal por fondos a plazo captados en el sistema bancario y en el mercado internacional. Los principales instrumentos utilizados fueron: requisitos de cartera y controles selectivos de crédito impuestos a la banca privada por el Banco de México; captación de ahorro en el mercado interno de capitales por Nacional Financiera y Banco Nacional Hipotecario y de Obras Públicas; y la colocación de empréstitos en el mercado internacional de capitales.

La tercera etapa (a partir de 1961) se caracteriza porque durante ella los impuestos al ingreso se volvieron definitivamente predominantes dentro de la estructura tributaria federal, y porque los impuestos al comercio exterior dejaron de tener importancia. En 1961-1962 se hizo el primer intento exitoso de aplicar un impuesto al ingreso global de las personas físicas y se emprendió un programa para modernizar la administración del impuesto sobre la renta.[34]

Sin embargo, a pesar de las dos reformas que se implantaron entre 1961 y 1965, los intentos por acumular el total de ingresos de las personas físicas, a los fines de la liquidación del impuesto, fracasaron, y el impuesto sobre la renta continuó siendo esencialmente cedular, puesto que se continuó gravando con criterios diferentes el ingreso según su origen, al separar los ingresos provenientes del capital y la propiedad de los provenientes del trabajo. De esta suerte, y a pesar de las reformas legales y administrativas, el impuesto sobre la renta fue in-

[33] D. Brothers y Leopoldo Solís, *op. cit.*, pp. 124-125.

[34] Véase Francisco Javier Alejo y Carlos Ocaña, *op. cit.;* Nicholas Kaldor, "Las reformas al sistema fiscal en México", *Serie de Lecturas*, núm. 4, tomo II, pp. 29-31, selección de L. Solís; Antonio Ortiz Mena, "Cinco años de política hacendaria", *Comercio Exterior*, diciembre de 1963, p. 894; Jorge E. Navarrete, "Algunas consideraciones sobre la nueva Ley del Impuesto sobre la Renta", *Comercio Exterior*, febrero de 1965, pp. 107-111.

Cuadro 7. Ingresos netos ordinarios del sector público mexicano 1950-1967

(porcentajes)

Concepto	1950 %	1950 % del PBI [1]	1960 %	1960 % del PBI [1]	1964 %	1964 % del PBI [1]	1967 %	1967 % del PBI [1]
Ingresos totales	*100.0*	*11.7*	*100.0*	*13.3*	*100.0*	*15.7*	*100.0*	*15.1*
1) *Subsector gobierno*	*84.8*	*9.9*	*77.0*	*10.2*	*69.6*	*10.9*	*69.9*	*10.5*
a) Gobierno Federal	66.5	7.8	57.3	7.6	52.0	8.2	52.2	7.9
b) Distrito Federal	6.0	0.7	7.0	0.9	6.3	1.0	6.4	1.0
c) Gobiernos estatales	9.4	1.1	9.7	1.3	8.6	1.3	8.4	1.2
d) Gobiernos municipales	2.9	0.3	3.0	0.4	2.7	0.4	2.9	0.4
2) *Subsector paraestatal* [2]	*15.2*	*1.8*	*23.0*	*3.1*	*30.4*	*4.8*	*30.1*	*4.6*

FUENTES: Secretaría de Hacienda y Crédito Público, *Cuenta de la Hacienda Pública Federal;* Dirección General de Estudios Hacendarios, Dirección General de Estadística, *Anuarios Estadísticos de los Estados Unidos Mexicanos;* Banco de México, *Cuentas y acervos de capital, consolidados y por tipo de actividad económica, 1950-1967.*

[1] Ingresos sobre PBI al costo de los factores.

[2] Comprende el superávit de operación de las empresas públicas y los ingresos netos de los organismos descentralizados.

capaz de frenar el crecimiento de la brecha entre los recursos ordinarios del Gobierno Federal y sus necesidades de gasto *vis á vis* el aumento y complicación de sus responsabilidades ante la comunidad. En consecuencia, tendió a intensificarse la presión del Estado sobre el mercado interno de capitales y la tendencia al endeudamiento externo. Los gastos efectivos del Gobierno Federal han llegado a superar a los ingresos ordinarios casi en un 80% en los últimos años. Asimismo, las políticas de precios y costos de algunas de las principales entidades descentralizadas no han permitido que su ahorro corriente compense el estancamiento e incluso declinación del superávit en cuenta corriente del Gobierno Federal.

Situación financiera actual del sector público federal

En el cuadro 7 se aprecia fácilmente que, a pesar de las reformas que ha venido sufriendo el sistema tributario, los ingresos netos ordinarios del conjunto del subsector Gobierno (federal, estatales y municipales) pasaron de poco menos del 10% del PBI al costo de los factores en 1950, a sólo poco menos de 11% en 1964-1967. En el caso del Gobierno Federal la participación se ha mantenido alrededor de 8%. Asimismo, a pesar de la gran expansión experimentada por las entidades paraestatales, los ingresos netos ordinarios de todo el sector público representaron apenas el 15% del PBI en 1967. Es de destacarse la enorme desproporción entre los ingresos de la federación y los de los gobiernos locales. El país aparece así en una situación fiscal similar —desde el punto de vista de la carga fiscal agregada— a la de países de bajo ingreso, mientras que el nivel de gastos efectivos no se encuentra muy alejado del de países desarrollados.

Los escasos ingresos ordinarios generan montos de ahorro corriente insuficientes,[35] lo que da lugar a la situación financiera del sector público federal que se refleja en el cuadro 8. Se aprecia claramente que la contribución del ahorro corriente al financiamiento de la inversión tendió a decrecer en los años sesenta, y que la contribución del Gobierno Federal al financiamiento de la inversión ha sido no sólo relativamente modesta sino decreciente. Paralelamente, al endeudamiento ha contribuido con más de la mitad de los fondos necesarios para inversión, con una contribución creciente del crédito externo. Al

[35] La tasa media de ahorro del Gobierno Federal siguió una tendencia decreciente en 1960-1969 (de 0.30 a 0.19 y 0.16), con 0.19 en promedio en todo el periodo (0.17 de tasa marginal). Para todo el sector público federal la tasa media de ahorro en 1960-1969 fue de 0.25 y la marginal de 0.18, lo que implica también una tendencia decreciente de la tasa media.

Cuadro 8. Origen y destino de los recursos para inversión pública federal 1960-1968

Concepto	*1960*	*1965*	*1968* [1]
Fuentes	*100.0*	*100.0*	*100.0*
1) *Superávit en cuenta corriente*	*57.5*	*54.3*	*48.1*
a) Gobierno Federal	24.3	21.7	18.5
b) Distrito Federal	6.1	5.9	5.4
c) Entidades paraestatales	27.1	26.7	24.4
2) *Ingresos en cuenta de capital*	*0.2*	*1.1*	*1.0*
3) *Endeudamiento*	*42.3*	*44.6*	*50.9*
a) Interno (neto)	12.7	23.3	19.4
b) Externo (bruto)	29.6	21.3	31.5
Total de fuentes = total de usos	*13 374*	*19 972*	*28 897*
Usos	*100.0*	*100.0*	*100.0*
1) *Inversión bruta fija*	*66.6*	*68.3*	*73.5*
a) Gobierno Federal	20.7	21.3	20.2
b) Distrito Federal	3.6	4.8	11.1
c) Entidades paraestatales	42.3	42.2	42.2
2) *Amortización de deuda externa*	*16.1*	*23.6*	*20.1*
3) *Inversión financiera*	*17.3*	*8.1*	*6.4*
a) Gobierno Federal	5.4	12.4	6.3
b) Otros	11.9	-4.3	0.1

FUENTES: Secretaría de Hacienda y Crédito Público, *Cuenta de la Hacienda Pública Federal;* y Secretaría de la Presidencia.

[1] Datos preliminares.

aumentar la aportación del endeudamiento, tiende a crecer también la participación de la amortización de la deuda externa en los usos de fondos disponibles para inversión, absorbiendo más de la quinta parte de los mismos en los últimos años. Además, debe considerarse la importante proporción que en algunos años absorbe la inversión financiera, que en parte es reflejo de algunos compromisos financieros extraños que adquiere la federación, según se hizo notar en las partes anteriores de este ensayo. La repercusión del financiamiento externo en términos de divisas es más fuerte, ya que en 1961-1967 los pagos por amortización de la deuda externa absorbieron casi el 51% de los usos totales de divisas de todo el periodo, o sea una proporción mayor que la correspondiente al déficit de la balanza de pagos en cuenta corriente. Junto con los intereses, los pagos por servicios de la deuda externa absorbieron el 22% de los ingresos totales de divisas en cuenta corriente en 1967, lo que, junto con las remesas de utilidades de la inversión extranjera directa, coloca al país cerca de lo que las instituciones financieras internacionales llaman vagamente "límites de seguridad".

El caso del Gobierno Federal

La situación del gobierno federal parece un poco más delicada, ya que el endeudamiento neto aportó casi el 30% del financiamiento de su inversión en 1960, el 63% en 1964 y el 70% en 1968; lo que es reflejo de que, en este último año el ahorro corriente del Gobierno Federal representó apenas el 19% de sus ingresos corrientes, y de que de ese ahorro corriente el 69% fue absorbido por transferencias de capital (37%) a entidades paraestatales (ferrocarriles principalmente) y por inversiones financieras (32%).

Por otra parte, esta situación es el reflejo de la incapacidad del sistema tributario federal para aportar al gobierno los recursos necesarios para atender sus crecientes necesidades de gasto. En los cuadros 9 y 10 se aprecia cómo sólo una parte de la economía y de los factores de la producción han estado contribuyendo al financiamiento de la acción del Estado, y que aun en esos casos la carga tributaria es muy reducida. En el cuadro 9 se aprecia la considerable diferencia que existe entre la participación de los sectores económicos en el valor agregado y su contribución a la recaudación tributaria del Gobierno Federal.

Destaca que mientras la agricultura absorbe el 14.4% del valor agregado, aporta sólo el 2.2% de la recaudación total; en cambio, las actividades extractivas aportan casi el 20% de la recaudación con sólo el 4.2% del valor agregado. El caso de los servicios y la construcción es todavía más contrastante, ya que con el 28.3% del valor agregado aportan sólo el 14.8% de la recaudación, debiendo tenerse en cuenta que dentro de esos sectores se realizan fuertes ganancias especulativas y que en los servicios se encuentra incluido el sistema financiero. Es de destacarse la bajísima carga tributaria que soportan las actividades agropecuarias, la construcción, los servicios y aun las manufacturas y el comercio. De ahí resulta que la carga tributaria global que soporta la economía sea una de las más bajas del mundo.

La inequitativa distribución de la carga tributaria por sectores económicos y el bajo nivel de la carga global son el resultado de los factores siguientes: el tratamiento preferencial de que han disfrutado las empresas agrícolas de los distritos de riego, al ser consideradas como de escasos recursos; la oportunidad que se da a las empresas indus-

Cuadro 9. Distribución sectorial del valor agregado, los impuestos y la carga tributaria[1] 1966

(porcentajes)

Sectores económicos	VALOR AGREGADO[2]	IMPUESTOS BRUTOS		IMPUESTOS AL GASTO		IMPUESTOS AL INGRESO[3]	
	%	%	*Carga fiscal total* (%)	%	*Carga fiscal total* (%)	%	*Carga fiscal total* (%)
Actividades agropecuarias	14.4	2.2	1.3	1.4	0.5	3.6	0.8
Minas y petróleo	4.2	19.9	19.0	7.3	8.8	15.9	10.2
Manufacturas y comercio[4]	49.0	60.5	9.3	78.0	7.8	27.8	1.5
Construcción	5.0	1.8	2.0	–	–	5.2	2.0
Energía eléctrica	1.3	3.5	18.7	3.4	11.8	3.7	6.9
Transporte	2.8	9.4	25.3	4.7	8.2	18.3	17.1
Servicios	23.3	12.2	4.9	5.2	1.3	25.5	3.5
Total	*100.0*	*100.0*	*8.1*	*100.0*	*5.3*	*100.0*	*2.8*

FUENTE: Secretaría de Hacienda y Crédito Público, *Cuenta de la Hacienda Pública Federal;* y Banco de México, S. A., *Cuentas nacionales y acervos de capital consolidados y por tipo de actividad económica, 1950-1967.*

[1] Carga tributaria = impuestos/valor agregado.
[2] PBI al costo de los factores.
[3] Obtenidos por diferencia.
[4] Estos sectores se consideran juntos ante la dificultad de determinar la incidencia de los impuestos al consumo.

Cuadro 10. Distribución del ingreso y la carga tributaria entre los factores de la producción 1950-1967

(Millones de pesos a precios de 1960)

	PAGOS	LOS FACTORES			CARGA TRIBUTARIA DEL ISR				
Año	*Total*	*Trabajo* [1]	*Capital* [2]	*Total* [3]	*Productos del trabajo*	*Productos del capital*	*Total* [4]	*Trabajo* [5]	*Capital* [6]
1950	80 073	29 593	50 480	1 485	–	–	1.9	–	–
1958	123 899	43 527	80 372	3 047	721	468	2.5	1.7	0.6
1960	138 406	46 918	91 488	3 655	845	589	2.6	1.8	0.6
1961	143 668	48 705	94 963	3 962	942	637	2.8	1.9	0.7
1962	151 451	50 845	100 606	4 400	1 252	712	2.9	2.5	0.7
1963	153 431	53 979	109 452	4 999	1 289	669	3.1	2.4	0.6
1964	180 299	57 137	123 162	6 441	1 712	825	3.6	3.0	0.7
1965	190 606	60 346	130 260	7 359	2 010	638	3.9	3.3	0.5
1966	204 845	63 612	141 233	7 092	2 031	353	3.5	3.2	0.2
1967	218 221	66 909	151 312	8 066	2 202	461	3.7	3.3	0.9

FUENTES: Secretaría de Hacienda y Crédito Público, *Cuenta de la Hacienda Pública Federal;* y Banco de México, S. A., *Cuentas nacionales y acervos de capital, consolidados y por tipo de actividad económica, 1950-1967.*

1 Pagos al trabajo valuados a los precios del empleador.
2 Superávit de operación neto de impuestos indirectos.
3 Incluye el impuesto a las utilidades de las empresas.
4 Recaudación total del ISR/Ingreso de los factores.
5 Recaudación de impuestos a los productos del trabajo/ingreso del factor trabajo.
6 Recaudación de impuestos a los productos de capital/superávit de operación.

triales, comerciales y de servicios de descontar, para el pago del impuesto sobre la renta (ISR), elevadas proporciones de gastos, que incluyen conceptos como publicidad [36] y el financiamiento de la vida privada de los ejecutivos; el alto grado de evasión de las empresas medianas y pequeñas; el hecho de que a las empresas bancarias y financieras se les grave con base en las razones sociales registradas y no como grupos, que es como efectivamente operan y maximizan utilidades; y el hecho de que se permita a las sociedades industriales y comerciales fragmentarse en varias razones sociales, a los fines del pago del ISR.

Por otra parte, en el cuadro 10 se puede apreciar que mientras los pagos al factor capital (sin incluir la reposición de capital) han representado entre 63 y el 69% de los pagos a los factores de la producción, su contribución al ISR nunca fue mayor de 16.2% a lo largo del periodo de 1950 a 1967. Lo que es más, a partir de 1962, y con mayor claridad a partir de 1964, la contribución de los ingresos de capital al ISR empezó a decrecer, al paso que aumentaba la parte correspondiente a los ingresos del trabajo. Este es en realidad el significado profundo de las reformas al ISR introducidas en 1961-1965. El propio ISR contribuyó a redistribuir el ingreso a favor del capital, al otorgar un tratamiento preferencial a los ingresos personales provenientes de esa fuente.

Estos elementos, junto con el hecho de que la tarifa que grava los ingresos del trabajo es regresiva a partir de los ingresos medios, son la causa de que la recaudación crezca en el largo plazo apenas al paso de los pagos a los factores y que, de esa suerte, la carga tributaria no aumente.[37] Nótese en el cuadro 10 que la carga fiscal sobre los pagos al trabajo es de 3.3% y en el caso del capital de 0.3% (3.9% considerando el impuesto a las utilidades de las empresas).

El punto de vista de la teoría tributaria moderna

Harley Hinrichs ha diseñado un modelo de cambio de la estructura tributaria durante el proceso de desarrollo, con base en una muestra

[36] En diciembre de 1970 el Congreso aprobó una reforma de la Ley del Ingreso sobre la Renta por la que se limitaron las deducciones por gastos de publicidad a un máximo de 60% de los mismos, lo que indudablemente constituyó un avance.

[37] La elasticidad de la recaudación total respecto al PBI fue negativa en 1958-1961 (—0.41), de 1.56 en 1961-1964 y de 1.01 en 1964-1968. La elasticidad de los impuestos al trabajo respecto a los salarios fue de 1.98 en 1958-1961, de 4.00 en 1961-1964 y de 1.63 en 1964-1968. La elasticidad de los impuestos al capital respecto al superávit de operación fue de 1.83 en 1958-1961, de 1.58 en 1961-1964 y negativa en 1964-1968 (—1.33).

de 26 países, que fueron agrupados en tres categorías de ingreso y tres tipos de estructura económica respecto a su sector externo. Las categorías de ingreso *per capita* son: *ingresos bajos* (menos de dls. 250), *ingresos medios* (de 250 a 500 dólares) e *ingresos altos* (más de dls. 500). Los tipos de estructura económica se definieron de la siguiente manera: *abierta*, cuando las importaciones representan más del 20% del PNB; *entreabierta*, cuando representan entre el 12 y el 20%; y *cerrada* cuando representan menos del 12%. Según este modelo, México tenía en 1958 la carga tributaria característica de las economías de bajo ingreso de estructura económica *cerrada*, mientras que al mismo tiempo el país estaba clasificado entre los de ingreso medio de estructura cerrada. En la actualidad se encuentra entre los países de ingreso alto (de acuerdo con el criterio mencionado) y estructura cerrada. No obstante, su carga tributaria sigue siendo la misma que la de países de bajo ingreso con estructura cerrada. La diferencia específica estriba en que al reducirse la aportación de los impuestos al comercio exterior (con el paso de la estructura económica de abierta a cerrada) el ajuste de los impuestos directos e indirectos internos no fue suficiente para crear al menos la estructura tributaria típica de los países de ingreso medio. Adviértase que la carga tributaria en los países de alto ingreso considerados es de por lo menos 24% (caso de Bélgica).

Según Hinrichs, la experiencia internacional muestra que los países pasan normalmente por el siguiente proceso de cambio de su estructura tributaria en el transcurso del desarrollo:[38]

a) Las sociedades tradicionales obtienen sus ingresos gubernamentales de fuentes extratributarias y de impuestos directos tradicionales.

b) En la transición a la modernidad disminuyen las fuentes anteriores y aumenta la importancia de los impuestos al comercio exterior y de los indirectos internos.

c) Después, al diversificarse la actividad económica, los impuestos directos tradicionales son desplazados por directos modernos, que al final de la fase de transición aumentan con mayor rapidez que los indirectos internos.

d) Al llegar a la modernidad, los impuestos internos modernos dominan el sistema tributario.

En el cuadro 6 se aprecia que la evolución de la estructura tributaria de México en el largo plazo coincide en términos generales con este modelo. Según esto, dicha estructura se encontraría en la actualidad entre las faces c) y d), o sea entre el fin de la fase de transición y el paso definitivo a la modernidad. Sin embargo, el bajo nivel de la carga

[38] Véase Harley Hinrichs, *Una teoría general del cambio de la estructura tributaria durante el desarrollo económico*, Centro de Estudios Monetarios Latinoamericanos, México, 1967; y también Richard Musgrave, *op. cit.*, pp. 125-167.

tributaria —uno de los más reducidos del mundo— hace diferir apreciablemente al sistema tributario mexicano de las características de las sociedades modernas, lo que es reflejo del atraso relativo del ISR, excesivamente basado en el impuesto a las utilidades de las empresas, en virtud del subsidio a los ingresos personales de capital, a la regresividad de la tarifa de impuestos, a los ingresos del trabajo y a la casi total evasión del impuesto por parte de los "profesionistas libres". Esta situación es la característica de los países en los que la recaudación del ISR depende en elevada proporción de unas cuantas grandes empresas (extranjeras por lo general) dedicadas a actividades extractivas, y evidentemente, la economía mexicana dejó de estar basada en industrias extractivas exportadoras hace bastante tiempo. Por otra parte, según una muestra internacional analizada por Musgrave,[39] México debería tener en la actualidad al menos una carga fiscal de alrededor de 20% de acuerdo con su nivel de ingreso *per capita* y la participación de las actividades agropecuarias en el PBI.

De acuerdo con la teoría, conforme la organización económica se desarrolla, se hace posible la administración de un impuesto al ingreso global de las personas, pudiendo esperarse que el desarrollo económico traiga consigo el crecimiento de la aportación de los impuestos directos. Conforme la economía se hace más desarrollada, se dispone de una gama más amplia de bases para la tributación. Y, dice Musgrave, el invocar "dificultades administrativas", especialmente cuando se trata de agravar las ganancias de capital, es con frecuencia más un pretexto para evitar la "imposición comprehensiva" que una razón justificada para rechazar la reforma tributaria.[40]

Negociación de la política tributaria

La única razón lógica para que el sistema tributario se encuentre tan atrasado como se describió antes parece encontrarse en la forma como se negocia la política tributaria. Los ingresos por ganancias de capital han venido siendo fuertemente subsidiados por el ISR y la situación no ha cambiado, a pesar de los repetidos intentos, aparentemente porque los propietarios del capital y empresarios en general tienen un peso muy grande en la negociación de la política tributaria. Los demás grupos interesados no parecen tener interés u oportunidad de expresar su opinión y hacerla valer.

La cuestión esencial estriba en si el proceso de negociación se abriría, de modo que pueda aliviarse la situación financiera de la federa-

[39] Richard Musgrave, *op. cit.*, pp. 110-119.
[40] *Ibid.*, pp. 130-131.

ción y ésta pueda sostener la tasa de crecimiento de la economía y elevar la asignación de recursos a los objetivos sociales, o si se sacrificará la tasa de crecimiento de la economía y/o se dejará que continúen aumentando los varios déficit sociales que padece la población del país.

Cambios del sistema tributario como los propuestos al Congreso en diciembre de 1970 pueden servir para frenar la tendencia al deterioro de las finanzas del Gobierno Federal. Sin embargo, en el futuro próximo será indudablemente necesario reformar con mayor profundidad el sistema tributario, especialmente en lo que se refiere a la inclusión de las ganancias de capital dentro del impuesto al ingreso acumulado de las personas físicas.

V. DESEQUILIBRIO Y DEPENDENCIA: LAS RELACIONES ECONÓMICAS INTERNACIONALES DE MÉXICO EN LOS AÑOS SESENTA*

Jorge Eduardo Navarrete

Introducción: las cuestiones básicas

El examen de la evolución del sector externo de la economía de México en los años sesenta ha estado dominado por enfoques que destacan los resultados globales de la balanza de pagos, con su serie casi ininterrumpida de aumentos anuales en el monto de las reservas internacionales del país, y el mantenimiento de la estabilidad externa de la moneda, cuya paridad oficial en relación al dólar norteamericano no ha sufrido variación en algo más de década y media; pero que no analizan los factores que han permitido esos incrementos sucesivos de las reservas internacionales del país, ni examinan el precio que se ha pagado por el mantenimiento de la estabilidad monetaria externa. En este texto, en cambio, se pretende ofrecer una visión de conjunto de la evolución de las relaciones económicas internacionales de México en los años sesenta y de su perspectiva inmediata, siguiendo la formulación de su balanza de pagos, en la que se ponderen en su dimensión adecuada los factores en juego.

In nuce, en los años sesenta, el sector externo de la economía de México atraviesa por una coyuntura de creciente desequilibrio en el sector de las transacciones corrientes, y de creciente dependencia respecto de las entradas de capital extranjero público y privado para compensar el déficit de las transacciones corrientes y mantener un moderado crecimiento de las reservas internacionales del país. Empero, ¿cuánto tiempo más puede funcionar este esquema de crecientes desequilibrios en las transacciones corrientes y de crecientes entradas de capitales extranjeros autónomos y compensatorios? Además, ¿en qué forma puede alterarse el funcionalismo de este esquema, propiciando una evolución progresiva hacia una posición de cuenta corriente menos desequilibrada y, por consecuencia, hacia una menor dependencia respecto de las entradas de capital extranjero? Y, finalmente, ¿qué cargas heredará el futuro inmediato del actual esquema de relaciones comerciales, económicas y financieras internacionales del país, que eventual-

* El autor agradece especialmente los comentarios y observaciones de Ricardo Torres Gaitán, Miguel S. Wionczek, Edmundo Flores y Enrique Angulo, quienes, desde luego, son del todo ajenos a los posibles despropósitos que el texto contenga, aunque, sin su aporte, carecería del valor que en él pueda encontrarse.

mente estorbarán la transición hacia un esquema distinto, menos desequilibrado y dependiente?

Son éstas las cuestiones básicas que se plantean en este texto y para las que se pretende ofrecer alguna respuesta coherente.

El creciente desequilibrio de las transacciones corrientes

El creciente desequilibrio de las transacciones corrientes de la balanza de pagos de México en los años sesenta es el resultado de, por una parte, la rápida expansión del déficit de la balanza comercial y, por otra, el escaso dinamismo del ingreso neto en cuenta de servicios que provoca que una proporción cada vez mayor del resultado deficitario de la balanza comercial se traslade al resultado de la cuenta corriente.

En 1960, el déficit de la cuenta corriente de la balanza de pagos de México se situó en 311.0 millones de dólares, como resultado de un déficit comercial de 447.7 millones de dólares y un ingreso neto por servicios estimado en 136.7 millones de dólares, equivalente al 30.5% del déficit de la balanza comercial. Para 1968, el déficit en cuenta corriente alcanzó un nivel de 742.4 millones de dólares, como resultado de un déficit comercial de 779.4 millones de dólares y un ingreso neto por servicios de 37.0 millones de dólares, equivalente sólo al 4.7% del déficit de la balanza comercial. En 1969, se obtiene por primera vez un resultado *deficitario* en la cuenta de servicios, por 15.4 millones de dólares, que se suma al desequilibrio comercial de 639.1 millones, para arrojar un déficit en cuenta corriente de 708.5 millones de dólares.[1]

[1] Estas cifras difieren de las que consigna la estadística oficial mexicana de balanza de pagos, pues, a partir de 1967, el Banco de México introduce una "nueva práctica" en la formulación de su estadística de balanza de pagos, según la cual, "no incluye las utilidades reinvertidas (por las empresas extranjeras que operan en el país) por no representar movimientos internacionales de fondos". (Banco de México, S. A., *Informe Anual 1967*, México, 1968, p.62, nota [d] del cuadro 11.) La metodología internacionalmente aceptada de balanza de pagos registra esas utilidades reinvertidas como renglón de egreso en la cuenta corriente y como renglón de ingreso en la cuenta de capital, por lo que su efecto neto se compensa. Con su "nueva práctica", el Banco de México consigue igual compensación, al eliminar el renglón de las utilidades reinvertidas tanto como egreso corriente cuanto como ingreso de capital, con la diferencia de que la suma de egresos corrientes y, por tanto, el déficit en cuenta corriente resulta inferior al que arroja la formulación tradicional y la suma de ingresos de capital y, por tanto, el superávit en cuenta de capital resulta también inferior al que resulta de la aplicación de los criterios tradicionales. (Véase, en el cuadro 1, una comparación entre ambos métodos de cálculo.) En este texto se utilizan cifras calculadas de acuerdo con la definición internacionalmente aceptada.

De este modo, la evolución registrada en los años sesenta indica claramente que, a una tendencia expansiva del déficit comercial, corresponde una tendencia depresiva del ingreso neto por servicios que, en el último año de la década, se torna negativo y se convierte en un nuevo y adicional factor de presión sobre el resultado de la cuenta corriente.

Lo esencial de esta conclusión no se altera al manejar, en lugar de las cifras de balanza de pagos formuladas de acuerdo con la metodología internacionalmente aceptada, las cifras utilizadas por el Banco de México, que, como se ha señalado, excluyen las utilidades reinvertidas por las empresas extranjeras que operan en el país (ver cuadro 1), pues es evidente que, sea cualquiera el juego de cifras que se utilice, en los años sesenta el país se enfrenta a una posición de profundo y creciente desequilibrio de sus transacciones corrientes con el exterior, que, junto a otros factores, determina un recurso creciente a los ingresos de capital extranjero para restaurar el equilibrio de la balanza de pagos y permitir el crecimiento de las reservas internacionales en que se apoya, entre otros factores, la estabilidad externa de la moneda mexicana.

La creciente dependencia respecto de los ingresos de capital

Para financiar el creciente desequilibrio de la cuenta corriente de la balanza de pagos, México recibió, a lo largo de los años sesenta, una corriente sustancial y sostenida de capital extranjero, tanto en la forma de inversión extranjera directa como de endeudamiento oficial (véase cuadro 2).

Las entradas netas de capital a largo plazo alcanzan un promedio anual de 374.8 millones de dólares, aunque, obviamente, su magnitud bruta es sustancialmente mayor, habida cuenta de los altos niveles de los pagos por amortización que se registran a lo largo del periodo. La magnitud de las entradas netas de capital a largo plazo en la segunda mitad de la década (1965-1969), al llegar a 453.5 millones de dólares anuales en promedio, supera ampliamente a la registrada en la primera mitad (1960-1964), que fue de 296.1 millones de dólares anuales, en promedio. En la década, algo menos de la mitad de la entrada neta de capital a largo plazo provino de endeudamiento público y el resto de la inversión directa.[2]

[2] La consideración de las cifras del Banco de México, que excluyen la reinversión de utilidades de las empresas extranjeras que operan en México, aunque muestra una magnitud absoluta menor del ingreso de capital extranjero y una menor importancia relativa de la inversión privada en el total, no altera la esencia del fenómeno señalado.

Cuadro 1. La balanza en cuenta corriente de México, 1960-1969

(Millones de dólares y porcentajes)

DEFINICIÓN DEL BANCO DE MÉXICO

Años	*Déficit de la balanza comercial*	*Ingreso neto en cuenta de servicios*	*Déficit de la balanza en cuenta corriente*	*Proporción del déficit comercial financiada por el ingreso neto en cuenta de servicios*
1960	447.7	147.3	300.4	32.9
1961	335.1	139.5	195.6	41.6
1962	243.5	123.3	120.2	50.6
1963	303.8	133.8	170.0	44.0
1964	470.6	117.9	352.7	25.1
1965	445.7	131.2	314.5	29.4
1966	442.4	146.5	295.9	33.1
1967	644.5	137.9	506.6	21.4
1968	779.4	147.2	632.2	18.9
1969	693.1	119.3	573.8	17.2

DEFINICIÓN INTERNACIONAL

Años	*Déficit de la balanza comercial*	*Ingreso neto en cuenta de servicios*	*Déficit de la balanza en cuenta corriente*	*Proporción del déficit comercial financiada por el ingreso neto en cuenta de servicios*
1960	447.7	136.7	311.0	30.5
1961	335.1	114.3	220.8	34.2
1962	243.5	87.1	156.4	35.8
1963	303.8	97.8	206.0	32.2
1964	470.6	67.7	402.9	14.4
1965	445.7	69.9	375.8	15.7
1966	442.4	72.8	369.6	16.5
1967	644.5	32.6	611.9	5.1
1968	779.4	37.0	742.4	4.7
1969	693.1	–15.4	708.5	

NOTA: La definición del Banco de México excluye, y la definición internacional incluye, las utilidades reinvertidas por las empresas extranjeras que operan en México como egreso en cuenta de servicios. [Véase la nota (1) del texto.]

FUENTE: Banco de México, S. A., y Banco Internacional de Reconstrucción y Fomento.

Cuadro 2. Los ingresos de capital a México, 1960-1969

(Millones de dólares)

DEFINICIÓN DEL BANCO DE MÉXICO

Años	Déficit en cuenta corriente	Ingreso total en cuenta de capital [1]	LARGO PLAZO Deuda pública [2]	LARGO PLAZO Capital privado [3]	CORTO PLAZO Público (neto)	CORTO PLAZO Privado (neto)	Transacciones especiales (neto)
1960	300.4	183.8	163.5	—54.0	120.2	—45.9	—
1961	195.6	262.7	173.6	86.7	30.2	—27.8	—
1962	120.2	128.1	115.2	109.5	—70.3	—26.3	—
1963	170.0	209.5	174.2	93.0	—23.4	—34.3	—
1964	352.7	524.8	302.9	159.4	117.4	—54.9	—
1965	314.5	80.3	—88.6	199.6	—15.7	—15.0	—
1966	295.9	363.9	36.5	176.7	174.5	—23.8	—
1967	506.6	372.6	318.0	120.2	32.3	—5.9	—92.0
1968	632.2	100.5	222.5	227.5	—199.7	—78.8	—71.0
1969	573.8	679.0	334.4	236.7	26.5	10.4	71.0

DEFINICIÓN INTERNACIONAL

Años	Déficit en cuenta corriente	Ingreso total en cuenta de capital [1]	LARGO PLAZO Deuda pública [2]	LARGO PLAZO Capital privado [4]	CORTO PLAZO Público (neto)	CORTO PLAZO Privado (neto)	Transacciones especiales (neto)
1960	311.0	194.4	163.5	—43.4	120.2	—45.9	—
1961	220.8	287.9	173.6	111.9	30.2	—27.8	—
1962	156.4	164.3	115.2	145.7	—70.3	—26.3	—
1963	206.0	245.5	174.2	129.0	—23.4	—34.3	—
1964	402.9	575.0	302.9	209.6	117.4	—54.9	—
1965	375.8	141.6	—88.6	260.9	—15.7	—15.0	—
1966	369.6	437.6	36.5	250.4	174.5	—23.8	—
1967	611.9	477.9	318.0	225.5	32.3	—5.9	—92.0
1968	742.4	210.7	222.5	337.7	—199.7	—78.8	—71.0
1969	708.5	813.7	334.4	471.4	26.5	10.4	71.0

NOTA: La definición del Banco de México excluye, y la definición internacional incluye, las utilidades reinvertidas por las empresas extranjeras que operan en México, como ingreso en cuenta de capital a largo plazo. [Véase la nota (1) del texto.]

[1] Neto, excluye el movimiento de la reserva internacional del Banco de México, S. A.

[2] Neto, incluye créditos oficiales y de proveedores (disposiciones menos amortizaciones), emisiones de bonos y deuda gubernamental, menos créditos al exterior para fomento de las exportaciones mexicanas.

[3] Neto, incluye nuevas inversiones, cuentas entre compañías, desinversiones (compra de empresas extranjeras) y operaciones con valores.

[4] Neto, incluye nuevas inversiones, reinversiones, cuentas entre compañías, desinversiones (compra de empresas extranjeras) y operaciones con valores.

FUENTE: Banco de México, S. A., y Banco Internacional de Reconstrucción y Fomento.

La encrucijada

Lo que importa destacar aquí es, simplemente, que en los años sesenta el equilibrio de las cuentas internacionales de México y los incrementos de reserva que se registran en siete de los diez años del periodo, obedecen no a una estructura sana de las transacciones corrientes sino a un nivel sostenido y creciente de endeudamiento público y de ingreso de capital privado extranjero. Empero, como revelan los pagos por servicio de la inversión extranjera directa e indirecta registrados en los últimos años de la década y los que se estima habrán de hacerse en los años venideros, el recurso al crédito externo se convierte, cada vez más, en un "mecanismo amplificador de los desajustes de la balanza de pagos... al crecer los servicios de la deuda más de prisa que los ingresos en cuenta corriente".[3]

De este modo, y planteada en sus términos más generales, la encrucijada del sector externo de la economía de México al iniciarse los años setenta, estriba en que los renglones estabilizadores de que dependió el equilibrio en la década precedente —el ingreso neto en cuenta de servicios y el ingreso neto de capital a largo plazo— se han convertido en factores adicionales de presión que amenazan con destruir el equilibrio tan trabajosamente conseguido y que obligan a adoptar políticas que cambien sustancialmente la base de sustentación del equilibrio de las cuentas internacionales del país.

Comercio exterior: rigidez e insuficiencia

La creciente rigidez de las importaciones mexicanas

Cuando se intenta escudriñar las causas de la notable magnitud del déficit de la balanza comercial de México en los años sesenta y de su rápida aceleración en la segunda mitad del periodo (cuadro 1), es preciso atender, como factor esencial, al rápido ritmo de aumento que las importaciones mercantiles registraron a lo largo del periodo (6.5% anual acumulativo) y que es, también, más acelerado en la segunda mitad de la década (7.5% anual) que en la primera (6.0%).

El proceso de industrialización sustitutivo de importaciones en que México se embarcó hace algunas décadas, persiguiendo, entre otros, el objetivo de reducir su dependencia respecto de los bienes importados, ha producido el paradójico resultado de incrementar la dependencia

[3] David Ibarra, "Mercados, desarrollo y política económica; perspectivas de la economía de México", *La economía mexicana*, Serie de Lecturas, vol. 4, tomo 2, pp. 508-509, Selección de Leopoldo Solís. F.C.E. y El Trimestre Económico.

del proceso de desarrollo respecto de los bienes importados, aunque ha alterado fundamentalmente la estructura de las importaciones del país. Así, de una estructura de importaciones que proporcionaba gran parte de las necesidades de bienes de consumo elaborados de la población, se pasa a una estructura de importaciones que proporciona gran parte de las materias primas, bienes intermedios y partes y equipo de capital de reposición que demanda el funcionamiento de la planta industrial, y de los equipos y maquinaria que reclama la expansión de esa misma planta industrial. En términos de alternativas de política, la rigidez de las necesidades de importación ha aumentado y la dependencia del proceso de desarrollo respecto de los artículos importados se ha incrementado también.[4]

De acuerdo con la clasificación propuesta por el economista sueco Staffan B. Linder,[5] que, aunque "con ciertas limitaciones, se presta para sustanciar un análisis (que al definir) la función de las importaciones en el proceso de desarrollo, apunta con claridad hacia ciertos objetivos de la política comercial",[6] se encuentra (cuadro 3) que, al iniciarse los años sesenta, la mitad del gasto en importaciones (50.4%) se destinaba a satisfacer las necesidades de importación rígidamente determinadas por el mantenimiento de la planta productiva existente en ese momento; una tercera parte adicional (34.2%) tenía como propósito expandir esa planta productiva, y la restante sexta parte (15.4%) cubría las necesidades de bienes de consumo aún no abarcados, o abarcados insuficientemente por el proceso de sustitución.

Esta estructura de importaciones registra sólo alteraciones fraccionales para 1969, año en el que la mitad de las importaciones totales (49.1%) sigue correspondiendo a las necesidades de mantenimiento de la planta productiva; la tercera parte (33.2%) a la expansión de la propia planta productiva, y la sexta parte restante (15.7%) a las importaciones improductivas.

De esta suerte, la mitad del gasto total en importaciones constituye la porción rígidamente determinada de las mismas, necesaria no para expandir, sino para mantener en funcionamiento la planta productiva existente, y este "mínimo de importaciones" absorbió en los años se-

[4] Albert O. Hirschman ha planteado con lucidez la "tendencia al estancamiento" de un proceso de industrialización sustitutivo de importaciones en "La economía política de la industrialización a través de la sustitución de importaciones en América Latina", El Trimestre Económico, Vol. XXXV, Núm. 140, octubre-diciembre de 1968, pp. 625-658.

[5] Staffan Burenstam Linder, *Comercio y política comercial para el desarrollo*, Centro de Estudios Monetarios Latinoamericanos, México, 1965.

[6] Francisco Alcalá Quintero, "La función de las importaciones en el desarrollo económico de México", *Comercio exterior*, julio de 1967, pp. 529-532.

Cuadro 3. Importaciones de México por función económica

(Millones de dólares y porcentajes)

	IMPORTACIONES				
Años	*Totales* (1) = (2) + (3)	*Improductivas* [1] (2)	*Productivas* (3) = (4) + (5)	*De mantenimiento* [2] (4)	*De expansión* [3] (5)
1960	1 186.4	182.5	1 003.9	597.9	406.0
1961	1 138.6	179.8	958.8	582.9	375.9
1962	1 143.0	191.4	951.6	563.1	388.5
1963	1 239.7	239.9	999.8	597.2	402.6
1964	1 493.0	249.6	1 243.4	696.2	547.3
1965	1 559.6	242.4	1 317.2	793.7	523.5
1966	1 605.2	288.7	1 376.5	851.8	524.7
1967	1 748.3	231.1	1 517.1	873.8	643.3
1968	1 960.1	286.2	1 673.8	924.2	749.6
1969	2 078.0	325.3	1 752.7	1 021.4	731.4

NOTA: Los totales pueden no corresponder a causa del redondeo.

[1] Bienes de consumo, menos piezas y partes de automotores.

[2] Bienes de producción no duraderos (materias primas y auxiliares); más bienes de inversión agropecuarios (semillas y animales para cría); más herramientas, accesorios, refacciones y partes sueltas; más 10% de las exportaciones de expansión (como indicativo de la reposición de equipo), más piezas y partes de automotores (restadas de los bienes de consumo).

[3] 90% de materiales para construcción e instalaciones similares, más 90% de maquinaria, equipo y vehículos. (Los 10% restantes se atribuyen a importaciones de mantenimiento, como indicativo de la reposición de equipo.)

FUENTE: Elaborado con cifras del Banco de México, S. A. *Informe Anual* (1961 a 1969), México, 1962 a 1970, cuadros "Valor de la importación de mercancías por grupos económicos" y "Principales artículos importados".

senta cerca de las tres cuartas partes (72.5%) de los ingresos derivados de la exportación mercantil.

Las tasas relativas de crecimiento registradas en la década por los tres tipos de importaciones aquí considerados (cuadro 3) revelan tanto un sostenido avance en la sustitución de las importaciones improductivas como un descenso fraccional en las necesidades de importaciones de mantenimiento demandadas por las sucesivas ampliaciones de la planta productiva, revelador de avances en la sustitución de bienes intermedios, aunado a una continuada y creciente dependencia de las importaciones de expansión.

A una conclusión similar ("se aprecia una clara tendencia a la sustitución de bienes intermedios y a la continuación de la sustitución de bienes de consumo") llega Leopoldo Solís, con base en datos de los cuadros de insumo-producto, que revelan que, entre 1960 y 1965, las importaciones como parte de la oferta total de bienes industriales, declinaron de 6.4 a 5.8% en el caso de los bienes de consumo, y de 15.1 a 14.5%, en el de los bienes intermedios, en tanto que en el caso de los bienes de capital aumentaron de 56.2 a 73.2%.[7]

Esta dependencia del crecimiento económico, especialmente de la producción industrial respecto de los bienes de capital importados, es decir, de las importaciones de expansión, se manifiesta cabalmente en los años sesenta. El ritmo de crecimiento de este tipo de importaciones pasa de una tasa media anual de 7.8% en la primera mitad de la década a uno de 8.7% en la segunda mitad, y su participación en el total de las importaciones se mantiene en alrededor de la tercera parte del total (cuadro 3).

En un estudio reciente sobre las políticas de industrialización y comercio de México en las últimas décadas, se muestra que, entre 1960 y 1966, la proporción de la demanda interna de equipo de capital satisfecha a través de las importaciones se sitúa por encima del 50%, alcanzando un máximo de 59.8% en 1965 y un mínimo de 52.0% en 1961.[8] Examinando el fenómeno a largo plazo, el autor anota:

> Después de la [segunda] guerra [mundial] hubo un agudo incremento en la inversión, de suerte que las importaciones de bienes de capital se incrementaron, a pesar de satisfacer una menor proporción de la inversión en maquinaria. Esta proporción se redujo aún más hasta finales de los años cincuenta, pero en los años sesenta volvió a elevarse ligeramente, reflejando quizá el hecho de que el gobierno mexicano se hallaba impulsando la sustitución de automóviles, fertilizantes y productos petroquímicos, que dependen en gran medida de la importación. Como puede verse, continúa importándose una notoriamente alta proporción de la maquinaria y el equipo.[9]

Puede concluirse que, a paso y medida que en los años sesenta avanzó el proceso de crecimiento económico, las necesidades rígidas de importación crecieron incesantemente, pues "el total de importaciones eleva su elasticidad conjunta, a la par que se torna más inflexible".[10]

[7] Leopoldo Solís, M., *La realidad económica mexicana: Retrovisión y perspectivas*, Siglo XXI Editores, México, 1970, pp. 238-239 y cuadro V-5.

[8] Timothy King, *México: Industrialization and Trade Policies since 1940*, Development Center, Organization for Economic Cooperation and Development, París, Oxford University Press, Londres, Nueva York, Toronto, 1970, cuadro 6.11, p. 140.

[9] Timothy King, *op. cit.*, pp. 140-141.

[10] David Ibarra, "Mercados, desarrollo y política económica...", *loc. cit.*, p. 148.

La insuficiencia de las exportaciones

Se ha señalado que, en los años sesenta, las exportaciones mexicanas de mercancías permitieron cubrir cerca de las tres cuartas partes (72.5%) de las importaciones rígidamente determinadas, necesarias para mantener en funcionamiento la planta productiva existente, y algo más de las dos terceras partes (68.3%) de las importaciones mercantiles contabilizadas, sin incluir importaciones fronterizas. Estos indicadores ponen de relieve un fenómeno común: la insuficiencia exportadora de México.

Esta insuficiencia se manifiesta a pesar de que, en los años sesenta, las exportaciones mercantiles crecen a una tasa media anual (7.2%) que supera a la de las importaciones mercantiles (6.5%). Empero, esta diferencia corresponde sólo a la primera mitad de la década, pues en la segunda el ritmo de aumento de las exportaciones (5.6%) queda bien por debajo del correspondiente a la importación (7.5%) (cuadro 4). Como consecuencia, el déficit comercial pasa de 447.7 millones de dólares en 1960 a 693.1 millones en 1969. El déficit anual promedio, que en 1960-1964 es de 360.1 millones de dólares en 1965-1969 asciende a 601.0 millones y se convierte en el principal elemento de presión para la posición global de la balanza de pagos de México.

Cuadro 4. Origen sectorial de las exportaciones

(Millones de dólares y porcentajes)

Años	*Total*	*Agricultura* [1]	*Ganadería y apicultura*	*Pesca*	*Industrias extractivas* [2]	*Industria manufacturera*	*Artículos no clasificados*
1960	738.7	365.5	45.4	36.3	157.6	76.7	57.1
1961	803.5	355.2	60.9	46.1	167.3	96.4	77.8
1962	899.5	394.6	78.3	48.2	170.9	102.6	104.9
1963	935.9	382.6	67.3	53.5	174.5	121.9	136.1
1964	1 022.4	477.3	46.7	55.5	182.4	111.3	149.3
1965	1 113.9	551.6	60.1	44.6	185.0	117.9	154.7
1966	1 162.8	549.4	73.8	55.6	195.9	171.6	116.5
1967	1 103.8	507.2	63.7	62.8	199.0	153.1	118.0
1968	1 180.7	502.0	96.0	51.4	211.0	162.9	156.9
1969	1 384.9	569.3	113.7	48.7	221.5	198.5	233.2

NOTA: Los totales pueden no corresponder a causa del redondeo.

1 Incluye azúcar (mascabado y refinado) y melaza, que la clasificación usada en la fuente coloca en industria alimenticia.

2 Incluye productos minerales (metales y metaloides) y petróleo y sus derivados.

FUENTE: Banco de México, S. A., *Informe Anual* (1961-1969), México, 1962 a 1970, cuadro "Principales artículos exportados".

La debilidad de las exportaciones mexicanas en la segunda mitad de los años sesenta tiene su origen en el muy escaso dinamismo de las exportaciones agrícolas, que prácticamente se estancan en ese lapso, y de las de productos pesqueros, que crecen sólo al 2.2% anual. Como estos dos tipos de exportaciones representan cerca de la mitad de las exportaciones totales, el impacto de su desaceleración sobre el comportamiento global de las exportaciones resultó muy significativo. La desaceleración de las exportaciones agrícolas parece haber obedecido a un conjunto de factores entre los que se cuentan: *a)* los problemas meteorológicos que asolaron el área cultivable de México y afectaron la producción agrícola en los últimos años de la década, especialmente en 1969; *b)* la política restrictiva de la producción nacional de cereales, animada a ajustarla a las necesidades internas y a evitar la generación de excedentes exportables, cuyo costo de producción rebasa los niveles de precios prevalecientes en el mercado internacional, y *c)* la en general desfavorable evolución de los mercados internacionales de los productos primarios agrícolas de mayor interés para México. Aunque no se dispone de elementos para ponderar la influencia de cada uno de estos factores en la desaceleración de las exportaciones agrícolas de México, parecería que la mayor influencia fue la ejercida por los dos primeros.

En contraste, las exportaciones pecuarias y apícolas, que habían estado estancadas en la primera mitad de la década, se aceleran en la segunda parte, por el rápido crecimiento de las ventas de ganado en pie y, en menor medida, carne fresca o refrigerada, aunque su escasa cuantía relativa no las convierte en elemento importante de compensación.

Las exportaciones de productos pesqueros, de las que el camarón representa casi la totalidad, se vieron afectadas, en la segunda mitad de la década, por los factores biológicos que redujeron la captura de camarón en los últimos años.

Por su parte, las exportaciones de las industrias extractivas crecen a lo largo de la década a una tasa relativamente moderada, que se acelera ligeramente en la segunda mitad. Esta evolución obedeció esencialmente a los factores siguientes: *a)* la creciente demanda de minerales por parte de las empresas establecidas en el país; *b)* la política de limitación de la extracción y exportación de algunos productos, esencialmente el azufre; *c)* la política de mantener reducidas al mínimo las exportaciones de petróleo crudo, y *d)* la dispareja evolución de los precios internacionales de los principales productos minerales de interés para México.

De este modo, en la segunda mitad de los años sesenta, las exportaciones tradicionales de México (agrícolas, pecuarias y apícolas, pesqueras y extractivas), que en ese lapso aportaron casi tres cuartas partes de las exportaciones totales (73.4%), crecieron a una tasa muy moderada (3.2% anual) lo que explica la desaceleración global de las exportaciones, pues el dinamismo de éstas dependió, en realidad, de las exportaciones no tradicionales, cuya contribución al total es apenas de algo más de la cuarta parte. El que, en estas condiciones, el total de exportaciones haya podido crecer a una tasa bastante mayor que la de las tradicionales, hay que atribuirlo a los éxitos iniciales en la exportación de productos manufacturados.

Estas exportaciones no tradicionales se dividen, casi por mitad, en exportaciones de la industria manufacturera (804.0 millones de dólares, 13.5% del total en 1965-1969) y en exportaciones de "artículos no clasificados" (779.3 millones de dólares, 13.1% del total, en el mismo periodo) que suele suponerse están integrados por muy diversos tipos de artículos, preferentemente manufacturas. En el periodo que acaba de mencionarse, las exportaciones de la industria manufacturera crecen al 13.9% anual, destacando el dinamismo de las exportaciones de productos químicos (11.6% anual), alimenticios (10.2%) y de otras industrias, principalmente siderúrgica, del vidrio, de la madera y editorial (23.5%). Por su parte, las exportaciones "no clasificadas" crecen a un ritmo medio anual de 10.8% en el mismo periodo.

Empero, cuando se desciende al análisis de los principales productos manufacturados exportados se advierte una marcada inestabilidad: los artículos exportados en un año determinado suelen desaparecer en el o los siguientes, para reaparecer más adelante; asimismo, las variaciones de año a año en los volúmenes exportados suelen ser muy considerables. Esta inestabilidad parece indicar: *a)* que la mayoría de las empresas industriales exportadoras colocan sus productos en el exterior sólo cuando tienen excedentes respecto de la capacidad de absorción del mercado nacional, siendo pocas, en consecuencia, las empresas que exportan sistemáticamente, y *b)* que buen número de exportaciones puede reflejar el aprovechamiento de una ventaja o concesión transitoria en el mercado externo demandante, más que el logro de una posición competitiva internacional para el producto manufacturado mexicano.

Parece, por tanto, lógico concluir que si bien las exportaciones no tradicionales permitieron compensar en buena medida la desaceleración de las exportaciones sufrida en la segunda mitad de los años sesenta, no fueron suficientes —en realidad, no podían ser suficientes— para superar la insuficiencia de las exportaciones ante las rápidamente crecientes necesidades de importación del país.

Algunas reflexiones sobre política comercial[11]

A diferencia de lo que ocurría aún a mediados de los años sesenta, cuando era frecuente escuchar planteamientos en el sentido de que el mejoramiento de la posición de la balanza comercial debería depender exclusivamente de la aceleración de las exportaciones, pues cualquier medida restrictiva de las importaciones afectaría negativamente el ritmo de crecimiento económico, hoy es común adoptar un enfoque menos unilateral y aceptar que,

> en términos de balanza de pagos, no es posible permitir un ritmo de crecimiento tan elevado del déficit comercial. Existen todavía oportunidades para proseguir el abatimiento de tal déficit a través del crecimiento acelerado de las exportaciones, pero en la medida en que esto no se consiga a la velocidad necesaria, habrá nuevas razones para apoyar la conveniencia de una política restrictiva que limite las importaciones redundantes de equipo de capital y aquellas cuyo mantenimiento u operación supone un contenido-importación excesivo.[12]

La evolución del comercio exterior de México en los años sesenta parece mostrar claramente que no es posible esperar el éxito de los enfoques unilaterales, sino que es indispensable, primero, adoptar el enfoque global de la política comercial arriba definido y, simultáneamente, coordinar las medidas en el campo de la política comercial con otras de política económica, especialmente en el campo de la industrialización.

La "alta sensibilidad de las importaciones al crecimiento del producto y la inversión"[13] es resultado de la naturaleza del modelo de crecimiento industrial seguido por México en las últimas décadas, que ha desembocado en una situación en la que el funcionamiento de la planta industrial exige un monto rápidamente creciente de importaciones de mantenimiento y en la que su ampliación depende de los equipos de capital importados. En esta situación, cada nueva importación de expansión (nuevo equipo de capital) supone una cierta necesidad, más o menos rígida, de importaciones de mantenimiento (materias primas, bienes intermedios, partes y refacciones y equipo de capital de repo-

[11] Esta sección amplía y fundamenta los señalamientos del autor en "Las dos caras de la moneda: comercio exterior e industrialización", *La economía mexicana*, Serie de Lecturas, núm. 4, tomo I. Selección de L. Solís, pp. 410-415. F.C.E. y EL TRIMESTRE ECONÓMICO.

[12] Banco Nacional de Comercio Exterior, S. A., "El comercio exterior de México en 1968: una apreciación preliminar", *Comercio Exterior*, México, febrero de 1969, p. 87.

[13] David Ibarra, "Mercados, desarrollo y política económica...", *loc. cit.*, p. 148.

sición) que es preciso satisfacer para asegurar el aprovechamiento razonable del nuevo equipo instalado. Como demuestra el rápido crecimiento de las importaciones de mantenimiento, hasta ahora no parece haberse prestado mucha atención a la forma en que las nuevas inversiones amplían las necesidades de importación y tornan más rígida su estructura.

Este fenómeno se manifiesta en forma particularmente severa en el caso de las importaciones de equipo de producción redundante.[14] "En estos casos, cuando se realizan importaciones de expansión para plantas que no pueden utilizarse razonablemente, dada la capacidad de absorción del mercado, la nueva adición a la planta productiva sólo contribuye a reducir el grado de capacidad utilizada en las anteriores plantas de la rama de que se trate y, a su vez, no puede ser aprovechada plenamente. Además, aumenta la necesidad de importaciones de mantenimiento, constituyendo, en definitiva, un factor indeseable de presión sobre la balanza de pagos y un factor de presión al alza sobre los costo de producción de la rama." [15]

El segundo elemento a considerar, en este contexto, es el contenido-importación de la instalación y operación de las nuevas plantas industriales. Cuando no se atiende a esta "demanda derivada de importaciones", pueden enfrentarse "dos tipos de eventualidades negativas, derivadas de la creación de crecientes rigideces en el volumen de importaciones de mantenimiento: que no puedan satisfacerse esas importaciones y den lugar a la subutilización de la capacidad instalada (como parece haber ocurrido en algunos casos), o que absorban tal cantidad de recursos de divisas que reduzcan el margen para realizar nuevas importaciones de expansión y pongan en peligro el avance industrial del país".[16]

Las conclusiones de política derivadas de los anteriores señalamientos son nítidas, aunque su campo rebasa ampliamente al de la política comercial, formulada tradicionalmente. Tales conclusiones incluyen, cuando menos, los siguientes elementos:

a) Conceder prioridad y protección selectiva a la producción interna de bienes de capital, para conseguir un mayor grado de autonomía, respecto de las importaciones, del avance del proceso de industrialización, y para reducir la rigidez de importaciones de equipo de reposición y partes sueltas y piezas de refacción del mismo;

b) Programar las importaciones de expansión, para que sólo se rea-

[14] La formulación inicial de esta idea la escuché del Lic. Gustavo Romero Kolbeck en el curso de un debate público celebrado, entiendo, en octubre de 1966.

[15] Francisco Alcalá Quintero, "La función de las importaciones...", *loc. cit.*, p. 532.

[16] *Ibid.*, p. 532.

licen en función de las posibilidades de atender a las necesidades de importaciones de mantenimiento a que darán lugar y para evitar la realización de aquellas cuya operación suponga un contenido-importación elevado o que ofrezcan escasas posibilidades de progresiva integración nacional, y

c) Evitar las importaciones redundantes de equipo de capital, de suerte que no se siga ampliando innecesariamente la magnitud de las importaciones rígidamente determinadas.

A nadie se oculta que el conjunto de estas medidas, aunadas a las necesarias para superar la insuficiencia de las exportaciones, equivale a "un cambio en el módulo de crecimiento económico, dado que existen indicios de que la sustitución de importaciones ya ha sido llevada demasiado lejos, a expensas del fomento de las exportaciones".[17]

La respuesta de la política comercial mexicana a la insuficiencia de las exportaciones se ha centrado, sobre todo en la segunda mitad de los años sesenta, en la promoción de las exportaciones de productos manufacturados. El contenido de esa política de promoción ha sido descrito y analizado en numerosas ocasiones;[18] empero, no siempre parece haberse prestado atención paralela a la cuestión misma de la viabilidad de esas exportaciones, la que parece estar conectada a los siguientes elementos:

a) la apertura de los mercados externos para las manufacturas mexicanas no puede contemplarse como un *sustituto* sino un *complemento* de la dinamización de la demanda interna. La base sólida y amplia de mercado que la industrialización de México requiere, no puede ser proporcionada, en principio, más que por un mercado interno en constante ampliación;

b) las ayudas fiscales y financieras a la exportación de manufacturas sólo actúan eficazmente cuando *estimulan*, y no cuando *permiten diferir*, la racionalización y modernización de la estructura industrial, vía absorción y adaptación de tecnologías adecuadas;

c) las medidas promocionales son una *adición* indispensable al esfuerzo de exportación de las empresas pero resultan superfluas *en ausencia* de este esfuerzo, lo que normalmente se manifiesta en la falta de interés del empresario para mejorar la posición competitiva de su

[17] Timothy King, *op. cit.*, p. 150.

[18] Una de las exposiciones más completas y claras sobre este particular se encuentra en Antonio Calderón Martínez, "La promoción de las exportaciones en México", *Comercio Exterior*, México, enero de 1970, pp. 37-45. Una descripción detallada de la forma de operación de esas políticas de promoción se halla en Banco Nacional de Comercio Exterior, S. A. y Cámara Nacional de Comercio de la Ciudad de México, *Manual práctico del exportador*, Banco Nacional de Comercio Exterior, S. A., México, 1969, y en Banco Nacional de Comercio Exterior, S. A., *Guía para la exportación de artesanías*, México, 1970.

producto, habida cuenta de la reserva de mercado de la que goza; y, *d)* la necesidad de establecer *industrias orientadas a la exportación*, pues la exportación de excedentes supone un grado de eventualidad que no es compatible con el objetivo de convertir a la industria en la principal fuente de ingresos por exportación, y "el propósito principal sería crear la base productiva en que debe sustentarse una política activa de fomento de exportaciones manufacturadas, única salida que se ofrece a largo plazo para cambiar la estructura del comercio exterior y para superar la insuficiencia dinámica de los ingresos de divisas".[19]

Al discutir la política de fomento de las exportaciones, algunas veces se ha señalado, como complemento, e incluso como alternativa, a la promoción de las exportaciones de manufacturas, la necesidad de dar prioridad al fomento de exportaciones primarias, tradicionales o no, para explotar la ventaja comparativa en la producción; aprovechar el bajo o nulo contenido-importación de este tipo de exportaciones (a diferencia del a veces importante contenido-importación de las exportaciones manufacturadas, que reduce su efecto neto en términos de balanza de pagos), y provocar un incremento inmediato de los ingresos por exportación, pues el lapso para conseguir mayores ventas de este tipo de productos es mucho más corto que el que seguramente reclamará la exportación masiva de manufacturas.[20]

Este tipo de enfoques ofrece alternativas de política que vale la pena examinar sistemáticamente y que, en efecto, parecen haber sido descuidadas por la prioridad depositada en la exportación de manufacturas.

[19] David Ibarra, "Mercados, desarrollo y política económica...", *loc. cit.*, página 161.

[20] Un enfoque de este tipo es defendido por Leopoldo Solís en "Los aspectos básicos del proceso de desarrollo económico de México y algunos lineamientos de política económica", México, 1970 (mecanografiado), donde se señala: "El fomento a la exportación de productos está íntimamente ligado a la política que se siga en materia de estímulo al sector agrícola, ya que en las circunstancias actuales es aún mucho más realista pensar en las exportaciones de estos productos en los que se tiene ventaja comparativa frente al exterior. Su producción se puede aumentar a relativamente corto plazo con la relocalización de productos... En el fomento de la exportación de productos agrícolas hay que tomar en cuenta el valor de la producción por hectárea cultivada, la competividad con el exterior (comparación de costos internos o externos) y el margen de beneficio para el agricultor. Entre los productos con más atractivas posibilidades de exportación sobresalen las hortalizas, los frutales y las flores. Otro renglón muy importante... es el de la pesca." (pp. 72-73.)

La decreciente capacidad de rescate de los servicios

La evolución general de la cuenta de servicios en los años sesenta (cuadro 5) apunta a una conclusión bien clara: no puede seguirse confiando en que su resultado permitirá financiar una parte importante del déficit comercial, sino que se requieren políticas deliberadas para restituirla a esa función. Como es natural, tales políticas deben orientarse a dinamizar los ingresos al máximo (principalmente los derivados del turismo fronterizo y al interior), a comprimir los gastos superfluos (principalmente los originados en la importación fronteriza, el turismo al exterior y algunas transferencias privadas) y controlar las salidas originadas en la inversión extranjera directa y el servicio de la deuda pública. Si no es posible conseguir este objetivo, habrá que enfrentar, sistemáticamente, una posición deficitaria en cuenta de servicios que agravará el creciente desequilibrio de las transacciones corrientes.

Alcances y limitaciones de la política del fomento del turismo extranjero [21]

Dado el extraordinario crecimiento relativo observado en los últimos años por los ingresos brutos derivados del turismo fronterizo y al interior, se decidió convertir al turismo en el renglón estabilizador básico de la posición de la balanza en cuenta corriente de México. En consecuencia, se pusieron en marcha numerosos programas de fomento del turismo, orientados a mejorar o establecer la infraestructura básica que permitiera abrir nuevas zonas de turismo en diversos lugares del país y, con ayuda de la inversión extranjera directa en hotelería, dotarlas de los servicios de todo tipo exigidos por el turista internacional, con el objetivo general de conseguir un aumento masivo a corto plazo del número de visitantes y de su volumen de gasto. Sin embargo, a menos que observe un incremento verdaderamente milagroso, el ingreso bruto en cuenta de viajeros (cuadro 5, columnas 3 y 4) no constituye una respuesta suficiente al creciente deterioro de la balanza en cuenta corriente de México, siendo preciso, por lo tanto, imaginar respuestas más satisfactorias y menos unilaterales, y, al mismo tiempo, completar e integrar una política que, en su forma actual, "deja nume-

[21] Esta sección se basa en dos artículos del autor: "El fomento del turismo extranjero y el estrangulamiento externo del desarrollo en México", *Investigación Económica*, México, Núm. 116, octubre-diciembre de 1969, pp. 619-634, y "Fast Growth Strategy for Tourism", *The Financial Times*, Londres, 7 de junio de 1970, p. 33.

Cuadro 5. Estructura de la cuenta de servicios

(Millones de dólares y porcentajes)

		INGRESOS					
Años	*Ingreso neto*	*Total*	*Turismo fronterizo*	*Turismo al interior*	*Producción de oro y plata* [1]	*Remesas de braceros*	*Otros* [2]
1960	136.7	633.2	366.0	155.3	47.7	36.1	28.1
1961	114.3	659.6	392.4	164.0	40.8	32.2	28.2
1962	87.1	687.3	406.7	178.6	44.5	31.9	25.6
1963	87.8	773.4	445.9	210.6	51.3	30.8	34.8
1964	67.7	824.8	463.3	240.6	45.5	28.9	46.5
1965	69.9	875.1	499.5	274.8	44.3	12.1	44.4
1966	72.8	1 018.5	546.7	328.4	44.6	11.4	87.4
1967	32.6	1 102.5	599.5	363.1	43.3	12.9	83.7
1968	37.0	1 325.6	713.5	431.9	69.2	15.0	96.0
1969	—15.4	1 411.8	761.2	462.4	58.0	18.4	111.8

		EGRESOS				
Años	*Total*	*Importaciones fronterizas*	*Turismo al exterior*	*Remesas por inversión extranjera directa* [3]	*Intereses sobre deudas oficiales* [4]	*Otros* [5]
1960	496.5	221.0	40.5	141.6	48.9	44.5
1961	545.3	242.0	45.5	148.1	56.4	53.3
1962	600.2	244.6	65.5	159.3	77.8	53.0
1963	675.6	265.2	84.3	185.6	80.3	60.2
1964	757.1	276.6	100.2	236.1	87.6	56.6
1965	805.2	295.2	119.1	236.1	102.7	52.1
1966	945.7	342.8	136.0	277.4	136.2	53.3
1967	1 069.9	359.1	162.6	321.4	174.9	51.9
1968	1 288.6	450.4	193.4	375.9	218.8	50.1
1969	1 427.2	501.5	235.1	410.7	229.4	50.5

NOTAS: Los totales pueden no corresponder a causa del redondeo.

[1] Excluida la utilizada en el país para fines industriales.

[2] Incluye renta de películas, ingreso por intereses de créditos al exterior, transferencias privadas y gubernamentales y otros ingresos.

[3] Incluye reinversiones (definición internacional). (Ver nota 1 del texto.)

[4] Incluye intereses sobre deudas a largo y corto plazo en proporción aproximada de 2:1.

[5] Incluye renta de carros de ferrocarril, renta de películas, transferencias públicas y privadas y otros egresos.

FUENTE: Banco de México, S. A., y Banco Internacional de Reconstrucción y Fomento.

rosos cabos sueltos y que o bien puede no conducir al logro del objetivo básico en términos de balanza de pagos, o bien puede elevar sustancialmente el costo económico y social de su consecución".[22]

De acuerdo con las proyecciones de balanza de pagos generalmente aceptadas, como las preparadas por el Banco Mundial, el déficit de la balanza comercial continuará expandiéndose en la primera mitad de los años setenta, y los otros renglones de egreso corriente —principalmente los relacionados con el servicio del capital extranjero, público y privado, y los gastos de los turistas y los importadores fronterizos mexicanos— seguirán aumentando a tasas muy elevadas, por lo que se precisa que el ingreso bruto por turismo fronterizo y al interior crezca muy aceleradamente, a no menos del 15% anual, para que realice una contribución significativa y ayude a mantener el déficit en cuenta corriente en proporciones manejables, alrededor de 500 millones de dólares anuales, en la primera mitad de los años setenta.

En consecuencia, para evaluar la política mexicana de desarrollo turístico hay que responder, al menos, a las siguientes cuestiones: ¿qué posibilidades existen de que se consiga, entre 1970 y 1975, un crecimiento no menor del 15% anual en el ingreso bruto por turismo fronterizo y al interior? y, lo que es más importante, ¿qué implicaciones tiene por la estrategia general de desarrollo del país una política de fomento del turismo que persiga ese objetivo de crecimiento?

Un objetivo cuantitativo de la magnitud del arriba señalado no parece, en principio, inalcanzable, en una época en que la elevación de los niveles de ingreso en los países avanzados y la generalización de los medios de transporte aéreo masivo propiciarán un auge mundial del turismo. Empero, el panorama se complica cuando se examinan los prerequisitos para que México incremente su participación en el mercado turístico mundial, condición indispensable para alcanzar la tasa de crecimiento señalada.

Desde el punto de vista interno, el costo del desarrollo de nuevas zonas turísticas autosuficientes —en la península de Yucatán, sobre el litoral del Caribe; en la costa del Pacífico, y en la península de Baja California— reclama la realización de cuantiosas inversiones en materia de infraestructura, tanto en comunicaciones y medios de acceso como en servicios municipales y saneamiento ambiental, que vayan seguidas por no menos cuantiosas inversiones en alojamientos, instalaciones y otros servicios directos al turismo. La estrategia mexicana consiste en que el Estado realice las inversiones en infraestructura, con apoyo en créditos internacionales obtenidos al efecto, y se confíe a la inversión privada nacional y extranjera, la realización de las inversio-

[22] Jorge Eduardo Navarrete, "Fast Growth Strategy for Tourism", *loc. cit.*

nes en alojamientos y otros servicios. Esta división de funciones puede elevar los costos en divisas del desarrollo y operación de las nuevas zonas turísticas y, por tanto, reducir su efecto neto en términos de balanza de pagos, debido a los egresos asociados con el servicio de los créditos que financian la infraestructura y con las inversiones del exterior que prestan los servicios. Además, no son pocos los que en México se preguntan si, en términos de las necesidades globales de desarrollo del país, la prioridad concedida a las inversiones públicas y privadas en fomento del turismo no supone una aplicación abiertamente subóptima de los escasos recursos de inversión del país.

Por otra parte, la influencia combinada de la demanda de los turistas y de su efecto demostración sobre la demanda de los grupos de ingreso medio y alto de la sociedad mexicana bien puede determinar la aparición de producciones orientadas a satisfacer demandas suntuarias, afectando en forma negativa el uso global de los recursos en la economía mexicana.

Desde el punto de vista internacional, México no parece estar, al iniciarse los años setenta, particularmente bien preparado para hacer frente a la competencia de otras zonas de atracción turística —especialmente el Caribe y Hawaii— ni para atraer turismo procedente de mercados distintos del tradicional: Estados Unidos. Como la estructura internacional del negocio turístico apunta a una creciente concentración, parece preciso que los grandes operadores internacionales del turismo participen en el desarrollo de las nuevas áreas de atractivo en México. Empero, una participación libre e incondicionada podría sustraer de manos mexicanas el control de la actividad, por lo que parece indispensable la definición de una política a este respecto, tema que se ha debatido intensamente en México en los últimos meses sin arribarse a un consenso, ni a medidas deliberadas de política en la materia.[23]

En suma, parece que el turismo extranjero jugará, a corto plazo, un papel esencial en el aligeramiento de las presiones de balanza de pagos, pero parece indispensable que, controlando los numerosos cabos sueltos de las actuales políticas de fomento, no se permita que para el logro de ese objetivo, importante pero transitorio, se enajenen orientaciones de largo plazo de la política económica general del país.

Además, en materia de turismo egresivo, parece necesario plantear políticas más imaginativas, cuyo objetivo "no es el de reproducir el número de mexicanos que sale del país, sino el de eliminar el elemen-

[23] Véanse, respecto de estas cuestiones, los trabajos de Octavio Moreno Toscano, "La estructura internacional del negocio turístico" *Comercio Exterior*, México. mayo de 1970, pp. 246-251, y "La encrucijada de la actividad turística en México" *Comercio Exterior*, mayo de 1970, pp.

to de dispendio de su gasto en el exterior". Por ello, "la medida cuya necesidad es más evidente es la de gravar fuertemente el gasto que excede de un límite razonable y reducir drásticamente el volumen y variedad de artículos que puede traer al país el turista. Del mismo modo, es necesario gravar más pesadamente las segundas o terceras salidas dentro de un mismo año; los viajes muy extendidos, respecto de los cortos; los viajes individuales, respecto de las excursiones".[24]

Remesas por inversión extranjera directa: y servicio de la deuda externa

Las remesas ligadas a la inversión extranjera se convirtieron, en la segunda mitad de la década, en el principal elemento de presión en la cuenta de servicios, al alcanzar una magnitud que en 1969 llega a 410.7 millones de dólares y que es la más elevada dentro de los renglones de egresos de la cuenta de servicios, después de las importaciones fronterizas. Estas cifras incluyen las "utilidades reinvertidas" por las empresas extranjeras establecidas en México, pues al no considerar la reinversión de utilidades, "por no constituir movimiento internacional de fondos" como hace el Banco de México, se ofrece una visión distorsionada e incompleta de, primero, el volumen contable total de utilidades que obtienen las empresas extranjeras en México y, segundo, de la forma y el grado en que se amplían, año con año, sus activos reales en el país, en función no sólo de las nuevas inversiones, sino de la reinversión de utilidades. En conjunto, las remesas por inversión extranjera directa reflejan *una parte* del costo corriente del "paquete de capital, tecnología y *know-how* empresarial" que constituye la esencia de la inversión extranjera directa en la actualidad,[25] pues el pago por regalías y la remisión de utilidades no son sino una parte, quizá la más pequeña de un *iceberg* que incluye, principalmente, la sobrefacturación (o el sobreprecio) de los insumos importados por la subsidiaria desde la casa matriz, cuyo precio (entre compañías) se fija en función del nivel local de protección y no por el nivel del costo marginal para la empresa matriz. Por tanto, la clave para medir los beneficios que las empresas matrices derivan de sus operaciones en el exterior y la carga para la balanza de pagos de los países receptores se halla, no en el monto de utilidades remitidas y de regalías pagadas

[24] Banco Nacional de Comercio Exterior, S. A., "La cuestión del turismo egresivo", *Comercio Exterior*, México, noviembre de 1969, pp. 842-844.

[25] Véase el ensayo de Miguel S. Wionczek, "La inversión extranjera privada en México: problemas y perspectivas", *Comercio Exterior*, México, octubre de 1970, pp. 816-824.

(parte visible del *iceberg*), sino en la fijación de precios entre la matriz y la subsidiaria, permitida por las altas barreras protectoras y el control sobre la tecnología (parte oculta y, en México completamente no investigada, del *iceberg*).[26]

Por su parte, el explosivo crecimiento de los pagos por servicio de la deuda pública externa refleja, por una parte, el también explosivo crecimiento de los volúmenes brutos de endeudamiento y, por otra, el deterioro de las condiciones de contratación de los préstamos.

El Banco Internacional de Reconstrucción y Fomento ha estimado que, entre finales de 1967 y de 1969, se han deteriorado las condiciones de contratación de la deuda pública externa, al reducirse de 11.0 a 8.1% del total la proporción de la deuda pública externa afecta a tasas de interés de hasta 5%; al reducirse también, de 78.7 a 67.5%, la proporción afecta a tasas entre 5 y 7%; al aumentar, de 10.3 a 20.8%, la proporción sujeta a tasas de 7 a 9%, y, finalmente, al aumentar, de 0 a 3.6% la proporción contratada con intereses superiores al 9%.

Déficit corriente y necesidades de capital

Proyección del resultado de la cuenta corriente

En estudios recientes, se han formulado diversas proyecciones de la cuenta corriente de la balanza de pagos de México, cuyos resultados globales se recogen en el cuadro 6. Es fácil apreciar que, a pesar de las diferencias numéricas, en todas las proyecciones se prevé la continuada expansión del déficit de la balanza en cuenta corriente. Esta perspectiva general subraya la necesidad de adoptar las medidas de política económica y comercial animadas a corregirla,[27] pues no es factible esperar que la tendencia misma de los diversos componentes de la cuenta corriente conduzca a un alivio de la situación, sin modificaciones radicales de política que influyen en su comportamiento.

Al examinar las proyecciones consignadas en el cuadro 6 conviene observar:

a) Que las proyecciones de David Ibarra, al no incluir los pagos a factores, dejan fuera uno de los elementos de mayor importancia y que ejercen mayor presión sobre los posibles resultados de la cuenta corriente. Además, al estar calculadas en pesos de 1950, dificultan su

[26] Este enfoque fue desarrollado, teórica y empíricamente (con base en la experiencia colombiana) por Constantine V. Vaitsos, *Transfer of Industrial Technology to Developing Countries Through Private Enterprise*, Bogotá, Colombia, febrero de 1970 (mimeo).

[27] Véase, *supra*, la sección "Algunas reflexiones sobre política comercial".

Cuadro 6. Diversas proyecciones de la cuenta corriente de la balanza de pagos de México.

Proyección de	DÉFICIT EN CUENTA CORRIENTE *1970*	*1971*	*1972*	*1973*	*1974*	*1975*	*Tasa media anual de crecimiento 1970-1975*
A. David Ibarra/Hipótesis I[a] (millones de pesos de 1950)	1 353	1 631	1 961	2 313	2 761	3 192	18.7
B. David Ibarra/Hipótesis II[b] (millones de pesos de 1950)	1 344	1 956	2 688	3 561	4 594	5 816	34.1
C. Banco Mundial/definición internacional[c] (millones de dólares)	847	887	921	960	1 001	1 050	4.4
D. Banco Mundial/definición del Banco de México[d] (millones de dólares)	697	713	719	726	729	735	1.1
E. Wharton-Diemex/Hipótesis básica[e] (millones de dólares)	800	872	896	992	1 096	1 120	7.0
F. Wharton-Diemex/Hipótesis alternativa 1[f] (millones de dólares)	752	816	896	984	1 096	1 056	7.0
G. Wharton-Diemex/Hipótesis alternativa 2[g] (millones de dólares)	728	752	728	776	824	776	1.3
H. Wionczek-Navarrete/definición del Banco de México[h] (millones de dólares)	650	677	706	735	766	799	4.2
I. Wionczek-Navarrete/definición internacional[i] (millones de dólares)	800	851	908	969	1 038	1 114	6.8

a Hipótesis conservadora, excluye el pago neto a factores del exterior

b Hipótesis de alta sensibilidad de las importaciones al crecimiento del producto y la inversión y continuación de la política pasiva de fomento de exportaciones, excluye el pago neto a los factores del exterior.

c Incluye las utilidades reinvertidas por las empresas extranjeras establecidas en el país.

d Excluye las utilidades reinvertidas por las empresas extranjeras establecidas en el país.

e Definición internacional, derivada del pronóstico básico del modelo econométrico para México de Wharton-Diemex.

f Variante de la hipótesis básica, supone que el cambio político de 1970 no ejercerá impacto sobre la economía.

g Variante de la hipótesis básica, supone mejoramiento de la balanza en cuenta corriente derivado del fenómeno del turismo y de la restricción de las importaciones de bienes de consumo y de capital.

h Excluye las utilidades reinvertidas por las empresas extranjeras establecidas en el país.

i Proyección H más utilidades reinvertidas por las empresas extranjeras establecidas en el país.

FUENTES: A y B: David Ibarra, "Mercados, desarrollo y política económica...", *loc. cit.*, p. 145, cuad. 26. C y D: Banco Internacional de Reconstrucción y Fomento. E, F y G: Abel Beltrán del Río, "Meteorología económica para México: un experimento de aplicación econométrica", *Comercio Exterior*, México, julio de 1970, pp. 559-561, cuads. 1/4, 2/4 y 3/4. H: Miguel S. Wionczek y Jorge Eduardo Navarrete, *El turismo extranjero en México*, Estudio preparado para UNCTAD, p. 185, cuad. 8-10.

comparación con las demás proyecciones y, en general, con las cifras de balanza de pagos que normalmente se manejan.

b) Que las proyecciones del Banco Mundial, al adoptar la hipótesis de crecimiento de las importaciones mercantiles del Banco de México, que claramente sobrestima el grado de avance en la sustitución de importaciones de bienes de capital, intermedios y materias primas a juzgar tanto por la experiencia histórica como por las perspectivas del proceso de industrialización, subestiman en cierta medida la magnitud del déficit.

c) Que la proyección de Wharton-Diemex, en el segundo pronóstico alternativo, sobreestima el grado obtenible de comprensión de las importaciones y, en cierta medida, el ritmo de aumento de las exportaciones de bienes y servicios que se pueden alcanzar a corto plazo; en cambio, el pronóstico básico refleja muy adecuadamente la evolución previsible de la balanza en cuenta corriente.

d) Que la proyección de Wionczek-Navarrete combina razonablemente los elementos más atendibles de las otras proyecciones, pero resulta necesario complementarla con la adición de las reinversiones de utilidades de las empresas extranjeras que operan en el país, para ajustarla a la definición internacional.

Así ajustada, esta proyección (renglón I del cuadro 7) arrojaría, para 1975, un déficit en cuenta corriente del orden de 1 114 millones de dólares, frente a un déficit de 800 millones en 1970, lo que supondría una expansión media anual del déficit del orden de 6.8%. El déficit acumulado en 1970-1975 alcanzaría a los 5 680 millones de dólares (promedio anual de 946.6 millones), frente a 2 808.2 millones (promedio anual de 561.6 millones) en 1965-1969.

El pronóstico básico de Wharton-Diemex puede servir también a este propósito. De acuerdo con él, el déficit de la cuenta corriente llegaría a 1 120 millones de dólares en 1975, frente a 800 millones en 1970, lo que supone un incremento medio anual de 7.0%. El déficit acumulado en 1970-1975 alcanzaría a los 5 776 millones de dólares (promedio anual de 962.7 millones), frente a 2 808 millones (promedio anual de 561.6 millones) en 1965-1969.

En una perspectiva de esta naturaleza, queda en claro que los elementos de presión, derivados esencialmente del rápido aumento de los pagos a los factores del exterior, de la rigidez de las importaciones, de la continuada dependencia respecto de las importaciones de bienes de capital y de los gastos dispendiosos en turismo al exterior, anulan por completo cualquier alivio que pudiera derivarse de los elementos dinámicos de ingreso, el turismo al interior y fronterizo, y de cierta aceleración de las exportaciones mercantiles. Para que en la primera mitad de los años setenta se produjera un alivio considerable de la posición de la cuenta corriente, habida cuenta de la estructura más o menos rígida de los principales renglones de egreso (importaciones mercantiles y pagos a factores), se precisaría un crecimiento verdaderamente milagroso de los ingresos por turismo, a tasas superiores al 15% anual, y una rápida dinamización de las exportaciones. Es claro que la posibilidad de que estos acontecimientos se produzcan a corto plazo es, desde luego, remota.

Necesidades e ingresos de capital a largo plazo

En la segunda mitad de los años sesenta, la necesidad bruta de capital externo de México ascendió a 4 869 millones de dólares (o 973.8 millones anuales) y fue satisfecha en un 88% por los ingresos brutos de capital a largo plazo: inversión extranjera directa 1 066.6 millones, o 213.3 millones anuales) y endeudamiento público externo (3 222.7 millones, o 644.5 millones anuales). El restante 12% fue cubierto por una compleja combinación de movimientos de fondos a corto plazo o por otros cuya naturaleza se desconoce y que se reflejan en un renglón de errores y omisiones de magnitud considerable (cuadro 7).

Las necesidades brutas de capital previstas para 1970-1975 —según la proyección de balanza de pagos del Banco Internacional de Reconstrucción y Fomento— ascenderán a 10 230 millones de dólares (promedio anual 1 705 millones) y habrán de satisfacerse en una proporción similar (91.7%) por los ingresos brutos de capital a largo plazo: inversión extranjera directa (2 503 millones de dólares en los seis años, o 417.2 millones anuales) y endeudamiento público externo (6 880 millones, o 1 146.7 millones anuales). Mientras que el restante 8.3% habrá de satisfacerse mediante los restantes movimientos de la cuenta de capital.

Las entradas acumulativas de capital privado extranjero incrementarán sistemáticamente los activos poseídos por extranjeros (valor en libros de la inversión) de alrededor de 2 150 millones de dólares en que se estimaron en 1968 [28] a aproximadamente 5 100 millones en 1975. Por su parte, el endeudamiento público externo, elevará la magnitud de la deuda pública externa a un año y más, pendiente de pago, de 3 511.3 millones de dólares a finales de 1969 a 5 827 millones hacia finales de 1975. Además, frente a nuevos ingresos de inversión extranjera directa por 2 503 millones de dólares en 1970-1975, se efectuarán pagos ligados a esa inversión por 3 835 millones, y a un endeudamiento bruto del orden de 6 880 millones de dólares, corresponderán pagos

[28] Miguel S. Wionczek, "La inversión extranjera privada en México...", *loc. cit.*, p. 818, cuadro 2.

Cuadro 7. Brechas de ahorro, de comercio, en cuenta corriente y necesidades de capital

(Millones de dólares)

	Brecha de ahorro (1)	*Brecha de comercio* [2] (2)	*Pagos netos a factores del exterior* [3] (3)	*Brecha en cuenta corriente* (2) + (3) (4)	*Amortizaciones* [4] (5)	*Necesidad bruta de capital* (4) + (5) (6)
Cifras históricas						
1965	48.0	48.5	327.3	375.8	396.5	772.3
1966	—16.0	—14.2	383.8	369.6	365.0	734.6
1967	152.0	152.6	459.3	611.9	357.7	969.96
1968	192.0	197.1	545.1	742.4	479.2	1 221.6
1969	118.0	132.1	576.4	708.5	462.4	1 170.9
Cifras proyectadas						
1970	200.0	202.0	645.0	847.0	560.0	1 407.0
1971	136.0	133.0	754.0	887.0	514.0	1 401.0
1972	72.0	75.0	846.0	921.0	635.0	1 556.0
1973	8.0	8.0	952.0	960.0	824.0	1 784.0
1974	—64.0	—67.0	1 068.0	1 001.0	946.0	1 947.0
1975	—152.0	—151.0	1 201.0	1 050.0	1 085.0	2 135.0

[1] Ahorro interno-inversión bruta fija (equivale a exceso de ahorro sobre inversión).

[2] Exportaciones de mercancías y servicios (excepto ingresos por factores), importaciones de mercancías y servicios (excepto pagos a factores) (equivale a exceso de exportaciones sobre importaciones).

[3] Incluye, del lado de los ingresos: remesas de braceros, renta de películas e intereses sobre préstamos, y, del lado de los pagos, remesas por inversión extranjera directa (incluida reinversión), intereses sobre deudas oficiales, renta de películas y renta de carros de ferrocarril.

[4] Pagos por amortización de la deuda pública externa, pagadera en moneda extranjera, a plazo de un año y más.

FUENTES: Cifras históricas: Banco de México y Banco Internacional de Reconstrucción y Fomento. Cifras proyectadas: Proyecciones de cuentas nacionales y de balanza de pagos del Banco Internacional de Reconstrucción y Fomento.

por servicio de orden de 6 112 millones de dólares (4 564 millones por amortización y 1 548 millones por intereses). De este modo, parece evidente que el ingreso bruto de capital a largo plazo, en la primera mitad de los años setenta, servirá sobre todo para atender las cargas financieras heredadas de la década anterior.

Inversión extranjera y endeudamiento externo

La inversión extranjera directa: algunas cuestiones básicas[29]

La corriente de inversión extranjera directa recibida por México aumenta a un ritmo muy elevado (13.7% anual) en los años sesenta, aunque en la segunda mitad de la década, al alcanzar niveles del orden de los 200 millones de dólares anuales, se modera un tanto (cuadro 7). En la década, aproximadamente dos terceras partes de las inversiones extranjeras directas están constituidas por ingresos de nuevo capital y la tercera parte restante por reinversión de utilidades. En la segunda mitad, empero, aumenta la importancia relativa de las reinversiones, a algo más de las dos quintas partes. Estos flujos determinan que el valor en libros de la inversión extranjera directa en México se mueva de aproximadamente 994 millones de dólares en 1960 a 1 478 millones en 1965 y a 2 150 millones en 1968. Dados los flujos previstos en la entrada de capital extranjero en la primera mitad de los años setenta, su valor en libros, hacia fines de 1975, ascendería a 5 108 millones de dólares, el 4.2% del acervo total de capital del país, según la proyección de balanza de pagos del Banco Internacional de Reconstrucción y Fomento. Sin embargo, estas cifras no reflejan la acusada complejidad de las relaciones entre la inversión extranjera directa y la economía y la sociedad mexicana.

En la segunda mitad del siglo XX, la inversión privada en el extranjero es uno de los factores esenciales de la creciente interdependencia económica internacional, manifestada fundamentalmente a través de la actividad de las grandes corporaciones transnacionales. La presencia y rápida expansión de este tipo de entidades, que, según se estima, representarán, para finales del siglo, más de la mitad de la producción industrial del mundo, ha alterado drásticamente la naturaleza de las actividades de sus subsidiarias en el exterior, tanto en otros países avanzados como en los países en desarrollo. En el *brave new world*

[29] Esta sección se basa en Miguel S. Wionczek, "La inversión extranjera privada en México...", *loc. cit.*, pp. 816-824 y en Banco Nacional de Comercio Exterior. S. A.. "Las cuestiones básicas de la inversión extranjera", *Comercio Exterior*, México, octubre de 1970, pp. 807-809.

de las corporaciones transnacionales, los países en desarrollo ven disminuido su poder de negociación ante enormes entidades cuyos volúmenes de operación rebasan a menudo el producto nacional bruto del país receptor; se enfrentan a complejas prácticas administrativas y contables a escala mundial, cuya comprensión de conjunto les está vedada por sólo conocer una fracción de las operaciones globales; se ven avasallados por una transferencia en paquete de capital, tecnología y *know-how* administrativo, que más que complementar, desplaza o absorbe los recursos locales, y se enfrentan a una pérdida progresiva del control sobre buen número de sus sectores productivos, distributivos, o de servicios de mayor redituabilidad y dinamismo.

La experiencia de México no es ajena a este módulo de comportamiento de las corporaciones transnacionales, como revela un estudio reciente, dado a conocer por la Harvard Graduate School of Business Administration.[30] En la década de rápida industrialización de México (1958-1967) se incrementa la tendencia de las corporaciones norteamericanas a establecerse en el país y aumenta sustancialmente la proporción de las que se establecen mediante la adquisición de empresas ya establecidas. Además, se manifiesta una marcada preferencia por los sectores manufactureros modernos y dinámicos, que ha alterado drásticamente la distribución sectorial de la inversión extranjera en México en las últimas tres décadas. Mientras que, a principios de los años cuarenta, el 23.9% de la inversión extranjera directa en México se encontraba en el sector minero, el 31.5% en el de energía eléctrica y el 31.6% en comunicaciones y transportes (87% en estos tres sectores), a finales de los años sesenta (1968) la proporción de la inversión extranjera canalizada al sector minero era de sólo 6% y la inversión extranjera había desaparecido por completo de los otros dos sectores (energía eléctrica y comunicaciones y transportes). En cambio, los sectores manufacturero y comercial, que en 1940 alojaban sólo al 10.5% de la inversión extranjera (7.0 y 3.5%, respectivamente), en 1968 absorbían el 89% de la inversión extranjera existente en el país (74.2 y 14.8%, respectivamente).[31]

[30] James W. Vaupel y Joan P. Curhan, *The Making of Multinational Enterprise-A Source-Book of Tables Based on a Study of 187 Major Manufacturing Corporations*, Division of Research, Graduate School of Business Administration, Harvard University, Boston, 1969, citado en Miguel S. Wionczek, "La inversión privada extranjera en México...", *loc. cit.*, p. 820.

[31] Los datos del párrafo precedente proceden de Miguel S. Wionczek, "La inversión extranjera privada en México...", *loc. cit.*, p. 818, cuadro 1. Por su parte, Edmundo Flores estima que "en total, la inversión extranjera suma alrededor de 1 600 millones de dólares. De éstos, 1 340 son de origen norteamericano y se hallan concentrados en su mayor parte en industrias extraordinariamente dinámicas que a menudo son subsidiarias francas o disimuladas de grandes cor-

Todos los indicadores apuntan a un fenómeno común: el notable atractivo que la posibilidad de inversión en México ejerce sobre las empresas norteamericanas y de otros países avanzados. Este atractivo —al que a menudo se alude como "clima favorable"— es subrayado prácticamente en todo tipo de bibliografía sobre el tema, aunque con propósitos distintos; empero, no siempre se precisan los elementos que lo integran o se alude sólo a los de orden más general, de suerte que se ofrece una visión incompleta de las motivaciones que llevan al inversionista extranjero a establecerse en el país.

De este modo, en la bibliografía oficial y en la originada en los círculos empresariales en el decenio pasado suelen destacarse sólo dos elementos de orden más general: estabilidad política, crecimiento económico sostenido, estabilidad monetaria externa, libertad de cambios, etcétera. Empero, los factores verdaderamente determinantes parecen residir en dos dominios: una estructura de mercado fuertemente protegida que ofrece grandes incentivos al inversionista y le permite "la obtención de tasas de ganancia muy atractivas, aun en condiciones de subutilización de la capacidad instalada", y la explotación de "actividades cuyo auge se manifiesta a escala mundial, como el turismo, en las que buscan participar, también a escala mundial, las corporaciones multinacionales".[32]

El panorama anterior revela que, aunque México tuvo éxito en la eliminación de la inversión extranjera directa tradicional de los campos básicos y tradicionales —a través de un proceso iniciado a principios de siglo, que toma fuerza en los primeros regímenes revolucionarios, que alcanza su punto climático el 18 de marzo de 1938 y que culmina con la compra de las empresas eléctricas en 1960, de las azufreras en 1967 y con el proceso de mexicanización de la minería en los años sesenta—,[33] ha quedado atrapado en el *brave new world* de las corporaciones transnacionales y la inversión extranjera directa moderna, y enfrenta en este terreno problemas muy similares a los de Canadá, Gran Bretaña, Australia y otros países receptores de inversión privada externa. Es decir, se enfrenta a problemas referidos a la pérdida del control nacional sobre segmentos importantes y particularmente dinámicos del aparato económico; a la inversión de capital, tecnología y prácticas administrativas externas que desplazan o absorben a las

poraciones". (Edmundo Flores, *Vieja revolución, nuevos problemas,* Editorial Joaquín Mortiz, S. A., México, 1970, p. 68).

[32] Banco Nacional de Comercio Exterior, S. A., "Las cuestiones básicas de la inversión extranjera", *loc. cit.*, p. 808.

[33] Este proceso ha sido descrito y minuciosamente analizado por Miguel S. Wionczek, *El nacionalismo mexicano y la inversión extranjera,* Siglo XXI Editores, México, 1967.

nacionales; al traslado del *locus* de las decisiones económicas hasta las salas de los consejos de administración de las grandes corporaciones transnacionales de Estados Unidos, Europa Occidental o Japón; a la aplicación en su territorio de las disposiciones legales dictadas en el extranjero, en los países de origen de las corporaciones transnacionales; en fin, a la pérdida progresiva de control sobre resortes básicos del proceso económico.

Empero, a pesar de la evidencia del cambio de la naturaleza, la orientación y las prácticas de las empresas extranjeras que operan en el país, el conjunto de políticas con que México se enfrenta a la inversión extranjera sigue respondiendo al objetivo tradicional de excluirla de una serie de sectores que desde hace décadas se han definido como básicos, y de condicionarla a la aceptación de participación mayoritaria nacional en otros sectores y ramas ligados a las industrias básicas.[34]

Empero, a pesar de su complicado juego de disposiciones en materia de inversión extranjera directa tradicional, el país se halla inerme ante las prácticas de las empresas extranjeras modernas. Por ejemplo, no existen medidas para evitar el paso progresivo de una o varias ramas productivas al control de capital extranjero, pues entre los criterios de limitación no se cuenta el del número o importancia de las empresas extranjeras que ya existen en determinada rama. Tampoco se veda o limita la entrada a sectores dinámicos o de amplias perspectivas de di-

[34] Una enumeración de los sectores sujetos a los requisitos de exclusión o de participación mayoritaria nacional es la siguiente:

"*a)* cinco sectores reservados exclusivamente para el Estado (petróleo; petroquímica básica; electricidad; ferrocarriles, y comunicaciones telegráficas y radiotelegráficas);

"*b)* ocho sectores reservados a empresas en capital exclusivamente (100%) mexicano (instituciones de crédito y organizaciones auxiliares; instituciones de seguros; instituciones de fianzas; sociedades de inversión; empresas de radio y televisión; transporte automotriz en carreteras federales; distribución de gas, y explotación forestal), y

veinte actividades reservadas a empresas con capital mayoritario (51% como mínimo) mexicano (piscicultura y pesca; plantas empacadoras de productos marinos; minería; petroquímica secundaria; química básica; industria hulera; siderúrgica; cemento; vidrio; fertilizantes; celulosa; aluminio; conservación y empaque de productos alimenticios: edición de libros y revistas; producción y distribución de bebidas gaseosas; producción, distribución y exhibición de películas cinematográficas; publicidad y propaganda; transportes urbanos e interurbanos; transporte marítimo, y transporte aéreo)."

(Banco Nacional de Comercio Exterior, S. A. [Jorge Eduardo Navarrete, editor], *México 1970: hechos, cifras, tendencias*, México, 1970, pp. 154-155).

namismo, aunque se prevé la importancia que pueden alcanzar, como por ejemplo la hotelería y otros servicios al turismo; en cambio, se mantiene la veda o limitación en sectores en los que, desde hace años, ninguna empresa extranjera estaría interesada en invertir, aun pudiendo hacerlo, como los ferrocarriles. Se persiguen políticas de "mexicanización" en sectores de escaso dinamismo, en los que el capital extranjero ha dejado de estar interesado y que responden a las necesidades de integración vertical de empresas industriales mexicanas, provocándose el traslado de los capitales extranjeros allí invertidos a sectores más modernos y de mayor dinamismo y redituabilidad.

Por otra parte, el país carece de medidas de política para hacer frente, por ejemplo, a las prácticas de las empresas extranjeras en materia de transferencia de tecnología, no pudiendo controlarse ni su calidad ni su costo real; en materia de sobrefacturación de insumos vendidos a la subsidiaria por las empresas matrices; en materia de convenios restrictivos de las posibles exportaciones de la subsidiaria o de cláusulas de división de mercados u otro tipo de acuerdos restrictivos de la competencia; en materia de aplicación en México de disposiciones legales o administrativas dictadas en el país de origen de las inversiones; en materia de políticas de remisión o reinversión de utilidades o de uso de recursos financieros internos; en materia de desplazamiento o absorción de empresas nacionales ya establecidas; en materia de evasión fiscal, mediante complicados juegos contables que permiten transferir utilidades disfrazadas como pagos por asistencia técnica a supuestas filiales establecidas en paraísos fiscales, etcétera.[35]

Finalmente, con el requisito de imponer la participación de capitales nacionales asociados a los extranjeros en determinadas ramas,

> en el mejor de los casos, lo único que se obtiene es que algunos mexicanos ya privilegiados participen en los beneficios oligopólicos, asociados a la innovación cuya explotación provocó la decisión de invertir por parte de la empresa extranjera.[36]

Es precisamente todo este tipo de cuestiones —y no la sola magnitud de la inversión o la de remesas de utilidades al exterior— el que

[35] Este tipo de prácticas fue examinado por la Secretaría de Hacienda y Crédito Público en el trabajo "Asistencia técnica del extranjero", aparecido en la revista *Investigación Fiscal*, editada por la propia Secretaría, México, octubre de 1969. El estudio fue resumido en la nota "La cuestión de las remesas por asistencia técnica", *Comercio Exterior*, México, XIX, 12, diciembre de 1969, pp. 968 970.

[36] Carlos Bazdresch, "Nuevas ideas sobre la inversión extranjera", *La economía mexicana*, Serie de Lecturas, núm. 4, tomo II. Selección de Leopoldo Solís, p. 285, Fondo de Cultura Económica y El Trimestre Económico.

se tiene en mente cuando se dice que México ha quedado atrapado en el *brave new world* de las corporaciones transnacionales y la inversión extranjera moderna. Pero ¿cuáles son las alternativas de política?

En relación inmediata a la inversión extranjera directa, parece indispensable que los criterios que norman las políticas de limitación se actualicen, para que respondan a la actual naturaleza de la inversión extranjera directa, no a la de hace veinte o más años. Además, las medidas limitativas así modernizadas, mediante la introducción de nuevos criterios de limitación, deberían complementarse

> con medidas operativas que permitan controlar cuestiones tales como el costo real de la tecnología que se transfiere con la inversión; el efecto neto de éste sobre la posición de la balanza de pagos; las prácticas limitativas de las exportaciones por parte de la subsidiaria, y el desplazamiento de empresas nacionales ya establecidas.[37]

Más ampliamente, como se señala en el ensayo que ha servido de base para los señalamientos de este apartado, se requieren medidas en el campo de la política de industrialización mediante

> una importante pero selectiva disminución de los niveles de protección efectiva— y —el abandono del conjunto de incentivos superfluos para las "industrias incipientes" que desde hace mucho debían haberse convertido si no en maduras, por lo menos en intermedias;

en el campo de las relaciones con el capital extranjero, mediante

> el enfrentamiento de los problemas que trae consigo la transferencia de paquetes de capital, tecnología y *know-how* empresarial extranjeros, que provoca... abusos abiertos y ocultos por parte de las empresas manufactureras,

y, en el campo de la política general de desarrollo mediante

> una reforma general y de vasto alcance del sistema educativo (para ampliar), la capacidad del país para seleccionar y adaptar a las necesidades de la economía la tecnología no atada que está disponible fuera de las corporaciones transnacionales.[38]

[37] Banco Nacional de Comercio Exterior, S. A., "Las cuestiones básicas de la inversión extranjera", *loc. cit.*, p. 809.

[38] Miguel S. Wionczek, "La inversión extranjera privada en México...", *loc. cit.*, p. 824.

La empresa extranjera exportadora

En vista de la perspectiva global de la cuenta corriente de la balanza de pagos de México, a últimas fechas se ha agregado otro elemento clave a la estrategia para hacerle frente: la empresa extranjera exportadora.

Debido a que los ingresos por turismo fronterizo y al interior, aun con tasas de crecimiento muy elevadas (del orden del 12% anual), no constituyen respuesta suficiente al creciente deterioro de la cuenta corriente; a que la experiencia de 1969 y 1970 indica que, a pesar de los esfuerzos de fomento, no será fácil conseguir las tasas de crecimiento proyectadas en los ingresos por turismo; a que la exportación masiva de manufacturas por parte de las empresas industriales mexicanas es un objetivo aún lejano, que no contribuirá a corto plazo en forma importante a aliviar la situación de la cuenta corriente, y a que buena parte de los éxitos iniciales en la exportación de manufacturas se han conseguido en ramas (industria de alimentos elaborados, industria química, industria de automotores) en las que es muy importante, si es que no dominante, la participación de empresas poseídas o controladas por el capital privado extranjero, se ha pensado en la conveniencia de propiciar y estimular por todos los medios la entrada al país de empresas extranjeras orientadas a la exportación.

Se supone que estas empresas extranjeras podrán provocar un rápido aumento de las exportaciones debido a que poseen tecnologías de producción y sistemas de comercialización internacional y administración modernos y competitivos (cuyo trasplante a las empresas nacionales supone un proceso largo y laborioso) y a que, a menudo, forman parte de sistemas transnacionales que facilitan y propician el intercambio internacional entre sus diversas subsidiarias. En términos ideales, una empresa de este tipo, establecida gracias a la inversión real o financiera procedente del exterior (permitiéndose la libre internación de la maquinaria o equipo), aprovecharía algunas materias primas nacionales (importando libres de derechos los componentes extranjeros) y utilizaría la relativamente barata fuerza de trabajo mexicana, para producir artículos de uso final destinados a los mercados externos o bienes intermedios destinados a ser terminados o integrados en otra subsidiaria del sistema transnacional de que se trate (aprovechando los estímulos, subsidios y ventajas a la exportación), quedando en libertad de remitir o reinvertir las utilidades que consiga.

En otras palabras, se trata de aplicar al resto del país la experiencia de las empresas maquiladoras fronterizas, con la esperanza de que el valor agregado nacional sea mayor que en éstas y, en consecuencia, mayor también el efecto neto positivo sobre la balanza de pagos.

El esquema resulta, a primera vista, muy atractivo. No sólo aportaría todas las supuestas ventajas tradicionales de la inversión extranjera directa, en los dominios de la tecnología y el *know-how* administrativo y de comercialización internacional, sino que, además de contribuir a los ingresos de divisas por exportación, crearía un buen número de empleos, tan necesarios dados los niveles prevalecientes de desocupación y subocupación.

Empero, visto más de cerca, se advierte que:

a) Insertaría aún más al país en el juego a escala mundial de las corporaciones transnacionales, reforzando las relaciones de dependencia y enajenando el control nacional sobre resortes básicos del crecimiento;

b) el precio en divisas que tendría que pagarse para conseguir los ingresos adicionales de divisas que se supone traería consigo el esquema sería muy alto, quizá excesivo, en términos de contenido-importación de la instalación y operación de las empresas, de remesas de utilidades, intereses y regalías, de transferencias al exterior de los ingresos devengados por el personal extranjero, etcétera, y

c) el costo social en términos de sacrificio fiscal y de estímulos y subsidios a las empresas extranjeras exportadoras sería cuantioso y, eventualmente, inconveniente en términos de los objetivos generales del desarrollo.

Sin embargo, sería conveniente examinar la posibilidad de que el esquema de la empresa extranjera exportadora funcione como una solución transitoria y se eviten si es posible, los efectos nocivos a largo plazo, al tiempo que se aprovechan sus posibles ventajas de corto plazo en la necesaria dinamización de los ingresos de divisas.

Endeudamiento externo: la carga acumulativa

Cae fuera de las intenciones de este texto intentar el análisis económico de la política y las manifestaciones del endeudamiento externo de México, por lo que esta sección se limita a describir la forma en que ese endeudamiento ha permitido satisfacer las necesidades de capital del país y la carga que el servicio de la deuda impone a las disponibilidades de divisas de México y, a su vez, da lugar al surgimiento de nuevas necesidades de capital.

En la segunda mitad de los años sesenta, como se indicó anteriormente, el país enfrentó una necesidad bruta de capital (definida como la suma de la brecha de comercio, más los pagos a factores del exterior, más la amortización de la deuda pública externa), del orden de 4 869 millones de dólares (promedio anual: 973.8 millones), que fue satis-

Cuadro 8. Necesidades e ingresos de capital a largo plazo

(Millones de dólares)

	Necesidad bruta de capital [1]	INGRESO BRUTO DE CAPITAL A LARGO PLAZO			*Diferencia entre necesidades e ingreso bruto* [2]
		Inversión extranjera directa	*Endeudamiento público externo*	*Total*	
Cifras históricas					
1965	772.3	213.9	333.5	547.4	244.9
1966	734.6	182.8	518.7	701.5	33.1
1967	969.6	194.0	741.9	935.9	33.7
1968	1 221.6	226.9	767.5	994.4	227.2
1969	1 170.9	249.0	861.1	1 110.1	60.8
Cifras proyectadas					
1970	1 407.0	295.0	880.0	1 175.0	232.0
1971	1 401.0	336.0	885.0	1 221.0	180.0
1972	1 556.0	382.0	1 024.0	1 406.0	150.0
1973	1 784.0	434.0	1 230.0	1 664.0	120.0
1974	1 947.0	494.0	1 358.0	1 852.0	95.0
1975	2 135.0	562.0	1 503.0	2 065.0	70.0

[1] Tomada del cuadro 7.
[2] A financiarse con ingresos de capital a corto plazo.

FUENTES: Cifras históricas: Banco de México y Banco Internacional de Reconstrucción y Fomento.—Cifras proyectadas: Proyección de balanza de pagos del Banco Internacional de Reconstrucción y Fomento.

fecha en dos terceras partes por los ingresos derivados del endeudamiento público externo: 3 222.7 millones de dólares (promedio anual: 644.5 millones). Se advirtió también que, en 1970-1975, la necesidad bruta de capital (definida igualmente y determinada de acuerdo con la proyección de balanza de pagos del Banco Internacional de Reconstrucción y Fomento) llegaría a alrededor de 10 230 millones de dólares (promedio anual: 1 705 millones) y que se preveían ingresos brutos derivados del endeudamiento público externo, que permitirían cubrir también alrededor de dos terceras partes de esa necesidad y que se elevarían a aproximadamente 6 880 millones de dólares (promedio anual: 1 146.7 millones) (cuadro 8).

En este contexto es interesante destacar cómo se integra esa necesidad bruta de capital en los dos periodos mencionados. Mientras que en la segunda mitad de los años sesenta, la brecha de comercio aportó algo más del 10% de la necesidad bruta de capital, los pagos netos a factores del exterior alrededor de la mitad, y las amortizaciones de la deuda externa el restante 40%; en 1970-1975, la brecha de comercio sólo representará menos del 2% de la necesidad bruta de capital en el periodo, mientras que los pagos netos a factores del exterior aportarán el 53% y las amortizaciones el 45% restante. En otras palabras, en 1970-1975, prácticamente la totalidad de las necesidades brutas de capital externo se originan en el servicio de la deuda pública externa y en la de la inversión extranjera directa.

Desde otro punto de vista: en la segunda mitad de los años sesenta, un ingreso bruto por endeudamiento público externo del orden de 3 222.7 millones de dólares (promedio anual: 644.5 millones), dio lugar a un ingreso neto de capital (deducida la amortización pero no los intereses) de 821.8 millones de dólares (promedio anual de 164.4 millones). Si se consideran también los pagos por intereses sobre deudas oficiales hechos en el periodo (862.0 millones de dólares) se encuentra que la totalidad del ingreso bruto por endeudamiento fue absorbida por el servicio de la deuda y aún quedó un remanente por cubrir de 40.2 millones de dólares.

Para el lapso 1970-1975 esta situación no registrará mejoría apreciable. En efecto, un ingreso bruto por endeudamiento público externo del orden de 6 880 millones de dólares (promedio anual: 1 146.7 millones), dará lugar, de acuerdo con la proyección de balanza de pagos del Banco Internacional de Reconstrucción y Fomento, a un ingreso neto (deducida amortización) de 2 316 millones de dólares (promedio anual: 386 millones). Es decir, la amortización de la deuda absorberá las dos terceras partes de los ingresos brutos por endeudamiento. Si se toman, además, los pagos por intereses (1 548 millones de dólares en 1970-1975), se encuentra que el servicio de la deuda absorberá casi las nueve décimas partes de los ingresos brutos por endeudamiento público externo.

Esto no quiere decir, desde luego, que nueve de cada diez dólares que el país reciba por concepto de nuevos préstamos tendrá que dedicarlos a atender el principal y los intereses de sus anteriores deudas, sino que el país tendrá que movilizar, por cada diez dólares que reciba de nuevos créditos, nueve dólares para atender sus anteriores compromisos y mantener su "buena posición crediticia internacional". Quiere decir, además, que la adición neta a los recursos financieros que el país obtenga de cada diez dólares de endeudamiento bruto, será de un dólar. Es precisamente esto lo que se tiene en mente, cuando se habla de la carga acumulativa que para el país significa el endeudamiento externo, a sus actuales y previsibles niveles.

Este círculo vicioso del endeudamiento externo debe ser roto desde fuera. La respuesta a esta situación no corresponde a la mecánica del sector externo sino a la mecánica global de la política económica del país, y muy especialmente, a la mecánica de una política de finanzas públicas en la que, para decirlo gráficamente, "los créditos extranjeros cubren el 50% de la inversión pública y el otro 50% proviene de préstamos internos",[39] y que, desde luego, no puede modificarse de un momento a otro, por lo que hay que modificarla cuanto antes.

[39] Edmundo Flores, *Vieja revolución...*, *loc. cit.*, p. 68.

VI. LA INVERSIÓN EXTRANJERA PRIVADA: PROBLEMAS Y PERSPECTIVAS

Miguel S. Wionczek

I

Los conflictos del pasado, las actitudes y políticas actuales hacia el capital privado extranjero, y las posibles fricciones futuras entre la sociedad mexicana y los inversionistas extranjeros, difícilmente pueden entenderse sin un breve esbozo de algunos antecedentes históricos, económicos y políticos, principalmente los siguientes:

a) la explotación de la gran riqueza del subsuelo mexicano en beneficio de la metrópoli española, durante los tres siglos de periodo colonial;

b) el logro, en 1821, de la independencia política respecto de España que, de manera similar a las recientes experiencias de descolonización en Africa y Asia, no afectó en ningún grado importante la estructura socio-económica colonial del país;

c) un breve encuentro con el capital privado británico que se instaló en la minería mexicana, durante los años veinte del siglo pasado, y que llenó el hueco dejado por la desaparición de España como mercado exclusivo para las exportaciones mexicanas de metales preciosos, encuentro que, acompañado por créditos ingleses al país recientemente independizado, fue un desastre tanto para los inversionistas como para el país receptor, debido principalmente a los intentos británicos de inyectar una tecnología europea avanzada en una economía poscolonial subdesarrollada;

d) casi medio siglo de caos político y estancamiento económico (1830-1870), acompañado por la pérdida de una parte importante del territorio mexicano en favor de Estados Unidos, y por una interminable cadena de expediciones punitivas e intervenciones directas a favor de los acreedores de México o destinadas a convertir al país en un apéndice de las economías industriales europeas que se encontraban en rápida expansión;

e) treinta años de paz política y crecimiento económico bajo la dictadura de Díaz (1880-1910), que abrió las puertas al capital privado y la tecnología extranjeros, tanto europeos como norteamericanos;

f) la revolución democrático-popular de 1910, que puso fin a la sociedad porfiriana, que tenía como principales pilares, primero, la aristocracia terrateniente (que explotaba despiadadamente a los grupos de población indígena y mestiza) y, segundo, los intereses económicos extranjeros que habían logrado, a principios de este siglo, convertir a México en una importante fuente de materias primas (mineras y productos agrícolas tropicales) para los países industriales de Norteamérica y Europa occidental;

g) del periodo de reforma agraria y reconstrucción política y económica (1925-1940), después de 15 años de violenta guerra civil, caracterizado por los continuos conflictos, tanto abiertos como velados, entre la sociedad mexicana posrevolucionaria y las inversiones privadas extranjeras en la minería, servicios públicos, comunicaciones y transportes que culminaron en 1938 con la expropiación de las compañías petroleras norteamericanas, británicas y holandesas; y

h) un cuarto de siglo de esfuerzo de industrialización orientado hacia adentro y altamente protegido (1945-1970), basado en el apoyo de los grupos de empresarios nacionales y de extensos sectores de la opinión pública y acompañado por la progresiva eliminación de la inversión privada extranjera en los sectores tradicionales (industrias extractivas diferentes a la ya mencionada industria petrolera, servicios públicos, y comunicaciones y transportes) a través del llamado proceso de mexicanización, que consiste en la adquisición total por parte del Estado o la entrada parcial del capital privado nacional.

La mexicanización de los sectores tradicionales prácticamente fue determinada a mediados de los años sesenta, a través de dos importantes decisiones. En 1960, el Estado adquirió dos grandes compañías extranjeras de energía eléctrica que, a fines de los años treinta, se convirtieron en el centro de un serio conflicto debido, en parte, a que las compañías extranjeras se negaban a invertir en instalaciones de generación y a su creciente actuación como simple distribuidoras en las principales áreas urbanas de la energía producida por la Comisión Federal de Electricidad, de propiedad estatal.[1] Por otra parte, a mediados de los años sesenta, de acuerdo con la nueva legislación minera, todas las empresas mineras extranjeras se vieron obligadas a vender el 51% de su capital a inversionistas mexicanos, reservándose el Estado el derecho de otorgar nuevas concesiones mineras sólo a empresas con 66% de capital nacional. La nueva legislación afectó, entre otros, al único sector dinámico de la industria extractiva mexicana (excepción hecha de la industria petrolera que pertenece al Estado desde 1938): la ex-

[1] Para mayores detalles sobre las relaciones entre el Estado mexicano y las empresas de energía eléctrica de propiedad extranjera, entre 1900 a 1960, véase Miguel S. Wionczek, "La industria eléctrica en México, 1900-1960", primera parte del libro *El nacionalismo mexicano y la inversión extranjera,* Siglo XXI Editores, México, 1968.

plotación del azufre que, durante los años cincuenta, convirtió a México en el segundo productor mundial de este metaloide.[2]

Estas dos importantes medidas de política resultan fáciles de explicar *ex post*. En el caso de la industria eléctrica, las deficiencias del del sistema estatal de regulación de los servicios públicos, por una parte, y la excesiva tasa inflacionaria de los años cuarenta y principio de los cincuenta, por la otra, agravaron el conflicto latente desde el periodo interbélico complicado por el hecho de que tanto el Estado como importantes sectores de la opinión pública consideraban que el adecuado abastecimiento de energía eléctrica era una condición necesaria para la industrialización. Las deficiencias del proceso regulador y la inflación de los años cuarenta hicieron políticamente imposible un incremento equitativo en los precios de la energía eléctrica, que habría satisfecho los objetivos financieros de los productores privados de energía eléctrica y habría solucionado la aguda escasez de electricidad a la que se enfrentaba la economía mexicana después de 1940. La creciente capacidad técnica de la Comisión Federal de Electricidad, creada poco antes de la segunda Guerra Mundial, y la creciente hostilidad de importantes sectores de la población hacia las compañías extranjeras de energía eléctrica, aunada a la frustración de sus dueños que se consideraban víctimas de las políticas públicas, dieron lugar a que la nacionalización de la industria eléctrica fuera, de hecho, la única posibilidad en 1960.

El razonamiento para explicar la mexicanización de la industria minera es diferente. Debe recordarse que México era el primer productor mundial de plata y oro durante la época colonial, y un importante abastecedor de minerales para los países industriales entre 1880 y principios de la Gran Depresión. En ambos periodos, ese sector estaba completamente controlado por intereses extranjeros. La aparición en el país, después de la revolución, de políticas de conservación de los recursos, tendientes a proteger la riqueza mineral con vistas a la futura industrialización, coincidió con el hecho de que importantes compañías mineras estadounidenses y británicas abrieran nuevas fuentes de abastecimiento en América del Sur y África. La participación de la minería en el producto nacional mexicano y la participación de México en los mercados mundiales de metales y metaloides ha venido disminuyendo desde 1929 —con excepción de la plata durante las pasadas tres décadas y el azufre durante los años cincuenta— y no se ha recuperado desde entonces. Sin embargo, a fines de la década de los cincuenta la

[2] El estudio del autor sobre la mexicanización de la industria del azufre. "La explotación del azufre: 1950-1956" constituye la segunda parte de Miguel S. Wionczek, *El nacionalismo mexicano y la inversión extranjera*, *op. cit.*

industrialización hacia adentro ocasionó, por una parte, la aparición de la rápida expansión de la demanda interna de materias primas industriales y, por la otra, la insatisfacción del Estado con las políticas tradicionales de las compañías mineras extranjeras, que exportaban minerales sin procesar y semielaborados para ser manufacturados en el exterior. Estos dos factores, junto con la cada vez mayor importación de artículos intermedios de metal, constituyen los antecedentes de la legislación minera de principios de los años sesenta y la subsecuente mexicanización de las industrias extractivas. Con excepción del caso de la altamente redituable minería del azufre, la decisión estatal no fue objetada por las industrias extranjeras mexicanizadas. Siguiendo el ejemplo de las compañías eléctricas, las mineras utilizaron la mayor parte del producto de la venta de sus propiedades para invertirlo en las altamente redituables actividades manufactureras y auxiliares de México.

En el campo del sector bancario no se presentó nunca la necesidad de realizar una mexicanización. El sistema bancario prerrevolucionario, controlado parcialmente por intereses europeos, fue dislocado totalmente por la Revolución. El nuevo sistema bancario establecido en el periodo interbélico perteneció, desde el principio, casi totalmente a intereses nacionales. Únicamente un banco comercial extranjero —una sucursal del actual First National City Bank— se fundó en México en vísperas de la Gran Depresión. Esta sucursal aún opera en el país, pero representa menos del 1% de los depósitos a la vista de todo el sistema bancario. La subsecuente legislación bancaria negó el acceso a los intermediarios financieros extranjeros, sin —debe añadirse— establecer privaciones excesivas para las empresas extranjeras que operan en los restantes sectores. A fines de los años sesenta el financiamiento interno de las empresas extranjeras era superior al 50% de sus necesidades financieras totales.

II

Como lo demuestra el cuadro 1, la inversión privada extranjera prácticamente había desaparecido de los sectores tradicionales hacia fines de los años sesenta.

La magnitud de los campos en la distribución sectorial de la inversión privada extranjera en México entre 1910 y fines de los años sesenta, no tiene paralelo en ningún otro país latinoamericano. A fines del periodo de Díaz, de la inversión extranjera total estimada para México en 1 200 millones de dólares, casi el 80% correspondía a las industrias extractivas, incluyendo el petróleo, los ferrocarriles y los servicios públicos. Sesenta años después, únicamente el 6% del total

Cuadro 1. Distribución sectorial de la inversión privada extranjera en México, 1911-1968

(Porcentajes)

Sectores	*1911*	*1940*	*1950*	*1960*	*1968*
Agricultura	7.0	1.9	0.7	1.8	0.7
Minería	28.0	23.9	19.8	15.6	6.0
Petróleo	4.0	0.3	2.1	2.0	1.8
Industria manufacturera	4.0	7.0	26.0	55.8	74.2
Energía eléctrica	8.0	31.5	24.2	1.4	–
Comercio	10.0	3.5	12.4	18.1	14.8
Comunicaciones y transportes	39.0	31.6	13.3	2.8	–
Otros servicios		0.3	1.5	2.5	2.5

FUENTE: Para 1911, Cleona Lewis, *America's State in International Investment,* The Brookings Institution, Washington, D. C., 1938; para 1940-1960, Banco de México, S. A.; para 1968, estimaciones del autor. Debe señalarse que para 1911 los intereses petroleros extranjeros habían terminado la primera etapa de sus actividades en México; su participación en la inversión extranjera total se incrementó considerablemente durante la Revolución y logró su más alto nivel alrededor de 1925.

(estimado en más de 2 300 millones de dólares para 1968), permanecía en la minería. La inversión extranjera ha desaparecido completamente del petróleo, los transportes y los servicios públicos. Ahora se concentra casi exclusivamente en los sectores manufactureros (75%) y en los servicios, con excepción de la banca) (más del 15%). Los cambios observados durante los últimos 20 años reflejan en primer lugar, la creciente y pacífica apropiación de la inversión extranjera tradicional, principalmente por parte del Estado, en nombre de la independencia económica y en segundo, la acción de los incentivos directos e indirectos de los que puede disponer, bajo ciertas condiciones, la inversión extranjera en los sectores manufacturero y de servicios, incentivos establecidos originalmente en los años cuarenta para proteger a los grupos de empresarios nacionales.

El hecho de que esos incentivos —incluyendo el rápido crecimiento del mercado, la estabilidad política y monetaria, los altos niveles de protección y un sistema impositivo sumamente liberal— efectivamente funcionaron, puede deducirce del examen del cuadro 2. Debido a la falta de datos, el cuadro cubre sólo la inversión privada directa norteamericana en México, que representaba más del 80% de la inversión extranjera directa total en el país a fines de los años sesenta; sin embargo, refleja el módulo de la distribución sectorial de la inversión extranjera directa total en México en las últimas dos décadas.

Cuadro 2. Valor en libros de la inversión directa norteamericana en México por principales sectores, 1956-1968

(Millones de dólares)

Sectores	*1955*	*1960*	*1965*	*1968*
Total	*614*	*795*	*1 182*	*1 720*
Minería y fundición	154	130	140	100
Petróleo	15	32	48	30
Manufacturas	274	391	756	1 290
Servicios públicos	91	119	27	–
Comercio	50	85	138	240
Otros, incluyendo turismo	30	38	73	60

FUENTE: Para 1955, *U. S. Investments in the Latin American Economy*, Departamento de Comercio de Estados Unidos, Washington, D. C., 1957, y *Survey of Current Business*, Departamento de Comercio de Estados Unidos, agosto de 1956; para 1960, *Survey of Current Business*, agosto de 1961; para 1965, Walter Lederer y Frederick Cutler, "International Investment of the United States in 1966" *Overseas Business Reports*, OBR, 67-72, Departamento de Comercio de Estados Unidos, noviembre de 1967; para 1968, estimaciones del autor basadas en datos parciales, mexicanos y estadounidenses, no publicados.

Se podría suponer que la eliminación del capital extranjero privado de los sectores que históricamente constituían una fuente de conflicto y la entrada del mismo en las actividades dinámicas generadoras de crecimiento, garantizaría que en el futuro no se presentaran fricciones entre los inversionistas extranjeros y los grupos de presión políticos y económicos del México moderno, en la medida en que estos grupos tengan asegurada cierta participación en el creciente mercado, vía privilegios estatales especiales y empresas de capital mixto. Por tanto, no deja de resultar extraño que, a pesar de que las antiguas situaciones conflictivas han sido aparentemente eliminadas, la conveniencia e inconveniencia de las nuevas inversiones extranjeras —en términos de implicaciones políticas, reducción de la brecha de recursos financieros, carga sobre balanza de pagos, contribución tecnológica, etcétera— continúen siendo debatidas hoy día con la misma intensidad que caracterizaba las discusiones sobre la inversión privada extranjera nacional, durante la última mitad del siglo pasado. A pesar de que las entidades oficiales decidieron en los últimos cinco años no publicar ningún dato referente a la inversión extranjera, salvo los que se refieren a la corriente financiera neta que aparecen en las estadísticas de balanza de pagos, el tema se discute continuamente en términos muy emotivos. Es bastante probable que los exámenes más racionales de esta cuestión se vean estorbados, primero, por la escasez extrema de información confiable; segundo por la ausencia de estudios académicos sobre la composición sectorial de la inversión extranjera, su redituabilidad y efecto real sobre la balanza de pagos; y, por último, por las dudas respecto a la contribución del capital extranjero al progreso tecnológico de una sociedad, cuyo retraso en este aspecto se debe directamente al inadecuado sistema educativo. Dadas las características particulares del sistema político mexicano, la ausencia de investigaciones serias indica que el problema de la inversión extranjera directa es considerado por el Gobierno mexicano como un aspecto muy delicado desde el punto de vista político. Esta sensibilidad política parece estar relacionada, al menos en parte, con el éxito de las políticas oficiales de industrialización que han traído consigo una gran entrada de capital extranjero privado en la industria manufacturera y los servicios no financieros.

Las declaraciones oficiales respecto de las políticas hacia la inversión extranjera directa, ofrecen las siguientes líneas generales de política:

a) los sectores básicos de la economía nacional, tales como la industria petrolera, la petroquímica básica, la energía eléctrica, los ferrocarriles y las comunicaciones, están reservados al Estado;

b) la inversión en la agricultura y en la intermediación financiera está reservada a nacionales mexicanos;

c) en otros sectores (minería y manufacturas) se aplica la regla de participación mayoritaria de capital nacional en campos que estén estrechamente relacionados con las actividades económicas básicas o que sean considerados como de especial importancia para el futuro desarrollo industrial; aunque no se ha elaborado una lista que incluya a todas estas actividades, seis importantes industrias, entre ellas el acero, el cemento, el vidrio y el aluminio, quedaron sujetas a la regla de que el 51% de las acciones debería pertenecer a intereses nacionales, en julio de 1970;

d) en el resto de los sectores no se han impuesto limitaciones al capital privado extranjero, excepto una disposición en el sentido de que debe aceptar todas las obligaciones legales que se aplican a las empresas de propiedad nacional; además, a menos de que el capital extranjero acepte la participación del capital local, debe renunciar a los privilegios fiscales y de otro tipo establecidos por la Ley de Industrias Nuevas y Necesarias; y

e) México está particularmente interesado en los proyectos de inversión extranjera que proporcionen al país nueva tecnología, creen fuentes de empleo y permitan el uso de insumos físicos internos.

Aunque esas directivas generales, elaboradas durante las dos últimas décadas, pueden parecer en extremo restrictivas para los presuntos inversionistas, ya que limitan considerablemente la participación del capital privado extranjero en la actual etapa del desarrollo económico de México, la entrada de nueva inversión extranjera al país es superior a la de cualquier otro de América Latina. El rápido desarrollo industrial, la continua diversificación de la demanda interna y el nivel extremadamente alto de utilidades en el sector privado, compensan con creces las medidas restrictivas de política hacia el capital privado extranjero.

De acuerdo con estimaciones preliminares, el valor en libros total de la inversión privada extranjera en México se incrementó de 1 080 millones de dólares en 1960 a aproximadamente 2 300 millones en 1968, o sea que aumentó en más del 100% en menos de diez años.[3] Durante la presente década, prácticamente todas las nuevas inversiones, las utilidades reinvertidas y los recursos financieros liberados por la desinversión en los sectores tradicionales (especialmente en los servicios públicos y la minería) se canalizaron hacia el sector manufacturero y los servicios no financieros, principalmente comercio y turismo. Entre 1960 y 1968 el valor en libros total de la inversión extranjera directa en el sector manufacturero aumentó de menos de 600 millones de dólares a alrededor de 1 700 millones, y en el sector de servicios (excluyendo los intermediarios financieros, en los que está prohibida la inversión extranjera) de 225 millones a aproximadamente 400 millones de dólares.

III

Debido a la supuesta contribución decisiva de la inversión extranjera en manufacturas a la solución de las dificultades de balanza de pagos y a su presumiblemente positivo efecto sobre los niveles de bienestar y tecnología de las economías en desarrollo, la reciente corriente masiva de capital privado extranjero a los sectores manufacturero y de los servicios mexicanos, merece ser analizada cuidadosamente. Esta supuesta contribución se considera casi axiomática por la mayor parte de la bibliografía procedente de los países avanzados, y particularmente por los estudios apoyados directa e indirectamente por el Departamento de

[3] La única serie completa del valor de la inversión extranjera directa en México para el periodo 1939-1965 apareció en Leopoldo Solís, "Análisis de algunos aspectos de la inversión privada en México", trabajo presentado en el Seminario sobre Aspectos Financieros de la Integración de América Latina, BID-INTAL, Buenos Aires, noviembre-diciembre de 1969, pero nunca fue divulgada en México. Según esta fuente el valor de la inversión extranjera en México en 1965 se situaba en 1 745 millones de dólares. Según los datos presentados en el trabajo mencionado el 68.8% de la inversión extranjera directa estaba ubicado en la industria manufacturera. Del total de 1 745 millones de dólares, en ese año 1 456 millones pertenecían a las empresas norteamericanas.

Comercio de Estados Unidos.[4] Los estudiosos responsables tienen, empero, considerables dificultades para suscribir estos ejercicios apologéticos simplistas. Como pone de manifiesto el prestigiado economista de la Universidad de Chicago, Harry G. Johnson:

> En lo que respecta a los efectos sobre el nivel de bienestar, se ha supuesto, de manera general y poco crítica, que el impacto de un paquete de capital, tecnología y *know-how* empresarial, debe ser benéfico para el país receptor. Sin embargo, investigaciones más cuidadosas en este aspecto muestran que los beneficios ni están garantizados ni son tan significativos. A manera de ilustración, si la empresa extranjera simplemente remplaza las importaciones por productos internos, cargando el mismo precio y pagando los salarios corrientes a la fuerza de trabajo interna, y remitiendo los intereses sobre su capital y la renta sobre su tecnología, por concepto de utilidades, el país receptor no ganará nada. De hecho, si la inversión extranjera fuese atraída por un subsidio fiscal o arancelario, el país receptor sufrirá pérdidas.[5]

En el caso de México, se tiene que trabajar exclusivamente con los datos sobre las actividades de las compañías manufactureras transnacionales de propiedad norteamericana.[6] Una muy rica información sobre este aspecto ha sido reunida por la Harvard Graduate School of Business Administration, como parte de un estudio monumental sobre las corporaciones transnacionales estadounidenses, dirigido por Raymond Vernon.[7]

[4] Para el ejemplo más reciente de este enfoque, ver Herbert K. May, *The Effects of United States and Other Foreign Investment in Latin America*, The Council for Latin America, Nueva York, enero de 1970, basado sobre datos parcialmente publicados de una encuesta, a nivel mundial, acerca de la inversión directa extranjera norteamericana en 1966, hecha por el Departamento de Comercio de Estados Unidos durante el siguiente año.

[5] Harry G. Johnson "Direct Foreign Investment: A Survey of the Issues", en Peter Drysdale (editor), *Direct Foreign Investment in Asia and the Pacific*, Association National University, Camberra, 1972. Ver también Paul Streeten. "La contribución de la inversión extranjera directa al desarrollo", *Comercio Exterior*, mayo de 1970, pp. 412-415. y Carlos F. Díaz Alejandro, "Direct Foreign Investment in Latin America", en Charles P. Kindleberger (editor), *The International Corporation — A Symposium*, The M.I.T. Press, Cambridge, Mass., 1970.

[6] En este documento, el término generalmente usado de *corporación multinacional* es sustituido por el de *corporación transnacional* que, en sí mismo, es menos confuso, ya que aclara que esas corporaciones gigantes se caracterizan por el control centralizado en el país que aloja la casa matriz y operan a nivel mundial, a través de subsidiarias manufactureras y de otros tipos.

[7] Todos los datos utilizados en la siguiente sección de este ensayo están tomados de James W. Vaupel y Joan A. Curhan, *The Making of Multinacional Enterprise — A Source-Book of Tables Based on a Study of 187 Mayor U. S. Ma-*

De acuerdo con esos datos, que se refieren a las subsidiarias en el exterior de 187 corporaciones transnacionales estadounidenses, que representan más del 70% de la inversión directa norteamericana en manufacturas en el exterior, y más del 80% de la inversión extranjera directa norteamericana en manufacturas, fuera de Canadá, México ocupó en 1967 el tercer lugar en el mundo, después de Canadá y Gran Bretaña pues de esas 187 corporaciones, 179 se han instalado en México, a través de subsidiarias, durante el actual siglo. Las mismas cifras para Canadá y Gran Bretaña son 183 y 180, respectivamente. En lo que respecta al número de filiales de esas corporaciones, establecidas durante el mismo periodo, México, con 625 subsidiarias, ocupa el primer lugar en América Latina y el quinto en el mundo, después de Canadá (1 967 subsidiarias), Gran Bretaña (1 189), Francia (670) y Alemania (632).

Debido a las fusiones, las ventas a nacionales y las desinversiones, 162 de las 187 corporaciones manufactureras transnacionales principales de Estados Unidos operaban en México a fines de 1967, con un total de 412 subsidiarias. De estas últimas, 225 operaban en el sector manufacturero (incluyendo ensamble), 31 en actividades comerciales, 14 en industrias extractivas y las 112 restantes operaban en otros sectores, o bien, su actividad exacta escapó a la atención de los investigadores de Harvard. Del total de 625 subsidiarias que han llegado a México hasta fines de 1967, 268 eran subsidiarias independientemente establecidas, 225 correspondían a adquisiciones de empresas existentes,[8] y las 132 restantes aparecían como nuevas sucursales separadas de las subsidiarias existentes o bien su forma de entrada a México es desconocida. De las 412 subsidiarias existentes en México a fines de 1967, 143 eran de nuevo ingreso, 112 eran adquisiciones, 109 eran sucursales de las subsidiarias establecidas anteriormente. La forma en que entraron las 48 subsidiarias restantes no se conoce. Del total de subsidiarias, 56% pertenecía por completo a la empresa matriz, 19% tenía un control mayoritario norteamericano y únicamente 15% tenía participación minoritaria de capital de Estados Unidos. Aunque el grado de control extranjero del restante 10% de las subsidiarias no puede

nufacturing Corporations, Division of Research, Graduate School of Business Administration, Universidad de Harvard, Boston, 1969.

[8] Aunque no se dispone de datos globales sobre las adquisiciones nacionales y extranjeras de empresas mexicanas para ningún periodo, un reciente estudio canadiense indica que la entrada de empresas extranjeras en Canadá por medio de la adquisición de empresas nacionales era relativamente de menor importancia en ese país entre 1945 y 1961 que en México en el periodo 1958-1967. Para datos sobre Canadá, ver Grant L. Reuber y Frank Roseman, *The Take-Over of Canadian Firms, 1945-1961, An Empirical Analysis*, Special Study Nº 10, Economic Council of Canada, Ottawa, marzo de 1969.

ser establecido, el razonable supuesto de que la mitad de ellas está bajo control mayoritario de la empresa matriz, colocaría en 80% al porcentaje de subsidiarias mexicanas de las 162 corporaciones manufactureras transnacionales más importantes de Estados Unidos, que son controladas total o mayoritariamente por las respectivas matrices.

La tendencia de las manufacturas transnacionales norteamericanas a entrar en México a través de la adquisición de empresas existentes y la tendencia a ejercer un control completo o mayoritario, se incrementaron sustancialmente en el periodo 1958-1967. Si se miden en términos del número de empresas comparando el periodo que acaba de mencionarse (1958-1967), con la primera década de la posguerra (1946-1957), el número total de entradas aumentó de 156 a 335, mientras que el número de subsidiarias independientemente establecidas se incrementó de 80 a 119 y el de adquisiciones de 49 a 149. Analizada esta situación desde el punto de vista del número de las subsidiarias que después de su entrada a México siguieron funcionando como empresas separadas, puede observarse durante los diez años de rápida industrialización de México (1958-1967), un considerable grado de fusiones (que representan, se presume, operaciones de integración horizontal y vertical dentro del mercado cautivo) y una extensión de las actividades hacia nuevos campos. De las 178 subsidiarias establecidas en México después de 1957 y que existían 10 años después como entidades independientes establecidas bajo las leyes mexicanas, 34 eran firmas de reciente establecimiento, 62 eran el resultado de adquisiciones, 73 eran sucursales de otras subsidiarias y se desconoce el origen de las 9 restantes.

Este breve repaso no sería completo sin mencionar las ramas de la industria manufacturera de México por las que las firmas manufactureras transnacionales norteamericanas han mostrado mayor preferencia en los años de la posguerra, y particularmente, en el periodo 1958-1967. Del número total de establecimientos de firmas norteamericanas en el sector manufacturero mexicano (315) entre 1946 y 1967, señalados en el estudio de Harvard, 99 subsidiarias —cerca de una tercera parte— se establecieron en las industrias químico-farmacéutica y de cosméticos. El segundo lugar correspondió a los alimentos procesados y bebidas (65 empresas), el tercero a la industria automotriz de automotores y auxiliar, incluyendo productos de hule (34 empresas) y el cuarto a la de aparatos domésticos y eléctricos y electrónicos, incluyendo maquinaria eléctrica ligera (26). Estas cuatro ramas industriales representaron más del 70% de todas las entradas de compañías manufactureras transnacionales de Estados Unidos durante el periodo de la posguerra. Todas ellas caen dentro de la categoría de bienes duraderos y no duraderos producidos casi exclusivamente para el mercado interno.

Bajo estas circunstancias, no es extraño que de las ventas totales, en 1956, de las subsidiarias manufactureras de Estados Unidos que operaban en México (que sumaron 643 millones de dólares), el 98.5% (633 millones) fueran ventas locales y que 10 años más tarde, en 1966, la participación de las ventas locales equivaliera al 87% de las totales, valuadas en 1 480 millones de dólares.[9] Con excepción del sector de equipo de transporte —en el que en 1966, las subsidiarias mexicanas de dos importantes compañías automotrices norteamericanas realizaron ventas a filiales en otros países por un monto de 149 millones de dólares— el total de exportaciones de las demás subsidiarias manufactureras norteamericanas alcanzó sólo 38 millones, lo que representa el 3% de sus ventas totales. Estas ventas se componen de la siguiente manera: ventas a otras filiales de la misma empresa matriz, 15 millones; exportaciones a otros clientes en Estados Unidos, 8 millones; exportaciones a América Latina, 7 millones, y exportaciones a otros lugares, 4 millones de dólares.[10] Aunque a fines de los años sesenta las exportaciones de las manufactureras norteamericanas recientemente instaladas en la zona fronteriza mexicana, adyacente al territorio de Estados Unidos, se expandieron considerablemente, su efecto sobre la balanza de pagos es mínimo debido a que su actividad está limitada al ensamble para reexportación de partes importadas libres de derechos, principalmente de Estados Unidos.

IV

Toda esta información indica que la corriente de inversiones, principalmente norteamericanas, en las industrias manufactureras de México, representa un claro ejemplo, mencionado en el ensayo ya citado de Harry G. Johnson, de aprovechar las altas barreras arancelarias y

[9] Las cifras para 1956 aparecen en *U. S. Business Investments in Foreign Countries*, Departamento de Comercio de Estados Unidos Washington, D. C., 1960, p. 110, cuadro 22. El censo de 1956 del Departamento de Comercio de Estados Unidos cubría todas las firmas manufactureras en México con control de más del 25% de las acciones con derecho a voto. Las cifras para 1966 están tomadas de Herbert K. May, *op. cit.*

[10] Herbert K. May, *op. cit.* p. 32. cuadro 4. Estas cifras pueden incluso sobreestimar las exportaciones de las subsidiarias manufactureras estadounidenses en México, en 1966. El autor de dicho estudio, basado, como se mencionó anteriormente, sobre datos preliminares, publicados por el Departamento de Comercio de Estados Unidos, realizó algunos ajustes a las cifras oficiales debido a que el censo mundial para 1966 cubría únicamente las compañías norteamericanas que ejercían control mayoritario de las subsidiarias y que empleaban cien o más personas cada una. Las cifras del estudio de May citadas aquí aparecen en el cuadro bajo el título de "presuntas exportaciones".

conseguir, además, acceso a un amplio conjunto de medidas estatales tendientes a promover la industrialización, mismas que van de exenciones impositivas hasta subsidios abiertos o velados, que se ofrecen al sector industrial en conjunto, bajo la forma de grandes obras de infraestructura financiadas con fondos públicos y de ventas a muy bajo precio, a las empresas industriales privadas, de bienes y servicios producidos por las empresas estatales, tales como energéticos y servicios de transporte. El elemento de protección arancelaria parece jugar un papel particularmente importante en las decisiones de inversión del capital privado extranjero.

Aunque en comparación con otros países latinoamericanos, México ha sido considerado como un mercado relativamente poco protegido y con un tipo de cambio razonablemente cercano al de equilibrio, los estudios más recientes sobre el nivel de protección arancelaria mexicana alteran el anterior juicio, bastante intuitivo, basado en el concepto de aranceles nominales. De esta suerte, se ha probado recientemente que el nivel promedio mexicano de protección *efectiva* para los bienes manufacturados es de cerca de 50%, fluctuando desde aproximadamente 5% en el caso de productos alimenticios procesados a más de 100% en el de bienes de consumo durable.[11] Dentro de este último grupo, la industria automovilística disfruta de una protección efectiva del 225%. De acuerdo con el mismo estudio, las industrias manufactureras que han sido capaces en los últimos tiempos de exportar alguna parte de su producción (entre 5 y 10%) reciben una protección efectiva del 25%; las industrias que compiten con bienes importados, reciben protección efectiva de 73% en promedio, y las industrias cuyos productos no aparecen en las listas de importación ni de exportación, es de 33%. El nivel de protección efectiva para las industrias orientadas a la sustitución de importaciones, que es de cerca del 75%, de ninguna manera puede considerarse como bajo. Este nivel absoluto de protección que no cambió, y quizá aumentó, durante la pasada década, explica en buena medida no sólo la entrada de las empresas extranjeras manufactureras a México durante los últimos 20 años, sino también la coexistencia de altos niveles de redituabilidad en el sector manufacturero (del orden del 25% anual sobre la inversión en activos fijos) con el uso de aproximadamente el 60% de la capacidad instalada en promedio, en el mismo sector. Las inflexibles políticas proteccionistas, aunadas al inadecuado sistema fiscal y a la ausencia de una legislación antimonopólica, crearon en México un ambiente que condujo a una situación de ineficiencia del sector industrial perteneciente

[11] Gerardo Bueno, "The Level of Effective Protection in Mexico", publicado en Bela Belassa and associates, *The Structure of Protection in Developing Countries*, The Johns Hopkins University Press.

ciente a intereses nacionales, en tanto que la inversión extranjera directa gozaba de una situación, descrita por Harry G. Johnson de la siguiente manera:

> . . .donde la inversión extranjera directa ha sido atraída por la protección o por incentivos fiscales, las utilidades obtenidas no corresponden a una contribución genuina al incremento de la producción, y el efecto sobre la balanza de pagos constituye una carga real sobre la economía.[12]

Aunque es imposible estar en desacuerdo con la observación de Johnson en el sentido de que el efecto de tal situación debe ser atribuido al error gubernamental de proporcionar incentivos socialmente indeseables a la inversión extranjera directa, en lugar de atribuirlo a las corporaciones extranjeras *per se*, es necesario un análisis más completo del comportamiento de las subsidiarias de las compañías manufactureras transnacionales en México y de las implicaciones de ese comportamiento para el sistema económico del país. Dicho análisis podría ayudar a definir algunas fuentes potenciales de futuros conflictos entre la altamente nacionalista sociedad mexicana y la inversión privada extranjera que está concentrada ahora en los sectores dinámicos.

Esta investigación tiene que iniciarse rechazando tres importantes proposiciones que aún están de moda en el análisis económico tradicional. La primera considera a las corrientes internacionales de capital como la transferencia de un solo factor de la producción que no existe en el país receptor y que complementa los factores existentes. Una vez que se sustituye esta proposición por otra, que expresa que la transferencia de capital privado representa únicamente una parte de un paquete de capital, tecnología y el *know-how* empresarial, la medición de los beneficios o pérdidas potenciales para el país receptor derivados de las corrientes de capital extranjero directo, aunque se hace más complicado, ofrece respuestas más fructíferas, ya que refleja la realidad de manera más fiel que el enfoque tradicional.[13]

La segunda proposición que debe descartarse es la que se refiere a que la corriente principal de tecnología hacia los países en desarrollo (la tecnología se considera tradicionalmente como un solo elemento que introducido como índice en la función producción "aumenta" la disponibilidad de algunos o todos los insumos en términos de unidades

[12] Harry G. Johnson, *op. cit.*

[13] Se pueden encontrar ejemplos de este enfoque tradicional no únicamente en la bibliografía de los sectores oficial y privado de los países exportadores de capital, sino también en los análisis periódicos de las corrientes de recursos financieros hacia los países en desarrollo, publicados bajo los auspicios de las agencias internacionales, tales como la OCED.

de eficiencia) tienen lugar a nivel microeconómico entre dos empresas —la vendedora y la compradora— en condiciones competitivas.[14] Esta proposición está tan alejada de la realidad como la primera debido al surgimiento en el mundo de la posguerra de un creciente número de gigantes empresas manufactureras transnacionales que —en el caso de México, entre otros— representan el vehículo más importante de transferencia de paquetes de capital, tecnología y el *know-how* empresarial.

Finalmente, la tercera proposición tradicional, con ninguna o muy poca aplicación, se refiere a que la redituabilidad (de acuerdo con los balances) de la subsidiaria de una corporación transnacional, ubicada en un país en desarrollo caracterizado por una excesiva protección y una estructura de mercado oligopólica, es un indicador correcto para medir los costos en divisas y los efectos sobre la balanza de pagos de las operaciones de dicha unidad productiva. Paradójicamente, la comparación entre la redituabilidad contable de las subsidiarias extranjeras y la transferencia de esas utilidades al exterior, y el monto de las nuevas inversiones en un país en desarrollo, es utilizada tanto en contra de la inversión privada extranjera por sus oponentes subinstruidos en el mundo en desarrollo, como en favor de la misma —con cierto grado superficial de sofisticación que toma en cuenta el efecto "sustitución de importaciones" y "creación de exportaciones"— por los apologistas tradicionales de la inversión extranjera privada. En lugar de tomar parte en este espurio conflicto entre contadores primitivos de "izquierda" en los países en desarrollo y de "derecha" en los países exportadores de capital, es indispensable aceptar una nueva proposición. El análisis de costo-beneficio de la inversión extranjera directa debe aceptar la realidad de la transferencia en paquete, del control monopólico de la mayor parte de la tecnología moderna —tanto patentada como sin patentar— por parte de las corporaciones manufactureras transnacionales, y del efecto sobre el país receptor de la estrategia de maximización global de utilidades de esos grandes cuerpos corporativos que, de acuerdo con algunas proyecciones para el año 2000 representarán más de la mitad de la producción industrial mundial. Únicamente entonces nos estaremos refiriendo al mundo real.[15]

[14] Un estudio excelente que demuestra lo irreal de este supuesto, apoyado en el análisis de las experiencias de un país latinoamericano, Colombia, es el de Constantine V. Vaitsos, *Transfer of Resources and Preservation of Monopoly Rents*, Documento preparado para la Conference of Harvard University Development Advisory Service. Dubrovnik, mayo, 1970 (mimeo).

[15] De acuerdo con un estudioso de la forma en que las decisiones de inversión extranjera afectan a los países importadores de capital, "la teoría económica no pretende reflejar la realidad. Únicamente trata de, por un proceso

Observando la experiencia mexicana de los últimos 20 años, se contempla que de las cuatro principales industrias de bienes de consumo duradero, controladas casi completamente por el capital privado extranjero, tres —la química y farmacéutica (incluyendo todo tipo de cosméticos), la automotriz y la de aparatos eléctricos y electrónicos de uso doméstico— tienen ciertas características comunes: no reclaman un alto gasto inicial de inversión, utilizan una tecnología relativamente constante y, en la época de su entrada a México, dependían en gran medida de insumos importados. En todos los casos, la tecnología está ligada al aprovisionamiento de insumos importados a través de la estandarización de los componentes que proporciona la casa matriz a todas sus filiales (industrias automotriz y de aparatos eléctricos) o mediante las patentes (industrias químico-farmacéutica y de aparatos de uso doméstico). En estas circunstancias, la reducida necesidad de inversión de capital —particularmente al nivel de ensamble— considerada junto con la alta elasticidad ingreso de la demanda en una sociedad que cuenta con una creciente clase media (cuyos patrones de consumo están determinados por la cercanía con Estados Unidos), y el control monopolista de la tecnología atada por parte de las manufactureras extranjeras y las fuentes atadas de insumos importados, deben haber ofrecido a la empresa matriz, que invertía en un mercado altamente protegido, utilidades extremadamente altas, que de ninguna manera quedan reflejadas en los balances y en los estados de pérdidas y ganancias de sus subsidiarias en México. Esas utilidades aparecen únicamente en los estados de pérdidas y ganancias de la empresa matriz y es por esta razón, entre otras, que los estados financieros de las compañías matrices se publican generalmente en forma consolidada.

En realidad, las compañías matrices de las corporaciones transnacionales no muestran ningún entusiasmo por revelar los resultados detallados de sus operaciones en el exterior, ni aún a sus propios accionistas, como se puso de manifiesto en un estudio realizado por el National Industrial Conference Board de Estados Unidos a principios de 1965. De acuerdo con este estudio:

de simplificación, aislar algunos puntos significativos en la secuencia económica causal, y describir la forma en que operan. Por consiguiente, la teoría económica rara vez es correcta o equivocada, sino que únicamente es más o menos útil, dependiendo de si la simplificación necesaria constituye una desviación muy grande o muy pequeña de la realidad. Mi conclusión, sin embargo, elaborada durante un largo periodo, es que los supuestos simplificadores de la teoría económica clásica representan un alejamiento tan grande de la realidad que la teoría se convirtió en un marco de referencia extremadamente ineficiente para observar, proyectar y prescribir sobre la cuestión de la inversión de capital", Yair Aharoni, *The Foreign Investment Decision Process,* Graduate School of Business Administration, Harvard University, Boston, 1966, p. ix.

...más del 80% de las empresas manufactureras analizadas ganan dinero por medio de sus exportaciones, concesiones de licencias de operación al extranjero o actividades manufactureras en el exterior. Aproximadamente la mitad de ellas han obtenido ingresos crecientes derivados de dichas fuentes en los últimos años. Sin embargo, pocas han participado las noticias a sus accionistas. Cualquier lector de los informes anuales encontrará que la información vital sobre las ventas y las utilidades en el extranjero generalmente es deficiente, y que se encuentra escondida en pequeñas notas de pie o discutida en términos tales que uno no iniciado no puede entender.[16]

De esta forma, la utilidad contable de las subsidiarias, después del pago de los impuestos locales —que para el conjunto del sector manufacturero poseído por norteamericanos en México alcanza un promedio de aproximadamente 10% anual— representa únicamente la parte visible del *iceberg* de utilidades de la compañía matriz, que también incluye el pago de regalías y "asistencia técnica" y las ganancias derivadas de la sobrefacturación de los insumos importados por la empresa matriz, ya que los precios obviamente se fijan en función del nivel local de protección, pues los insumos no son vendidos por la compañía matriz a su costo marginal. Este tipo de prácticas a nivel mundial de las corporaciones transnacionales químicas y farmacéuticas, es demasiado conocido para ser discutido aquí.[17] La clave para medir la redituabilidad que para las empresas matrices representan las inversiones en el exterior, continúa hallándose en la fijación de precios entre la matriz y las subsidiarias permitida por las altas barreras protectoras y el control sobre la tecnología atada.[18]

Estas proposiciones explican, por una parte, la extrema renuencia de las compañías manufactureras —y también de las firmas pertenecientes a intereses locales— a presentar a cualquiera que no sea la autoridad fiscal determinado tipo de información financiera y, de manera particular, cualquier detalle sobre la estructura de costos en las eco-

[16] "Foreign Data Held Lacking in Reports", *The New York Times*, Nueva York, 11 de abril de 1965.

[17] Para mayores detalles véanse los volúmenes de las audiencias presididas por el senador Kafauver sobre las prácticas de administración de precios de los productos medicinales, realizadas en el Congreso de Estados Unidos en 1953-1954, y el informe de Lord Sainsbury sobre la industria farmacéutica británica, publicado por la HMSO en Londres, en septiembre de 1967.

[18] Un claro análisis teórico de este punto puede encontrarse en Constantine V. Vaitsos, *Transfer of Industrial Technology to Developing Countries Through Private Enterprise*, Bogotá, Colombia, febrero de 1970 (mimeo). Apéndice I. "A Note on Why a Transferer Prefers Higher Intermediate Commodity Prices Rather than Higher Profits by the Recipient, Even a Wholly Owned Recipient"

nomías altamente protegidas como México, y, por la otra, el acuerdo tácito entre el Estado y el sector privado para conservar toda esta información bajo reserva. En condiciones de real o supuesta escasez de capital y tecnología y bajo los lineamientos del nacionalismo económico, cualquier rompimiento de tal "acuerdo de caballeros" para mantener bajo reserva las operaciones financieras de las empresas controladas por extranjeros puede traer consigo muchos efectos inmediatos, políticamente indeseables. En primer lugar, afectaría el "buen clima para la inversión" que ha hecho famoso a México; en segundo lugar, permitiría a los investigadores independientes cuantificar las rentas monopolísticas que obtienen los inversionistas extranjeros en las industrias manufactureras mediante los precios excesivos que se fijan a la tecnología y a las partes y accesorios importados desde la empresa matriz; en tercer lugar, despertaría serias dudas respecto a una estrategia global del desarrollo, basada en altas barreras protectoras y la concesión de incentivos adicionales a la industrialización, que permite esas rentas a las empresas extranjeras y premia la ineficacia de muchos productores nacionales en nombre del nacionalismo económico; finalmente, puede ocasionar una tormenta política en una sociedad nacionalista y proporcionar argumentos poderosos a la izquierda.

En ausencia de estrategias alternativas de desarrollo, el Gobierno mexicano decidió hacer frente al desafío de las corporaciones manufactureras transnacionales, en tres maneras indirectas: ampliando las presiones de mexicanización a nuevos segmentos del sector manufacturero; forzando a las industrias controladas por extranjeros a incrementar su uso de insumos producidos internamente y, finalmente, en los últimos tiempos, ligando la concesión de permisos de importación de insumos a la realización de exportaciones de las empresas solicitantes. Los resultados de las primeras dos medidas, en términos de reducción de las presiones sobre la balanza de pagos y de bienestar de los consumidores, parecen bastante escasos. Como puso de manifiesto un economista mexicano, al cuestionar tanto la forma en que se alienta la sustitución de importaciones en el nivel actual del desarrollo industrial de México, como el efecto real de las políticas de mexicanización orientadas a fomentar las empresas conjuntas:

> ...(dada la posición tecnológica dominante de las corporaciones industriales transnacionales) el efecto de la política de sustitución de importaciones es extremadamente paradójico, pues mientras que uno de los objetivos de esa política era obtener un menor grado de dependencia de las fluctuaciones de la actividad económica mundial, resulta claro que ha estimulado fuertemente la expansión de la inversión extranjera en nuestro país... el efecto de la política protecionista, ha sido el que las empresas extranjeras

han remplazado el comercio con la inversión... Nuestras autoridades, siguiendo el ejemplo de otros gobiernos de países subdesarrollados han intentado enfrentarse a esta paradoja mediante la política de mexicanización; sin embargo dicha política tampoco propicia un cambio en la capacidad de nuestras empresas para competir; en el mejor de los casos, lo único que se obtiene es que algunos mexicanos ya privilegiados participen en los beneficios oligopólicos, asociados a la innovación cuya explotación provocó la decisión de invertir por parte de la empresa extranjera.[19]

La política de forzar la integración vertical *(backward linkages)* en las actividades de ensamble, como la industria automovilística, a través de la política de utilización creciente, en las unidades ensambladas, de las partes nacionales producidas por nuevas empresas conjuntas, ha traído consigo algunos resultados bastantes decepcionantes. Aunque no existe todavía ningún estudio sobre la nueva industria de partes y accesorios de automóviles, la política oficial —de acuerdo con las empresas de automotores, las más importantes de las cuales pertenecen a extranjeros— ha dado lugar al incremento de los costos y la disminución de los niveles de calidad. Por otra parte, una encuesta preliminar sugiere que una gran parte de la industria auxiliar está bajo control mayoritario del capital extranjero; utiliza equipo de segunda mano, traído principalmente de Estados Unidos por los socios extranjeros, y paga sumas considerables por concepto de patentes, marcas comerciales y asistencia técnica. Se sabe que otras industrias sujetas a los programas de "integración nacional" atraviesan por experiencias similares Estas industrias, debido a la incapacidad local de adaptar las tecnologías importadas a las condiciones mexicanas y a la estandarización necesaria de partes y accesorios, dependen en gran medida de las tecnologías adquiridas a las grandes corporaciones manufactureras transnacionales, cuyo costo está definido por el crecido nivel de protección y el fuerte poder de negociación de las empresas vendedoras.

La medida de política que empieza a mostrar resultados positivos, reduciendo la posibilidad de obtener rentas monopólicas originadas en el control de la tecnología y en la importación a precios inflados de bienes intermedios vendidos por la empresa matriz, es la que consiste en hacer depender el otorgamiento de permisos de importación de las exportaciones realizadas por las firmas manufactureras. Es difícil prever qué tan grandes serán los beneficios que se derivarán de esta política. Dichos beneficios dependen en gran medida de la disposición de

[19] Carlos Bazdresch, "Nuevas ideas sobre la inversión extranjera", *La economía mexicana*, Selección de Leopoldo Solís, Serie de Lecturas, núm. 4, tomo II, F.C.E. y El Trimestre Económico, p. 285.

México a hacer frente, a través de medidas fiscales y de una nueva legislación sobre patentes y propiedad industrial (la que opera en la actualidad, creada hace 25 años, es completamente anticuada), al problema de las prácticas restrictivas de las subsidiarias mexicanas de las empresas extranjeras. No se sabe nada o casi nada, por ejemplo, acerca de las prácticas restrictivas de exportación (cláusulas de división de mercados) de esas subsidiarias. La única evidencia de que dichas prácticas son bastante comunes puede encontrarse en un informe inédito sobre la inversión extranjera norteamericana en México, encargado en 1969 por la National Chamber Foundation de Washington, D. C. Este informe, basado en 122 respuestas a cuestionarios enviados a aproximadamente 650 empresas poseídas o controladas por intereses norteamericanos, la mayor parte de las cuales se dedican a actividades manufactureras, revela que la mitad de las empresas que respondieron al cuestionario (sesenta) tenían prohibido por sus casas matrices exportar desde México.

Dado que tanto los productores industriales nacionales como los extranjeros están interesados, por diferentes razones, en que prevalezca el nivel de protección más alto posible, el Estado mexicano —que hace un cuarto de siglo otorgó la prioridad política y económica a la industrialización, prácticamente a cualquier costo para los consumidores— parece estar muy comprometido con las políticas de protección de la "industria incipiente". Aunque es fácil reconocer que la industrialización hacia adentro, dependiente en gran medida del capital extranjero y de tecnología extranjera de segunda clase, se hace cada vez más costosa en términos de carga sobre la balanza de pagos y bienestar social, cualquier señalamiento de la necesidad de reducir el nivel de protección despierta fuertes protestas por parte de la poderosa coalición de intereses creados nacionales y extranjeros.

En la medida en que la producción industrial mexicana estaba creciendo a una tasa de aproximadamente 10% anual y los problemas de balanza de pagos podrán solucionarse por los crecientes ingresos por turismo, las nuevas inversiones privadas extranjeras y los empréstitos extranjeros públicos y privados concedidos al sector público no se dejaba sentir la necesidad imperiosa de un reajuste de las políticas de industrialización, diseñadas a principios del periodo de la posguerra, a las nuevas necesidades de México. Pero en los últimos años la situación empezó a cambiar, de manera casi imperceptible para los observadores no expertos. La balanza de pagos en cuenta corriente se está escapando al control; ha empezado a disminuir la proporción entre nuevas inversiones extranjeras y las utilidades reinvertidas; se ha hecho evidente la incapacidad de la sociedad mexicana para absorber y adaptar la tecnología extranjera no ligada a la inversión extranjera directa, y la expansión de las importaciones industriales tiene que hacer frente a serios problemas ocasionados por la baja eficiencia de la estructura industrial, la falta de *know-how* en materia de comercialización internacional en las empresas nacionales y las prácticas restrictivas de exportación de las subsidiarias de empresas manufactureras extranjeras.

No es sino hasta ahora cuando se están planteando serias dudas respecto del funcionamiento del modelo de industrialización que está en vigor en México desde fines de la guerra, y de su costo social. Una nueva generación de intelectuales nacionales, educada en el extranjero, objeta también el trato extremadamente generoso para las inversiones extranjeras en los sectores clave, a pesar del aparentemente impresionante conjunto de restricciones y regulaciones tendientes a la mexicanización de la actividad manufacturera. Lo que es más, se están formulando bien meditadas cuestiones respecto de la verdadera contribución tecnológica y administrativa de la inversión extranjera privada y del significado real de las políticas de mexicanización. Aunque la contribución de la inversión extranjera directa en términos del *know-how* empresarial parece ser muy significativa, el costo de la tecnología atada resulta impresionante cuando se le compara con el de la tecnología no atada que podría ser fácilmente adquirida en los mercados internacionales por los empresarios nacionales si estos últimos se preocuparan por buscarla.[20] En lo que concierne a los resultados de la mexicanización privada de las actividades manufactureras y auxiliares, existe un creciente concenso en el sentido de que "es un instrumento utilizado por la nueva clase empresarial para tener acceso a la riqueza y al poder".[21]

[20] Aunque no hay datos disponibles sobre el costo en divisas para México, de las importaciones de tecnología, la Secretaría de Hacienda reveló hace poco que aproximadamente 80 millones de dólares fueron transferidos al exterior por asistencia técnica en 1968 únicamente, en gran medida a países "industrializados" tales como Panamá, Bahamas, Curazao y Liechtenstein. Para mayores detalles ver "Asistencia técnica del extranjero", *Investigación Fiscal*, Secretaría de Hacienda y Crédito Público, México, núm. 45, octubre de 1969. Un informe, elaborado para las Naciones Unidas en 1968, pone de manifiesto que entre 1961 y 1965, el único periodo para el cual existen esos datos, los envíos al exterior de utilidades netas por parte de las compañías extranjeras establecidas en México se incrementaron únicamente en 20%, mientras los pagos por cuenta de intereses, regalías y asistencia técnica se elevaron en 40%. Para mayores detalles, ver Miguel S. Wionczek, "La transmisión de tecnología a los países en desarrollo: proyecto de un estudio sobre México", *Comercio Exterior*, Vol. XVIII, núm. 5, mayo de 1968, pp. 404-413.

[21] Albert Breton, "The Economics of Nationalism", *Journal of Political Economy* (Chicago), Vol. LXXII, 1964, p. 381.

V

Sin embargo, equivaldría a subestimar la fuerza del nacionalismo mexicano, político y económico, el considerarlo como un mero resultado del proceso de estratificación social que ha ocurrido en México en las últimas décadas y que ha dado lugar al surgimiento de clases medias y a la concentración de riqueza, en forma similar, a las experimentadas por las economías industriales de fines del siglo XIX. Si se tienen en mente los aspectos más sobresalientes de la evolución política y económica de México, resumidos al principio de este ensayo, se está obligado a aceptar que el nacionalismo mexicano tiene raíces muy profundas relacionadas con los encuentros bastante desafortunados del país con el mundo exterior avanzado durante los últimos dos siglos. Dado el compromiso político de utilizar la industrialización como uno de los principales medios para incrementar la independencia económica del país y, si se acepta en su significado literal el contenido social de la ideología oficial posrevolucionaria, es difícil prever la continuación a largo plazo de una situación en la que el control de los nuevos sectores dinámicos pasa a poder de intereses extranjeros, o, en el mejor de los casos, es compartido por ellos con aquellos miembros de la clase empresarial local que ha tenido éxito en monopolizar el poder y la riqueza. Ninguna de estas situaciones ayuda a resolver el problema de la baja eficiencia del proceso de industrialización.

¿Qué tipo de nueva estrategia a largo plazo necesitaría México que no sólo asegurase la continuación del impresionante crecimiento económico logrado en las últimas dos décadas, sino que tornase este crecimiento económico logrado en las últimas dos décadas, sino que tornase este crecimiento cuantitativo en un incremento del bienestar social en un país con uno de los patrones de distribución del ingreso más inequitativos de América Latina y con una de las más altas tasas de crecimiento de la población? Esta estrategia, en lo que respecta a la contribución al desarrollo del capital y la tecnología extranjeros, demandaría, entre otras cosas:

a) una importante pero selectiva disminución de los niveles de protección efectiva que introduciría un mayor grado de competencia en las actuales estructuras monopólicas e incrementaría el potencial de exportación de bienes manufacturados mexicanos;

b) la reorganización de las políticas fiscales en forma tal que se tienda al abandono del conjunto de incentivos superfluos para las "industrias incipientes" que desde hace mucho debían haberse convertido si no en maduras, por lo menos en intermedias;

c) el enfrentamiento de los problemas que trae consigo la transferencia de paquetes de capital, tecnología y *know-how* empresarial extranjeros, que provoca —como se muestra en este ensayo— abusos abiertos y ocultos por parte de las empresas manufactureras y;

d) una reforma general y de vasto alcance del sistema educativo cuyo funcionamiento actual provoca la aparición de agudos cuellos de botella en el nivel medio de enseñanza técnica y reduce severamente la capacidad del país para seleccionar y adaptar a las necesidades de la economía la tecnología no atada que está disponible fuera de las corporaciones transnacionales.

Aunque todas estas proposiciones se oponen a los intereses creados de los grupos de presión, tanto nacionales como extranjeros, la demora de su puesta en marcha puede crear, en un futuro no muy lejano, severos conflictos entre el capital extranjero y la sociedad mexicana e incrementar las tensiones políticas y sociales internas originadas en la anterior estrategia de industrialización a cualquier costo.

VII. REQUISITOS DE LA PLANIFICACIÓN: UN ENFOQUE HISTÓRICO

Sergio de la Peña

Interpretación social y planificación

Este ensayo parte de un concepto de planificación consistente en que es el medio de alcanzar objetivos y metas previamente establecidos del desarrollo de una sociedad. Se trata de acciones propositivas y explícitas, mediante las cuales se proponen finalidades de la evolución social, de organización de los medios necesarios para lograr esas finalidades, y de su aplicación en una sucesión coherente y relativamente prevista de acciones. Por lo mismo la planificación comprende el diseño y aplicación de la política económica y al mismo tiempo se encuentra estrechamente determinada en su orientación por el contenido de ésta y no sólo por lo que se refiere a las finalidades del quehacer económico y a las aspiraciones de cambio que contiene, sino también a las formas de funcionamiento social. Es decir, el contenido y orientación de la planificación se determina por la idea prevaleciente acerca del orden socioeconómico deseable y el existente.

Un aspecto de importancia consiste en señalar la vinculación que en un nivel general se establece entre el diagnóstico y el contenido de la planificación, en el sentido de que la caracterización de la dinámica social influirá tanto en la elección de las finalidades que se pretenden alcanzar como en la de los caminos para lograrlas. Esta vinculación a su vez plantea la relación que se establece entre la hipótesis básica y del funcionamiento social y el conjunto de la labor de planificación.

La afirmación anterior presupone que el diagnóstico necesario para la planificación es la resultante del examen de los elementos que han sido previamente elegidos como los más representativos del fenómeno estudiado, aplicando para ello un proceso de abstracción, y basado en el apoyo conceptual aportado por la hipótesis de funcionamiento social. Este método consiste en la utilización de uno o varios modelos interpretativos de los fenómenos sociales, no sólo por lo que hace al diseño y elección del instrumental de análisis, que en sí mismo responde a un modelo, sino también en cuanto a la manera como se aplica y la orientación que se le da.

Un ejemplo ilustrativo de las interdependencias entre aspectos del diagnóstico que por su importancia deberían aclararse, es el peso relativo que se otorga a los diversos grupos de variables que intervienen en la interpretación del fenómeno económico, como es el caso de las de orden monetario en relación a las macroeconómicas. Otro caso lo constituye la manera como se vinculan los fenómenos sociales de corto y largo plazo, por ejemplo, la conexión que existe entre cambios de la tasa de interés y del producto nacional. Del mismo orden son los supuestos acerca de la interdependencia entre las transformaciones estructurales y los acontecimientos coyunturales.

Otra etapa de la planificación estrechamente vinculada con las hipótesis del funcionamiento social, consiste en la proyección y selección de objetivos y metas, en vista de que, en cuanto a la proyección, se efectúa a partir de las hipótesis de ese funcionamiento, en tanto que la decisión acerca de los objetivos y metas a perseguir, corresponde a aspiraciones viables dentro de un orden social predeterminado. Igualmente, los instrumentos de política económica seleccionados y su dosificación correspondiente para alcanzar los objetivos y metas establecidos, están directamente relacionados con los supuestos acerca de la composición y dinámica de la sociedad.

En síntesis, las ideas centrales de la forma como operan los fenómenos sociales, en combinación con las aspiraciones de cambio, influyen en diverso grado sobre cada una de las etapas del proceso de planificación.

De lo anterior se concluye que la apreciación de las condiciones de la planificación en México debe efectuarse por lo menos en dos sentidos: uno en lo que se refiere al contenido del fenómeno económico nacional y la manera como éste determina elementos favorables e impedimentos a la planificación, y otro, en lo que hace a las cuestiones de orden técnico y administrativo que favorecen o frenan dicho proceso. Para efectuar esta doble apreciación de la planificación, es indispensable examinar los avances y desviaciones de la misma y determinar las condiciones que han incidido en ellos.

Política económica en México

Es posible caracterizar en sus grandes rasgos la política económica de México, en los últimos cincuenta años, lapso en el que se distinguen dos periodos claramente diferenciados en cuanto a su contenido y orientación. Naturalmente se parte del postulado de que estas diferencias en la política económica son resultado de la influencia simultánea de condiciones cambiantes en el funcionamiento de la sociedad y del surgimiento de nuevos objetivos y aspiraciones en la población en su conjunto y en los núcleos dirigentes en particular.

La etapa del nacionalismo económico (1925-1950)

En el periodo de la pacificación posrevolucionaria que se logró en parte por el apoyo económico originado en la recuperación de las actividades exportadoras, los propósitos del Estado parecen fluctuar desde la intención de retornar a la operación abierta de la economía, dentro de cauces similares a los prevalecientes en la etapa porfirista, aun cuando con más flexibilidad política y social, hasta la pretensión de erigir una economía nacional que respondiese a las aspiraciones de bienestar y de poder de diversas clases sociales. Pero esta fluctuación es más aparente que real, ya que el trasfondo de las variaciones estaba constituido en esencia por el enfrentamiento entre el sector exportador y los núcleos de campesinos que luchaban por obtener tierra, estratos de clase media y de obreros que presionaban para alcanzar el poder político y económico, todo lo cual se resolvía en una expectativa permanente del desarrollo interno. Esto hacía que la posición de poder de los estratos sociales relacionados con el sector externo cobraran prepotencia en los años de auge de las exportaciones y la perdiesen en los años de contracción, los cuales puntearon todo el decenio de los veinte sobre todo por las variaciones de las ventas de petróleo. Correlativamente avanzaba y retrocedía la influencia de los núcleos interesados en el desarrollo autóctono.

Así, las fluctuaciones en la preponderancia de los diversos grupos sociales que se registran en ese decenio estaban ligadas con la demanda de importaciones por parte de Estados Unidos —principal mercado de las exportaciones mexicanas—, generada por su acelerada expansión económica. Sin embargo, esta expansión se efectuaba dentro de una profunda transformación tecnológica de la economía norteamericana, por lo que la rápida elevación de la productividad y de la competencia determinaba una contracción subsecuente del precio de los bienes. En la medida que esta reducción de precios afectaba materias primas, afectaba también a las exportaciones mexicanas de este tipo. Y cuando se trataba de bienes manufacturados, la baja de precios ejercía un irresistible atractivo sobre su importación por parte de los consumidores nacionales. Todo ello sucedía dentro de variaciones en el volumen de exportaciones mexicanas, dando por resultado una marcada tendencia al desequilibrio exterior en la economía.

En los años de retroceso eran implantados, con gran esfuerzo, elementos institucionales y jurídicos que habrían de servir al proyecto global de crecimiento nacional. En ocasiones, estas acciones eran consecuencia de iniciativas para resolver cuestiones coyunturales, y en otras, producto de actos propositivos de transformación social de más amplio alcance. Por ejemplo, a condiciones coyunturales corresponden las modificaciones fiscales en 1920 y 1924, que culminaron con la instauración del impuesto sobre la renta, modificaciones que procuraban el incremento del ingreso fiscal, pero al mismo tiempo tenían efectos secundarios de protección arancelaria a algunas actividades. En cambio, la necesidad de resolver los crecientes obstáculos en la esfera monetaria y financiera nacional que producían el estancamiento de los negocios en combinación con la rápida expansión de los componentes de la circulación monetaria en el decenio de los veinte, hacía indispensable la regulación de estas variables. Esta es la razón del establecimiento del Banco de México en 1925 con la intención de que funcionase en lo inmediato como banco comercial y más adelante como banco central. Ello a su vez abrió posibilidades de futura regulación crediticia y de expansión selectiva de las facilidades financieras a las actividades internas. Del mismo orden es la organización del efímero Consejo Económico Nacional en 1928 que se suponía que habría de sugerir orientaciones ordenadoras de la política económica, pero que no parece haber operado.

Esta actitud de aprovechamiento de oportunidades del sector nacionalista prometía una transformación lenta de muy largo plazo y además, estrecha e inversamente determinada por las condiciones del sector externo. Sin embargo, la gran crisis de 1929 vino a perturbar dicho planteamiento y aceleró el proceso de tal manera que poco más tarde se hizo indispensable una acción de emergencia para implantar modificaciones estructurales esenciales para la supervivencia del país, todo lo cual vendría a constituir el meollo de la política de desarrollo nacional. En el orden político era necesaria una organización nacional apropiada para emprender las difíciles maniobras que ya se preveían, por lo que en 1929 fue creado el Partido Nacional Revolucionario. En el ámbito económico e institucional se empezaron a tomar apuradas providencias para evitar el derrumbe del sistema. Entre ellas figura la aprobación de una ley en 1930 que disponía el establecimiento de la Comisión de Planeación Económica, lo cual indica la honda preocupación existente en ese momento, más que la eficacia administrativa, ya que el organismo mencionado nunca funcionó.

La ruptura del orden comercial mundial provocada por la crisis vino a imponer la urgente necesidad de procurar vías de desarrollo no sólo diferentes sino antitéticas respecto a las seguidas hasta entonces. Se planteó la industrialización nacional como el eje en torno al cual habría de encontrarse la solución inmediata al estrangulamiento económico del momento, así como meta de largo plazo para eliminar la polarización de la economía con respecto al exterior. Se esperaba que la sustitución de importaciones de manufacturas, que habría de ser el incentivo inicial de la expansión industrial, aliviaría la presión sobre la balanza de pagos, al mismo tiempo que induciría la producción nacional de las materias primas requeridas, traduciéndose todo ello en la expansión general de la ocupación, del ingreso y de la demanda. En este esquema sin duda influyó la favorable relación de precios a los productos internos creada por los intensos cambios monetarios, tales como el abandono del patrón oro en 1931 y la devaluación de 1931 a 1933.

El proyecto industrial, además de protección arancelaria que se empezó a implantar con el arancel de 1930, al menos en lo que se refiere a la industria textil, requería también la creación de la infraestructura básica por parte del sector público —comunicaciones, transporte, energía, servicios públicos urbanos, etcétera— para lo cual el Estado recurrió, durante el periodo cardenista, a la práctica del financiamiento deficitario. También era esencial asegurar la importación de los bienes de capital e intermedios que requería el funcionamiento de las nuevas unidades fabriles, lo que sólo era posible mediante el rescate de la actividad exportadora más rica, que en ese periodo era la industria petrolera.

En el ámbito nacional también se delineaban sectores que serían directamente afectados por el proyecto de crecimiento autónomo, tales como los poderosos intermediarios del comercio exterior así como los exportadores que preveían, con buen tino, que dicho proyecto implicaba necesariamente la elevación de los costos de producción y, consecuentemente, la redución correlativa de sus utilidades, en vista de su incapacidad de manipular los precios mundiales de las exportaciones.

La disyuntiva nacional se planteaba en términos de resistir el estrangulamiento de la exportación y la consecuente contracción de la actividad y bienestar nacionales, o procurar nuevos rumbos en el quehacer económico. Pero esto último exigía acciones que harían surgir inevitablemente peligrosas actitudes hostiles del exterior, así como de los poderosos estratos nacionales afectados por el intento de modificar la tradicional pauta abierta de la economía. El cuadro se completaba inexorablemente con la necesidad de decidir entre el enfrentamiento y la derrota de estas fuerzas hostiles, o de optar por el abandono de la transformación emprendida desde la década de los años veinte y con ello arriesgar el resurgimiento de las convulsiones revolucionarias. La elección fue en favor del cambio nacional.

El ingrediente adicional de esta magna empresa era, por lo tanto, la movilización política que permitiese al mismo tiempo derrotar las embestidas externas y los sabotajes internos de los sectores que serían afectados en sus intereses, así como para sobrellevar los sacrificios que implicaba todo el proyecto para el conjunto del país.

Desde luego, todo este planteamiento ni fue previo al inicio de la transformación posrevolucionaria ni tampoco fue delineado con absoluta claridad. Era un producto cambiante de sus tiempos, en parte heredado de acontecimientos y aspiraciones del pasado reciente, en parte reacción ante la inviabilidad de la manera abierta de crecer, y al mismo tiempo la resultante de la dinámica del poder de los diversos núcleos de la población del país.

En tanto proyecto, aspiraba a la implantación de un capitalismo nacional con marcados tintes intervencionistas particularmente sorprendentes para esa época, y conteniendo buen número de ingredientes socializantes. En tanto resultados, podemos tal vez calificarlo como una apertura temporal al nacionalismo a fin de acelerar la construcción del capitalismo, que para implantarse requirió del apoyo estatal y de su intensa participación en la economía, incluyendo la intervención pública en procesos productivos y en la dotación de los servicios que no eran satisfechos por las empresas privadas.

La movilización popular en torno a las aspiraciones de unidad nacional era en parte un resultado de la transformación y también una necesidad política del momento. De igual manera, las modificaciones estructurales emprendidas en esa etapa, tales como la Reforma Agraria, era sin duda un producto de la vigencia de ideas progresistas en el núcleo dirigente, pero no menos importante en su aplicación fue el hecho de que eran instrumentos idóneos para lograr objetivos políticos, como el de pacificar al sector campesino. En este caso, mediante el otorgamiento de parcelas se eliminaban peligrosos focos de explosivos conflictos que recién habían sido ilustrados por las marchas de hambre, por los asaltos de almacenes y por las ejecuciones de campesinos participantes en estos sucesos que se registraron entre 1931 y 1933.[1] Así, con la acción agraria se ganaban aliados para la lucha nacionalista y se embestía contra latifundistas y exportadores, enemigos naturales del proyecto nacionalista.

Por otra parte, en el pasado inmediato las acciones públicas se habían caracterizado por responder en su mayoría a acontecimientos coyunturales, aun cuando se mantenía una actitud permanente a favor de las iniciativas nacionalistas. De esta forma, dichas iniciativas se tradujeron a lo largo de los años veinte y principio de los treinta, junto con la reconstrucción de las actividades exportadoras, en la organización de instituciones básicas, tales como entidades dedicadas al financiamiento de las actividades productivas, organizaciones políticas, sindicales y campesinas.

En cambio, ahora surgía de la atmósfera que constituía la base de la nueva pauta de funcionamiento del país, una clara necesidad de ordenamiento y de previsión con objeto de garantizar cierta efectividad en la transformación de la nación. De esta manera aparece, en las postrimerías de 1933, el programa del Gobierno cardenista, el Plan Sexe-

[1] Véanse los números del periódico *El Nacional* correspondientes a esos años así como Centro de Investigaciones Agrarias, *Estructura y desarrollo agrícola en México*, Tomo I, capítulo I, México, 1970, pp. 49 y 63.

nal que delineaba orientaciones generales de doctrina y de operación y contenía propósitos de acciones específicas.

Aun cuando su observancia fue reducida y en realidad el plan se limitaba a proponer finalidades económicas globales así como algunas acciones a cargo del sector público, es indicativo de una preocupación por los actos propositivos y ordenados de transformación social. Esta preocupación denotaba una necesidad que era particularmente urgente de resolver, en vista de las tormentas políticas internas desatadas por los empresarios que temían la inclinación socialista del Gobierno, como por la coyuntura monetaria mundial y por los efectos de las maniobras y presiones norteamericana e inglesa premoniciones del futuro bloqueo abierto ante los amagos mexicanos de afectación a sus intereses petroleros y al mercado de sus manufacturas.

Así, la organización de Nacional Financiera en 1933 y la fundación del Banco Nacional de Crédito Ejidal, eran seguidas poco después por la Ley de Expropiación y por el anuncio de los 14 puntos de la política obrera del régimen. En esta forma, cada iniciativa correspondía a un mosaico de acciones propositivas como parte del proyecto nacionalista. Así, se establecía un estrecho vínculo entre aquellas acciones y la expropiación de los Ferrocarriles Nacionales en 1937, la organización de la Comisión Federal de Electricidad y la fundación de los bancos nacionales de Comercio Exterior, Obrero y de Fomento Industrial en el mismo año.

La evolución nacional entró en abierto conflicto con el exterior al requerir del control de los sectores exportadores más importantes para su expansión. Siendo uno de estos el del petróleo, en torno al cual se venían gestando graves conflictos y hubo necesidad de expropiarlo, poniendo en operación el dispositivo que se preveía desde Calles. A partir de 1937 se sucedieron los actos hostiles por parte de las naciones hegemónicas, los que culminaron después de la expropiación con el bloqueo norteamericano, así como con las amenazas británicas y la ruptura de relaciones diplomáticas con ese país, a lo que se aunó el boicot de varios otros países europeos a fin de impedir las exportaciones mexicanas de petróleo.[2]

Los efectos sobre la economía nacional fueron diversos, ya que se efectuaban todas las funciones internas al no disponer el país de una

[2] Algunos ejemplos de las presiones que se ejercieron son, del lado americano, la anulación de contratos de importación de petróleo, la confiscación del único barco petrolero de México, la suspensión de las compras de plata introducida por el Secretario del Tesoro de EE.UU., Hans Morgenthau el 27 de marzo de 1938. El bloqueo inglés en el mercado europeo fue rechazado por Alemania, y el norteamericano por Japón, por lo que las compras de estos países aliviaron en parte la radical caída de las exportaciones. Otra acción fue el financiamiento del levantamiento de Saturnino Cedillo en mayo de 1938.

producción nacional de bienes y una demanda doméstica de petróleo a tal grado elevada que pudiese sostener el crecimiento. En consecuencia retrocedió la ocupación, la producción y el ingreso, y tuvieron lugar los sucesivos ajustes de la paridad de la moneda, posteriores a la ya señalada de 1931 a 1933, que fueron de 25% en 1938, 15% en 1939, seguidos por la revaluación del 6% en 1940, siendo todos ellos, de hecho, parte de un proceso general de devaluación en ese lapso. Aun cuando estos ajustes favorecían los productos nacionales frente a los importados, y en esa medida eran un incentivo a la industrialización, es indudable que el efecto restrictivo de la demanda interna, por la concentración del ingreso que implicaban, era en esa etapa un impedimento de importancia para las perspectivas manufactureras.

De esta manera, el panorama nacional a finales del decenio de los treintas era crítico a pesar de la apertura de las exportaciones mexicanas a Europa y del notable aumento del producto nacional en esos años, atribuible éste en parte a la recuperación agrícola, al impulso de las actividades manufactureras y al mayor gasto público. Es de suponer que, a menos de que surgiese un nuevo elemento suficientemente poderoso, la situación nacional habría de encaminarse, ya fuese hacia una proposición de transformación cada vez más radical y profunda de carácter socialista, ya fuese hacia el retroceso a la situación previa a los grandes cambios internos de esa década, retornando a la hegemonía de los antiguos estratos sociales, lo que habría requerido poderes dictatoriales para controlar la reacción popular.

El nuevo elemento que vino a constituir una tercera vía de solución a la disyuntiva interna, consistió en la segunda Guerra Mundial. Con el efecto de la súbita demanda de exportaciones, de alivio de las hostiles acciones norteamericanas y del surgimiento de facilidades para impulsar la industrialización, el país entró de lleno en el camino del crecimiento acelerado.[3] Vale señalar que la expansión industrial se efectuaba bajo el incentivo de la sustitución de importaciones y del irrestricto apoyo público, dentro de la doble protección dada por la imposibilidad de la competencia de bienes externos creada por la guerra misma y la acción propositiva del sector público. A este respecto se significan las restricciones a la importación en 1942 (reglamentación de la importación, depósito forzoso de divisas en el Banco de México), así como la derogación del impuesto a las utilidades extraordinarias y la promulgación de la Ley de Industrias Nuevas y Necesarias. Al año siguiente se inició la aplicación del nuevo arancel basado en

[3] El incentivo de la segunda Guerra Mundial rebasó con mucho las limitaciones impuestas a las exportaciones de bienes estratégicos en el Tratado de Comercio México-Norteamericano, firmado en diciembre de 1942.

cuotas fijas, que no sólo procuraba mayor ingreso fiscal sino también tenía sentido proteccionista.

Las urgentes necesidades de expansión de la infraestructura para responder a las exigencias industriales, mineras y agrícolas, se resolvieron por medio de la aplicación de inversiones públicas financiadas con recursos internos y a partir de 1942, con la ayuda de créditos externos que de nuevo fueron accesibles al país, después de casi medio siglo de ausencia. Por otra parte, lo que había sido una apertura de emergencia en el decenio anterior en relación a la intervención estatal, ahora se consolidó en vista de la infinidad de cuestiones de urgente solución que sólo el sector público era capaz de afrontar.

Un aspecto de particular interés en esos años de guerra consisten en el gradual abandono de diversos ingredientes del esquema de desarrollo nacional emprendido en la década anterior, tales como algunos de los componentes de mayor acento socializante. Es decir, se procuraba reducir, si no es que congelar la reforma agraria y restringir la fuerza de aquellos núcleos laborales que fueron esenciales para alcanzar los fines políticos nacionalistas a cambio de un camino de crecimiento empresarial sin demasiada insistencia en las previsiones y programas de largo plazo. Así, se formalizaban partes sustanciales del proyecto inicial de crecimiento nacional, pero en vista de las nuevas condiciones de operación de la economía, este proyecto se modificaba correlativamente, inclinándolo de hecho hacia el planteamiento más liberal y menos socializante. Vale resaltar que todo ello era un resultado de decisiones a corto plazo más que de un esquema explícito de política.

Es también de primordial interés señalar la creciente importancia que fueron cobrando las decisiones coyunturales sustentadas en un espíritu pragmático en vez de la indispensable previsión que exigían las condiciones nacionalistas del crecimiento prebélico. Desde luego, esto se observa como una tendencia global, llena de excepciones y de casos particulares, pero se trata de una tendencia bien clara que impone a la evolución del país en ese periodo un carácter definido y diferenciado en comparación con los anteriores.

Al terminar la guerra se plantearon fuertes desequilibrios internos y externos. Primero, Estados Unidos suspendió sus compras de bienes estratégicos, compensándose esta baja en parte durante 1946 y 1947 las adquisiciones de otros productos y sobre todo con la súbita expansión de ventas de bienes a Europa y al Asia. Al restablecerse el orden en los mercados mundiales se volvió, sin embargo, a la estructura comercial tradicional perjudicial para México, a la que se aunó la tendencia bajista de los precios de las exportaciones.

Segundo, la acumulación de divisas efectuada durante el conflicto bélico, que había motivado fuertes presiones inflacionarias en vista de la limitada oferta de bienes, de pronto se vio afectada por la adquisición de abundantes importaciones de toda clase.[4] A pesar de los intentos de regular el exceso de liquidez mediante las restricciones crediticias, la enorme afluencia de importaciones de bienes de consumo y de capital, sobre todo para la reposición del equipo desgastado, así como la iniciación de grandes obras públicas, dieron un sabor de alegre bienestar a esos años. Así, fue posible, que en 1946 se elevase simultáneamente el producto (en 7%), la inversión (en 20%) y el consumo (en 9%) en términos reales.

Empero, pronto empezaron a surgir graves problemas: se agotaron las reservas acumuladas; la industria se vio fuertemente sacudida por la competencia exterior; las actividades dinámicas, o sean las de exportación, se encontraron afectadas por la contracción de los mercados externos (las exportaciones se estancaron en 1946 y apenas aumentaron 4% en 1947). Para 1947 la situación crítica se transformó en una de emergencia que se tradujo en la imposición de rígidas limitaciones al comercio exterior —incluyendo permisos previos a la importación y exportación—, la erección de nuevas barreras arancelarias para la protección de la ineficiente industria nacional, la contracción del crédito, y la sucesiva devaluación de la moneda, en 1948 (31%) y en 1949 (27%). El efecto fue inmediato, ya que en 1949 se contrajeron las importaciones (en 22%) y mejoró la exportación (9%) pero a costa de la reducción del consumo interno (1%). Todo ello resultó naturalmente en fuertes conflictos internos al ser los núcleos laborales y campesinos los amortiguadores últimos de la crisis, absorbiendo ya fuesen los efectos de la reducción de la actividad interna, de las devaluaciones o de las subsiguientes elevaciones de los precios internos.

De nuevo, a partir de un elemento exterior, en este caso constituido por el desequilibrio funcional de la economía, el país se vio empujado a procurar soluciones en el impulso selectivo de actividades nacionales, en contraste a la apertura de crecimiento ilimitado, practicada durante la guerra. Se empezó a retomar el impulso dentro de una sorprendente repetición formal de casi todos los pasos ejecutados en la década anterior, no sólo en cuanto se refiere a la protección frente al exterior y a la renovación de las iniciativas previsoras y ordenadoras del crecimiento económico —por ejemplo la creación de la Comisión Nacional de Inversiones en 1948— sino también a los preparativos políticos para revivir la vieja causa de la unidad nacional.[5] A ello se

[4] Las importaciones, a precios constantes, crecieron 24% en 1946 con relación al año anterior.

[5] Un notable ejemplo de la concepción del carácter similar de la crisis de 1947-1949 —y de sus posibles soluciones— con respecto a la de 1929, se encuentra en la obra de Agustín Fouque, *El Tratado de Comercio México-Ameri-*

debe la necesidad de organizar un núcleo político útil para afrontar los previsibles enfrentamientos internos y externos propios de la renovación del proyecto nacionalista, antes que arriesgar en estas labores al conjunto del aparato institucional creado. Así surge en 1948 el Partido Popular.

Sin embargo, existían profundas diferencias de fondo y de forma en el ámbito nacional así como en las características del orden capitalista mundial en los treintas y en los años de la posguerra. Ambos conjuntos de diferencias determinaban inevitables modificaciones en el esquema nacionalista.

En el país, resaltaban como elementos nuevos la consolidación de la hegemonía del estrato empresarial, las exigencias operativas planteadas por la dimensión y complejidad que había cobrado la economía, sobre todo en el sector industrial, el agotamiento de los medios tradicionales de apaciguamiento de los núcleos laborales urbanos y campesinos, y por último, pero no menos importante, el tamaño mismo que había alcanzado la población. Todos estos elementos operaban de una manera o de otra en contra de la viabilidad del antiguo proyecto de crecimiento. Así por ejemplo, los reclamos políticos en favor a la unidad nacional no podían alimentarse con una movilización popular, ya que los medios económicos para manipularla habían perdido su latitud de aplicación y por lo mismo, la maniobra cobraba perfiles peligrosos para la estabilidad interna. En efecto, mientras que diez años atrás los medios económicos requeridos para implantar el populismo se extraían en principio de las costillas de los enemigos de la revolución —extranjeros y latifundistas exportadores principalmente— ahora tendrían que salir de las costillas de los empresarios nacionales de todo tipo, aun cuando en ambos casos el pagador último sería el pueblo.

Más importante para la evolución posterior del país es el hecho de que la pauta de funcionamiento del centro rector del capitalismo en que se había convertido para entonces Estados Unidos, había cambiado sustancialmente en el curso de la guerra. Cuando se iniciaron las hostilidades, Estados Unidos era todavía una economía importadora de capital. Al terminar la contienda bélica mundial, este país se convirtió, por necesidad, en un exportador de ahorro interno. Eso era resultado de la extraordinaria expansión que habían observado la capacidad productiva y el ingreso norteamericano en el lapso bélico, lo cual ahora planteaba la necesidad de mantener y extender hacia afuera el nivel de operación que había alcanzado la economía. Para lograrlo era indispensable utilizar la capacidad instalada, ocupar a la población, y dar

cano, EDIAPSA, México, 1949, donde se analiza entre otros, la política comercial norteamericana durante la Gran Depresión.

una aplicación al exceso de ahorro con respecto a las necesidades de inversión interna. La solución provino mediante la reconstrucción de Europa Occidental emprendida a través del Plan Marshall, y la reanudación de las inversiones privadas directas en todo el mundo capitalista, interrumpida en los treinta. De esta manera se redondeaba el mecanismo del crecimiento y se esperaba resolver la crítica situación interna de la economía norteamericana producida por lo que se llamó el "estallido de la paz".

La influencia que la nueva orientación de la economía norteamericana habría de ejercer sobre la mexicana, empezó a operar desde finales de los cuarenta, pero lo lento y gradual de su inicio, en combinación con la súbita mejoría del sector externo mexicano por efecto de la guerra de Corea, soslayó su evidencia por el momento.

En todo caso provino de nuevo del exterior el factor que resolvió el dilema central del crecimiento de México, constituido por la necesidad de elegir entre reemprender el camino del nacionalismo, afectando temporalmente y en parte los intereses empresariales, u optar por la espera de mejores tiempos e implantar mientras tanto un control estricto de los núcleos disidentes, fundamentalmente laborales. Sin embargo, así como el nuevo y último ensayo de crecimiento nacionalista se tenía que plantear sobre una economía diferente a la de 10 años atrás, de igual forma el súbito auge externo asociado a la guerra de Corea y reflejado por el explosivo incremento del precio y volumen de las exportaciones de algodón, tenía repercusiones que poco se parecían a las que produjo la segunda Guerra Mundial. Algunos de los factores diferentes que ahora operaban, en contraste con la situación prevaleciente a principios del decenio de los cuarenta, eran la mayor dimensión y complejidad de la economía mexicana, la nueva pauta de operación de la economía norteamericana, el hecho de que en esta ocasión no se interrumpieron las relaciones comerciales internacionales, además de que el auge fue de una intensidad y duración considerablemente menor que el creado por la conflagración mundial.

La nueva economía (1951-1970)

El decenio de los cincuenta empezó en medio de una fuerte recuperación de las funciones económicas producida por la mejoría del sector externo. Así, la capacidad bruta de pagos externos, medida a precios corrientes, se elevó en 37% en 1950 debido a la mejoría de todos sus componentes, pero sobre todo debido a las exportaciones de bienes (22%) y el aumento de las inversiones exteriores (200%). En esta evolución no sólo influyó directamente la expansión de la demanda norteamericana sino también la apertura de los mercados europeos al negociarse en ese año varios tratados comerciales con países de ese continente.

Con la terminación de la guerra de Corea la capacidad bruta de pagos externos, que apenas había crecido en 1952 por la marcada reducción de la inversión directa, se contrajo el siguiente año en 2% debido a la baja considerable de las exportaciones de bienes. Las funciones de consumo y de formación de capital, que dentro de fuertes variaciones venían creciendo desde tres años atrás, a partir de 1952 se vieron severamente perturbadas al absorber la economía los efectos de la recesión norteamericana y crearse un elevado déficit con el exterior.

A pesar de las medidas aplicadas para la regulación de las importaciones, el desequilibrio exterior era de tal magnitud que se consideró indispensable devaluar la moneda en más del 40% en 1954. Esta acción fue acompañada de otras medidas restrictivas, tal como la renovación temporal de la exigencia de depósitos previos para la venta de divisas y la elevación del arancel mediante una sobretasa del 25% *ad valorem*. Por otro lado, se anunció la elevación de sueldos de burócratas en 10% para compensarlos por un movimiento al alza de precios internos, implantándose en 1955 la práctica de la "gratificación" anual a empleados públicos.

La devaluación de 1954 constituyó un mecanismo para forzar el ahorro mediante la concentración mayor aún del ingreso, y determinó un diferencial adicional de precios internos, creando una condición todavía más favorable a los productos nacionales en relación a los importados. Todo ello se traducía en la operación de factores adicionales del crecimiento pero dentro de severas limitaciones a la dinámica de la demanda nacional por causa de la creciente concentración del ingreso que provocaban las políticas aplicadas. De acuerdo con la pauta elegida, era indispensable encontrar una solución a este problema por vía del incremento global de la demanda sin trastornar el reparto social del producto.

La única solución posible al dilema planteado que no perturbaría el esquema de operación social, era el del crecimiento sostenido del producto, lo que, en la medida que se logró, se transformó en el eje del equilibrio dinámico de la economía y de las relaciones entre las clases sociales. A su vez, la decisión de mantener el crecimiento a ultranza implicaba, en esa oportunidad histórica, entrar en una asociación cada vez más estrecha con el mundo externo.

Dicha asociación, que se efectuaba por múltiples vías —turismo, inversiones directas, crédito público y privado— proseguía, aceleraba y cambiaba la tendencia iniciada desde el decenio de los cuarenta. En el sentido más general, esta práctica ofrecía la posibilidad de mantener un déficit corriente con el exterior, tal como ha sucedido en los últimos 27 años (de 1943 a 1970, con la excepción de 1949). Por lo que se refiere al funcionamiento de la economía, ello significa que el país ha mantenido un nivel de consumo y de formación de capital por encima de lo que permitiría la capacidad de las funciones económicas exclusivamente nacionales.

En esta coyuntura se planteó de nuevo la inevitable búsqueda de soluciones internas. Sin embargo, como lo había demostrado la experiencia de 1948-1949, los cambios operados en la economía eran demasiado grandes como para que los intentos contenidos en el renovado interés por el crecimiento autónomo reviviesen el sentido del nacionalismo económico sin provocar serias perturbaciones en el esquema de funcionamiento prevaleciente. De aquí que por necesidad, las soluciones se intentasen en torno a fomentar el crecimiento sustentado en la expansión agrícola y en una industrialización basada en la sustitución de importaciones, así como en el intento de ordenamiento de los asuntos internos, acompañado y precedido todo ello por una política de austeridad. Sin embargo, todo lo anterior se pretendía efectuar sin entrar a plantear proposiciones de transformaciones estructurales que implicasen trastornos del camino emprendido desde la guerra o movilizaciones populares masivas. De aquí, por ejemplo, que fuese aceptable el avance limitado del agrarismo en su fase de reparto de tierras, más no el de la organización de movimientos políticos campesinos o laborales.

En lo que hace a la preocupación por emprender un ordenamiento parcial de los asuntos públicos que provocaba el estrangulamiento de la economía, destaca la organización del Comité de Inversiones en 1953, dependiente de la Secretaría de Hacienda, así como la creación al año siguiente de un organismo consultor de la Presidencia con el nombre de Comisión de Inversiones, que de hecho sustituyó al primero.

Es importante subrayar el peso que cobró desde entonces la nueva pauta de operación de la economía norteamericana que para México resultaba en una abierta tendencia a sustituir la tradicional competencia entre las manufacturas procedentes de Estados Unidos y las producidas por los empresarios locales y la exclusiva aplicación de inversiones norteamericanas a la explotación de materias primas, por la creación de plantas manufactureras de propiedad extranjera en el país, a fin de producir localmente los bienes que antes se importaban. Además de los complejos efectos que esta práctica tenía sobre la balanza de pagos, el proceso de industrialización y la incorporación de tecnología, un aspecto esencial es que desaparecía la base y razón del nacionalismo económico al cambiar el carácter de la relación entre los empresarios mexicanos y el mundo exterior. Este último se transformaba gradualmente en socio productor y abandonaba el carácter de competidor feroz que tenía en el pasado.

Un ingrediente adicional en el cambio de la relación entre México y el exterior es el hecho de haberse implantado en firme la afluencia de créditos externos públicos destinados a la adaptación y expansión de la infraestructura, dentro de normas que exigían un cierto ordenamiento de las políticas económicas internas. En efecto, aun cuando estas aportaciones financieras eran una continuación de las efectuadas durante la guerra por el *Eximbank* en conexión a las sugerencias de la misión norteamericana para la rehabilitación de los ferrocarriles que vino a México en aquel entonces, ahora se trataba de una versión limitada para América Latina del Plan Marshall. El paralelismo con este Plan fue reforzado por el hecho de que recursos financieros se derivaron usualmente en América Latina de las recomendaciones que al efecto hacían las misiones internacionales específicamente dedicadas a la llamada ayuda para el desarrollo.

El proceso de transformación general de la pauta de funcionamiento de las relaciones económicas entre Estados Unidos y México no se efectuaba sin tropiezos, ya que la economía de Estados Unidos se vio expuesta a las marcadas fluctuaciones internas. Así, la inclinación general que observa desde fines de la guerra de extender las funciones del conjunto de su economía hacia el exterior, no representó ningún obstáculo a Estados Unidos, para implantar el radical cambio de rumbo en la política algodonera en 1956 que sacudió a todos los países productores.

Tres años más tarde, cuando la crisis estructural de la economía norteamericana afloró abiertamente, traduciéndose, entre otros, en la pérdida de 2 300 millones de dólares de sus reservas de oro, no hubo indicios de que el trato de los países periféricos habría de basarse en consideraciones especiales en los años malos, tal como parecían insinuar las maneras de operar en los años buenos.

Las respuestas de la economía mexicana a las fluctuaciones de la norteamericana se encontraban encuadradas dentro de la tendencia general de identificación con las corrientes exteriores. Así, durante el decenio de los cincuenta se observa una acentuada expansión de la inversión extranjera directa, la que de un promedio de 24.5 millones de dólares anuales en el lapso 1939-1943 pasa a 42.5 millones en la posguerra y 98.4 millones anuales entre 1951 y 1958. A su vez entre 1939-1943 y 1951-1958 el sector público aumentó 50 veces el promedio anual de la contratación de créditos externos brutos, los que pasaron de 2 a 105 millones de dólares anuales en ese periodo. El promedio anual de crédito neto sólo aumentó, sin embargo, 9 veces (de 1.6 a

15.6 millones de dólares anuales) en razón de la carga creciente de la amortización de deuda.

En otros aspectos, la evolución de la economía nacional imponía la necesidad de buscar nuevos medios de regulación pública de los asuntos internos, así como instrumentos de defensa ante las fluctuaciones externas, en vista de que los hasta entonces disponibles eran inadecuados para enfrentar los nuevos problemas.

Esta búsqueda aparece como reacción ante los acontecimientos relacionados con dos coyunturas claramente diferenciadas:

La primera de ellas corresponde, al igual que en el pasado, a la presencia de efectos depresivos externos cada vez más difíciles de aliviar por medio de los instrumentos tradicionales, dada la creciente penetración de nuevos elementos perturbadores foráneos en la economía, sobre todo en los sectores típicos de apoyo para resistir los embates de esa naturaleza, o sean, la industria y los sectores exportadores.

El segundo tipo de coyuntura corresponde a la intermitente preocupación causada por la caótica y aparentemente ineficiente forma del funcionamiento del sistema interno, sobre todo en lo económico y administrativo.

Esta preocupación parecía ser producto no sólo de la sensación de que existía un gran desperdicio de capacidades, una corrupción amplísima y una multiplicación inútil de esfuerzos, sino también de la vulnerabilidad de la economía, de la que intermitentemente cobraban conciencia las élites políticas tan pronto decidían explorar las causas del caos. Usualmente, dicho interés exploratorio provenía del espíritu crítico que aparecía en vísperas de los cambios sexenales de administración.

En 1958 coincidieron las influencias de la crisis externa y el cambio de la administración. En 1957 las exportaciones de bienes decayeron 3% en términos reales, en buena medida por la caída de precios de los minerales; se recuperaron el siguiente año y en 1959 volvieron a crecer considerablemente (8 y 9.5%, respectivamente). En cambio, las importaciones se elevaron 4% en términos reales en 1957 y decayeron 4 y 3% respectivamente en los dos años siguientes, a diferencia del comportamiento de las exportaciones. Por su parte, el producto interno que registró un crecimento de 7.3 en 1957, resintió posteriormente el efecto combinado de la limitación de las actividades del sector externo y la influencia de las nuevas variables de esa esfera, por lo que apenas creció algo más de 4% anual en 1958 y 1959.

Esta evolución revela la gradual separación de las dos influencias económicas principales provenientes del exterior. Por un lado, se hace evidente la influencia de las variaciones de las exportaciones como primer elemento de perturbación. Por otra parte, una vez recuperado el terreno en las exportaciones, cuando se espera que el sistema económico responda a sus estímulos, prosigue la situación depresiva inducida ahora por otras variables externas, principalmente financieras.

Lo anterior sugiere el cambio en la influencia relativa de las variables externas sobre los acontecimientos económicos en México. También ofrece indicios de que los instrumentos tradicionales de protección que fueron más o menos eficaces en el ejercicio de la regulación comercial para la que estaban diseñados, dejaron de servir para controlar las nuevas influencias.

Internamente, la coincidencia del momento depresivo internacional con el cambio de la administración, dio mayor impulso al ordenamiento de las políticas del sector público que de todas formas había provocado cada una de esas coyunturas por separado. En esta oportunidad, se incorporó al programa electoral del candidato a la presidencia el propósito de organizar una institución dedicada a coordinar actividades públicas, asesorar al ejecutivo y elaborar planes nacionales y regionales.

Este es el origen de la creación en 1959 de la Secretaría de la Presidencia que absorbió administrativamente a la antigua Comisión de Inversiones, convirtiéndola en una de sus direcciones técnicas. Las otras direcciones que componían a la Secretaría eran las de planeación, de información y jurídica, y más adelante, la de vigilancia de inversiones. En un principio se esperaba que la Secretaría de la Presidencia elaboraría programas de inversión pública, al igual que la pretérita Comisión de Inversiones, pero dentro de un marco de coordinación general tal, que podía llegar a constituir un sistema de planificación nacional en la medida que se modificasen los mecanismos de funcionamiento social de manera que la planificación surgiese y se aplicase. Sin embargo, la combinación de indecisión y resistencia políticas, de falta de información y escasez de personal, entre otros, determinó que las acciones se limitaran a continuar y mejorar las labores de la Comisión de Inversiones —examen de proyectos de inversión pública y asignación de prioridades— y a iniciar actividades de planeación regional en su etapa de diagnóstico, dentro de la tradición establecida por las comisiones hidrológicas en cuencas geográficas. Los resultados del diagnóstico y las proposiciones de orden administrativo, de proyectos de inversiones públicas y de instrumentos para inducir cambios en las economías regionales, no fueron acompañados por las decisiones necesarias para llevarlas a cabo.

Esto era resultado de la resistencia del sector público a emprender el camino de la planificación, el cual prometía resultados a largo plazo a condición de sujetarse a regulaciones que hacían violencia a las pautas de operación de la economía y a los objetivos generales de auspiciar a ultranza la expansión capitalista. Era particularmente difícil que se tomasen decisiones a favor de la regulación económica en el lapso en el que las presiones recesivas externas se iban aliviando —1959 a 1961— y la economía nacional florecía correlativamente. Por lo consiguiente la actividad reguladora se limitaba a cuestiones directamente relacionadas con la manera tradicional de funcionamiento de la economía. En efecto, mientras que no se emprendía la planificación nacional y la planificación regional se limitaba a elaborar documentos de circulación restringida, el mecanismo de coordinación de la inversión pública operaba con muy limitada eficacia.

Entre tanto, fuera de la Secretaría de la Presidencia se implantaban otros dispositivos de coordinación, por ejemplo, a los numerosos organismos descentralizados y empresas de participación estatal mediante la asignación de estas funciones a la Secretaría del Patrimonio Nacional. Con ello se avanzaba en el ordenamiento de aspectos específicos del sector público, de acuerdo con las prácticas tradicionales.

Estas acciones consistían en medidas reguladoras y coordinadoras de instituciones paraestatales, en ocasiones como resultado de la dinámica propia de ellas y en otras más, como respuesta a las presiones de intereses privados. Un claro ejemplo de este tipo de acciones ordenadoras relativamente aisladas es el caso de la integración de la industria automotriz emprendida en 1962.

Empero, el impulso planificador sectorial generado dentro de la doble coyuntura de presiones provenientes de la contracción externa y el cambio de Gobierno en 1958, consistente en regulaciones aisladas, degeneró en un estancamiento de la planeación, particularmente después de la recuperación económica registrada en 1960. En este año la vigorosa expansión simultánea de la inversión, que creció en 12% en términos reales, y del consumo en 8%, fue resultado no sólo del estimulante efecto que sobre el crecimiento del producto —7.5% en 1960— ejercieron las exportaciones de 1959, sino también de la gran ampliación del crédito externo.

Sin embargo, dos circunstancias externas vinieron a romper de nuevo el estancamiento a que habían llegado los quehaceres planificadores. La primera consistió en el resurgimiento de la recesión en Estados Unidos a partir de 1961, prolongándose sus efectos hasta 1963. En esta ocasión el origen y el mecanismo de transmisión de la recesión externa de 1957-1958, se repitieron y se acentuaron en 1961. El estancamiento del valor real de las exportaciones en 1960 fue precedido por fuertes contracciones de la inversión externa directa, que venía reduciéndose desde 1957, y fue seguida por fuertes salidas de fondos por concepto de pago a factores y por la marcada contracción del crédito que tuvo lugar en 1961 y 1962. Todo esto determinó una reducción neta en la capacidad de pago externa, a precios corrientes, de 1% en 1962, con serias consecuencias para la economía mexicana.

Entre las consecuencias de este receso destaca la contracción de las importaciones lograda en parte por la aplicación del nuevo arancel, que en términos reales fue de 5% anual en 1961 y en 1962. También se redujo el dinamismo del crecimiento del producto bruto (que sólo aumentó en 3.8% en 1961); el consumo creció a una tasa menor del incremento de la población en ese mismo año y la inversión bruta se estancó en 1962. Debe notarse el papel menor en comparación con las experiencias del pasado que en esta ocasión jugaron las exportaciones en la generación del desequilibrio exterior.

En lo que hace a las labores de planificación, otro factor importante estuvo constituido por la serie de acontecimientos desatados por la revolución cubana. Entre ellos resalta el diseño de la Alianza para el Progreso, que en esencia consistió en utilizar el financiamiento externo —créditos e inversiones directas— y las pequeñas reformas económico-sociales para tratar de prevenir conflictos políticos y cambios sociales en la región. En el caso de México, el objetivo implícito de activar la economía se obtuvo plenamente, mediante el aumento en el volumen del financiamiento externo, dentro de las normas de operación que exigían que los créditos se dedicasen a financiar inversiones en proyectos no competitivos con las actividades privadas, notoriamente con empresas de propiedad extranjera, y además a la importación de los bienes requeridos desde Estados Unidos.

A pesar de que el financiamiento externo se consideraba el principal instrumento para impedir la repetición del ejemplo cubano en otras partes, era evidente que su efecto se vería desviado a menos de que se introdujesen algunos cambios estructurales en las economías latinoamericanas y que ellos se ordenasen dentro de un cuerpo de disposiciones y mecanismos ejecutivos de previsión, a los que generosamente se les llamó planificación. Según los creadores de la Alianza para el Progreso, era necesario y posible modernizar gradualmente los procedimientos fiscales, sanear las políticas del gasto público e implantar reformas agrarias parciales, parecidas formalmente mas no en su amplitud a las efectuadas en el siglo pasado en Europa, todo ello sin tomar en cuenta los graves problemas de fondo.

Dentro de la atmósfera febril que en el sector público mexicano inyectó la perspectiva del financiamiento externo y bajo las condiciones de desequilibrio que caracterizaban la economía nacional desde el decenio anterior, se tomó la decisión de habilitar un grupo interministerial que cumpliese con las exigencias de la Alianza para el Progreso y así disponer de un plan de acción que abriese las arcas del financiamiento norteamericano.

La Comisión Intersecretarial se estableció en marzo de 1962 con la participación de la Secretaría de Hacienda, Banco de México, Nacional Financiera y la Secretaría de la Presidencia, la que perdía de esta manera su preponderancia como ente planificador por excelencia. El Plan de Acción Inmediata 1962-1964 fue terminado apresuradamente en seis meses. En el país se dio a conocer solamente su versión sintética, y ello en observación de las normas del Comité Interamericano de la Alianza para el Progreso.

A pesar de la debilidad conceptual, metodológica y operativa del plan, este documento servía a los propósitos requeridos. El plan de hecho consistía en la proyección de variables macroeconómicas pertenecientes a un modelo altamente agregado, las que se encontraban acompañadas por una lista de proyectos de inversión pública en diversas etapas de preparación, cuya vinculación con el diagnóstico y con la proyección consistía en que el monto total y la manera propuesta de financiarse, correspondían aritméticamente con las previsiones macro-económicas acerca de la formación de capital.

En vista de que México fue probablemente uno de los países menos alejados de las normas adoptadas por la Alianza para el Progreso y por sus instituciones operativas, y debido a la conciencia prevaleciente entre las autoridades de la Alianza de que las finalidades perseguidas eran políticas y no económicas, el plan fue, a pesar de las debilidades técnicas de que adolecía, aceptado una vez introducidos algunos ajustes sugeridos por la llamada Nómina de los Nueve. La situación social latinoamericana obligaba a no quemar etapas sino cánones técnicos, sobre todo en el caso de México donde se esgrimían argumentos acerca de la pre-existencia de las transformaciones internas reclamadas como condición por los funcionarios de la Alianza para el Progreso, tales como la reforma agraria.

Es importante señalar algunas de las categorías económicas principales cuya regulación no se consideraba explícitamente en el plan. Entre aquéllas relativas a la esfera exterior, se tomaban como exógenas las exportaciones de bienes y servicios, la inversión directa extranjera y el financiamiento público proveniente de esa esfera. En el orden interno se esperaba un comportamiento positivo de la formación de capital privado pero no se definían los medios de forzarla ni de inducirla y lo mismo sucedería con el consumo que habría de ajustarse por sí mismo. Por otra parte, no se establecían los cambios correspondientes en las variables crediticias y monetarias ni se hacía mención alguna a los cambios políticos que requería la práctica de la planificación. Estas ausencias no hacían mejor o peor al plan en comparación con los de otros países latinoamericanos, sino que lo hacían igualmente inoperante.

Desde 1963, pero sobre todo a partir de 1964, se empezaron a recibir créditos norteamericanos e internacionales destinados al sector público, encuadrados dentro del mecanismo de la Alianza, de tal forma que las disponibilidades aumentaron en 80% y el crédito neto en 148% con relación al año anterior. A esta vigorosa expansión contribuyó no solamente la apertura de las nuevas fuentes de crédito externo y la ampliación de las existentes, sino también al hecho de que se encontraban numerosas obras públicas en proceso de terminación, de acuerdo con las mejores tradiciones cíclicas sexenales, siendo 1964 el último año del gobierno lopezmateísta. Empero, la desatada fiebre inversora había creado serios problemas financieros al incrementar sustancialmiento la deuda pública a corto plazo.

La favorable evolución de los factores financieros externos, compuestos no sólo por la aportación de fondos para el sector público, sino también por la abundante afluencia de inversiones directas, se combinaba con las receptivas condiciones internas públicas y privadas para determinar un vigoroso crecimiento. Así, el promedio anual de inversiones directas extranjeras registradas se elevó a 102 millones de dólares y el crédito neto a 155 millones en el lapso de 1959-1968. El producto interno bruto, medido a precios de 1960, sostuvo a partir de 1962 un promedio de crecimiento anual de 7.1%, lo que determina una expansión paralela de la oferta global. Sin embargo, los componentes de la demanda muestran fuertes variaciones en razón de cambios de las variables externas, lo que confirma las tesis centrales de este ensayo.

De gran importancia en esos años fue la relativa estabilización del crecimiento del valor corriente de las exportaciones de bienes y servicios —excepto en 1967— efecto de la vigorosa expansión del turismo y del mejoramiento de los mercados mundiales debido a la guerra en Viet Nam. Aunque en medida mucho menos importante operaba también el gradual aumento de las exportaciones de manufacturas, aun cuando sus marcadas fluctuaciones en el caso de productos específicos, indica la eventualidad de gran parte de estas ventas, con frecuencia asociadas más a una práctica comercial-intercambio compensada, acuerdos bilaterales, condicionantes administrativas para importar, etcétera, que a la capacidad de competencia de los bienes producidos en el país. En todo caso, el efecto de estos factores se reflejó en la expansión de las exportaciones que crecieron en promedio anual de 7.4%, a precios corrientes, entre 1962 y 1966.

En cambio, los otros componentes de la capacidad bruta de pagos externos del país, con la excepción de la salida por pago a factores que creció sin alteración desde 1954, cobraron importancia y determinaron las fluctuaciones de dicha capacidad. Así, en 1965 el solo renglón de crédito y otras fuentes sufrió una reducción de cerca de 500 millones de dólares, determinando la peligrosa contracción en 13% de la capacidad bruta de pagos al exterior en ese año.

Mientras tanto, sucedían numerosos cambios en varios frentes. En materia fiscal, además de los nuevos aranceles proteccionistas de 1961, se había iniciado una amplia reforma que por cierto prosiguió hasta el presente, la que se inició con la implantación de un registro de causantes, la reestructuración de cédulas, la elevación de las tasas de impuestos y la instauración del impuesto global sobre ingresos acumulados, entre otras medidas.

La afluencia de créditos y de inversiones externas generaba ocasionalmente inquietudes que coincidían con las amenazas de estancamiento económico, lo que se discutía junto con eventuales preocupaciones por las presiones inflacionarias. El avance industrial y la debilidad de los mercados mundiales de algunos productos primarios, auspició la apertura hacia el exterior con amplio apoyo estatal. La planificación continuaba siendo materia de discusión mas no de práctica, aun cuando parecía debilitarse el interés por estas cuestiones, pese a la elaboración de proyectos de Ley de Planificación.

De acuerdo con el panorama anterior, se puede afirmar que a mediados de la década de los sesentas operaban simultáneamente sobre la economía mexicana dos tipos de estímulos externos: en primer lugar, los de orden mercantil, asociados directa o indirectamente a la expansión norteamericana provocada en los primeros años de la guerra en Viet Nam y a las novedosas maneras de vender manufacturas, en buena parte a los países miembros de la ALALC; en segundo lugar, los estímulos de orden financiero, consistentes en los crecientes volúmenes de inversiones privadas directas, así como la parafernalia asociada a la operación de la Alianza para el Progreso.

Internamente, los efectos de tales estímulos eran importantes al activar la demanda de consumo e inducir —y determinar en parte— la formación pública y privada de capital. Así, los circuitos funcionales de la economía se reforzaban por la operación simultánea de factores de estímulo internos y externos que actuaban con una engañosa autonomía y daban lugar a una acelerada expansión de dichas funciones por encima de la que se supondría la capacidad exclusivamente interna, y ello sin sufrir grandes presiones inflacionarias.

A fin de apreciar el panorama de la planificación es necesario examinar los acontecimientos del último quinquenio. Después del abundante financiamiento exterior utilizado en 1964, al año siguiente tuvo lugar en México la experiencia registrada en otros países latinoamericanos, consistente en ser confrontado con la súbita disponibilidad de crédito que no podía utilizarse, ya que esta apertura contrastaba brutalmente con la reducida capacidad técnica interna para elaborar el número suficiente de proyectos de inversión. A ello se aunó, en el caso de México, el hecho de que 1965 se caracterizó internamente por la precavida austeridad económica del nuevo gobierno, en vista de la elevada presión creada por los cargos de amortización y servicio de la deuda heredada del régimen previo, y del marcado desequilibrio externo en cuenta corriente. Este desequilibrio determinó que el déficit corriente se duplicara en 1964 con respecto al del año anterior (de 217 millones de dólares en 1963 a 444 millones en 1964).

El mayor déficit provenía de la fuerte presión de las importaciones de bienes que aumentaron en 250 millones de dólares en 1964, en parte como repercusión del incremento del financiamiento externo ya comentado. En 1965 la contracción severa de la formación de capital en el sector público —que se redujo en 11% en términos reales—, contribuyó poderosamente a limitar las importaciones, a lo que coadyuvó la introducción de nuevas modificaciones al arancel. El objetivo de austeridad fue logrado ya que las importaciones se redujeron en 120 millones de dólares en 1965, lo que permitió, junto con las mayores exportaciones e ingreso por turismo, contraer el déficit corriente a 396 millones de dólares en ese año.

En la segunda mitad del decenio de los sesenta fue debilitándose rápidamente el vigor de la Alianza para el Progreso, diluyéndose subsecuentemente sus presiones a favor de la planificación formal. De esta manera, al final del decenio pasado, de hecho habían desaparecido los incentivos de esa esfera y con este retroceso cobraban vigencia de nuevo las influencias internas sobre las tendencias ordenadoras.

Sin embargo, la ponderación de las influencias había cambiado, en parte por razón de la transformación que en la década habían sufrido las fuentes tradicionales de presiones políticas y económicas nacionales, y en parte, por la incorporación de nuevos elementos.

En efecto, a la experiencia ordenadora previa a la existencia de la Alianza para el Progreso se sumaron los avances impuestos por el interés en obtener el financiamiento que a través de ese programa se manejaba, todo lo cual se combinó con los cambios económicos ocurridos dentro del país para alterar el peso relativo de las influencias internas. Por una parte, se había consolidado plenamente la pauta de funcionamiento mundial del capitalismo en la manera ya comentada, que inducía el manejo preferentemente pragmático de las políticas del sector público, a fin de aprovechar lo más posible dicho funcionamiento, o sea en condiciones esencialmente antitéticas al proceder planificador. Por otra parte, se habían incorporado principios reguladores en algunos sectores, que consistían en avances en la coordinación de las acciones públicas y privadas, tales como la creación de una dirección dedicada a elaborar previsiones respecto del gasto público, en la Secretaría de la Presidencia en 1963; la organización de un banco agrícola de segundo piso (Banco Nacional Agropecuario) dedicado a regular el financiamiento de los bancos nacionales que atienden las actividades agropecuarias y a canalizar el crédito externo obtenido a este propósito; la regulación pública de la generación y gran parte de la distribución de energía eléctrica; el control de la producción de azufre y la aplicación del programa regional de impulso a las zonas fronterizas, entre otros.

Dentro de este panorama de factores cambiantes sobrevino en 1968 la absorción a través de los nuevos canales de transmisión de las fluctuaciones económicas de origen externo, de nueva profunda recesión norteamericana, que se había iniciado desde mediados del año anterior. Las fluctuaciones en el renglón de créditos públicos y otros conceptos de capital externo dentro de la capacidad de pago, que en ese año se redujo en 20% debido principalmente al retroceso del financiamiento público (contraído en 107 millones de dólares), se vieron compensadas por aumentos de la inversión extranjera directa. En cambio, el fuerte movimiento de capitales a corto plazo no registrado se reflejó en las variaciones del renglón de errores y omisiones de la balanza de pagos. Por este concepto se supone que de 1968 a 1969 salieron más de 600 millones de dólares al pasar de 540 millones con el signo positivo a 75 millones con el signo negativo respectivamente, suma que representa el 21.5% del total de exportaciones de bienes y servicios en 1969.

La evolución estructural de la economía permitió combinar en 1968 una situación financiera crítica con el crecimiento del producto y de las exportaciones, resultando de todas formas, entre otros efectos, en las graves tensiones políticas que tuvieron lugar durante el segundo semestre de ese año, incluyendo el conflicto estudiantil.

Al año siguiente, dentro de la atmósfera interna de tensiones sociopolíticas y de la presión externa de una recesión económica que tomó diversas expresiones, entre ellas las variaciones de la reserva, la elevación de las tasas de interés y los conflictos comerciales con Estados Unidos, se inició la tradicional campaña electoral. Así, de nuevo se combinaron los dos motivos más poderosos para inducir una preocupación por el ordenamiento de los acontecimientos económicos y sociales, repitiendo en este sentido el fenómeno de once años atrás.

En el panorama nacional de 1969, que era profundamente diferente al prevaleciente en 1958, se evidenciaban dos aspectos primordiales:

Por una parte, resalta la elevada importancia que ha cobrado la influencia de factores externos incontrolables sobre el funcionamiento de la economía nacional. En los periodos depresivos como el presente, esta situación crea tales presiones que obliga al país a buscar soluciones reguladoras y caminos alternativos a la manera tradicional de funcionamiento, pero ahora la posibilidad de optar por esos caminos alternativos parece haberse reducido sustancialmente.

Por otra parte, una de las inclinaciones en los administradores del quehacer público al procurar el diseño de un programa político, consiste en plantear las soluciones de la manera pragmática que caracteriza al funcionamiento del sistema político-económico mexicano. Y no sólo por querer inventar propósitos que se distingan de los que sustentaban los predecesores, sino también como resultado de la legítima preocupación que a poco de meditar produce el estado de la economía. Algunos se rebelan ante la ineficiencia, otros ante el caos y los más lúcidos, ante la pasividad de la evolución del país en relación a la operación de variables externas.

Dentro de la limitada latitud de maniobra económica y política han influido ambos factores para renovar en esta coyuntura el interés por los caminos planificados del crecimiento. Sin embargo, es necesario examinar algunas cuestiones que influyen en la viabilidad de llevar a efecto este interés, como es la importancia de acciones reguladoras del sector público.

En contraste con la amplia y variada intervención estatal en múltiples aspectos de la vida nacional, intervención que con frecuencia se lleva a efecto dentro de regulaciones y previsiones de largo plazo en una multitud de cuestiones específicas, al mismo tiempo se evidencia que su evolución como conjunto mantiene una estrecha relación con los cambios exteriores; todo esto expone a la política económica y al acontecer económico nacional en su conjunto a una elevada vulnerabilidad externa y los reduce a una posición cada vez más pasiva frente a esta esfera de influencias.

Ello indica que los esfuerzos de regulación en cuestiones específicas se concentran en un nivel de operatividad administrativa que sin duda eleva la eficiencia en el funcionamiento de distintas políticas, pero que hace más difícil corregir la manera como procede la evolución del país.

En el nivel administrativo donde se diseña la política económica y se toman las decisiones globales, parecen coincidir las dos tendencias que venimos comentando. Por un lado, el apoyo a los programas de largo plazo y a la regulación de distintos sectores de la actividad nacional. Por otro, el manejo pragmático de los asuntos públicos de acuerdo con las condiciones inmediatas internas y externas. Este manejo, al operar sobre variables de corto plazo, determina que las ventajas inmediatas induzcan su máximo aprovechamiento, lo que va determinando una manera de operación que limita la posibilidad de defensa en etapas de recesión.

Así, la actividad pública y la privada contribuyen a la creciente vulnerabilidad de la economía ante los acontecimientos externos. Y no sólo es importante la existencia actual de esa vulnerabilidad, sino que la manera de crecer que se ha elegido determina esta condición al imposibilitar la utilización de otros caminos capitalistas que hace dos décadas aún eran viables, como era el del nacionalismo económico.

Conclusión

En la primera parte de este ensayo se advirtió que la condición indispensable para practicar la planificación reside en la posibilidad de regular directa o indirectamente las variables principales que determinan el funcionamiento de la sociedad. Cuando la economía mexicana operaba en la forma esencialmente abierta hacia el exterior, o sea hasta finales del decenio de los años veinte, habría sido preciso por lo menos el control de las exportaciones y de las importaciones, en vista de ser las variables más importantes en el acontecer económico. De aquí los puntos finos del esquema nacionalista clásico del decenio de los años treinta, en lo que se refiere a la relación del crecimiento interno y al rescate de las actividades más importantes de esta esfera.

En cambio, dentro de la manera de operar de la economía actual, las variables estratégicas que sería necesario regular consisten, entre otras, en las que constituyen los mecanismos financieros externos, la relación comercial y la forma de operación de las empresas extranjeras, por lo que hace a la esfera mundial. Pero también sería indispensable considerar variables internas de creciente importancia, tales como las que determinan el proceso de creación y de utilización del excedente económico, entre ellas, la organización técnica de la producción y su diseño, la función inversión, la dinámica de la demanda de consumo, la función ahorro y la ocupación. Todo ello tendría que estar sustentado en una intensa participación popular.

El contraste entre estas exigencias de regulación y las normas actuales de funcionamiento de la economía, es de gran importancia para apreciar algunos de los obstáculos a la práctica de la planificación. En efecto, hemos visto que la creciente relación entre el quehacer económico y las variables exógenas que se caracterizan por ser de imprevisible e incontrolable comportamiento, auspician el pragmatismo que asegura el mayor aprovechamiento de las ventajas que tiene esta manera de operar, pero también produce la vulnerabilidad del sistema ante los cambios exógenos. Por consecuencia, se opta implícitamente por un camino de crecimiento en el que los medios protectores tradicionales pierden efectividad. Aún con mayor razón resultan inoperantes los medios que habrían de regular la operación de las variables que determinan esa manera de funcionamiento.

Así, los más severos obstáculos a la planificación son de carácter estructural, resultado de la opción interna acerca del modo y forma de operación del tipo de proceso de crecimiento que se ha elegido.

En correspondencia a los impedimentos estructurales surge la tendencia a evitar iniciativas planificadoras que pudiesen introducir inflexibilidades en el acontecer nacional. Ahora bien, esta tendencia es una resultante dinámica de múltiples presiones sociales e iniciativas de diversos núcleos en las que se distinguen influencias de intelectuales, técnicos, políticos, e instituciones en favor de un mayor ordenamiento, así como de otros más que procuran el mantenimiento de las máximás facilidades a la expansión irrestricta. Por ser una resultante de esta naturaleza, la atmósfera política sufre marcadas variaciones de acuerdo con la importancia relativa que cobra cada uno de los grupos de presión, importancia que al estar estrechamente relacionada con la suerte de la economía, depende íntimamente de los acontecimientos internos y externos.

Claro es que estas relaciones son de carácter dinámico y por lo mismo, la ponderación de los diversos elementos que determinan la suerte de la planificación es variable en el tiempo. Así, la experiencia de los ensayos frustrados, el interés académico en estas disciplinas, la investigación de fenómenos globales y específicos del desarrollo, la ampliación y acumulación de información cuantitativa y cualitativa, son algunos de los factores culturales que auspician modificaciones en las tendencias actuales. En otro orden de acontecimientos, la creciente importancia de actividades que requieren apoyos técnicos y económicos más complejos para su operación, la urbanización de la sociedad, la ampliación y diversificación del consumo, la expansión de las actividades del sector público, entre otros, son razones y presiones para implantar medidas de coordinación y principios de regulación en cuestiones específicas. Todo ello indudablemente favorece la implantación de dispositivos parciales y especializados de planificación que podrían inclusive sugerir la instauración de sistemas para la distribución geográfica de la actividad o el mejoramiento de los mecanismos actuales de acción estatal y privada, ya sea por lo que se refiere a su organización, a su administración, o a su funcionamiento. Así, es posible una reforma administrativa, la implantación de técnicas presupuestales más avanzadas en el sector público, la racionalización de métodos y sistemas en empresas y sin embargo, la continuación de su *modus operandi* general dentro de un marco global esencialmente no planificado.

Surgen así dos cuestiones centrales acerca de las perspectivas de la planificación:

Por una parte, el hecho de que las características del subdesarrollo mexicano son a tal grado diferentes a las peculiaridades de los países capitalistas que tienen algún grado de regulación centralizada —Francia, Suecia, Holanda, etcétera— hace que difícilmente podrían suponerse esos métodos aplicables al país. Esto puede sugerir que la influencia de las actividades internas, que en los países citados llegaron a requerir un sistema planificado de regulación, primero para impedir las grandes crisis y segundo para acelerar el desarrollo capitalista, podría no ser suficiente en el caso mexicano para implantarse en razón de las profundas diferencias en la manera de su crecimiento. Y en ello está presente la paradoja de que el peligro de derrumbe existe igualmente en México ya que el país crece, más no se desarrolla.

Por otra parte, y en estrecha relación con la cuestión anterior, surge la evidencia de la incompatibilidad estructural entre el funcionamiento de la economía y la opción planificadora. Así, podría especularse acerca de la posibilidad de que México, y tal vez todo el mundo subdesarrollado, se encuentre incapacitado para instaurar un sistema de planificación mientras continúen siendo subdesarrollados, o sea mientras continúen operando de acuerdo con la manera de funcionamiento capitalista.

De ser justo el juicio anterior, significa que la etapa de crecimiento regulado dentro de un orden planificado de libre empresa, para bien o para mal, está vedada en el futuro cercano de México.

VIII. LA PERSISTENCIA DE LA POBREZA EN MÉXICO: UN ANÁLISIS ECONÓMICO ESTRUCTURAL *

David Barkin

El propósito de este trabajo es el de presentar un esquema para el estudio del desarrollo económico y social de México. Creemos que a pesar de haberse logrado un notable y sostenido crecimiento, la distribución de los beneficios de éste ha sido bastante desfavorable para los sectores más numerosos de la población. A través de un examen de las políticas gubernamentales, concluimos que sin la adopción de medidas radicales para contrarrestar los mecanismos que actualmente se utilizan para impulsar y sostener el desarrollo, hay pocas esperanzas de que se puedan corregir las tendencias actuales. En este caso, lo mejor que podemos esperar es una congelación de la estructura actual de la distribución del ingreso y una persistencia del aislamiento de las masas con respecto al sector moderno.

En los últimos años muchos economistas han citado "el milagro mexicano" como un ejemplo al que deben aspirar los otros países latinoamericanos. Su experiencia ha demostrado la posibilidad de crecer a una tasa acelerada (6% anual) durante más de tres decenios, controlando al mismo tiempo las presiones inflacionarias y creando un sector industrial importante. Sin embargo, últimamente hay quienes advierten que el costo social de este crecimiento ha sido bastante elevado.

La enorme mayoría del pueblo mexicano no se ha beneficiado aún en medida apreciable con el rápido crecimiento económico de su país. Mientras el número de empleos en las industrias manufactureras está aumentando en más del 5% anualmente, y lo ha estado haciendo así desde 1940, más de dos tercios de este crecimiento se ha realizado en las industrias que pueden considerarse tradicionales o que pueden clasificarse como terciarias en otros países, es decir, en campos en los cuales la productividad de la mano de obra sigue siendo baja. No puede esperarse que estas actividades sigan absorbiendo mano de obra con tanta rapidez, porque las técnicas de producción industrial desplazarán cada vez más la producción artesanal y los trabajadores serán reclutados entre los que ya están en el sector manufacturero. Sin em-

* Durante la preparación de este trabajo, el autor, investigador visitante en El Colegio de México en 1970, 1971, gozó de una beca del Joint Council of Latin American Studies del Social Science Research Council y del American Council of Learned Societies. Desea agradecer los comentarios de sus colegas del Centro de Estudios Económicos y Demográficos, y aclarar, sin embargo, que la presente versión es de su exclusiva responsabilidad.

bargo, aun con este rápido crecimiento de la ocupación en las actividades manufactureras "tradicionales" o de "subsistencia", la fuerza de trabajo empleada en el sector agrícola sigue creciendo en más del 2% anualmente, y la ocupación en el sector terciario se está expandiendo en un 4% aproximadamente para absorber el resto de la fuerza laboral, puesto que el desempleo abierto prácticamente no existe de acuerdo con los datos censales disponibles (que registran solamente 3.5% de desempleo en 1970).

Sin un número adecuado de nuevas oportunidades de trabajo en el sector industrial, no es nada sorprendente que la distribución del ingreso permanezca altamente sesgada. Una investigadora halló que el quinto más bajo de la población no obtuvo mejoras absolutas de su nivel de subsistencia del sector agrícola. Los altos beneficios industriales los datos de distribución del ingreso, tanto en el sector agrícola como en el industrial, indican persistencia de la pobreza. Un tercio de la gente que en 1963 vivía en el sector agrícola tenía ingresos familiares de menos de 25 dólares por mes, incluyendo la producción consumida en el predio rural.

Las familias del tercio más pobre tenían ingresos de menos de 700 pesos mensuales (56 dólares); [2] esto representa un ingreso *per capita* de menos de 120 dólares —alrededor del 30% del promedio de 400 dólares en 1963. Generalmente se reconoce, como se hizo durante la reciente campaña presidencial de 1970, que la alta concentración del ingreso es un problema nacional al que se le debe prestar atención inmediata.[3]

El presente análisis indica que estas tendencias probablemente continúen sin cambios o que aun se exacerben, porque el crecimiento reciente ha sido "capturado" por cierto grupo de capitalistas para su propio beneficio y enriquecimiento. Las políticas oficiales refuerzan su posición atrincherada, alentando la instalación de industrias manufactureras de

[1] Ifigenia M. de Navarrete, "La distribución del ingreso en México", *El perfil de México en 1980* (I), Siglo XXI Editores, y Serie de Lecturas, núm. 4. vol. 1.

[2] Banco de México, S. A., *Encuesta sobre ingresos y gastos familiares en México: 1963*, Banco de México, México, 1966.

[3] Entre las muchas publicaciones sobre el tema figuran: Ana María Flores, *La magnitud del hambre en México*, Secretaría de Industria y Comercio, México, 1961; Secretaría de Industria y Comercio, Dirección General de Muestreo, *La población económicamente activa de México, 1964-65*, México, 1965; Naciones Unidas, *La distribución del ingreso en América Latina*, Nueva York, 1970; Carlos Tello, "Notas para el análisis de la distribución del ingreso en México", *El Trimestre Económico*, 150, abril de 1971. Para una exposición clara de las actitudes de la actual administración ante el problema de la distribución del ingreso, véase Jorge Eduardo Navarrete (Ed.), *México: La política económica del nuevo gobierno*, Banco Nacional de Comercio Exterior, México, 1971, pp. 65-88.

capital intensivo como parte de una política de sustitución de importaciones para producir bienes destinados a los que ya pueden ejercer una demanda efectiva en el mercado. Durante la pasada década de "desarrollo" exitoso, los intereses especiales de los capitalistas llegaron a identificarse con los intereses nacionales. El orgullo expresado con respecto al reciente desarrollo económico de México por los propios realizadores de la política del país y las organizaciones internacionales que están ayudando a financiar este esfuerzo, refleja la gran confusión entre los logros del crecimiento cuantitativo, que benefician a unos pocos, y los intereses nacionales del pueblo mexicano en conjunto.

Nuestra evaluación del papel del Estado, al proteger una clase determinada de crecimiento económico, pone de relieve el conflicto que existe entre los que ofrecen su capital y los que ofrecen su trabajo físico para el proceso productivo. El primer grupo claramente ha logrado ser la voz cantante en la formulación de las políticas de "desarrollo" que tan admirablemente han llegado a la meta fijada para México. Los administradores gubernamentales han seguido firmemente las políticas de "desarrollo" probadas por el tiempo, que aumentan los beneficios de los inversionistas nacionales y de los extranjeros; como era de esperar, este medio "saludable" alentó nuevas inversiones y mantuvo a un alto nivel la tasa de crecimiento de la productividad agregada. Los diseñadores de las políticas no se detuvieron mucho tiempo en reflexionar sobre los efectos que aquéllas podrían tener sobre la mayoria de los mexicanos que no pueden participar de sus frutos; los que se preocupaban por el bienestar de las masas podrían tranquilizarse, ya que una vez que el "pastel" fuese más grande sería más fácil repartirlo en forma equitativa. A la luz de más de tres décadas de experiencia, debería quedar muy en claro que la suposición no comprobada de que los beneficios se "filtrarían" hacia las masas es una confusión ideológica en cuanto teoría para la prescripción de estrategias de desarrollo apropiadas. Un examen del alcance de las medidas políticas adoptadas en México para acelerar el crecimiento económico demuestra que la teoría de donde surgieron no es neutral, ni política ni socialmente, sino que más bien lleva implícita una estructura social y económica específica.

Un modelo tradicional de desarrollo

Al analizar las tres características de desarrollo mencionadas más arriba, sería útil dirigir la atención hacia el papel que juega el sector laboral en la economía y sacar las conclusiones que aporta el modelo de desarrollo económico elaborado por W. Arthur Lewis en 1954. Aunque la mayor parte de los economistas no lo utilizan directamente, en la mayoría de los análisis del proceso de desarrollo generalmente se encuentra implícito un mecanismo similar de absorción de mano de obra.[4] Este modelo, que se basa en la disponibilidad de mano de obra ilimitada en el sector agrícola de subsistencia, sugiere la posibilidad de transferir mano de obra desde un sector de baja productividad de la economía, donde los salarios o el consumo son mayores que la productividad marginal de la mano de obra, hacia un sector industrial donde los mismos salarios (reales) serán iguales a la productividad marginal de aquélla. El modelo se basa en la suposición de que mientras haya mucha gente desocupada y subempleada disponible para trabajar en la economía, los salarios de la economía total pueden mantenerse al bajo nivel de subsistencia del sector agrícola. Los altos beneficios industriales resultantes se pueden aplicar a la reinversión y a la ulterior absorción de mano de obra por el sector industrial de la economía. El modelo también presupone un medio atractivo para la inversión que incluye un adecuado capital social fijo y garantías de rentabilidad apropiadas.

Este modelo analítico también supone que la concentración del ingreso en manos de unos pocos es un fenómeno temporal que se modificará a medida que prosiga el desarrollo. El proceso es autolimitativo. Como el empleo se va creando por nuevas inversiones y absorbe fuerza de trabajo, será eventualmente necesario aumentar los salarios. Se llega a este punto después de que la tasa de absorción de mano de obra del sector industrial se haya elevado más que la tasa de crecimiento de la población durante el tiempo suficiente para ocupar a la gente subempleada del sector agrícola. Puesto que se supone que los trabajadores son homogéneos y tienen oportunidades de trabajo semejantes, el aumento de los salarios beneficiará a todos en los grupos socioeconómicos más bajos a medida que pasan de empleos de baja productividad a otros de alta, o que aumentan la productividad de los empleos existentes.

Aunque esto constituye una simplificación gruesa del modelo, es el marco que encuadra muchas políticas de desarrollo. Se las diseña para aumentar el crecimiento del producto nacional bruto y para absorber mano de obra en proporción aceptable con respecto al crecimiento de la población y al plazo adecuado para la eliminación del sector agrícola de subsistencia. El elemento clave para evaluar las políticas de desarrollo es la tasa de crecimiento del PNB. Esta medida tradicional se utiliza a pesar de la obvia limitación de suponer que un aumento del

[4] W. Arthur Lewis, "Desarrollo económico con oferta ilimitada de mano de obra". Serie de Lecturas, núm. 1, Selección de Edmundo Flores, pp. 218-267. F.C.E. y EL TRIMESTRE ECONÓMICO, México, 1972. Véase además, G. Ranis and C. H. Fei, *Economic Development in a Labor Surplus Economy*, Irwin, Homewood, Ill., 1962.

ingreso tiene el mismo valor sin importar quién recibe la producción adicional ni cómo se concentra esta nueva riqueza. La sola medida de la tasa de crecimiento del PNB implica una igualdad de la utilidad del ingreso marginal entre toda la gente, sin tener en cuenta sus niveles de vida. También supone que el sistema de precios refleja la "verdadera" escasez de recursos y las prioridades "sociales".

Los estrategas del desarrollo tienen a su disposición una serie de medidas y de herramientas para crear una atmósfera favorable al desarrollo. Ellas comprenden el uso de los ingresos del gobierno y del sistema de gastos para estimular tipos específicos de programas y subsidiar proyectos de inversión considerados convenientes. Al proveer mano de obra entrenada, fuentes de energía y un buen sistema de transportes, el gobierno evita la necesidad de inversiones privadas en esos campos. La política montaria y demás medidas se pueden aplicar al desarrollo de un mercado interno de capital y para mantener tasas de interés lo suficientemente bajas como para estimular la inversión y, al mismo tiempo, no desalentar el ahorro. Finalmente, las políticas del mercado de trabajo garantizan la existencia de trabajadores para los nuevos empleos, al tiempo que aseguran el establecimiento de condiciones de trabajo mínimas aceptables.

En la parte siguiente describiremos en qué forma el gobierno mexicano utilizó estas medidas en sus propias esferas de actividad así como en el sector privado, para instrumentar sus objetivos de desarrollo. Después de echar una mirada a la actual estrategia de desarrollo económico, examinaremos su impacto en la fuerza de trabajo, ya que se supone que la mayor parte de la actividad económica beneficia al pueblo. Como mínimo, el desarrollo económico exige la transformación de las estructuras existentes para que la economía pueda absorber más gente.

La estrategia del desarrollo de México: la explicación oficial

En un importante discurso pronunciado durante las reuniones de grupo del Banco Mundial, en 1969, Antonio Ortiz Mena, secretario de Hacienda y Crédito Público de México en esa época, dijo que la política mexicana de desarrollo económico alentaba el aflujo del ahorro privado hacia las oportunidades de inversión interna, y utilizaba la inversión pública para estimular la formación de más capital privado.[5] Ésta se

[5] Antonio Ortiz Mena, "Desarrollo estabilizador: una década de estrategia económica en México", El Trimestre Económico, núm. 146, Sección de documentos, pp. 417-449. México, 1970.

llevó a cabo a través de una serie de medidas adoptadas para aumentar el volumen del ahorro privado y para atraer los recursos extranjeros, al tiempo que se aseguraba que éstos se utilizarían para promover su eficiente colocación.

Las políticas de imposición y de gasto público estimulaban el ahorro en mayor escala y aumentaban la perspectiva de ganancias de las oportunidades de inversión, pero el papel financiero directo del gobierno en cuanto a este esfuerzo sigue siendo restringido por sus recursos limitados. Obtiene sólo el 13% del producto nacional en impuestos, que incluyen las contribuciones de seguridad social. Según los estándares internacionales, esta proporción es baja. Proviene de la política explícita de no gravar a los ricos con altos impuestos, ya que se considera que son la fuente de la mayor parte de los fondos de inversión. Puesto que la mayoría del pueblo tiene poco ingreso imponible, la carga se desplaza hacia las clases medias asalariadas.

Inversiones del gobierno

La escasez de la tributación no es perjudicial, afirma Ortiz Mena, ya que las empresas del gobierno constituyen una gran proporción de toda la actividad económica. Puesto que estas firmas pagan poco o ningún impuesto y hasta reciben subvenciones de capital del Gobierno federal, gran parte de la producción que daría sustento al gravamen público en otros países no puede hacerlo así en México. Sin embargo, tal participación gubernamental es importante porque adapta la estructura productiva a los intereses nacionales. Este papel del Estado ha sido parcialmente responsable, aseguró, del hecho de que la inversión extranjera contribuya con "menos del 5% a la formación del capital fijo".[6]

No obstante sus ingresos limitados, el gobierno puede llevar adelante sus políticas de desarrollo porque es el que aporta la parte principal de toda la inversión nacional. El Secretario de Hacienda y Crédito Público señaló que a pesar de "el énfasis sobre los gastos corrientes [que] hizo necesario limitar... los recursos disponibles del Gobierno federal para la formación de capital" a menos de un tercio del presupuesto total, esta inversión representa alrededor del 41% de la formación del capital fijo neto.[7] Sin embargo, los recursos insuficientes obligaron al gobierno a recurrir al préstamo de fuentes internas y extranjeras, para cubrir alrededor del 40% de la inversión pública total.

[6] *Ibid.*, p. 4

[7] *Ibid.*, p. 9.

Estas inversiones públicas estaban directamente ligadas a la principal estrategia de desarrollo, que apunta a la creación de condiciones óptimas para la inversión privada productiva. "Más de la mitad de esta inversión se vuelca en obras de infraestructura (caminos, recursos hidráulicos, transportes, etc.), 36% en energía (electricidad, petróleo y gas) y 6% en obras de bienestar social y demás actividades fundamentales."[8] De este modo, además de los "sacrificios fiscales realizados deliberadamente para promover las actividades en el sector privado", el gobierno creó economías externas en provecho del capital privado y elevó las utilidades y la productividad del trabajo por medio de sus inversiones en la infraestructura.[9] Los programas de bienestar social ayudaron en la medida que lograron moderar el rápido crecimiento de la migración rural-urbana, haciendo más atractivas para los campesinos las zonas rurales. Desplazamientos de población mayores habrían exigido la distracción de recursos aún mayores de la infraestructura y del desarrollo de la industria privada para las necesidades y servicios básicos urbanos.

Las altas tasas de crecimiento económico y de industrialización de México son el resultado de la realización exitosa de esa estrategia de desarrollo. Las políticas influyeron en la forma del desarrollo industrial a través de su impacto sobre el precio de la mano de obra y el capital. Por un lado, estas políticas subsidiaron abiertamente el costo del capital privado en muchas iniciativas industriales arriesgadas; por otro, elevaron el costo de la mano de obra de las industrias dinámicas.

Subsidios a la inversión privada

Los subsidios a la inversión de capital tomaron muchas formas. México estableció un banco de desarrollo en 1934 para ayudar a crear un mercado de capital nacional y absorber el ahorro interno con nuevos instrumentos financieros. Estos fondos fueron luego prestados a los industriales privados, quienes habrían tenido que sortear grandes dificultades para aumentar su propio capital; el banco, Nacional Financiera, S. A., tenía el respaldo del gobierno y ofrecía para sus bonos mayor garantía que la que podía ofrecer un bisoño hombre de negocios. Apoyado en su éxito, el banco se expandió hacia mercados de crédito mundiales y está canalizando préstamos internacionales hacia organizaciones privadas y paraestatales en medida cada vez mayor. Como resultado, muchos hombres de negocios consiguen capital de bajo

[8] *Ibid.*, p. 2.
[9] *Ibid.*, pp. 4 y 13.

costo en los mercados mundiales de moneda, gracias a los buenos oficios y garantías de Nacional Financiera.

La política monetaria también se utiliza para canalizar el crédito hacia los proyectos de inversión aprobados por medio de requisitos selectivos. El dinero se pone a disposición de aquellos sectores de la economía que de otro modo no podrían tener acceso tan fácil al crédito bancario. Las tasas de interés por estos préstamos son las bancarias y no las más altas que cobran con frecuencia otros prestamistas.

Las exenciones impositivas, así como las deducciones, pueden tener la ventaja de aumentar los beneficios y la cantidad de dinero disponible para reinversión en un negocio determinado. Estas medidas, como tantas otras, no pueden salvar una operación desventajosa, pero sí pueden aumentar el rendimiento del capital y, por consiguiente, elevar los incentivos para nuevas inversiones. Estas medidas se aplican en México con menos amplitud que en otros países. No obstante, hay una competitiva serie de disposiciones de exención impositiva establecida por diversos estados para estimular la instalación de industrias dentro de sus límites, las que han tenido por efecto reducir la imposición estatal sobre la producción industrial sin influir en forma significativa sobre las decisiones relativas a ubicación.[10] Las utilidades por intereses y depreciación de capital, además, son gravadas para alentar la financiación privada de la inversión.

En México, la política del Gobierno federal está explícitamente trazada para facilitar la inversión privada, proporcionando el capital físico social fijo necesario para estimularla. Con esta finalidad se hacen fuertes inversiones destinadas al mejoramiento del sistema vial y ferroviario, del de energía eléctrica, de la red de distribución de productos del petróleo y de gas, etc. Se supone que estos desembolsos públicos facilitan el establecimiento de nuevas firmas y la construcción de plantas productivas, sin tropezar con cuellos de botella que en otros países traban las inversiones similares. Sin embargo, el capital físico fijo no es suficiente. Enérgicamente se pone interés en la expansión del sistema educativo como fuente de mano de obra bien entrenada para las industrias nuevas. La combinación de las inversiones físicas y humanas es un ahorro importante para toda firma, que de otro modo tendría que procurarse algunas de éstas a sus propias expensas.

Estos alicientes para el capital privado son, sin embargo, menos importantes que las ventajas que se ofrecen a las firmas que participan en el programa de sustitución de importaciones. Para estimular la producción de los bienes que México importa o podría importar, el go-

[10] David Barkin y Timothy King, *Desarrollo económico regional*, Siglo XXI Editores, México, 1970, p. 119.

bierno ofrece a los productores protección contra la competencia extranjera durante las etapas iniciales del desarrollo. Por medio de sus procedimientos para otorgar licencias, el gobierno también puede restringir la intensidad de la competencia interna a que se verá sujeto el productor. La existencia de una reserva de mercado, o bien de una parte de éste, conforma una ventaja fundamental para la firma que desee establecer nuevas líneas de producción o procurar la expansión de las que posee.

Estas políticas crearon un clima muy favorable a la inversión privada, tanto extranjera como nacional. A pesar de la baja en la actividad económica, provocada por el cambio de gobierno en diciembre de 1970, los inversionistas privados confían en sus predicciones sobre el futuro crecimiento de la economía. De todas formas el gobierno busca reforzar esta impresión con una serie de medidas que aumentan el rendimiento de las inversiones privadas. El gobierno ve en el rápido crecimiento del sector industrial la vindicación de sus políticas de desarrollo en México.

Las políticas en el mercado laboral

También han sido exitosas las políticas del gobierno para la población activa. El salario mínimo del sector industrial va siendo reforzado cada vez más. La asistencia médica que brinda el sistema de seguridad social atrae grandes cantidades de nuevos beneficiarios cada año, aunque en 1970 sólo alcanzaba a comprender a la quinta parte de la población. Algunos sindicatos han logrado aumentos sustanciales de salario para sus miembros, tanto en el sector público como en el privado. Sin embargo, tan sólo una proporción muy pequeña de la fuerza de trabajo participa en estas conquistas procuradas por fuertes sindicatos. Para el resto de los trabajadores, los ingresos reales se han elevado en forma mucho menos marcada, si es que lo han hecho en alguna medida.

No obstante, estas mejoras laborales significan para los empresarios el alza del costo de la mano de obra en las industrias dinámicas. La mayor parte de las disposiciones y servicios en favor del trabajador sólo alcanzan a los trabajadores de las industrias nuevas o de las empresas que son propiedad del Estado; la asistencia médica es una importante excepción a esto, ya que se está extendiendo a algunas zonas rurales a costa del gobierno.

La determinación de los salarios mínimos y la fijación de salarios y sueldos por encima de estos niveles son resultado de las presiones que ejercen los sindicatos y el personal de Estado para obtener algunas mejoras en sus condiciones de trabajo. La fijación de los salarios, aun en la industria privada, se negocia en estrecha colaboración con los funcionarios de gobierno a cuya órbita pertenecen las industrias en cuestión. No es el mero azar el que hace que las demandas salariales sean satisfechas con más premura en aquellas industrias que se benefician de las políticas económicas del gobierno que mejoran las oportunidades de inversión y en las empresas del Estado. Parece ser el precio que el gobierno está dispuesto a pagar por la lealtad y apoyo de éstos grupos de trabajadores en nombre de la totalidad de la clase trabajadora. El costo se paga con déficit financiados por el gobierno en las empresas del Estado donde los precios se mantienen deliberadamente bajos, o con precios más altos para el consumidor en las industrias que funcionan en mercados protegidos y que frecuentemente abastecen a una cantidad relativamente pequeña de gente perteneciente a los estratos de ingreso más altos. Los beneficios (altas utilidades) influyen hacia una cantidad de industrias protegidas, pero una gran proporción de la masa laboral paga el grueso de estos costos en forma de salarios bajos en las industrias privilegiadas.

Las consecuencias de la política gubernamental

Industrialización intensiva de capital

Tanto las oportunidades provechosas de inversión, subsidiadas y ampliadas por la acción del Estado, como las mejores condiciones de trabajo y los mejores salarios de una minoría de la clase trabajadora estimulan la sustitución de mano de obra por capital en el proceso de producción. En un país en desarrollo, a pesar de la relativa abundancia de mano de obra y de la escasez de capital, la percepción de los costos de estas fuentes productivas que tiene el inversionista privado lo llevan a hacer mayor uso de este último factor que del primero, caso que no se daría si los precios de mercado reflejaran las verdaderas condiciones sociales.[11]

Los métodos de producción intensivos de capital son por lo general más mecanizados. Una operación más mecanizada exige con frecuencia mayor calificación a sus trabajadores y un nivel más alto de educación que los procesos más intensivos de mano de obra. En parte como respuesta a este cambio tecnológico y en parte como resultado de ca-

[11] John Sheahan, "Innovación y empleo", *Demografía y Economía*, Mexico, vol. VII (1971), sugiere que el crecimiento de la relación capital-trabajo en México es bastante alto dada su dotación de recursos.

racterísticas institucionales que mencionaremos más adelante, las exigencias en cuanto a educación para poder obtener trabajo están aumentando. Como consecuencia, se está haciendo cada vez más costoso crear puestos para un mayor número de trabajadores, y en el sector industrial moderno las trabas de ingreso son cada vez mayores.

En esta etapa sería difícil determinar si a los nuevos inversionistas les resultan más importantes estos factores para decidir la elección de la tecnología, que las limitaciones impuestas por la disponibilidad de procedimientos de producción. Puesto que la mayor parte del capital en equipos está constituido o, por los menos, diseñado para economías cuyo problema principal consiste en ahorrar mano de obra y donde el costo del capital es relativamente más bajo, el "nivel" de la economía existente puede ser enteramente inapropiado para las condiciones que prevalecen en los países menos desarrollados. Sin tomar en cuenta cuál de las dos fuerzas es más importante, ambas contribuyen a estimular la sustitución de los trabajadores no calificados por capital y mano de obra adiestrada.

Es importante advertir, finalmente, la estrecha vinculación que tiene el sector industrial de crecimiento dinámico con las empresas extanjeras. La pauta del desarrollo mediante la sustitución de importaciones parte del supuesto de que la demanda actual debe determinar la estructura de producción. Como resultado, la producción de bienes de consumo en un país como México está determinada por la estructura de la demanda en los países desarrollados de donde se importan bienes que son relativamente intensivos en el uso de capital, dada la carestía de la mano de obra en estos países. Su producción se realiza en los países subdesarrollados bajo licencias y acuerdos de asistencia técnica que aseguran una participación en las utilidades y un control sobre los mercados por parte de la empresa desde su país de origen.

Las empresas agrícolas modernas

Un proceso similar se está dando en la agricultura, donde las políticas del gobierno y los adelantos tecnológicos han actuado contra la absorción de nuevos trabajadores por el proceso de producción. La agricultura moderna exige importantes cantidades de capital activo que, por lo general, se financia con créditos bancarios. La producción de cosechas con altos valores de mercado frecuentemente requiere grandes adquisiciones de fertilizantes, herbicidas, insecticidas y maquinaria, que la mayoría de los agricultores no pueden financiar por sí mismos. En México hay varios bancos oficiales que les otorgan créditos y las exigencias de reserva selectiva obligan al sistema bancario privado a aumentar los recursos financieros disponibles para actividades agrícolas. Los montos del crédito agrícola son aún inadecuados y generalmente se distribuyen entre los agricultores más prósperos. Las grandes diferencias de productividad que hay entre los sectores agrícolas de subsistencia y los modernos se deben, en parte, a la falta de facilidades crediticias para la mayoría de los pequeños agricultores, incluso para los que están deseosos y capacitados para producir cosechas de exportación de alto rendimiento.[12]

El programa de inversión agrícola del gobierno refuerza esta tendencia. Se destinan grandes cantidades de recursos para desarrollar las zonas de cultivo de trigo y algodón que ahora producen un excedente exportable. Esta producción, sin embargo, está controlada por relativamente pocos agricultores prósperos que pueden obtener ayuda financiera y técnica para aprovechar las grandes inversiones del gobierno en recursos hidráulicos y demás infraestructura.

Por otra parte, el pequeño agricultor que trabaja tierras temporaleras en la agricultura de subsistencia no puede beneficiarse de ese tipo de programas agrícolas. Aun cuando intente hacer cultivos más beneficiosos, se halla en gran desventaja para poder conseguir el crédito necesario. Uno de los pocos programas oficiales concebidos para ayudar al pequeño agricultor de subsistencia —el programa de sostenimiento de precios agrícolas de la Compañía Nacional de Subsistencias Populares (CONASUPO)— produce el irónico efecto de dar ímpetu a cultivos permanentes de un producto de valor relativamente bajo como es el maíz. De este modo, el programa revolucionario de reforma agraria, tan duramente conseguido, ha sido desvirtuado por una política oficial que dirige las nuevas inversiones agrícolas hacia el desarrollo en gran escala y hacia el sector agrícola moderno.

Tanto la iniciativa privada como la pública en la investigación y experimentación agrícolas acentúan esta tendencia. Se concentran en la producción de granos y de algodón, que se cultivan muy eficientemente en grandes extensiones de tierra servidas por obras de irrigación y equipos mecanizados, ya que requieren grandes cantidades de productos químicos. Al concentrarse en el trigo y en el algodón, los expertos agrícolas de México crearon una tendencia en todo planeamiento de la inversión agrícola. Es natural que los planificadores dirigiesen sus esfuerzos hacia los cultivos de más alto rendimiento potencial, que aumentarían la productividad y el rendimiento agrícolas lo más rápidamente posible. Pero al hacerlo así, descuidaron el equilibrio de la pro-

[12] Para una explicación similar, pero más amplia, véase Salomón Eckstein, *El marco macroeconómico del problema agrario mexicano*, Centro de Investigaciones Agrarias, México, 1969 y Centro de Investigaciones Agrarias, *Estructura agraria y desarrollo agrícola en México*, México, 1970.

ducción entre las diferentes clases de cosechas o los grandes problemas de mercado de la producción resultante.

El progreso tecnológico sigue contribuyendo a concentrar el ingreso, al no proporcionar alternativas apropiadas a todos los tipos de tierras donde vive la mayoría de los campesinos. Un pequeño grupo de capitalistas controla el grueso de las principales cosechas de exportación, pero ahora posee una proporción más pequeña de tierra en México que antes de la Revolución; la reforma agraria terminó con ese problema particular. Sin embargo, en un medio moderno su acceso a los recursos gubernamentales para el desarrollo agrícola —incluso los servicios de extensión agrícola, facilidades crediticias y capital físico fijo es más importante en la determinación del ingreso. No es casual que muchos de estos capitalistas formen parte del establecimiento agrícola corporativo, estrechamente ligado a los intereses extranjeros.

Crecimiento económico acelerado

La estrategia de desarrollo ha influido evidentemente en ayudar al país a alcanzar una tasa de crecimiento sostenido del PIB del 6.1% (a precios de 1960) durante el periodo 1940-67 (2.7% en términos *per capita*). Promovió altas ganancias industriales, al mantener gravámenes bajos y adoptar otras medidas para subsidiar la inversión privada, tanto en la agricultura como en la industria. La inversión pública aceleró este proceso con la previsión del capital social fijo que necesitaban los inversionistas privados. Las políticas laborales mejoraron las condiciones de trabajo de la mano de obra en los sindicatos favorecidos, y la investigación agrícola contribuyó al aumento sustancial de la producción altamente capitalizada para un pequeño grupo de agricultores, a menudo controlado o financiado por el extranjero.

Cuando el alcance limitado de la tecnología disponible para las inversiones industriales nuevas se une a estas políticas, hay un poderoso aliciente para que el inversionista privado aumente el monto de la inversión por trabajador empleado. Este es el objetivo que manifiestan los planificadores mexicanos: "El desarrollo consiste en un aumento sostenido del volumen de producción por trabajador, y esto, fundamentalmente, presupone un aumento en la dotación de capital, que posibilite la mejora de la productividad y del ingreso real de la fuerza laboral, manteniendo tasas adecuadas de utilidades".[13] En la sección siguiente de este trabajo examinaremos el impacto de esta estrategia sobre el bienestar del sector laboral.

[13] A. Ortiz Mena, *op. cit.*, p. 2.

El impacto del desarrollo mexicano en el sector laboral

Las políticas que se han seguido en México para promover el desarrollo funcionan de muchas maneras, de acuerdo con lo previsto en el modelo tradicional. Los salarios de la mayoría de los trabajadores, aun los del sector industrial, son bajos todavía y las utilidades son altas, como también lo es la tasa de reinversión de beneficios; por lo tanto, la tasa de crecimiento de la producción es elevada. Este crecimiento, sin embargo, no ha sido acompañado por un aumento suficiente de la tasa de absorción de mano de obra que equilibre el rápido aumento de la población. Como resultado, sigue creciendo el número absoluto de gente que depende de la agricultura de subsistencia. En esta parte examinaremos las consecuencias del crecimiento económico rápido sobre una población en cuyo marco el subempleo es un fenómeno cada vez más serio.[14]

En México, el problema de absorción de mano de obra no sería tan agudo si no fuera por el hecho de que la población está creciendo a un ritmo de 3.6% anual. Para progresar en el cambio de estructura de la fuerza laboral, haría falta que el sector moderno absorbiese y utilizase, productivamente, por lo menos tante gente como la que ingresa en aquélla. Esto no se ha dado en México, y como resultado cada vez más gente pasa a engrosar las filas del subempleo.

Salarios bajos

Una de las consecuencias del bajo porcentaje de absorción de mano de obra es la continua presión hacia abajo sobre los salarios que se ejerce tanto en el sector urbano como en el rural. En las zonas rurales los salarios generalmente responden con rapidez a los cambios de la demanda y el abastecimiento, pero les resulta difícil declinar más aún porque ya son muy bajos. Prevalecen los salarios de subsistencia y aun menores, a pesar del sistema de salarios mínimos. Este sistema asigna ingresos más bajos a los trabajadores agrícolas que para los demás; pero no obstante, es mejor considerarlos como salarios máximos que pagan algunos empleadores grandes y el Gobierno federal. Sería difícil que el salario promedio aumente mucho mientras la mayor parte de los trabajadores cumplan labores en tierras cuya productividad es baja.

[14] Para una discusión más completa véase Francisco Javier Alejo, "Aspectos demográficos del crecimiento económico", *Dinámica de la población en México*, El Colegio de México, México, 1970.

Esta baja productividad proviene de una inadecuada investigación que permita mejorar la tecnología, de las insuficientes facilidades de crédito y de la pobre organización del sector agrícola de subsistencia. La escasez de educación, la insuficiente asistencia médica y la dieta inadecuada también hacen descender la productividad. En las zonas urbanas, donde es más fácil hacer cumplir la legislación sobre salario mínimo, el exceso de oferta de trabajadores significa que aun en el caso de que a los obreros no calificados se les pague nominalmente el salario mínimo, rápidamente surgen mecanismos para absorber parte de estas ganancias como precio para conseguir trabajo. En otros casos, se ignora por completo el salario mínimo. Por lo común, solamente en aquellas industrias que cuentan con fuertes sindicatos apoyados por el gobierno o donde hay necesidad de obreros calificados los trabajadores ganan salarios superiores al mínimo.

Migración

La permanente escasez de empleo de la zona urbana no inhibe, sin embargo, la migración desde el campo. Aunque en las ciudades los salarios son bajos, las oportunidades de trabajo y de movilidad social son mayores. La alta concentración de la actividad económica en un pequeño número de áreas metropolitanas significa que es más fácil conseguir trabajo y que el exceso relativo de mano de obra es menos opresivo. Poco le importa al individuo que muchos de estos empleos correspondan a servicios improductivos.[15]

La acción del gobierno hace que el magnetismo de la ciudad sea aún más fuerte. A pesar de los esfuerzos por mejorar las comunicaciones, la enseñanza, la asistencia médica y otros servicios sociales en las zonas rurales, los programas del gobierno en estos campos son más amplios todavía en los centros urbanos. Los esfuerzos por mejorar las condiciones de las zonas rurales pueden ser grandes dentro del actual presupuesto del gobierno, pero están enfocados más bien hacia cierto tipo de "operaciones de salvamento" que frenen la marea migratoria y reduzcan el descontento del campo, que hacia programas de amplia escala para elevar los niveles de beneficios de los de las zonas urbanas.

[15] Para mayor información sobre migración véase Gustavo Cabrera, "Migración interna", *Dinámica de la población en México,* El Colegio de México, México, 1970, y H. Muñoz O. de Oliveira y C. Stein, "Categorías de migrantes activos y algunas de sus características socioeconómicas", en Balan, *et al, Estudios sobre migración; estructura ocupacional y movilidad social en México,* Instituto de Investigaciones Sociales, UNAM, México, 1971.

Gastos insuficientes en bienestar social

Las presiones que ejercen los intereses comerciales privados y públicos sobre el presupuesto gubernamental son más efectivas que las de la organización controlada por el gobierno que representa al campesinado (CNC). Como resultado, muchos programas de inversión en bienestar social se ven restringidos por las exigencias de otros grupos de interés. Aun en los casos en que se cumplen los programas de bienestar social, los gastos tienden a concentrarse en las zonas metropolitanas más bien que en las rurales.

Un ejemplo importante y revelador de la forma en que se manejan estas presiones se refleja en la forma de presentar el presupuesto de gastos para la educación federal. Generalmente se piensa que México invierte casi un cuarto de su presupuesto anual de gobierno en servicios educativos. Sin embargo, el análisis de las cifras de gastos indica que en los últimos años sólo se invirtieron en servicios de educación el 11 y el 15% de dichos presupuestos.[16]

La discrepancia se debe a los cambios que se operan en el presupuesto durante el curso del año fiscal, que aumentan el presupuesto total pero que dejan algunos gastos en bienestar social en los niveles planeados. Con esto no se pretende negar el rápido desarrollo del sistema educativo mexicano ni el gran progreso logrado para dar educación a muchos niños en edad escolar. Más bien demuestra que las presiones provenientes de intereses "desarrollistas" son efectivas en el cambio de las prioridades que surgirían si las demandas sociales pudieran expresarse efectivamente; sin embargo, habría que mencionar que hay un gran número de niños que todavía no están inscritos en la escuela primaria. La educación y otros servicios sociales reciben evidentemente menos asignaciones, a causa de las exigencias de la infraestructura para complementar los programas privados de inversión.[17]

Barreras a los empleos industriales

La escasez de empleo hace que el examen de las formas en que la gente consigue trabajo revista suma importancia. Los empleos más de-

[16] Véase D. Barkin, "Gasto público y cambio social: una crítica metodológica", en *Comercio Exterior*, México, enero de 1971, y las referencias allí citadas.

[17] El tratamiento oficial de la reforma agraria muestra patrones similares. Mientras cada presidente coloca el acento en el número de hectáreas de tierra distribuida como prueba de su fervor revolucionario, las inversiones en agricultura típicamente benefician al agricultor privado mucho más que al ejidatario que ha recibido una parcela de tierra. Ver *Estructura agraria y desarrollo agrícola en México, loc. cit.*, para un análisis más completo de este proceso.

seables se encuentran en las industrias donde los trabajadores están agremiados y cuyos sindicatos han llegado a un entendimiento con los empleadores, gracias a los buenos oficios del gobierno, para que paguen a los trabajadores salarios altos. Estos salarios altos son probablemente comunes en las firmas que por lo general dependen de quienes trazan las políticas de concesión de los permisos para iniciar la producción.

En las industrias cuyos sindicatos no son importantes, y aun en algunas donde no existen, hay otras barreras al ingreso, para asegurar a los empleadores que consigan los obreros mejor calificados al precio del mercado. Otra exigencia común es de orden educativo, exigencia que en los últimos años ha subido de un certificado de escuela primaria a uno de estudios secundarios básicos, especialmente en las zonas donde es fácil reclutar trabajadores y/o donde la población con preparación secundaria va en aumento. A medida que el gobierno aumenta el nivel de alfabetismo y sube la proporción de gente que asiste a la escuela primaria, los empleadores elevan las exigencias mínimas para dar trabajo hasta incluir algunos años de instrucción secundaria; mucha gente que confiaba en que algunos años de enseñanza primaria los prepararía para formar parte de la fuerza laboral de la industria ve ahora frustradas sus esperanzas.

Este análisis sugiere que la educación no es fundamentalmente un proceso que proporciona a la mano de obra la capacidad que requiere el sector industrial más allá de los conocimientos básicos. El sistema de enseñanza actúa como mecanismo de selección que ayuda al empleador a escoger a los mejores trabajadores disponibles, esto es, la mano de obra mejor especializada. También es efectiva en reducir el número de solicitudes para un trabajo determinado. Esta interpretación del papel del sistema educativo en el mercado laboral sugiere que las exigencias en cuanto a educación no son decisivas para definir las condiciones de empleo.[18]

Debido a las crecientes dificultades para conseguir trabajo, hay mucha gente que vive a niveles de subsistencia y de subempleo cada vez mayor. Los datos sobre distribución de ingresos sugieren que la mayor

[18] Esto no es una crítica a los planificadores de la enseñanza como tales. Ellos no son necesariamente enemigos del proceso de desarrollo; por el contrario, podrían contribuir al mejoramiento de la productividad de la mano de obra si se enseñaran conocimientos prácticos valiosos para aplicarlos luego a los problemas de la producción. Pero sin absorción suficiente de la mano de obra por el sector industrial, las oportunidades de educación que son cada vez mayores no implican necesariamente la elevación del bienestar económico o del potencial de ganancia, sino más bien el aumento del subempleo de la población en comparación con su productividad potencial. Véase D. Barkin, "Educación: ¿una barrera al desarrollo?", EL TRIMESTRE ECONÓMICO, núm. 152, México, octubre de 1971.

parte de la gente todavía está imposibilitada de participar en el mercado de bienes industriales, que se ha expandido durante las últimas dos décadas de crecimiento. Por otra parte, tan sólo el 18% de todas las familias del sector industrial, incluso trabajadores, empleados administrativos y hasta algunos funcionarios, tenía ingresos familiares iguales o mayores que la producción media por familia, en 1963.[19] Esta situación es sustancialmente mejor que la de la fuerza laboral en conjunto; la mitad de las familias de México percibe menos de 700 pesos mensuales, y en la agricultura el 70% de las familias se hallan en una estrechez familiar. Con estas diferencias no es de extrañar que haya una fuerte migración hacia aquellas regiones que ofrecen mayores oportunidades de empleo en la industria.

Frustración personal

A pesar de que las perspectivas de mejora son limitadas, el análisis sugiere un motivo por el cual entre los trabajadores de todos los sectores hay menos desencanto con el proceso de desarrollo que el que podría esperarse. Puesto que la educación se va extendiendo rápidamente y la migración crece, hay varias formas relativamente fáciles de lograr un ascenso personal. Así como un individuo no haya podido conseguir un nuevo empleo o le haya sido imposible regresar, es probable que conozca a una o más personas que hayan tenido éxito en esa empresa gracias a su mejor educación, a alguna influencia política, o, sencillamente, a la movilidad misma. Cuando a la gente se le pregunta cuáles son las causas de su situación desfavorable, la atribuyen a su propio infortunio o a otros problemas que pueden vencerse más por la iniciativa personal que por los cambios de estructura. Aunque son pocos los canales que permiten el acceso al progreso personal, son muchos los que atribuyen su exclusión de los frutos del progreso a su propia incapacidad para manejarse adecuadamente dentro del sistema, más bien que a la incapacidad del sistema para absorber gran cantidad de gente. Mientras puedan y quieran culparse a sí mismos por su actual situación económica, será difícil crear las condiciones necesarias para llevar a cabo un movimiento organizado de los que están siendo excluidos.

[19] Banco de México, S. A., *Encuesta. . .*, *loc. cit.*

Una evaluación final

Podría argüirse que estas críticas al programa mexicano de desarrollo son prematuras y que la perspectiva es demasiado corta, puesto que la economía se encuentra todavía en las fases iniciales del modelo de desarrollo. La situación cambiará gradualmente a medida que siga el proceso de inversión y que las ocupaciones industriales y de servicios productivos vayan absorbiendo mayor cantidad de mano de obra. En este aspecto, se está preparando una etapa de recuperación del equilibrio. Ortiz Mena, en su alocución ante el BIRF, en septiembre de 1969, concluyó que el gobierno "debe asumir mayor responsabilidad en lo que se refiere a la creación de empleos que absorban la fuerza laboral en mayor grado... A efecto de afrontar estas responsabilidades, el gobierno obtendrá una proporción mayor de los recursos de la comunidad... Las nuevas medidas... [incluirán] el impuesto al valor agregado... [y] medidas tendientes a extraer recursos del consumo de bienes suntuarios por el sector privado, incluso los viajes de placer al exterior".[20]

Los estrategas del desarrollo eran conscientes de lo que estaban haciendo cuando establecieron programas de subsidios para las inversiones industriales y trazaron un programa de inversión pública para llenar las necesidades básicas de infraestructura para el desarrollo de la actividad privada. Estos son elementos de una estrategia ortodoxa de desarrollo y explícitamente forman parte de una aproximación a las tesis del "goteo" dentro del desarrollo económico: mientras la comunidad se enriquece, todos sus miembros se beneficiarán inevitablemente. Además, la política se ha trazado, en principio, para estimular la instalación de la planta y el equipo más eficiente, de modo que el país pueda aumentar la productividad y desarrollar aquellas industrias en las que tiene, comparativamente, ventajas dentro del mercado internacional.

Lamentablemente, la estrategia ortodoxa ignora el ambiente social y político dentro del cual debe formularse la política económica. Hay factores no económicos que se están imponiendo continuamente sobre los miembros de una sociedad, aun cuando el analista trate de ignorarlos. Por eso, el mismo éxito de las políticas económicas en México no puede ser causa de regocijo si durante el proceso se han herido los intreses de importantes sectores de la población.

Todo lo que conforma la historia mexicana reciente está condicionado por las promesas de la Revolución: tierra y libertad. La impresionante y acumulativa redistribución de la tierra de las haciendas a los

[20] A. Ortiz Mena, *op. cit.*, p. 14.

pequeños campesinos o ejidatarios dio origen a la formación de un gran grupo de agricultores de baja productividad y la limitada oportunidad de mejorar su posición económica sin abandonar la más importante ofrenda de la Revolución: su tierra. El adelanto en las condiciones sanitarias colocó a México entre las filas de los países con mayor tasa de crecimiento de población del mundo entero; "la profunda tranformación política" de la Revolución creó la responsabilidad gubernamental de "promover y canalizar el desarrollo económico",[21] que se realizó bien cuando fue evaluado con los parámetros que utilizan los planificadores políticos.

Estas y otras características, demasiado numerosas para mencionarlas, transformaron la estrategia ortodoxa de desarrollo en herramienta para la creación de una sociedad altamente estratificada, en la cual los beneficios derivados del desarrollo se concentran en las manos de una pequeña parte de la población. Esto comenzó con el interés puesto en la necesidad de reinvertir las altas utilidades y llevó a la acumulación rápida de capital por parte de una minoría. La necesidad de aumentar la producción agrícola llevó al desarrollo de una nueva aristocracia basada más en el capital que en la tierra. Finalmente, la senda inexorable hacia el progreso se combinó con una serie de incentivos para alentar la instalación creciente de equipos mecanizados que agudizaron aún más el problema de la absorción de mano de obra.

Como resultado, algunos de los estrategas gubernamentales del desarrollo se encuentran en una situación difícil. Ellos se dan cuenta de que hace falta una serie de políticas para acelerar la absorción de mano de obra en actividades productivas y que esto exigirá costosas inversiones, para cuya financiación el gobierno no dispone de recursos. El papel actual del gobierno es el de facilitar el crecimiento y la expansión de la economía de la empresa privada; poco pensamiento explícito se da al efecto que esto tendría sobre una fuerza laboral cada vez más grande o sobre la distribución del ingreso. Esto se combina con la decisión de abandonar el sector agrícola tradicional, donde está ocupada casi la mitad de toda la fuerza de trabajo, y desarrollar nuevas empresas agrícolas para resolver los apremiantes problemas de provisión de alimentos y productos agrícolas exportables. Puesto que el gobierno es el único que posibilita la existencia de empresas productivas privadas, no es sorprendente que haya pocas oportunidades de nuevos empresarios. Aunque se facilita la infraestructura, las necesidades de capital fijo para mover las empresas nuevas deben llenarse con ahorros individuales o por medio de instituciones financieras; los negocios pequeños están en decidida desventaja en este campo. En la agricultura,

[21] *Ibid.*, p. 2.

la resistencia "tradicional" de los campesinos a sacar partido de la nueva situación, es, parcialmente, una respuesta justificable a la luz de los altos riesgos que habrían tenido que correr por la falta de apoyo de las instituciones financieras y gubernamentales; pero al tiempo en que estos riesgos disminuían a medida que ganaban experiencia o conseguían crédito, las limitadas oportunidades las habían aprovechado los más ricos o, en el mejor de los casos, los que estaban dispuestos a correr riesgos mayores.[22]

Las hipótesis presentadas aquí derivan de la observación de los efectos de una serie de características estructurales de la vida económica y social mexicana. Estos rasgos institucionales tienen tanta influencia en la determinación del efecto del proceso de desarrollo, que aun con el aumento de las tasas de crecimiento económico nacional no hay ninguna razón inherente para esperar adelanto alguno en la posición relativa de los estratos socioeconómicos más bajos. Un cambio tan sólo puede darse si la estrategia se cambia explícitamente para crear las condiciones propicias a una distribución más igualitaria de los beneficios del desarrollo económico nacional. Las reformas dentro del sistema vigente sólo servirán para consolidar el poder actual de las *élites*, tanto internas como foráneas; la redistribución de este poder exige que los trabajadores desempeñen un papel diferente.

Una nueva estrategia que absorba los grupos más pobres demandaría un gran aumento de las inversiones en actividades productivas y en obras públicas rurales; también hacen falta inversiones complementarias en la enseñanza y en las facilidades de crédito que requieren las nuevas actividades económicas. Se necesitarían políticas originales y efectivas para distribuir estos recursos entre los grupos a los que van dirigidas.[23] La simple redistribución del ingreso por medio del sistema impositivo no sería suficiente para corregir las desigualdades actuales, porque hacen falta cambios en la estructura productiva.

Esta nueva estrategia demandaría la distracción de los recursos de los grupos de interés creados por la estrategia actual, que son los que tienen el control de la maquinaria que decide las políticas, y exigiría la preparación e integración de grandes cantidades de trabajadores en los sectores de alta productividad de la economía.

A no ser que los costos sociales de prosecución de la política actual

[22] Para más información sobre este punto y discusión de su aplicabilidad en el escenario mexicano, ver Barkin y King, *op. cit.*, capítulo 7; y David Barkin "Concentración del ingreso dentro del proceso de desarrollo agrícola", *Comercio Exterior*, México, vol. xix, núm. 11, noviembre de 1969, pp. 870-874.

[23] La nueva demanda efectiva que esta redistribución crearía, quizá generaría, a su vez, utilidades más altas que el actual patrón de demanda, debido a la capacidad productiva subutilizada en alguna de las industrias existentes.

lleguen a ser inaceptables debido, por ejemplo, a la amenaza de quebrantamientos internos, es improbable que las clases altas acepten los sacrificios sustanciales —en su consumo y bienes personales— necesarios para lograr la absorción de los desocupados de la fuerza laboral productiva y para la redistribución del ingreso.

IX. UN INTENTO DE ANÁLISIS DE LA DISTRIBUCIÓN PERSONAL DEL INGRESO*

Carlos Tello

En 1934 da comienzo, con la administración de Lázaro Cárdenas, una nueva etapa en el desarrollo económico y social de México. La Revolución Mexicana, iniciada en 1910, estaba, a principios de la década de los años treinta, en peligro. A los campesinos, que hacían marchas de hambre a las capitales de sus Estados y asaltaban los pequeños comercios de los pueblos o formaban ligas campesinas socialistas, había que satisfacerlos con la entrega de tierra por la que habían luchado; a los obreros, que demandaban mejoras en sus condiciones de trabajo y aumentos en sus salarios, también había que satisfacerlos; a los antiguos revolucionarios, ahora convertidos en propietarios, era necesario tomarlos en cuenta, y a la creciente burguesía escucharla. Junto a esto, la Iglesia y el imperialismo continuaban amenazando al país y a su revolución. Era necesario un cambio para institucionalizar la revolución y continuar, sobre bases más sólidas, el desarrollo capitalista de la nación. Cárdenas presenta una solución que es aceptada —aunque en forma desigual— por las distintas clases sociales del país: desarrollo capitalista independiente con una creciente participación del Estado en los asuntos económicos y sociales. Los instrumentos:

1) La aplicación del artículo 27 de la Constitución acelerando el reparto de la tierra.

2) La expedición de certificados de inafectabilidad ganadera y garantías a la pequeña propiedad agrícola.

* En este ensayo no se hace un análisis de la distribución funcional del ingreso (*i.e.*, la forma en que el ingreso se distribuye entre las distintas clases sociales —trabajadores y capitalistas— que contribuyen a formarlo). Es conveniente, desde luego, combinar el enfoque personal con el funcional para tener una visión más completa del fenómeno de la distribución del ingreso. Sin embargo, por el momento, sólo se presenta el análisis de la distribución personal del ingreso a reserva de que, más adelante, se presente un estudio ya integrado. Por otra parte, si bien las cifras que se utilizan son las disponibles, es necesario aclarar desde el principio que la información estadística adolece en esta materia, como en muchas otras, de deficiencias que reconocen los distintos autores e instituciones que las han elaborado. Ello no obstante, las cifras son lo suficientemente confiables y reflejan, en buena medida, la realidad como lo comprueban algunos indicadores indirectos. Asimismo, si bien la información de que se dispone en México se refiere a la *distribución familiar del ingreso*, tanto en el título de este ensayo como en su texto se habla de *distribución personal del ingreso* por ser esta la forma generalmente aceptada de estudiar el fenómeno. Finalmente, quisiera agradecer a varias personas que leyeron el texto original e hicieron comentarios útiles: Manuel Aguilera, Rolando Cordera, Henrique González Casanova, José Andrés de Oteyza y Eduardo Pascual. Publicado originalmente en El Trimestre Económico, núm. 150, pp. 629-657.

3) La promoción de la organización de sindicatos de trabajadores y aplicación del artículo 123 de la Constitución.

4) El fortalecimiento del sistema financiero, multiplicaciones de las instituciones nacionales de crédito agrícola, industrial y de servicios públicos y garantías y apoyo al capital industrial. La política de gasto público se orienta cada vez más al fomento económico y social.

5) La nacionalización de los ferrocarriles, la expropiación del petróleo y el fortalecimiento de la Comisión Federal de Electricidad, supeditando la inversión en energía a la actividad económica interna.

Los resultados de la política cardenista no se hicieron esperar. Durante 1934-1940 el campo se estabiliza, aumentan los propietarios y la producción agrícola no disminuye; los antiguos revolucionarios, convertidos en propietarios, y los ganaderos apoyan las garantías que a la propiedad rural se dan; se satisfacen, en buena medida, las demandas de la clase obrera (de manera principal la que está organizada) y se establece una unión más estrecha entre ésta y el Gobierno. La productividad de la industria manufacturera aumenta; los industriales y financieros ven que mejoran las perspectivas de obtener una mayor tasa de utilidad; en fin, México marcha hacia un desarrollo capitalista independiente con mayor participación del Estado en los asuntos económicos y sociales.

El programa de Cárdenas, cuyo origen se encuentra en la Revolución Méxicana y en la Constitución Política de los Estados Unidos Mexicanos —promulgada en 1917— sirve, además, para que los gobiernos poscardenistas normen su acción aunque, desde luego, con resultados desiguales e inclusive, con diseño de políticas contradictorias al esquema cardenista.

A partir de 1935 se registra un proceso de crecimiento económico sostenido que, si bien estuvo acompañado durante los primeros veinte años por presiones inflacionarias, después se combina con la estabilidad de precios y del tipo de cambio.[1]

El crecimiento sostenido durante más de tres décadas ha estado acompañado de cambios importantes: en tanto que en 1935 algo más del 34% de la población total del país vivía en localidades de 2 500 y más habitantes, en la actualidad el 60% vive en ellas (la población que vivía en localidades de 15 000 y más habitantes pasa, entre 1935 y 1970, de representar el 15% del total de la población al 45%); mien-

[1] Entre 1935 y 1956 la tasa media anual de crecimiento de los precios implícitos en el PBI fue de alrededor de 10%, aunque durante la segunda Guerra Mundial y los periodos posdevaluatorios de la moneda (1948-1950 y 1954-1956) fue más acelerado el incremento; a partir de 1957 los precios han crecido a una tasa media anual de alrededor de 3.5% (ver: *Informes Anuales* del Banco de México, S. A.).

Cuadro 1. Producto bruto interno

(Millones de pesos a precios de 1950)

Años	*Total*	*Agricultura, ganadería, silvicultura y pesca*	*Minería, petróleo, manufacturas, construcción y energía eléctrica*	*Transporte, gobierno, comercio y otros*
1935	17 983	5 007	5 106	7 870
1940	22 889	5 171	6 788	10 930
1945	30 473	6 437	8 996	15 040
1950	41 060	9 242	12 466	19 352
1955	55 312	12 219	16 930	26 163
1960	74 317	14 018	24 603	35 696
1965	99 616	17 272	35 023	47 321
1970 [a]	139 975	18 197	53 191	68 587
		Tasas medias de crecimiento (%)		
1935-1940	4.9	0.7	5.9	6.8
1940-1945	5.9	4.5	5.8	6.6
1945-1950	6.2	7.5	6.8	5.2
1950-1955	6.1	5.7	6.3	6.2
1955-1960	6.1	2.8	7.8	6.4
1960-1965	6.0	4.3	7.3	5.8
1965-1970	7.0	1.0	8.7	7.7

a Estimado.
FUENTE: Banco de México, S. A.

tras que alrededor del 67% de la población económicamente activa en 1935 se dedicaba a actividades agrícolas y similares, en 1970 menos del 46% lo hacía. La estructura de la producción también cambia: la contribución al producto bruto interno de la agricultura, ganadería, silvicultura y pesca, disminuye del 28% al 13% entre 1935 y 1970 y, en cambio, la industria pasa del 28% a alrededor del 40% en el mismo periodo. En forma paralela la infraestructura se expande a un ritmo acelerado: la extensión de la red de caminos pasa de algo más de 5 mil kilómetros en 1935 a más de 70 mil en 1970; la capacidad instalada de energía eléctrica pasa de 550 mil kilovatios a 7 millones y medio entre 1935 y 1970; la producción de petróleo crudo se multiplica más de cuatro veces en el mismo periodo y la superficie beneficiada con obras públicas de riego pasa de 160 mil hectáreas en 1935 a más de tres millones en la actualidad. El crecimiento del país también ha traído aparejados cambios sociales como resultado de la política gubernamental: programas de educación, seguridad social, salud y otros que han mejorado el bienestar social de la población.[2]

No todo el programa cardenista se ha cumplido. Si bien es cierto que la economía mexicana registra un proceso de expansión considerable, que se multiplican las ramas de actividad económica y social en donde el Estado interviene, que se continúa con el reparto de la tierra y se promueven y desarrollan programas tendientes a elevar el bienestar social de la población, en otros capítulos del programa no se alcanza un éxito paralelo. La inversión extranjera crece conforme se expande la economía nacional. La unión más estrecha entre la clase obrera organizada y el Gobierno tiene su precio: la mayor subordinación de los obreros al Gobierno y la pérdida paulatina, aunque desigual, de la democracia en los sindicatos. El reparto de la tierra tuvo como resultado, entre otros, el crecimiento del minifundio.

No es el propósito de este ensayo analizar la evolución económica y social del país a partir de 1935 a la luz del programa cardenista. Sí lo es, sin embargo, ver uno de sus aspectos: la distribución personal del ingreso.

La distribución personal del ingreso: los hechos

Entre 1950 y 1963 —periodo para el cual se cuenta con información—[3] todo parece indicar que la distribución personal del ingreso es desigual; que en ese periodo no se ha hecho más equitativa y que, inclusive, la participación del ingreso total de las personas con más bajos ingresos ha disminuido en el tiempo, permaneciendo, en cambio, prácticamente igual la participación de las personas con mayor nivel de ingreso.

[2] La información se ha tomado de diversas fuentes: Centro de Estudios Económicos y Demográficos, *Dinámica de la población de México*, El Colegio de México, 1970; Banco de México, S. A., *Informes Anuales;* Nacional Financiera, S. A., *50 años de Revolución en Cifras*, México, 1963; Dirección General de Estadística, SIC, Anuarios Estadísticos; C. presidente Gustavo Díaz Ordaz, *VI Informe de Gobierno*, Secretaría de la Presidencia, Mexico, 1970.

[3] Ver Ifigenia M. de Navarrete, *La distribución del ingreso y el desarrollo económico de México*, México, Escuela Nacional de Economía, 1960; Banco de México, S. A., *Encuesta sobre ingresos y gastos familiares*, México, 1963; CEPAL, *Estudio sobre la distribución del ingreso en América Latina* (E/CN. 12/770/Add. 1), 1967; R. W. Goldsmith, *The Financial Development of Mexico*, OECD, 1966; Ifigenia M. de Navarrete, "La distribución del ingreso en México: tendencias y perspectivas", en *El perfil de México en 1980*, Siglo XXI Editores, S. A., 1970; Secretaría de Industria y Comercio, *Ingresos y egresos de la población en México*, 1958.

En tanto que en 1950 el 50% de las familias con más bajos ingresos recibía el 19% del ingreso personal disponible, para 1963 ese mismo 50% sólo recibía el 16%. En el otro extremo, el 20% de las familias con más altos ingresos recibía, en 1950, el 60% del ingreso personal disponible; en 1963, su participación ascendió a cerca del 63%.[4]

El crecimiento medio del ingreso familiar entre 1950 y 1963 fue desigual: sólo el 30% de las familias que reciben los más altos niveles de ingreso, registran un aumento mayor al promedio. En cambio, el 40% de las familias con más bajos ingresos tuvo un crecimiento en sus ingresos sensiblemente inferior al promedio. En todos los casos, sin embargo, hubo un aumento por pequeño que éste haya sido.

De los datos de 1963 se desprende que: conforme aumenta el tamaño de la localidad no sólo el ingreso medio por persona asciende, independientemente de su origen —sueldos, salarios, utilidades, etcétera— (en las ciudades de más de un millón de habitantes es cerca de cuatro veces superior al de localidades de menos de 2 500 personas; en las tres ciudades más importantes del país, donde habitaba en 1963 únicamente el 16% de la población total, se concentraba el 34% del ingreso, en tanto que en las localidades de menos de 2 500 habitantes —45% de la población del país— sólo percibía una cuarta parte del ingreso) sino, además, la distribución del ingreso se acerca más a una curva normal en las zonas urbanas (más de 2 500 habitantes). Asimismo, el ingreso personal se reparte de manera más equitativa en las

[4] Las cifras se han tomado de Ifigenia M. de Navarrete, "La distribución del ingreso en México: tendencias y perspectivas", en *El perfil de México en 1980*, Siglo XXI Editores, S. A., 1970, p. 37. Otros estudios llegan a conclusiones muy similares: por ejemplo, el estudio de la CEPAL, que se menciona en la nota 3 de este trabajo llega a los siguientes datos:

Distribución del ingreso, 1950-1964

Porcentaje de familias en orden creciente de ingresos	PORCENTAJE DE INGRESOS		
	1950	*1956-1957*	*1963-1964*
50	19	16	15
30	21	23	26
20	60	61	59

Para el análisis comparativo que aquí se hace, se utilizan las cifras del estudio de Ifigenia de Navarrete, que ha hecho algunas correcciones para compatibilizar los datos de los distintos años; para la presentación, en detalle, del año de 1963, se utilizan las cifras de la encuesta del Banco de México, S. A., que se mencionan en la nota 3. En todos los casos, los autores mencionan las limitaciones que existen en materia de información.

Cuadro 2. Distribución del ingreso familiar mensual por deciles: 1950, 1958 y 1963

(en por cientos)

Deciles (10% de las familias)	INGRESOS POR GRUPOS *1950* *Por deciles*	*Acumulados*	*1958* *Por deciles*	*Acumulados*	*1963* *Por deciles*	*Acumulados*
Total	100.0	—	100.00	—	100.00	—
I	2.7	2.7	2.22	2.22	1.96	1.96
II	2.4	6.1	2.80	5.02	2.21	4.17
III	3.8	9.9	3.29	8.31	3.22	7.39
IV	4.4	14.3	3.85	12.16	3.72	11.11
V	4.8	19.1	4.54	16.70	4.59	15.70
VI	5.5	24.6	5.52	22.22	5.19	20.89
VII	7.0	31.6	6.29	28.51	6.57	27.46
VIII	8.6	40.2	8.57	37.08	9.90	37.36
IX	10.8	51.0	13.59	50.67	12.74	50.10
X [a]	49.0	100.0	49.33	100.00	49.90	100.00
5%	8.8	8.8	10.70	10.70	11.58	11.58
5%	40.2	49.0	38.63	49.33	38.32	49.90

a El último 10% de las familias en el tope de la escala de ingresos se descompuso en dos partes de 5% cada una.

FUENTE: Ifigenia M. de Navarrete, "La distribución..." *op. cit.*, p. 37.

actividades industriales y de servicios en las agropecuarias, donde más de la mitad de la población dedicada a las labores del campo percibía menos de la cuarta parte del ingreso generado en el sector agropecuario con ingresos personales equivalentes a 125 pesos por mes.[5]

Independientemente de la forma en que la situación descrita ha afectado y condicionado el proceso de expansión de la economía mexicana en los últimos años, es necesario contestar, entre otras, las siguientes preguntas: ¿cuáles han sido los elementos que han condicionado la desigual distribución personal del ingreso en México? ¿por qué es más desigual la distribución personal del ingreso en las zonas rurales de lo que es en las urbanas? ¿cómo se conjuga la desigual distribución personal del ingreso con la Reforma Agraria, el seguro social, la ampliación de la educación, los programas de salud y otras medidas de bienes-

[5] Banco de México, S. A., *Encuesta sobre ingresos... op. cit.*

tar social que ha promovido el Gobierno mexicano? La respuesta a estas y otros preguntas ayudarán a comprender los hechos descritos.[6]

La distribución personal del ingreso: la explicación de los hechos

Mientras que el análisis teórico de la distribución funcional del ingreso ha sido y es uno de los temas de la economía política que más ha preocupado y ocupado a los estudiosos de la economía,[7] poco se ha avanzado en el análisis teórico de la distribución personal del ingreso (no obstante los adelantos que han hecho en su descripción Lorenz, Gini y Pareto).

Sin embargo, todo parece indicar que en las economías con modo

[6] La distribución del ingreso en México en 1963 comparada con la que existía alrededor de 1960, en algunos países latinoamericanos era la siguiente:

País	% DE INGRESOS QUE CORRESPONDE A LOS GRUPOS RECEPTORES (% DE UNIDADES RECEPTORAS DE INGRESO)					
	(20)	*(20)*	*(30)*	*(20)*	*(10)*	*Total (100.0)*
Argentina a	5.2	9.3	21.4	23.2	40.9	100.0
Brasil b	4.2	7.3	19.4	24.1	45.0	100.0
Colombia c	5.9	9.0	18.9	23.5	42.7	100.0
Costa Rica d	6.0	7.8	16.9	23.3	46.0	100.0
El Salvador e	5.5	6.5	16.0	26.4	45.6	100.0
Panamá b	4.9	9.6	19.5	22.0	44.0	100.0
Venezuela d	3.0	6.7	18.9	30.7	40.7	100.0
México d	4.2	6.9	16.3	22.7	49.9	100.0

a Unidades receptoras de ingreso: personas.
b Unidades receptoras de ingreso: población remunerada.
c Unidades receptoras de ingreso: población activa.
d Unidades receptoras de ingreso: familias.

FUENTE: Todos los países, excepto México: CEMLA, *Boletín Mensual,* abril de 1969, p. 179 (las estimaciones originales son de la CEPAL), citado por Ifigenia M. de Navarrete, "La distribución...", *op. cit.,* p. 47.

Mientras que el 10% de las personas con más altos ingresos en estos países latinoamericanos disponían del 41 al 46% del ingreso total, en México el 10% disponía de cerca del 50% del total de ingresos; en el otro extremo, el 40% de la población con ingresos bajos, disponía en México de un porcentaje menor del ingreso total del que disponía en esos países latinoamericanos (con la excepción de Venezuela). Es decir, alrededor del año de 1960 el ingreso personal estaba más concentrado en México que en varios países latinoamericanos, si bien las diferencias se pueden explicar, en parte, por ser distintas las unidades receptoras de ingreso.

[7] Para un análisis histórico de las distintas teorías de la distribución funcional del ingreso véase: Nicholas Kaldor, "Alternative Theories of Distribution" en *Essays on Value and Distribution.*

de producción capitalista, uno de los elementos que explican la distribución personal del ingreso es la forma en que se distribuye la propiedad de los medios de producción. A este elemento habría que añadir: la proletarización de la población económicamente activa; la organización de los trabajadores en sindicatos; el nivel de preparación —en términos de escolaridad— de la población económicamente activa y su movilidad ocupacional, entre otros. El ingreso puede crecer, e inclusive se puede afirmar que todos los miembros de una sociedad tienen —en términos reales— un mayor ingreso. Pero el crecimiento, por sí mismo, no es una garantía para lograr una distribución más equitativa del ingreso.[8]

a) *La concentración de la propiedad de los medios de producción*

Si bien es cierto que el modo de producción predominante en México a mediados del siglo XIX ya era el capitalista, es a partir de la Revolución de 1910 —fortalecida con las reformas y la política cardenista— cuando se sientan las bases para su rápido desarrollo.

Como resultado de ello, se expande y diversifica la producción industrial y crece —en forma paralela— el número de obreros. Como era de esperarse, en este proceso de expansión se ha ido conformando en la industria del país una situación en donde la propiedad de los medios de producción, y la producción industrial misma, se encuentran concentrados en un número cada vez más reducido de establecimientos.

[8] Véase, por ejemplo, J. E. Meade *Efficiency, Equality and the Ownership of Property*, Londres, 1964. También, R. Blackburn "Inequality and Exploitation" en *New Left Review*, Núm. 42, marzo-abril, 1967. Por otro lado, es interesante notar que, por ejemplo, entre 1947 y 1965 en los Estados Unidos no se registró un cambio en la distribución personal del ingreso, a pesar del auge y prosperidad que caracterizan a la economía norteamericana en ese periodo:

Distribución del ingreso familiar en Estados Unidos

% de familias en orden creciente de ingresos	*Ingreso (%)* 1947	1965
20	5	5
20	12	12
20	17	18
20	23	24
20	43	41

FUENTE: *Statistical Abstract of the United States,, 1968.*

En 1965 existían en el país 136 066 establecimientos indústriales que ocupaban algo más de un millón cuatrocientas mil personas; el capital invertido de estos establecimientos era de cerca de 95 mil millones de pesos y el valor de la producción de 121 561 millones. La magnitud de la concentración industrial se puede apreciar en el cuadro 3.

Cuadro 3. Estructura del sector industrial, 1965

Grupo de valor de la producción (miles de pesos)	*Número de establecimientos*	*Capital invertido* [a]	*Valor de la producción* [a]
Total	136 066	95 664	121 561
Hasta 10 000	134 004	21 840	30 161
de 10 001 a 20 000	945	10 353	13 259
de 20 001 a 50 000	710	18 940	21 914
de más de 50 001	407	44 531	56 227

a Millones de pesos.
FUENTE: Secretaría de Industria y Comercio, *VIII Censo Industrial,* México, 1967, pp. 141-170. Excluye extracción y refinación de petróleo, electricidad y construcción.

Es decir, el 1.5% de los establecimientos industriales en México en 1965 disponía del 77.2% del capital invertido en la industria y aportaba el 75.2% del valor de la producción. Asimismo, menos de 0.3% de los establecimientos (es decir, 407) poseía más del 46% del capital invertido y aportaba también más del 46% del valor de la producción.

Los datos anteriores, de por sí muy reveladores del estado que guarda en el país la concentración de la propiedad de los medios de producción en la industria, no revelan toda la realidad. En efecto, estas cifras sólo se refieren al número de establecimientos industriales y no a los propietarios de esos establecimientos.[9] De esta forma, si se considera que varios establecimientos pertenecen a un mismo dueño se puede tener una mejor idea de la verdadera concentración de la propiedad industrial en México.

La situación en 1960 no es muy distinta a la que se observa en 1965. El 1.7% de los establecimientos industriales en México en 1960 disponía de más del 75% del capital invertido en la industria y aportaba el 78% del valor de la producción; sólo el 0.5% de los establecimientos (480 establecimientos) disponía del 53% del capital y aportaba el

[9] Véase: Secretaría de Industria y Comercio, *VIII Censo Industrial,* México, 1967, p. XV.

54.6% del valor de la producción.[10] En 1950, la situación es similar aunque el grado de concentración es menor.

No es el propósito de este ensayo precisar las causas de esta situación; tampoco es el de analizar su evolución en los últimos años. Ello formaría parte de un trabajo mucho más amplio. Por el momento, es suficiente apuntar que: *a)* el caso mexicano no es un caso especial, por lo contrario, corresponde a lo que se observa en los países que operan bajo el modo de producción capitalista; *b)* la concentración de la propiedad de los medios de producción en unos cuantos establecimientos, que en la actualidad se observa, es mayor que la que se registró en el pasado y, seguramente, menor de la que se registrará en el futuro; *c)* la concentración se observa tanto a nivel global como por clases de actividad industrial; *d)* los propietarios de un establecimiento lo son, con mucha frecuencia, de otros; *e)* a nivel regional también existe fuerte concentración y, *f)* los propietarios de los establecimientos con frecuencia son extranjeros.[11]

La tierra, la maquinaria, las construcciones y, en general, la propiedad de los medios de producción en las actividades agropecuarias se encuentran —como en la industria— altamente concentrados.

En 1960 cerca de 24 mil predios no ejidales[12] disponían de más de

[10] Secretaría de Industria y Comercio, *VII Censo Industrial*, México, 1965, pp. 211 y 736.

[11] Para la descripción y análisis del desarrollo industrial de México a partir de 1940 y para la evaluación de las políticas gubernamentales de promoción industrial, véase: Timothy King, *México: Industrialization and Trade Policies Since 1940*, Oxford University Press, Londres, 1970.

[12] Para facilitar la presentación, sólo dos tipos de propiedad de la tierra se consideran: ejidal y no-ejidal. Cerca del 90% de la superficie total explotada es ejidal o privada. Así, cuando se habla de superficie no-ejidal se puede leer, con las salvedades del caso, superficie privada:

Tipo de propiedad	SUPERFICIE EXPLOTADA *Millones de has.*	*%*
Total	169.1 a	100.0
Privada	102.8	60.9
Ejidal	44.5	26.3
Comunal	8.7	5.1
Federal	1.4	0.8
Estatal	2.4	1.4
Municipal	7.9	4.7
Otros	1.4	0.8

a La superficie total del país es, aproximadamente, de 200 millonnes de hectáreas.
FUENTE: Secretaría de Industria y Comercio, *IV Censo Agrícola, Ganadero y Ejidal 1960*, México, 1965, pp. 43 y siguientes.

Cuadro 4. Predios no-ejidales clasificados por su superficie total,* 1960

Tamaño de la propiedad (has.)	*Número de predios (en miles)*	*(%)*	*Superficie explotada (%)*
Total	1 346	100.0	100.0
Hasta 5	899	66.0	1.1
de 5.1 a 10	94	7.0	0.5
de 10.1 a 25	132	9.8	1.7
de 25.1 a 50	70	5.2	2.0
de 50.1 a 100	59	4.4	3.3
de 100.1 a 200	41	3.0	4.6
de 200.1 a 500	27	2.0	6.6
de 500.1 a 1 000	11	0.8	5.9
de 1 000.1 a 5 000	9	0.7	17.7
de más de 5 000	4	0.3	56.6

* Incluye superficie de labor, pastos y bosques principalmente.
FUENTE: Secretaría de Industria y Comercio, *IV Censo Agrícola, Ganadero y Ejidal 1960,* México, 1965, pp. 16 y siguientes.

100 millones de hectáreas; de ellos, 3 800 disponían de cerca de 71 millones. En el otro extremo, alrededor de 900 mil predios no-ejidales —con una superficie promedio de 2 hectáreas cada uno— disponía de sólo 1% del total de la superficie no ejidal explotada.[13]

De esta forma el 1% de los propietarios (presuponiendo que a cada predio corresponde un propietario) disponía del 71% de la superficie total no-ejidal explotada; en cambio, el 1% de esa superficie se repartía entre el 67% de los propietarios.

La existencia paralela de grandes propiedades y minifundios también se observa en la superficie de labor no-ejidal. El 1.3% de los pre-

[13] Estas cifras se observan en el cuadro siguiente:

Superficie explotada, 1960
(Millones de has.)

Clasificación de tierras	*Total*	*Ejidal*	*No-Ejidal*
Total	169.1	44.5	124.6
de labor	23.8	10.3	13.5
con pastos	79.1	19.6	59.5
con bosques	43.7	8.0	35.7
otras	22.5	6.6	15.9

FUENTE: *Ibid.*, pp. 1 ss.

Cuadro 5. Predios no-ejidales clasificados por su superficie de labor, 1960

Tamaño de la propiedad (has.)	NÚMERO DE PREDIOS *(en miles)*	*(%)*	SUPERFICIE DE LABOR *(en miles de has.)*	*(%)*
Total	1 201	100.0	13 490	100.0
Hasta 5	929	77.2	1 461	10.8
de 5.1 a 10	95	8.0	665	4.9
de 10.1 a 25	103	8.6	1 581	11.7
de 25.1 a 50	37	3.1	1 280	9.5
de 50.1 a 100	22	1.8	1 499	11.1
de 100.1 a 200	10	0.8	1 329	9.9
de 200.1 a 400	3	0.3	888	6.6
de más de 400	2	0.2	4 787	35.5

FUENTE: *Ibíd.*, pp. 25 ss.

dios disponía en 1960 de más de la mitad de la superficie de labor no ejidal; en el otro extremo, el 11% de la superficie de labor no ejidal se distribuía entre el 77% del total de los propietarios.

El minifundio también predomina en la explotación ejidal. Por sus características, las tierras ejidales se pueden considerar como más apropiadas para su explotación colectiva. Sin embargo, la mayoría de los ejidatarios (97%) explotan sus tierras en forma individual. La estructura de tenencia de la tierra en los ejidos era en 1960 la siguiente:

Cuadro 6. Superficie media de labor individual por ejidatario en posesión de tierras

Tierra de labor por ejidatario (has.)	EJIDOS *Número*	*%*	EJIDATARIOS *Número*	*%*
Total	18 301	100.0	1 512 125	100.0
Hasta 1	1 124	6.2	147 118	9.7
de 1.1 a 4	5 681	31.0	521 044	34.5
de 4.1 a 10	7 878	43.0	612 984	40.5
de más de 10	2 618	19.8	230 979	15.3

FUENTE: *Ibíd.*, p. 556.

Combinando las parcelas ejidales explotadas en forma individual con los predios no ejidales tenemos que en 1960 el 0.6% del total de los predios (ejidales y no-ejidales) comprendía el 30% del total de la superficie de labor del país; las cifras en 1950 fueron: 0.98% y 34% respectivamente. En el otro extremo, el 50% del total de los predios se repartía el 12% del total de la superficie de labor en el país; las cifras en 1950 fueron: 54% y 14% respectivamente.[14]

Junto a la concentración de la propiedad de la tierra en México existía, en 1960, concentración de la propiedad de otros medios de producción. Del total de predios no-ejidales menos del 0.05% poseía cerca del 49% del total del valor de la maquinaria, implementos y vehículos de los predios no-ejidales. De los 54 537 tractores que existían en el país en 1960, 43 501 estaban en posesión de relativamente grandes propietarios privados y el resto en los ejidos; de las 3 840 trilladoras mecánicas combinadas, 3 314 estaban en posesión de grandes propietarios privados y el resto en los ejidos; el 67% de los camiones los poseían los grandes propietarios privados; del total de la superficie de labor en 1960 en donde se utilizó tracción mecánica fundamentalmente (algo más de un millón 600 mil hecáreas) el 99% fue en grandes propiedades privadas y de los días-tractor trabajados, el 81% se efectuaron en estas propiedades privadas. Por otro lado, la maquinaria agrícola se concentra en las zonas que han sido beneficiadas con obras de irrigación (60% de los camiones y camionetas; 63% de los tractores; 73% de las trilladoras mecánicas combinadas, etcétera).[15]

Como resultado de un desarrollo desigual en las actividades agropecuarias, han sido los propietarios de los medios de producción los que más se han beneficiado. Se produce en el campo, de esta forma, un proceso similar al que se observa en la industria, en donde el desarrollo del modo de producción capitalista elimina al artesano, favoreciendo e impulsando la producción en masa. Es así como han estado apareciendo cada vez más en el campo fenómenos como el alquiler de parcelas (que convierte a los agricultores en rentistas-asalariados o simplemente rentistas) y el control, por parte de empresas —muchas veces extranjeras—, de tierras para el abastecimiento de materias primas que requieren los productos que elaboran.

En las actividades comerciales, como en las industrias agropecuarias, también se observa una considerable concentración de la propiedad de los bienes de producción. En 1960, el 0.6% del total de los estableci-

[14] Para la descripción y análisis de la evolución de la tenencia de la tierra entre 1910 y 1960, véase Carlos Tello, La *tenencia de la tierra en México*, Instituto de Investigaciones Sociales, UNAM, 1968.

[15] Los datos se han tomado del *IV Censo Agrícola, Ganadero... op. cit.*, y de los informes estadísticos de la Secretaría de Recursos Hidráulicos.

mientos disponía del 47% del total del capital invertido en esa actividad; en cambio, cerca del 88% del total de los establecimientos sólo disponía del 7.7% del total del capital invertido. Asimismo, ese 0.6% de los establecimientos obtuvo, en 1960, cerca del 50% de los ingresos por ventas. En 1965 la situación no cambio de manera significativa: cerca del 85% de los establecimientos comerciales censados disponía apenas de algo más del 5.5% del total del capital invertido y sus ingresos por concepto de ventas representaban menos del 10% del total.[16] En los servicios la situación es similar: en 1965 cerca del 87% de los establecimientos disponía del 9.3% del capital invertido; en 1960 las cifras son 90% y 9.7% respectivamente.[17] En la industria, en la agricultura y ganadería, en el comercio y, en general, en todos los servicios (inclusive los financieros y bancarios, donde dos sistemas bancarios controlan prácticamente esta actividad) se aprecia una concentración de la propiedad de los bienes de producción. Ello, en parte, explica por qué el ingreso personal en México está concentrado. Hay otros factores que también contribuyen a entender el fenómeno.

b) *La proletarización de la población económicamente activa y la débil organización sindical*

Durante los últimos años, como resultado del crecimiento económico, se han ensanchado las oportunidades de empleo. Inclusive grupos importantes de trabajadores se ocupan en actividades de mayor productividad.

Entre 1950 y 1960, la población económicamente activa pasó de 8 millones 345 mil a 11 millones 332 mil. Por ramas de actividad económica, del total del incremento, las actividades agropecuarias y forestales absorbieron el 42%; las industriales el 28% y el comercio y los servicios el 30%.[18] Lo anterior refleja que, a pesar de la transformación económica que el país ha tenido y el fuerte proceso de expansión urbana que se ha registrado, la industria no ha podido absorber mayores contingentes de mano de obra; los servicios y las activi-

[16] Para 1960, véase: Secretaría de Industria y Comercio, *IV Censo Comercial 1960*, México, 1965. Para 1965, Véase: Secretaría de Industria y Comercio, *V Censo Comercial 1966*, México, 1968.

[17] Secretaría de Industria y Comercio, *V Censo de Servicios 1965*, México, 1967, p. 85, y *IV Censo de Servicios, 1961*, México, 1965, p. 116.

[18] Secretaría de Industria y Comercio, *Anuarios Estadísticos*. Las cifras para el periodo 1930-1960 no son muy distintas: las actividades agropecuarias absorbieron el 41%; las industriales el 26% y los servicios el 33%, lo que refleja —en el largo plazo— la relativamente poca capacidad de absorción de empleo de las actividades industriales.

dades comerciales se han multiplicado, lo que obedece, en buena medida, a la proliferación de intermediarios y el desempleo disfrazado y, por último, en las actividades agropecuarias y forestales —que son las que absorben el mayor porcentaje del incremento— se ha aumentado la presión del hombre sobre la tierra, sobre todo si tenemos presente la estructura de la tenencia de la tierra.[19]

El incremento de la población económicamente activa entre 1950 y 1960 se ha visto acompañado por una creciente proletarización:

Cuadro 7. Población económicamente activa, 1950 y 1960

(Miles de personas)

Posición en la ocupación	*1950*	*1960*
Total	8 345.2	11 332.0
8 a 11 años	–	78.7
12 y más años	8 345.2	11 253.3
Obreros	2 967.0	5 774.3
Empleados	891.3	1 487.2
Patrones o empresarios	76.6	87.7
Trabajan por su cuenta	3 427.7	3 793.1
Ayudan a la familia sin retribución	982.6	111.0

FUENTE: Secretaría de Industria y Comercio, *Anuarios Estadísticos.*

Es decir, en tanto que los obreros y empleados representaban en 1950 el 46% del total de la población económicamente activa, en 1960 representaron el 65% (los obreros pasaron del 36% al 51% del total de la población económicamente activa); en cambio los que trabajan por su cuenta apenas aumentaron en términos absolutos.

La proletarización que se observa en el periodo 1950-1960 ha estado acompañada de un proceso de ocupación en actividades cuya productividad es baja.[20]

[19] El Centro de Investigaciones Agrarias estima en alrededor de 3 millones y medio el número de campesinos con derechos insatisfechos a dotación de tierras.

[20] Se ha estimado que en 1960 cerca del 40% de la población económicamente activa estaba ocupada en actividades con baja productividad. (Véase: David Ibarra, "Mercados, desarrollo y política económica; perspectivas de la economía de México" en *El perfil de México en 1980, op. cit.*, p. 130). Además, en 1965 el valor agregado por hombre ocupado en la industria —que aumenta conforme crece el tamaño de la empresa— era muy desigual. Sólo el 34% de los trabajadores se situaba por encima del promedio. (Véase el cuadro de "Actividades industriales*" de la página siguiente.)

Cuadro 8. Actividades industriales, 1965*

(Millones de pesos)

Grupo de valor de la producción bruta total (miles de pesos)	*Salarios, sueldos y prestaciones sociales (A)*	*Producción bruta total (B)*	*Valor agregado censal (C)*	*A/B (%)*	*A/C (%)*
Total	19 077	121 561	46 622	15.7	40.9
Hasta 25	79	788	530	10.0	14.8
de 26 a 100	308	1 686	910	18.3	33.9
de 101 a 500	742	3 405	1 531	21.8	48.5
de 501 a 1 500	1 029	4 387	1 967	23.5	52.3
de 1 501 a 3 000	1 123	4 957	2 198	22.6	51.1
de 3 001 a 5 000	1 032	5 213	2 096	19.8	49.2
de 5 001 a 10 000	1 820	9 724	3 818	18.7	47.7
de 10 001 a 20 000	2 308	13 259	5 041	17.4	45.8
de 20 001 a 50 000	3 392	21 914	7 941	15.5	42.7
de más de 50 000	7 244	56 227	20 589	12.9	35.2

* Excepto extracción y refinación de petróleo, electricidad y construcción.
FUENTE: Secretaría de Industria y Comercio, *VII Censo Industrial, op. cit.*, p. 141.

Por sectores de actividad económica la situación es aún más clara. En las actividades industriales no sólo existe una importante concentración de la propiedad de los medios de producción, una importante proletarización y un alto porcentaje de la fuerza de trabajo empleadas

Actividades industriales *

Grupo de valor de la producción bruta total (miles de pesos)	*Valor agregado censal (millones de pesos) (A)*	*Número de trabajadores* [a] *(miles) (B)*	*(pesos) A/B*
Total	46 622	1 410	33 068
Hasta 25	530	124	4 276
de 26 a 100	910	100	9 125
de 101 a 500	1 531	120	12 736
de 501 a 1 500	1 966	116	16 909
de 1 501 a 3 000	2 198	106	20 788
de 3 001 a 5 000	2 095	94	25 094
de 5 001 a 10 000	3 818	131	29 092
de 10 001 a 20 000	5 041	148	34 008
de 20 001 a 50 000	7 941	186	42 698
de más de 50 000	20 589	295	69 824

* Excepto extracción y refinación de petróleo, electricidad y construcción.
a Incluye empleados y obreros.
FUENTE: Secretaría de Industria y Comercio, *VII Censo Industrial, op. cit.*, p. 141.

en actividades con baja productividad sino, además, a medida que crece el tamaño de la empresa —y esto ha sucedido en México— el grado de explotación de la clase obrera también aumenta, salvo en los muy pequeños establecimientos industriales que ocupan menos de 5 personas.[21] En 1965, la situación era la que muestra el cuadro 8.

De esta manera, a medida que crece el tamaño de la empresa, aumenta el capital por hombre ocupado y se tecnifica más el proceso productivo aumentando el grado de explotación. Los trabajadores industriales no han podido contrarrestar esa tendencia.

Las agrupaciones de trabajadores en la industria —organizados en forma de sindicatos— han crecido, como también lo han hecho los agremiados. Sin embargo, la población sindicalizada ha mantenido su participación en términos relativos, lo cual ha dado lugar a un marcado debilitamiento de su fuerza contractual, frente a una clase empresarial cada día más fuerte y mejor organizada. En 1960, del total de trabajadores en la industria el 35.5% estaba sindicalizado; en 1965 el 35.3%.[22]

Para las empresas industriales la acumulación de capital es una necesidad, ya que no tienen otra alternativa que la de seguir explotando al trabajador para así poder subsistir. Es decir, la permanencia misma de la empresa en el mercado hace que busque —y trate de obtener a cualquier costo— una tasa de utilidad que por lo menos sea similar a la registrada en el pasado y a la que prevalece en la industria o actividad en que se desenvuelve la empresa. Si no logra lo anterior se verá absorbida por otra empresa que sí lo consiga. Como es natural, no todas lo logran, y por ello —en parte— se registra una creciente concentración de la producción y de la propiedad de los medios de producción. En este proceso se capitaliza y tecnifica más la producción y crece, en consecuencia, la composición orgánica del capital. El capitalista siempre actúa teniendo presente los intereses de la clase social a la que pertenece y que, invariablemente, entran en conflicto con los de la clase obrera. Si cuenta, además, con una amplia oferta de trabajadores, cuya fuerza contractual es débil, con actitudes gremiales por parte de los trabajadores y con la propiedad de los medios de producción concentrados, su posición relativa en las negociaciones obrero-patronales es mucho más fuerte. Esto ha pasado en las actividades industriales en México.

La proletarización en el campo también ha sido importante. Entre

[21] Este hecho es fácilmente explicable ya que en los pequeños establecimientos los miembros de la familia participan de las utilidades.

[22] Secretaría de Industria y Comercio, *Anuario Estadístico*, México 1969, pp. 60 y 321.

1950 y 1960 los obreros en las actividades agropecuarias pasaron de un millón 430 mil a tres millones 270 mil. Durante la década de los años cuarenta se suponía que el desarrollo urbano-industrial absorbía el aumento de la fuerza de trabajo generada por el crecimiento demográfico tanto en la ciudad como en el campo. Sin embargo, la expansión de las actividades industriales y comerciales, aunque importante, no ha sido lo suficientemente intensa para dar ocupación a la creciente oferta de mano de obra del campo.

El rápido crecimiento de la población rural, en términos absolutos, junto a una estructura productiva que se ha caracterizado por una marcada tendencia hacia una mayor concentración de la propiedad de la tierra y de los otros medios de producción, determinó un aumento paralelo de proletariado rural. La fuerza de trabajo adicional, generada por el crecimiento demográfico, se incorporó al mercado de trabajadores asalariados; a este contingente comenzaron a sumarse, asimismo, los minifundistas que han abandonado sus minúsculas parcelas o bien aquellos que no pueden obtener ingresos suficientes para su subsistencia.

El proceso de proletarización rural no ha venido acompañado, por otra parte, de una vigorosa organización sindical. Lejos de ello, la población afiliada a organizaciones sindicales ha disminuido en términos absolutos y relativos.

En tales condiciones, la presencia de una oferta de mano de obra, carente de fuerza contractual y que aumenta con extraordinaria rapi dez, ha estado presionando sobre el nivel de salarios reales de la población rural.

A lo anterior hay que añadir que en 1960, el 52% de la población rural mayor de 6 años era analfabeta; el 51% de la población rural no comía, en ese mismo año, pan de trigo, carne, pescado, leche y huevos y el 23% de la población del campo andaba descalza. Más del 90% de los jornaleros y obreros agrícolas no estaban agremiados en 1960 y la seguridad social sólo amparaba a 80 000 beneficiarios en el campo.[23] Es decir, la masa campesina se encuentra política, económica y socialmente marginada.

En la interacción de la concentración de la propiedad de la tierra, del minifundismo y la proletarización rural se encuentra el origen de la marcada desigualdad en la distribución del ingreso prevaleciente en el campo. Los minifundistas y los jornaleros, que representan más del 60% de la población campesina, reciben un ingreso equivalente al 40% del ingreso promedio agrícola. Estas cifras ponen de relieve que

[23] Dirección General de Estadística, los datos aparecen en Pablo González Casanova, *La democracia en México*, Ediciones Era, México 1965, pp. 62 en adelante.

el problema crucial no reside únicamente en que el ingreso de los campesinos sea bajo, sino en que se encuentra desigualmente distribuido, a consecuencia del tipo de relaciones de producción reinantes en el campo, que tienden a favorecer a los grandes propietarios.[24]

En los servicios y el comercio, en donde apenas el 15% del total de la población económicamente activa estaba agremiada en 1965, el grado de explotación es mayor que el que se registra en la industria. Así, por ejemplo, en las actividades comerciales se observa que, en 1965, el grado de explotación aumenta conforme crece el establecimiento comercial (con la excepción de los pequeños establecimientos comerciales donde se ocupa generalmente a miembros de la familia) aunque no en forma tan pronunciada como en la industria:

Cuadro 9. Actividades comerciales, 1965

(Millones de pesos)

Grupo de ventas de mercancías más ingresos diversos (millares de pesos)	*Sueldos, salarios y prestaciones sociales (A)*	*Venta de mercancías más ingresos diversos (B)*	*Valor agregado censal (C)*	*A/B (%)*	*A/C (%)*
Total	5 642	76 216	19 439	7.4	29.0
Hasta 25	27	2 219	821	1.2	3.3
de 26 a 100	170	5 225	1 710	3.2	9.9
de 101 a 500	522	7 824	2 272	6.7	23.0
de 501 a 1 500	634	7 466	1 969	8.5	32.2
de 1 501 a 3 000	657	7 461	1 859	8.8	35.3
de 3 001 a 5 000	584	7 070	1 686	8.3	34.6
de 5 001 a 10 000	861	10 505	2 462	8.2	35.0
de 10 001 a 20 000	777	9 974	2 384	7.8	32.6
de 20 001 a 50 000	783	9 759	2 272	8.0	34.5
de más de 50 000	626	8 713	2 004	7.2	31.2

FUENTE: Secretaría de Industria y Comercio, *V Censo Comercial*, 1966, México, 1968, p. 105.

La rápida expansión del comercio y los servicios como fuente ocupacional es reveladora, por otra parte, de que el proceso de creación de empleos en gran medida no se ha sustentado en el desarrollo de la

[24] Véase M. Aguilera, "La paradoja del campo mexicano: excedentes agrícolas y miseria rural" en *México Agrario*, Núm. 2, México, 1969.

base productiva del país, sino que ha obedecido a una expansión mercantil desorbitada que contribuye a la subocupación urbana.

La creciente concentración de la propiedad de los medios de producción, combinada con una también creciente proletarización de la población económicamente activa y una amplia oferta de mano de obra, en las distintas ramas de actividad económica explican, en buena medida, la desigual distribución personal del ingreso en México.

La expansión proporcionalmente lenta de las oportunidades de empleo —y de subempleo— de las actividades industriales y de servicios en las zonas urbano-industriales y el aumento absoluto del número de campesinos y del proletariado rural ha venido creando conflictos sociales y políticos.

En repetidas ocasiones el Estado ha tomado medidas específicas y formales para salvaguardar los intereses de grupos determinados de la población que se encontraban en condiciones críticas y que presentaban un problema social y político, pero una vez producido un alivio temporal para tales grupos, se han restablecido las condiciones anteriores por no afectarse las estructuras que generaron el problema, resultando al final de cuentas inútiles —como solución activa— los considerables recursos y esfuerzos invertidos en la operación. Sin duda el caso más dramático al respecto se registra en el ámbito rural, donde los esfuerzos gubernamentales —en materia de reforma agraria y, por tanto, de distribución de la riqueza— no han tenido el éxito correlativo a su magnitud.

Los mecanismos por los cuales contratan su trabajo campesinos y obreros o por los cuales actúan los empresarios, no corresponden a un proceso de negociación social en que intervengan de manera significativa consideraciones específicas —de mayor o menor necesidad económica— de sus habitantes. En realidad tales fuerzas son manipuladas por los grupos económicamente poderosos y la negociación, cuando existe, se basa en la fuerza relativa de las partes. Si los problemas económicos más agudos del país se dan en el campo es, entre otras causas, precisamente porque los campesinos tienen un menor poder de negociación y carecen de condiciones apropiadas para la defensa de sus intereses. Los obreros cuentan con instrumentos más adecuados para ello y, en tal vitrud, aunque su situación no puede considerarse privilegiada, lo es en relación a la de los campesinos. En las zonas urbanas se percibe claramente que, aun cuando el nivel de vida es superior en general al de las rurales, los sectores de la población de las ciudades que no tienen la organización o la fuerza económica apropiadas, se hallan a menudo en condiciones lamentables.

c) *Movilidad ocupacional y escolaridad*

La importante y creciente concentración de la propiedad de los medios de producción, la proletarización de la población económicamente activa, el reducido número de trabajadores organizados en sindicatos, el alto porcentaje de ocupados en actividades de baja productividad y la relativamente poca eficacia de la acción del Estado para lograr una más equitativa distribución personal del ingreso en el país le plantea al obrero —urbano y rural— la necesidad de movilizarse dentro de la escala ocupacional [25] y/o obtener una mejor educación [26] como caminos para elevar su ingreso personal.

Sin embargo estos dos caminos han ofrecido posibilidades limitadas para los trabajadores. Si bien en el transcurso de los distintos regímenes posrevolucionarios aumentó notablemente la movilidad económica y social, también es cierto que dicha movilidad no fue suficiente más que para favorecer a un número relativamente pequeño de privilegiados y que el grueso de los trabajadores permaneció en la misma ocupación que su padre. De hecho, la mayor movilidad se ha presentado en lo que podría denominarse "los estratos medios",[27] pero aun ahí hay indicios de que en años recientes la sociedad tiende a estratificarse más rígidamente.

[25] Entre más alto es el estrato ocupacional mayor es el ingreso *per capita.* De acuerdo con ocho estratos ocupacionales (No manuales: I ejecutivos, II profesionistas y técnicos, III oficinistas y empleados, IV comerciantes y vendedores. Manuales: V en minas y petróleo, VI en producción de bienes y servicios, VII servicio personal y VIII todos los trabajadores en la agricultura) el ingreso personal desciende a medida que se baja en la escala (el número romano indica el estrato ocupacional): I) 4 364 pesos al mes, II) 3 345, III) 957, IV) 716, V) 696, VI) 595, VII) 375 y VIII) 360. Véase Reyna, J. L., Manuel Villa y K. Albrechtsen "Dinámica de la estratificación social en algunas ciudades pequeñas y medianas de México" en *Demografía y Economía*, Vol. I, núm. 3, El Colegio de México, México, 1967, p. 374.

[26] El ingreso personal también aumenta conforme se cursan más años de escuela. Con un año de escuela el ingreso medio fue de 844 pesos al mes en 1963: con cuatro años, 926; con seis, 1 213; con ocho, 1 708; con once, 2 156; con trece, 2 921 y con dieciséis, 4 946. Véase D. B. Keesing, *The Process of Educational Growth,* documento mimeografiado, elaborado con datos de M. Carnoy "Returns to schooling in Latin America", *Journal of Human Resources*, Vol. 2, 1968. Véase también el artículo de Martin Carnoy "Earnings and Schooling in Mexico" que aparece en *Economic Development and Cultural Change*° Vol. 15, núm. 4, julio de 1967. (Ambos trabajos se reproducen en *Serie de Lecturas*, núm. 4).

[27] La mayor movilidad ocupacional en "los estratos medios" explica, en parte, las mejoras en el nivel de ingreso de las familias en esa categoría (véase nota de pie de página núm. 4 de este ensayo).

Cuadro 10. Movilidad ocupacional, 1963

Estrato del hijo		MOVILIDAD CON RESPECTO AL PADRE Ascendente	Igual (%)	Descendente	Número de trabajadores[a] (en miles)
I	Gerentes, administradores y funcionarios	63.54	27.68	8.76	282
II	Profesionistas y técnicos	78.05	20.18	1.76	402
III	Oficinistas	59.09	24.28	16.62	827
IV	Vendedores	59.72	31.68	8.59	892
V	Trabajadores en minas y petróleo	12.02	76.07	11.90	69
VI	Artesanos y trabajadores dedicados a la producción de bienes y servicios	14.81	63.22	21.97	2 040
VII	Trabajadores en servicios	14.71	43.06	42.23	847
VIII	Todos los trabajadores en la agricultura	0.61	97.29	2.10	5 051

[a] Totales sobre los que se extrajeron los porcentajes.

FUENTE: J. L. Reyna, "Algunas dimensiones de la movilidad ocupacional en México: un análisis global", en *Demografía y Economía,* Vol. II, Núm. 2, El Colegio de México, 1968, p. 254.

No sólo el grueso de los trabajadores manuales tiene una ocupación similar a la del padre sino que, además, su categoría ocupacional ha permanecido estática e, inclusive, su movilidad espacial es insignificante. Para 1964-1965 la situación fue la que indica el cuadro 11.

Es decir, 92.3% del total conservaron el mismo empleo durante los últimos cinco años. De los que cambiaron el 2.4% tenen la misma categoría; 3.7% tenían un empleo inferior y ganaron cambiando al que ahora tienen y, por el contrario, el 1% empeoró con el cambio de empleo.

Los esfuerzos que en materia educativa ha hecho el Estado son considerables. Del total de la población de seis años o más, el número de analfabetos se reduce —en términos absolutos y relativos— entre 1950 y 1965 (en este último año menos del 31% de la población mayor de seis años era analfabeta); la asistencia media a instituciones de enseñanza a nivel primario aumentó 147% entre 1950 y 1965; la asistencia en el nivel medio aumentó en ese periodo 552% y en el nivel superior cerca de 800%. En cambio la población de seis años o más sólo aumentó 59% en esos años.

Cuadro 11. Trabajadores actualmente en la República Mexicana, según lugar donde han trabajado en los últimos cinco años y categorías que han tenido en su trabajo en relación con su empleo actual, 1964-1965

(en miles de personas)

Entidades en donde han trabajado en los últimos cinco años [a]	CATEGORÍAS QUE HAN TENIDO EN RELACIÓN CON SU EMPLEO ACTUAL					
	Total	*El mismo empleo*	CAMBIANDO			
			Igual al que tiene	*Inferior*	*Superior*	*Otros*
Total	*10 991*	*10 055*	*260*	*406*	*101*	*69*
%	100.0	92.3	2.4	3.7	0.9	0.6
En la misma entidad	10 568	9 788	247	376	94	63
En otras entidades	253	208	12	26	6	0.8
En todo el país	18	17	0.2	0.3	0.1	—
En otro país	42	37	0.6	4	0.2	0.7
Se ignora	10	5	—	—	0.4	4.8

a Si bien cinco años no es un periodo lo suficientemente largo para sacar conclusiones definitivas, sí indica cierta tendencia.

FUENTE: Secretaría de Industria y Comercio, *La población económicamente activa de México, 1964-1965*, Tomo VII, México, 1965, p. 48.

Ello no obstante, la población económicamente activa tiene —en términos de escolaridad— un bajo nivel de preparación. En 1964-1965 la situación era la siguiente:

Cuadro 12. Los niveles de escolaridad, 1964-1965

Último grado aprobado en la escuela	*% de la población económicamente activa*
Total	100.00
Nunca asistió a la escuela	25.40
1o. de primaria	7.37
2o. de primaria	13.86
3o. de primaria	13.90
4o. de primaria	8.62
5o. de primaria	3.65
6o. de primaria	15.25
3 años de secundaria	4.25
2 años de preparatoria	1.11
6 años de profesional o más	3.36
Otras escuelas después de la primaria	3.23

FUENTE: Secretaría de Industria y Comercio, *La población económicamente. . ., op. cit.*, p. 76.

Del total de la población económicamente activa en 1964-1965, cerca del 70% o bien nunca asistió a la escuela o no terminó su primaria. De los que estudiaron y terminaron su preparatoria o profesional (menos del 5%) la gran mayoría provenían de familias cuyos ingresos eran altos.[28]

La importancia de terminar algún ciclo de enseñanza es fundamental. Se ha estimado que el incremento promedio en el ingreso es de 17% por año de escuela terminado, cuando sólo se considera esta variable como explicativa de las variaciones en el ingreso de los trabajadores.[29] Asimismo "el aumento relativo (en el ingreso) más acentuado..., ocurre entre el cuarto y sexto año de escuela y entre el onceavo y dieciseisavo año"[30] y en México el 69% de la población económicamente activa no había pasado del cuarto año de primaria en 1964-1965.

De esta manera, también la desigual distribución personal del ingreso se explica por la poca movilidad ocupacional de padre a hijo entre los trabajadores manuales por la poca variación en las categorías ocupacionales y por el reducido grado de escolaridad.[31]

d) *Ocupación por actividades*

Finalmente, la actividad a la que se dedica la población económicamente activa (particularmente los trabajadores manuales) explica también por qué existe una marcada desigualdad en la distribución personal del ingreso en México.

Como se apuntó, del incremento de la población económicamente activa las actividades agropecuarias absorbieron un porcentaje importante (42%) y de este incremento, buena parte lo constituyó la categoría ocupacional de obreros (o jornaleros) agrícolas.

Alrededor de 1960, el número de jornaleros oscilaba probablemente

[28] La encuesta de ingresos y gastos familiares del Banco de México indica que únicamente el 1.7% de los estudiantes de grado universitario provenían de las 2/5 partes de la población de estratos de ingresos más bajos. Ver. L. Solís, *La realidad económica mexicana: retrovisión y perspectivas*, Siglo XXI Editores, México, 1970, p. 322.

[29] M. Carnoy, "Earnings and Schooling...", *op. cit.*, p. 413. El autor realizó una encuesta directa de asalariados varones en Monterrey, Puebla y el Distrito Federal en 1963.

[30] *Ibid.*

[31] Carnoy encuentra en su estudio que la edad también influye en el nivel de ingreso del empleado: conforme aumenta la edad del asalariado aumenta su nivel de ingreso. Un factor adicional que explica la aglomeración de las personas en los estratos más bajos de los ingresos —y por tanto la desigual distribución del ingreso— es el hecho de que en 1960 cerca del 20% de la población económicamente activa tenía menos de 19 años de edad.

entre 3.2 y 3.6 millones de personas;[32] un 65% de ellos tenían de 12 a 34 años de edad y sólo un 27% tenían de 34 a 64 años. De los 3-3.5 millones de jornaleros, 600 mil eran propietarios o ejidatarios. Cada jornalero trabajó de 100 a 65 días durante el ciclo agrícola de 1959 con ingresos anuales que van de 470 a 700 pesos.

Sin lugar a dudas, los jornaleros ocupan la posición más baja en la escala socio-económica del campo. Se trata de una clase social explotada y olvidada. "Los jornaleros agrícolas, salvo raras excepciones, no disfrutan de contratos por escrito que los protejan; trabajan un día sí, otro no; cambian con frecuencia de patrón; no tienen ninguna seguridad de que encuentren qué comer o dónde dormir de un día para otro." [33]

Junto a las asalariados del campo y su creciente número —que contribuye a que existan bajos niveles de ingreso—, están los minifundistas (ejidatarios y pequeños propietarios) y los grandes terratenientes que condicionan la desigual distribución del ingreso en el campo.

Los factores que determinan los incrementos en la producción de las actividades no agrícolas, no operan de la misma manera en un sector rural caracterizado por la combinación de grandes propiedades y minifundios como es el caso de México. La posesión de capital y el dinamismo empresarial bastan para lograr el éxito en las actividades industriales. En el sector agrícola lo indispensable y condicionante es la posesión de la tierra. Por ello, la introducción en la agricultura de nuevas técnicas de producción y las mejoras en los procesos productivos, requisitos que condicionan la existencia misma del sector industrial, tienen que introducirse de manera deliberada por los propietarios de la tierra. Los minifundistas no pueden hacerlo, no sólo por el tamaño de sus parcelas, sino por la existencia de la gran propiedad que limita sus posibilidades de aumentar su eficiencia al negarles la oportunidad de ampliar sus predios e invertir.

De esta forma, la explotación de pequeñas y sobrepobladas parcelas no fomenta la productividad, ya que se trabaja intensamente con utensilios anticuados y repitiendo el mismo cultivo año con año. Estas pequeñas unidades agrícolas no son aptas para mejorar los procesos y las técnicas de producción; por su tamaño no soportan la mecanización, y los ingresos que de ella se obtienen no son lo suficientemente altos para lograr la tecnificación. Todo esto ocasiona el empobrecimiento de la tierra que, a su vez, reduce su productividad.

[32] Estas cifras, y las que siguen relacionadas a los jornaleros, se han tomado de S. Eckstein, *El marco... op. cit.*, pp. 184 y siguientes.

[33] R. Stavenhagen, "Los jornaleros agrícolas", periódico *El Día*, agosto 31 de 1967. Véase también del mismo autor: "Social Aspects of Agrarian Structure in México", *Social Research,* Vol. 33, núm. 3, otoño de 1966.

Si bien ha sido grande el éxito obtenido en la producción agropecuaria en México, las masas campesinas están muy lejos de haberse beneficiado de este proceso. Esto es muy natural dada la concentración de la tierra y la existencia paralela del minifundio y grande propiedad.

Todo parece indicar que, en las condiciones actuales, los esfuerzos que en materia de fomento agropecuario realiza el Gobierno benefician a un número reducido de personas en el campo. Es decir, si se amplía el crédito al campo, sólo se beneficiarán quienes están capacitados para amortizarlo, cosa que no ocurre con los minifundistas, como tampoco son éstos los que pueden asegurar sus cosechas; si se fortalece el sistema de almacenaje de productos agrícolas (salvo los pequeños centros de recepción) se beneficiarán más aquellos productores e intermediarios que puedan depositar un volumen cuantioso de cosecha que los que solamente producen una o dos toneladas de grano. Por consiguiente, los precios de garantía, que se hacen efectivos al depositarse la cosecha en las bodegas beneficiarán principalmente a los grandes propietarios y acaparadores. Si se fomenta la producción de fertilizantes, para que así se tecnifique el campo, los que se beneficiarán de ello serán sobre todo los grandes propietarios que además de ser los únicos que pueden comprarlos están —por la magnitud de su operación, su poder económico y el tamaño de sus predios— capacitados para utilizarlos. Si se fomenta la producción de maquinaria agrícola y con esto se reducen sus precios, los que se beneficiarán serán aquellos que tienen una extensión susceptible de aprovechar plenamente un tractor y no los minifundistas que trabajan las tierra en forma individual. Si se abren nuevas tierras al cultivo, por medio de la construcción de presas, serán los grandes propietarios de las mismas quienes más se benefiecen de ello y si se introducen semillas mejoradas y se practican otras formas de extensionismo agrícola, probablemente no se beneficie tanto como estos últimos, el minifundista que sólo cuenta con 2 hectáreas de tierra de temporal.

En las actividades industriales no sólo existe una importante proporción de los trabajadores ocupados en actividades de baja productividad, sino, además, buena parte de ellos trabajan en industrias poco dinámicas o tradicionales (en el sentido de que no son actividades que tengan un desarrollo tecnológico acelerado como las ramas de alimentos, textiles, bebidas y tabaco y, en general, productoras de bienes de consumo) y la tasa de absorción de la mano de obra es inferior a la que existía en los años cuarenta.[34] Inclusive, las industrias tradicionales ven

[34] Véase, Secretaría de la Presidencia, Asesoría Económica, *Un modelo de política económica para México*, México, 1969. Además, nota de pie de pág. núm. 20 de este trabajo.

reducida su participación en el valor agregado industrial del 61% al 44% entre 1950 y 1965 [35] y realizan fuertes inversiones en equipos modernos que sustituyen mano de obra.

Por otra parte, las ramas productoras de manufacturas tradicionales registran tasas de expansión por debajo de la media del sector industrial y las industrias básicas (química, siderurgia, construcción de maquinaria) reducen sus ritmos de crecimiento.

Cuadro 13. Tasas de crecimiento de la industria manufacturera 1955-1960 y 1960-1965

Ramas	*1955-1960*	*1960-1965*
Total	*8.1*	*8.1*
Alimentos, bebidas y tabaco	7.1	6.8
Fabricación de textiles	4.2	6.1
Calzado, prendas de vestir, etcétera	4.4	5.2
Madera y corcho	3.6	2.6
Papel	8.7	9.9
Imprenta, editorial, etcétera	4.0	10.1
Cuero	4.5	4.0
Productos de hule	9.7	10.9
Productos químicos	12.9	10.8
Minerales no metálicos	7.2	6.9
Siderurgia y productos metálicos	12.1	8.8
Construcción de maquinaria	12.9	10.5
Equipo de transporte	8.7	13.2
Otras industrias	8.0	8.0

FUENTE: Banco de México, S. A.

Los bajos ingresos de la mayoría de la población conducen a una demanda deficiente de bienes de consumo (en el país coexisten altos coeficientes de capacidad no utilizada en la elaboración de muchos bienes de consumo con necesidades básicas insatisfechas de núcleos numerosos de la población, asimismo, paradójicamente coexisten excedentes agrícolas y consumo de alimentos deficitario), lo que motiva disminuciones en el ritmo de expansión de las industrias productoras de bienes de consumo. Como la planta industrial de México está orientada a satisfacer básicamente la producción de bienes de consumo,[36] la rama

[35] Banco de México, S. A.

[36] La política de industrialización ha creado una estructura industrial dedicada a producir para una sociedad urbana de consumo, en un mercado altamente protegido y oligopólico. Es decir, la industria nacional está orientada principalmente a la producción de bienes para un mercado protegido de la competencia

productora de bienes de capital para las industrias abastecedoras de los bienes de consumo disminuye su ritmo de crecimiento.

Todo lo anterior condiciona la demanda por mano de obra e influye en la distribución personal del ingreso, acentuando su desigualdad.

Finalmente, en el comercio y los servicios —que absorbieron una par-

Cuadro 14. Estructura industrial de México y de otras regiones, 1965

(Por cientos de la producción total)

Países	*Bienes de consumo no duradero*	*Bienes intermedios*	*Bienes de capital y consumo duradero*
Países capitalistas	35	29	36
Países capitalistas más desarrollados	34	28	38
U.R.S.S. y países socialistas de Europa Oriental	32	29	39
América Latina	52	33	15
México	49	34	17

FUENTE: Instituto Latinoamericano de Planificación Económica y Social para México, estimaciones de la Asesoría Económica de la Secretaría de la Presidencia, citado en: Secretaría de la Presidencia, *Un modelo . . ., op. cit.*, p. 102.

te importante del incremento de la población económicamente activa— la situación de los trabajadores manuales es también mala. La gran mayoría de ellos no cuenta con una organización sindical que los proteja. Se dedican a actividades cuya productividad es baja y se enfrentan a un mercado de trabajo en donde coexisten oportunidades de ocu-

externa y que, internamente, se rige por las normas de la competencia oligopólica (producto diferenciado, publicidad, etcétera). La naturaleza del mercado ha determinado que, en términos generales, el aparato industrial opere, por sistema, con capacidad ociosa, con bajos niveles de eficiencia y ofrezca signos de aparente inflexibilidad para asimilar mayores salarios sin elevar los precios de venta, pese a que aquéllos representan una proporción sumamente reducida dentro del valor de la producción. De esta forma, sin que el país haya llegado a la "etapa del consumo masivo" —es decir, sin ser por sus estructuras todavía una sociedad merecedora del calificativo de sociedad de consumo— la industria nacional se ha estructurado primordialmente a satisfacer el consumo de las clases media y alta.

pación remunerativa limitadas y una amplia y numerosa oferta de trabajo.

La distribución personal del ingreso: la explicación de los hechos en conjunto

En resumen, el comportamiento de la distribución personal del ingreso que se registra en México entre 1950 y 1963 se explica por: la concentración de la propiedad de los medios de producción, la creciente proletarización, el reducido crecimiento de los trabajadores agremiados en sindicatos, la ocupación en actividades de baja productividad de buena parte de los trabajadores, la cada vez menor movilidad ocupacional y la también poca preparación —en términos de escolaridad— de la población económicamente activa. ¿Cómo juegan todos estos elementos en conjunto?

En una economía que opera bajo el modo de producción capitalista —orientada a satisfacer primordialmente a una sociedad de consumo— se desata la lucha por conquistar el de por sí reducido mercado. En este proceso, aumenta la concentración de la propiedad de los medios de producción (unas empresas son absorbidas por otras, desaparecen los artesanos) y se proletariza la población económicamente activa. Además, crece la composición orgánica del capital en el tiempo. Aumenta la oferta de mano de obra respecto a la demanda y muchas personas se ocupan en actividades no productivas o con escasa productividad; la ocupación en los servicios se multiplica. Lo anterior deprime los salarios relativamente y, junto a ellos, se agudiza la contradicción entre la oferta y la demanda: coexisten necesidades básicas no satisfechas y exceso de capacidad. El mercado externo no ofrece salida dados los altos precios internos en relación a los que prevalecen en el mercado mundial.

Ante esta situación, la clase obrera pierde su espíritu de lucha clasista y crece su espíritu de lucha gremial. Los patrones apoyan ese cambio: se multiplican los sindicatos blancos. Se acentúan las diferencias en los salarios de los obreros.[37] La esperanza del obrero de mejorar su ingreso disminuye. En este proceso la movilidad ocupacional se reduce. Los obreros urbanos temen que los campesinos recientemente llegados a los centros urbanos depriman los salarios. Se busca frenar

[37] Se ha estimado que las diferencias interindustriales de los salarios, en términos monetarios, aumentaron sustancialmente entre 1940 y 1960. La desviación estándar de los salarios monetarios industriales aumentó de 9.6 en 1940 a 64.60 pesos por semana en 1960. En otras palabras, en 1940 los salarios monetarios semanales pagados al 20% superior de las industrias (superior en términos de sa-

el éxodo rural. Dentro de las ciudades los obreros temen perder su posición de relativo privilegio ante la creciente oferta de mano de obra. Los bajos ingresos, por otro lado, limitan el acceso a la educación: disminuye aún más la movilidad ocupacional.

Los empresarios no pueden —aunque lo desean— aumentar la demanda por mano de obra al ritmo que crece la oferta. Las contradicciones entre la oferta y la demanda interna de bienes lo impiden. La planta industrial está orientada a satisfacer el consumo primordialmente y no a aumentar la capacidad de producir bienes de capital. La lucha por el mercado se agudiza. Vuelve a empezar el ciclo.

larios monetarios pagados) fue más de 19 pesos mayor al salario pagado semanalmente en el 20% inferior de las industrias. Para 1960, la brecha aumenta a 120 pesos. La desviación estándar en términos reales (desviación estándar nominal sobre el índice de precios) entre 1950 y 1960, aumenta de 5.2 a 7.5. Véase M. Everett, *The Evolution of the Mexican Wage Structure*, El Colegio de México, México, 1967, mimeografiado.

X. LA EVOLUCIÓN DEL PROBLEMA DEMOGRÁFICO

José B. Morelos

LA CUESTIÓN demográfica, al quedar enmarcada en el contexto general del desarrollo de la sociedad, presenta características de complejidad que son comunes a los problemas económicos, sociales, políticos de la mayoría de los países en vías de desarrollo. Esta complejidad obedece a que la problemática demográfica tiene sus raíces en un conjunto de fuerzas que resultan de la acción de factores económicos, sociales, culturales, psicológicos y otros. Entre estos factores están las costumbres, las tradiciones, creencias religiosas, pero también la forma de adaptación de la sociedad a los cambios en el ambiente de los recursos económicos y a los cambios en los sistemas de valores personales y sociales. Este conjunto de fuerzas ha modificado directa o indirectamente los niveles y comportamiento de las variables demográficas: natalidad, mortalidad y migración, y, en consecuencia, afectado el proceso de renovación de la especie humana.

El estudio de las interrelaciones del cambio demográfico se sitúa, generalmente, dentro del marco del desarrollo económico y social; pero dada la multiplicidad de elementos cuantitativos y cualitativos implícitos en la noción de desarrollo, su análisis se contrae a variables de tipo cuantitativo con las que se operacionaliza dicho concepto. Si bien lo anterior introduce limitaciones, facilita la identificación de la asociación o asociaciones existentes entre la población y las variables seleccionadas como el papel que ha jugado la población en el mejoramiento o deterioro de dichas variables. Estudios de este tipo son aquellos cuyo propósito es investigar la relación que existe entre la población y recursos físicos, población-alimentación, población-educación, población-nivel de vida, etcétera. O bien la acción de los factores económicos, sociales y otros sobre la dinámica de la población, o lo que es lo mismo en la modificación de una o todas las variables demográficas. A tales modificaciones como a los efectos concomitantes se les designa con el nombre de revolución demográfica.[1]

La existencia de un nivel dado de crecimiento de la población, los atributos de población joven y los grados de potencial de crecimiento son consecuencia del efecto combinado de la natalidad y la mortalidad (población cerrada) y de la migración (población abierta). En la medida en que los factores socio-económicos y otros influyan sobre una o todas las variables que rigen los procesos vitales, se tendrá, a largo

[1] Ronald Freedman (Ed.) *La revolución demográfica mundial*, México, UTEHA, 1966, pp. 1-16.

plazo, un determinado perfil demográfico. Cuando dichos factores actúan diferencialmente sobre las variables que explican el crecimiento natural y social de la población, afectando a una más que a la otra, se generan las condiciones que dan origen a la aparición del fenómeno de la revolución demográfica, cuyas características son algunos de los elementos que, parcialmente pueden dar origen al problema de población. Se está consciente sin embargo, de la relatividad del enfoque y de las limitaciones que plantea porque la existencia o no del problema tiene que plantearse no sólo en función de variables demográficas sino más bien en relación *con* variables no demográficas y dentro *de* una dimensión espacial-temporal. Por ello aunque no es lo fundamental del trabajo se formularán también algunas consideraciones sobre la interdependencia entre el crecimiento de la población y el nivel de vida.

La calidad y la disponibilidad de la información y los cambios estructurales que registró el país son, entre otras razones, las que justifican que el estudio de los componentes demográficos y de sus efectos esté referido principalmente al periodo 1930-1960.

Mortalidad

De las variables que intervienen en los procesos vitales, es la mortalidad la que ha registrado cambios de importancia. Tres son los principales factores que explican el descenso de la mortalidad: *a)* factores tecnológicos, en esencia exógenos al desarrollo económico y social del país, *b)* factores socio-económicos internos y *c)* factores demográficos.

Se incluyen, dentro de los primeros, el adelanto mundial de la ciencia médica, el descubrimiento de productos químicos, vacunas, antibióticos, la facilidad de su aplicación y difusión y la producción masiva lo que posibilita su obtención a bajo costo.[2] Con referencia a los factores socio-económicos internos se ha mencionado: "la intensificación de la inversión en obras de infraestructura que afectan directamente los niveles generales de salud, tales como introducción de agua potable, alcantarillado. . .",[3] disponibilidad de servicios médico-asistenciales, mejoramiento de la dieta alimenticia, aumentos en el nivel de vida, así como los procesos de movilidad geográfica y ocupacional de la pobla-

[2] Naciones Unidas, *Estudios de población*, núm. 6. "Situación y tendencias de la mortalidad en el mundo", ST/SOA/Ser. N/7, 1965, pp. 11-12, 19-20, 34-38; A. J. Coale y E. M. Hoover, *Crecimiento de la población y desarrollo económico*, México, Ed. Limusa-Wiley, 1965, pp. 39-42.

[3] Centro de Estudios Económicos y Demográficos, *Dinámica de la población de México*, El Colegio de México, México, 1970, Cap. II, p. 15.

ción, que han sido inducidos por el desarrollo económico que ha experimentado el país.

La estructura de las localidades urbanas, la presencia de centros hospitalarios y asistenciales, la concentración de los servicios médicos, la composición sectorial y ocupacional de la mano de obra y los niveles de ingreso son factores, que, además de dar cuenta del abatimiento de la mortalidad, explican las relativas diferencias, en los niveles de mortalidad, que se manifiestan entre las áreas urbanas y las rurales.

Los cambios en la composición sectorial y ocupacional de la mano de obra asociados con el pasaje de una economía predominantemente agrícola a una más diversificada tienen que ver con los descensos de la mortalidad. En una economía agraria se da un alto porcentaje de ocupaciones manuales no especializadas y bajos por cientos de empleados y de personal directivo. Al perder importancia las actividades primarias, se reduce el por ciento de ocupaciones no especializadas y aumentan las ocupaciones manuales especializadas, y lo mismo sucede con el grupo de empleados y personal directivo. Por la relación inversa que existe (trabajadores de menor categoría, manuales no especializados, registran los niveles de mortalidad más elevados dentro de la población trabajadora)[4] entre los grupos ocupacionales y la mortalidad, al disminuir aquellos grupos en los que la incidencia de dicha variable es mayor y aumentar el de aquellos en que ésta es menor, resulta la disminución de la mortalidad entre la población ocupada y en consecuencia de la mortalidad general. Situando lo anterior en una perspectiva social en vista de la asociación entre ocupación y clase social, los cambios de la estructura social de México, tales como aumentos de las clases medias y disminución de las clases populares y altas[5] proporcionan elementos adicionales para la caída de la mortalidad. El más importante de los factores demográficos ha sido el rejuvenecimiento de la población en cuanto han aumentado las proporciones de algunos grupos de edad, grupos en los que predominan los niveles más bajos de mortalidad.

En el caso de México, los estudios hasta ahora realizados no permiten precisar cuánto del 40.6% del descenso que ha registrado la mortalidad, al pasar de 25.6 en el periodo 1930-1934 al 10.4 muertes por cada mil habitantes en 1960-1964, se debe a cada uno de los factores arriba mencionados. No obstante lo anterior, el hecho importante a destacar es que el descenso de la mortalidad se ha traducido en aumen-

[4] W. P. D. Logan, "Social Class Variations in Mortality", *Actas de la Conferencia Mundial de Población*, Roma, 1954, Vol. I, pp. 185-213.

[5] Arturo González Cosío, "Clases y estratos sociales en Méxcio", en Joseph A. Kahl (Ed.), *La industrialización en América Latina*, Fondo de Cultura Económica, 1965, pp. 246-261.

tos de la esperanza de vida del mexicano. Entre 1930-1960 dicho indicador aumentó en 30.08 años al pasar de 36.86 y 58.93 para ambos sexos.[6] Esto es, han aumentado las probabilidades de que la población alcance edades más avanzadas, por ejemplo "en 1930 el 25% fallecía antes de cumplir 35 años de edad, el 50% antes de cumplir 38 años y el 75% antes de los 64. En 1960, el 25% muere antes de cumplir 45 años, el 50% antes de los 68 años y el 75% antes de los 80".[7] Al ampliarse las posibilidades de que la población alcance edades más avanzadas se está dando una de las condiciones para que la población se rejuvenezca. Aunque no se cuantifique su importancia se puede sin embargo mencionar que la disminución de la mortalidad general, mortalidad infantil y mortalidad materna se explica en gran medida por los dos primeros factores, factores que han influido en la disminución de la mayor parte de las muertes debidas a enfermedades infecciosas y parasitarias. En 1930 el 42.6% de las defunciones eran debidas a dichas causas, en 1960 el por ciento fue de 27.3 y para 1967 había descendido a 23.9%.[8]

A nivel de entidad existen aún estados en los que los porcentajes de las muertes debidas a enfermedades infecciosas y parasitarias son similares a los que tenía el país en 1930. En estos estados que se han clasificado como los menos desarrollados,[9] algunos presentan porcentajes de disminución en su tasa bruta de mortalidad muy inferiores a la de aquellos que cuentan con más altos niveles de ingreso, educación, urbanización, etcétera. Sin embargo, la composición heterogénea de las entidades según su nivel de desarrollo, no ha sido un obstáculo para que las condiciones de salud de la población hayan mejorado, incluso en aquellas entidades no participantes en los beneficios del desarrollo. El descenso rápido de la mortalidad ha traído como consecuencia: *a)* aumentar la tasa de crecimiento de la población y *b)* contribuir a su rejuvenecimiento, cuya característica es la existencia de una alta proporción de la población menor de 15 años. Dicha proporción era en 1930 de 39.2% y en 1960 de 45.0%.

[6] Raúl Benítez Zenteno y Gustavo Cabrera Acevedo, *Tablas de mortalidad de la población de México 1930, 1940, 1950, 1960*, El Colegio de México, México, 1967, p. 63.

[7] *Op. cit.*, p. 73.

[8] *Dinámica de la población de México, op. cit.*, cuadro II-12, p. 36.

[9] Kirstein Albrechtsen *et al.*, *Desarrollo desigual en México,... 1900-1960*, El Colegio de México (mimeo.); Eliseo Mendoza Berruero, "Implicaciones regionales del desarrollo económico de México", *Demografía y Economía*, Vol. III, núm. 1, 1969; Luis Unikel y Edmundo Victoria, "Medición de algunos aspectos del desarrollo socio-económico de las entidades federativas de México, 1940-1960", *Demografía y Economía*, Vol. IV, núm. 3, 1970.

Natalidad

La otra variable asociada a la revolución demográfica es la natalidad. El análisis de esta variable es más complejo, principalmente por la diversidad de factores concurrentes. No es posible, al menos hasta ahora, explicar del todo por medio de la teoría de la transición demográfica [10] los niveles y el comportamiento de esta variable en México. De acuerdo con esta teoría se supone que existen relaciones funcionales entre los niveles y tendencias de las variables demográficas, por un lado, y el estado de la economía por el otro. Las modificaciones de dichas variables se dan a medida que las sociedades pasan de un régimen de economía agraria a uno de economía de mercado.[11] Se considera que esta teoría ha sido útil para explicar el comportamiento de ambas variables en los países hoy en día desarrollados.[12] En estos países por ejemplo el descenso de la fecundidad ha estado asociado al desarrollo económico, al proceso de urbanización, a la mayor participación de la población femenina en actividades económicas y a la conducta racional de estas sociedades frente al problema de la anticoncepción.[13] Esta conducta racional ha estado determinada por factores económicos, sociales y psicológicos, tales como la obligatoriedad de la educación de los niños, el desarrollo de la puericultura, el aumento más rápido de las posibilidades de consumo que de las de ingreso y la reducción de la mortalidad infantil. Otro de los factores que ha contribuido fue la emancipación de la mujer, que se tradujo en cambios en los papeles de ella dentro del núcleo familiar y cuyas manifestaciones fueron el aumento del poder frente al marido y también frente a la sociedad, apoyado en una extensión y diversificación de sus actividades. Estos fenómenos contribuyeron a que la mujer tuviese preocupaciones distintas a la maternidad e influyó en sus patrones de formación familiar.[14]

[10] Alvan O. Zárate, "Fertility in Urban Areas of Mexico: Implications for the Theory of the Demographic Transition", *Demography*, Vol. 4, núm. 1, 1964.

[11] A. J. Coale y E. C. Hoover, *op. cit.*, pp. 33-42; Etienne Van de Walle y John Knodel, "Demographic Transition and Fertility Decline: "The European Case", *Actuaciones de la Conferencia de la Unión Internacional para el Estudio Científico de la Población*, Sidney, Australia, 1967; Rainer Makensen, "Theoretical Consideration Regarding Differential Transition", Actuaciones de la misma conferencia; Stanley Freedlander y Morris Silver, "A Quantitative Study of the Determinants of Fertility Behavior", *Demography*, Vol. 4, núm. 1, 1967, pp. 30-61.

[12] La falta de validez de esta teoría no sólo se da con la fecundidad sino también con la mortalidad. La disminución de esta última variable ha sido más rápida que la prevista por la teoría, y su descenso, además, no se ha producido básicamente por efecto del desarrollo económico del país.

[13] David M. Heer, "Economic Development and Fertility", *Demography*, Vol. 3, núm. 2, 1966, pp. 423-424.

[14] Alfred Sauvy, *Teoría general de la población*, Madrid, Aguilar, 1957, pp. 403-410.

La aceptación del trabajo de la mujer, su aumento de poder en la sociedad y en la unidad familiar, los cambios de actitudes y motivaciones hacia la anticoncepción fueron consecuencia de los cambios económico-sociales, pero especialmente psicológicos que se produjeron en los países desarrollados. En México, por el contrario, la fecundidad ha permanecido prácticamente constante:[15] mientras en 1930 la relación entre el número de nacimientos y el de las mujeres en edad fértil (tasa global de fecundidad) era de 198, en 1960 fue de 200. Parece ser que el alza observada no se debe a un aumento de la fecundidad sino es más bien la consecuencia del mejoramiento de las estadísticas vitales. El desarrollo económico ha contribuido a la elevación de los índices de alfabetismo, la extensión de las vías de comunicación, una menor dispersión de la población y paralelamente a una mayor concentración de la misma en las áreas urbanas. Tales factores han propiciado la mayor cobertura e integridad de las estadísticas vitales. Por otra parte, el ligero aumento que registra la tasa global de fecundidad, dados los demás factores constantes: cobertura, integridad, etcétera, podría ser interpretado a primera vista como una elevación real de la fecundidad y pudiera afirmarse que el desarrollo económico del país ha originado un aumento de la natalidad o fecundidad.

Esta interpretación sería válida si el desarrollo económico, al ampliar la demanda de mano de obra y con ello la seguridad económica, crease incentivos en la población para casarse y al mismo tiempo realizar la unión a edades más tempranas.[16] En nuestro país, especialmente en las áreas urbanas, en las que pueden existir mayores oportunidades de empleo, el desarrollo económico no ha afectado a esta variable intermedia (edad al casarse),[17] en la dirección esperada de acuerdo al pensamiento malthusiano y de autores modernos.[18] En 1940 la edad media del matrimonio de las mujeres era de 21.7 años, aumentado apenas a 22.6 para 1960. Asimismo mientras en 1940 el 53.5% de las mujeres contraían matrimonio antes de cumplir los 20 años de edad, en 1960 lo hacían el 47.8%.

Los altos niveles de natalidad en México probablemente estén determinados en gran medida por las estructuras sociales y psicológicas existentes. La estructura social, al igual que la demográfica, es de tipo piramidal, en la que predominan los segmentos tradicionalistas y cuyos

[15] *Dinámica de la población de México*, *op. cit.*, p. 49.

[16] David M. Heer, *op. cit.*, pp. 424-426; David M. Heer y Elsa S. Turner, "Areal Differentials in Latin American Fertility", *Population Studies*, Vol. XVIII, núm. 3, marzo, 1965, pp. 290-292.

[17] Ronald Freedman, Kinsley Davis y Judith Blake, *Factores sociológicos de la fecundidad*, México, CELADE, El Colegio de México, 1967, p. 19.

[18] David M. Heer, *op. cit.*

patrones de formación familiar difieren del sector modernista que numéricamente es inferior al primero. En las sociedades tradicionalistas las normas y valores que los individuos utilizan tanto frente al problema de la concepción como en su comportamiento en la sociedad están determinados por factores socio-culturales. El control de la fecundidad en estas sociedades se realiza a través del control matrimonial (sobre todo retardando la edad al matrimonio), y en menor proporción, por medio de abortos.[19] El segmento modernista, por el contrario, que se localiza en los grandes conglomerados urbanos, adopta una conducta más racional frente al problema del remplazo físico de sus miembros así como también en relación a la cantidad y calidad; esta actitud más racional que existe dentro de los sectores modernos es más pluralista en su enfoque hacia la anticoncepción, creándose así actitudes y motivaciones sobre este problema distintas a las existentes en las sociedades tradicionales.

Los estudios que se han realizado para México [20] indican que existe fecundidad diferencial entre las áreas urbanas y las rurales, siendo mayores los niveles en éstas últimas. Asimismo se han encontrado patrones de comportamiento diferenciales con variables tales como la educación, la ocupación y el *status* ocupacional tanto a nivel urbano como rural. En cuanto al conocimiento y uso de anticonceptivos, existen también diferencias entre las áreas urbanas y las rurales; en las primeras, su conocimiento y uso están relativamente más generalizados que en las segundas.[21]

Si se considera que la mayoría de los segmentos tradicionalistas habitan las áreas rurales, y que la mayor parte de los modernistas están en los grandes centros urbanos, la existencia de diferenciales, tanto en sus niveles como en el grado de racionalidad frente a la anticoncepción, parece estar más de acuerdo con esta explicación socio-cultural del fenómeno. Algunos de estos cambios, en especial los relacionados con las actitudes, se están dando con mayor rapidez en los grandes centros urbanos por existir en los mismos las condiciones que los fa-

[19] N. B. Ryder, *Fertility*, en Hanaer y Duncan (Ed.), *The Study of Population: An Inventory and Appraisal*, Chicago, University of Chicago Press, 1963, pp. 429-434.

[20] Robert Burnrigth, Nathan Wheteen y Bruce Waxman, "La fecundidad diferencial urbana-rural en México", *Ciencias Políticas y Sociales*, año IV, núms. 11 y 12, enero y junio de 1958; *Dinámica de la población de México, op. cit.*, pp. 61-83; Carmen A. Miró y Walter Martens, "Influences Affecting Fertility in Urban and Rural Latin América", *The Milbank Memorial Fund*, Vol. XLVI, núm. 3, julio de 1968, Part 2; Robert Carleton, "Tendencias y diferenciales de la fecundidad en América Latina", *The Milbank Memorial Fund*, Vol. XLIII, núm. 4, octubre de 1965, Part 2.

[21] Carmen A. Miró y W. Mertens, *op. cit.*

cilitan. Es probable que en las áreas rurales y semirrurales estén aún en una etapa incipiente por ser mayores los obstáculos y menores las condiciones que los favorecen, como consecuencia de un mayor apego a las normas, valores, metas y sistemas de preferencias propios de la sociedad tradicionalista, que es la predominante en estas poblaciones. Esta reticencia al cambio puede estar determinada, además, por la relativa participación que han tenido estas poblaciones de los beneficios derivados de los cambios en la estructura económica del país. Además de otros factores, los dos aspectos mencionados en los dos párrafos precedentes contribuyen a la no realización de cambios profundos y sustanciales en los sistemas familiares ni en los patrones de reproducción.

Si *no* se han producido cambios en las actitudes respecto a la esterilidad voluntaria, ¿cómo se explica la estabilidad de los niveles de la fecundidad siendo que han disminuido la mortalidad general, maternal, prenatal y se ha rejuvenecido la población? El rejuvenecimiento de la población tiene como efecto disminuir la proporción de población femenina en edad fecunda (15-49 años). En 1930 dicha proporción fue de 51.8% y descendió a 46.0% en 1960. Suponiendo los demás factores constantes la reducción que registró la proporción de mujeres en edad fértil implicaría por este hecho una disminución de los niveles de la fecundidad. Por otro lado, el descenso de la mortalidad ha contribuido a la prolongación de la unión conyugal y de este modo se ha aumentado la exposición al riesgo de procrear. Esta consideración se basa en que entre 1930 y 1960 la proporción de viudas ha disminuido en un 37.4% al pasar de 9.1 a 5.7%. Lo mismo ha sucedido con la tasa de mortalidad maternal (defunciones de madres por mil nacidos vivos) la que ha registrado un descenso de 64.8% entre 1940 y 1960, siendo las tasas para estos años de 5.4 y 1.9% respectivamente. Dentro de este mismo orden de ideas, la disminución de la mortalidad perinatal también ha aumentado las probabilidades de que los embarazos, si no se producen abortos, terminen en una alta proporción en un nacido vivo. Por el sentido en que operan los factores antes mencionados sería de esperar que los niveles de fecundidad fuesen actualmente superiores a los de varias décadas atrás.

Si a lo anterior se añade que ha habido un mejoramiento en las estadísticas vitales y que predominan en nuestra sociedad los segmentos tradicionalistas, cuyas normas y valores favorecen la alta fecundidad, se tiene que aceptar como una de las posibles explicaciones de la estabilidad de la fecundidad el uso de medidas lícitas (utilización de anticonceptivos científicos o folklóricos) o ilícitas (aborto) para controlar su fertilidad o reducir su fecundidad para mantener un tamaño de familia acorde con sus valores. Lo anterior sugiere que los descensos de la mortalidad han modificado, hasta ahora, las actitudes respecto al uso o práctica ocasional de métodos de control o anticonceptivos pero no se han producido cambios respecto al tamaño de la familia.

Los efectos de la estabilidad de la fecundidad combinados con los descensos de la mortalidad se manifiestan en los aumentos de la población, elevación de la tasa de crecimiento y en los aumentos de la proporción de población joven. Entre 1900 y 1930 la población aumentó apenas en cerca de 3 millones, pero en el periodo 1930-1960 el incremento de sus efectivos fue de 18.3 millones, ascendiendo la población que registró el censo de 1960 a 34.9 millones de habitantes.

Crecimiento de la población

Hasta 1940 los niveles de la tasa de crecimiento medio anual de la población habían estado por debajo del 2%. Es a partir de este año cuando la tasa sobrepasa dicho nivel. Así, para la década 1940-1950 la tasa subió a 2.7% y en el siguiente decenio a 3.1%. El cambio que registró la tasa bruta de mortalidad y la estabilidad de la natalidad han propiciado que el crecimiento natural (tasa bruta de mortalidad menos tasa bruta de natalidad) entre 1940 y 1960 hayan aumentado en un 66.7% al pasar de 20.7 a 34.5%. Con la tasa de crecimiento natural observada en 1940 la población requería 33.8 años para duplicarse, mientras que con la tasa de 1960 se necesitan sólo 20.4 años, o sea que se ha acortado en un 39.6% el tiempo necesario para que la población se duplique.

Es muy posible que hasta la década de los cincuentas el crecimiento de la población junto con el aumento absoluto de sus efectivos haya favorecido el desarrollo del país en cuanto el aumento de la población significó el crecimiento de la demanda. Además de estimular la diversificación de la producción este fenómeno demográfico se tradujo en la ampliación del mercado interno, una de las condiciones requeridas para el desarrollo. Pero el ritmo actual del crecimiento y las características de población joven parecen indicar que la población más que un factor de estímulo económico se está convirtiendo en inhibidor del desarrollo.

Rejuvenecimiento y potencial de crecimiento

En los procesos de renovación, la existencia de los distintos estados: estacionario, estable o cuasiestable, está determinada por el comportamiento de los parámetros. En el caso de la población, que queda dentro del campo de la teoría de la renovación, los parámetros son las leyes de reproducción y sobrevivencia a que está sujeta la misma. En estos procesos existe relación entre el comportamiento de los parámetros y los distintos tipos de estados que generan, como en la determinación de una estructura.

El comportamiento en el pasado de la natalidad y la mortalidad han generado un proceso cuasi-estable y una configuración de la estructura por edad de tipo joven, la cual se caracteriza por tener una elevada proporción de población en edades de 15 años y menos. Ya se mencionó anteriormente que dicha proporción era de 39.2% en 1930 y 45.0% en 1960, equivaliendo el aumento observado a un 14.8%. La otra característica importante relacionada con el rejuvenecimiento es el potencial del crecimiento,[22] aspecto que en las discusiones sobre el problema demográfico no menciona, no obstante ser un elemento adicional importante del mismo.

El potencial de crecimiento de la población se define como la capacidad inherente que tiene toda estructura por edades para asegurar el crecimiento de la población en el caso de que se produjese una modificación sustancial de la ley de nacimientos tal que la tasa de natalidad resultase igual a la de mortalidad. El valor del potencial dependerá del tipo de estructura que tenga un país determinado. Si un país tiene una estructura joven su potencial será mayor al de aquellos países que cuenten con estructuras en proceso de envejecimiento o envejecidas. Cuando el potencial de crecimiento sea igual a 1, la estructura por edad (normalmente envejecida) carece de fuerza para asegurar el crecimiento de la población, pero cuando el potencial es de dos o cercano a dos (países con estructuras jóvenes) la población está en posibilidad de duplicarse sólo por efecto de la estructura por edad, es decir aun y cuando dicha población mantenga durante un periodo más o menos largo de tiempo una tasa de crecimiento natural igual a cero.

El potencial de crecimiento de la población mexicana ha aumentado como consecuencia del rejuvenecimiento de la estructura por edades. Con base en el cuadro 1 se puede observar que el aumento más importante se registró entre 1950 y 1960 al pasar de 1.829 a 1.887. En 1930 el potencial de crecimiento era de 1.785. Empero aun si en este año se hubiera reducido la natalidad de forma tal que se llegase a una tasa neta de reproducción igual a 1,[23] manteniéndose a este nivel por un periodo largo de tiempo, la población mexicana hubiera seguido

[22] United Nations, *The Concept of Stable Population: Applications to the Study of Populations of Countries with Incomplete Demographic Statistics*, ST/SOA/Ser. A/39, Nueva York, 1968, p. 128.

[23] La tasa neta de reproducción es una medida de remplazo; cuando su valor es igual a 1, indica que por cada madre nacerá sólo una hija.

creciendo sólo por la fuerza de inercia que había acumulada en la estructura por edades.

El mismo cuadro 1 ejemplifica las diferencias que existen entre México y algunos países, diferencias que están dadas por el tipo de estructuras por edad que caracterizan a dichos países. Inglaterra, Alemania Oriental y Francia tenían en 1960 una estructura por edades envejecida, la de Estados Unidos —en proceso de envejecimiento— y la de Chile en 1950 —en una etapa de transición entre una estructura joven y una en proceso de envejecimiento.

Cuadro 1. México y otros países: valores del potencial de crecimiento

Años	*México*	*E.U.*	*Inglaterra*	*Alemania Oriental*	*Francia*	*Chile*
1930	1.735					
1940	1.794					
1950	1.829					1.698
1960	1.887	1.401	1.079	1.008	1.174	

FUENTE: Naciones Unidas, *The Concept...*, *op. cit.*, cuadro A. 1.19, p. 135.

Mientras que México, por su potencial de crecimiento, está en posibilidad de aumentar al doble su población en unos veinte años, Inglaterra y Alemania Oriental sólo aumentarían la suya en un 8 y 1% respectivamente en el mismo periodo.

Con base en el potencial de crecimiento puede afirmarse que a corto plazo, es difícil que la población de México deje de crecer y de que llegue a tener una población estacionaria, porque para ello sería necesario: *a)* abatir la tasa bruta de natalidad al nivel de la tasa bruta de mortalidad o aumentar la tasa de mortalidad al nivel de la de natalidad; *b)* eliminar de la estructura la fuerza de inercia que ha acumulado, es decir su potencial de crecimiento. Es imposible que se den simultáneamente ambas condiciones. De acuerdo con los supuestos establecidos, la tasa de natalidad tendría que pasar en un periodo muy breve de 45 a 10.5 nacimientos por cada mil habitantes.[24] Para lograr la reducción de tal magnitud se requiere de un plazo mucho mayor y no sólo tienen que modificarse las actitudes respecto al tamaño de la familia sino que ha de surgir una política coercitiva para el control natal. Asimismo para que desaparezca el efecto del potencial de cre-

[24] Los valores de la mortalidad y la natalidad corresponden a 1960.

cimiento pasarían de 80 a 100 años, siendo este el plazo mínimo necesario para que la población mexicana se convierta en una población estacionaria bajo el supuesto de que a partir de ahora su tasa de crecimiento sea igual a cero.

Algunas implicaciones del crecimiento de la población

En estudios realizados para otros países se ha encontrado que existe asociación positiva entre el crecimiento del producto bruto y el de la población,[25] y es posible que en México se dé el mismo grado de asociación. Poco se sabe, por otra parte, sobre la asociación entre la aceleración del crecimiento de la población [26] y la aceleración de algunas variables económicas y sociales.

En México hay algunos indicios que sugieren la probable existencia entre 1940 y 1960 de una relación inversa entre la aceleración de la población, con la del ingreso *per capita* y la del alfabetismo. En el periodo 1940-1950 las tasas de crecimiento del ingreso por habitante y del alfabetismo fueron mayores que la de la población; la tasa del ingreso *per capita* fue de 3.89%, la del alfabetismo de 3.12% y la de la población de 2.7%. En la década siguiente los valores respectivos fueron de 2.7, 0.8 y 3.1%.

Cuando una economía aspira a un nivel de vida más alto se enfrenta al problema de decidir entre disminuir su población o acelerar el crecimiento de la producción. Dichas alternativas se basan en la relación que existe entre la tasa del crecimiento del producto y las tasas de crecimiento de la población y de la productividad. Ahora bien, si se acepta que el ingreso real depende de la productividad de la mano de obra y la productividad media de la mano de obra del ingreso promedio *per capita,* puede suponerse que el ingreso promedio de la fuerza de trabajo es un buen indicador de los niveles de vida de la población. Con base en este supuesto se puede analizar *ex post,* al controlar una de las variables, el efecto que ha tenido sobre la tasa de crecimiento del nivel de vida. Así, cabe preguntar: ¿cuál hubiera sido la tasa de crecimiento del nivel de vida de la población mexicana si la población en vez de haber crecido a las tasas observadas se hubiera incrementado a partir de 1940 al 2.7%? Para poder determinar el efecto que ha tenido el crecimiento de la población sobre el ingreso

[25] Colin Clark, "Population Growth and Living Standards", en A. N. Agarwala, Nueva York, Oxford University Press, 1963, pp. 50-52; Simon Kuznets, *Modern Economic Growth - Rate, Structure and Spread,* New Haven. Yale University Press, 1966, pp. 63-72.

[26] Kuznets, *op. cit.*

per capita de la fuerza de trabajo se estimaron dos funciones del ingreso medio de la fuerza de trabajo,[27] la primera (y^1, r_1) con base en los datos observados y la segunda (y^2, r_2) suponiendo que la población creció a una tasa constante (2.7%) a partir de 1940. Este enfoque nos permite establecer las siguientes relaciones: si r_1/r_2 es

Cuadro 2. México: Tasas de crecimiento del ingreso medio de la fuerza de trabajo, 1940, 1950, 1960

(en por cientos)

Años	r_1	r_2	*% de diferencia*	r_1/r_2
1940	2.72	2.43	10.66	1.12
1950	2.87	3.09	— 7.66	0.92
1960	2.78	3.16	—13.66	0.88

r_1 calculada con base en los datos observados.
r_2 calculada suponiendo que la población creció a partir de 1940 con una tasa de 2.7%.

mayor a 1 el crecimiento demográfico ha estimulado el ritmo de crecimiento del nivel de vida. Empero si r_1/r_2 es menor a 1, la población ha sido un factor de desaceleración y en consecuencia un obstáculo para elevar el ritmo de crecimiento del estándar de vida.

Del cuadro 2 puede desprenderse que si la población hubiese crecido a una tasa de 2.7%, se hubieran tenido, tanto en 1950 como en 1960, tasas de crecimiento del ingreso medio de la fuerza de trabajo un poco mayores de las observadas.

En términos relativos el crecimiento más rápido de la población explica la diferencia de 7.7 a 13.7% entre el ingreso medio alcanzable con la tasa de crecimiento demográfico estable y el observado en la realidad.

Hay que reconocer que el enfoque es limitado porque existen, además de la población y del PBI, otros factores que inciden sobre el nivel

[27] Se supuso que el ingreso medio de la fuerza de trabajo podía representarse en el tiempo por un polinomio de segundo grado. La ventaja de utilizar una función analítica consiste en que se pueden obtener las tasas de crecimiento del ingreso para un año determinado.

Las funciones analíticas que se obtuvieron fueron:

1) $y^1(t) = 7\,018 + 1\,908.5\, t + 383.5\, t^2$

2) $y^2(t) = 7\,018 + 1\,709\, t + 583\, t^2$

Las tasas de crecimiento para el año t se obtuvieron al derivar la función con respecto a t.

de ingreso de la mano de obra. Sin embargo, el uso de funciones analíticas ha sido útil en cuanto han permitido estimar las diferencias entre las tasas de crecimiento del ingreso, sin cuya cuantificación hubiera sido difícil afirmar que el crecimiento de la población ha contribuido a frenar la tasa de crecimiento del ingreso medio de la fuerza de trabajo.

Otra de las características que tiene implicaciones para el desarrollo económico es el proceso de rejuvenecimiento de la población, proceso que tiene el impacto sobre las demandas potenciales en los renglones económico y social, la magnitud de la población que se incorpora a la actividad y los niveles de participación y relaciones de dependencia de la población.

La elevada proporción de población joven tiende a ejercer mayor presión sobre los servicios sociales existentes: escuelas, maestros, clínicas, guarderías, viviendas, etcétera. Asimismo los aumentos en la oferta de trabajo están requiriendo de mayores inversiones para crear nuevas fuentes de trabajo. En este sentido se menciona que en México ya existe desequilibrio entre el ritmo de creación de empleos y la oferta de la mano de obra.

Entre 1950 y 1960 el aumento medio anual de la mano de obra fue de 300 000 y entre 1960 y 1970 se elevó a 400 000. A esto hay que añadir que los que se incorporan a la actividad económica son en un 90% menores de 20 años y que un poco más del 50% lo hacen antes de cumplir los 15 años.[28] Considerando esta característica en relación con los probables niveles educativos de la población que se incorpora a la actividad, una alta proporción de población posee probablemente tan sólo educación primaria completa o incompleta. Es muy posible que esta población en su mayoría no tenga ni la calidad ni las calificaciones que se demandan en el mercado de trabajo, originándose en muchos casos un desperdicio de los recursos humanos o una subutilización de los mismos ya que el desarrollo económico vía industrialización requiere de mano de obra calificada. De esta forma, la no utilización o subutilización de este recurso genera en la economía un costo social mayor que los beneficios que produce.[29]

La incorporación a edades jóvenes está determinada por los niveles de ingreso, lo que a su vez incide en los altos niveles de deserción del sistema educativo. Los niveles de ingreso, además de otros factores de carácter cultural, influyen en la calidad y cantidad del régimen ali-

[28] José B. Morelos, "Entradas a la actividad, salidas y vida media activa en México, 1960-1965", *Demografía y Economía*, Vol. II, núm. 1, 1968, p. 20.

[29] Centro de Estudios del Desarrollo, Universidad de los Andes, *Empleo y desempleo en Colombia*, Bogotá, Ed. Rev. Colombiana y Universidad de los Andes, 1968, p. 24.

menticio de la población. Tanto la edad como los niveles educativos y la dieta alimenticia tienen efectos sobre la eficiencia de la mano de obra, la que a su vez afecta la eficacia global de la economía. Al aumentar como consecuencia del rejuvenecimiento de la población en las edades jóvenes (menores de 15 años) y disminuir la de las edades intermedias (20-59) se produce una disminución relativa en los niveles de participación en fuerza de trabajo de la población masculina. Dicha disminución resulta de la baja de la importancia relativa de la población de menos de 15 años. Los niveles de participación de la población femenina también se ven afectados, en proporción menor, por esta característica demográfica.[30]

La reducción de la tasa bruta de actividad (población activa sobre población total) concomitante con el proceso de rejuvenecimiento de la población hace que las relaciones de dependencia (número de personas inactivas que dependen por trabajador) aumenten, dándose este aumento básicamente por el predominio de niños en las unidades familiares, las que por sus características son unidades de consumo y no de producción.

Consideraciones finales

Las características del problema demográfico de México están determinadas por diversos factores: económicos, sociales y psicológicos entre otros. En relación con la variable mortalidad puede concluirse que sus descensos obedecen a: *1)* los adelantos médicos tendientes a reducir y prevenir la mortalidad, *2)* la aceptación y uso de dichos descubrimientos por ser la disminución de la mortalidad una finalidad socialmente aceptada, y *3)* el desarrollo económico que ha experimentado el país. Este proceso ha permitido aumentar la capacidad de la economía para financiar obras de infraestructura de beneficio social; modificar la composición ocupacional de la población trabajadora y dinamizar la concentración de la población en los centros urbanos.

La estabilidad de los niveles de natalidad, no obstante la reducción de la mortalidad y el mejoramiento de las estadísticas vitales, sugiere que la población está utilizando algún medio de control de nacimientos, no para reducir el tamaño de la familia sino para mantenerlo a niveles que predominaban cuando la mortalidad era más elevada. Así, la disminución de la mortalidad ha contribuido a que la población tenga una conciencia relativa del problema demográfico.

Los medios de comunicación, el conocimiento y el uso de métodos

[30] José B. Morelos, *op. cit.*; *Dinámica de la población en México*, *op. cit.*, cap. VI, p. 151.

anticonceptivos más frecuente y generalizado, las facilidades existentes al respecto, los enfoques más pluralistas frente a la reproducción, la participación de la mujer en las actividades económicas y la educación son, entre otros, los factores que explican las diferencias de esta variable entre las poblaciones urbanas y rurales. Empero el proceso de modernización que acompaña al de urbanización, la mayor movilidad tanto vertical como horizontal, los aumentos en el nivel de vida, han tenido un efecto de poca importancia sobre las actitudes que tiene la población respecto al tamaño de la familia. Si el crecimiento de la población se hubiese mantenido a partir de 1940 a una tasa de 2.7% habría contribuido a que la tasa de crecimiento del ingreso medio de la fuerza de trabajo creciese a niveles más altos que los observados. Lo anterior sólo nos indica cuál hubiera sido el ritmo de crecimiento de dicho ingreso bajo el supuesto establecido, pero nos dice poco si el aumento de la tasa de dicho ingreso se hubiese traducido en una mejoría de la situación de un grupo importante de la población, básicamente porque este indicador resulta poco representativo ya que existen grupos importantes de población con niveles de ingreso muy inferiores y la minoría tienen ingresos muy superiores al promedio. Desde el punto de vista económico y social, la existencia de una población joven requiere aumentos considerables de las inversiones sociales para satisfacer las necesidades crecientes de la población, y asimismo de inversiones productivas. A este respecto es necesario que se cuente con políticas de inversión con objeto de lograr una utilización más racional del capital y de la mano de obra y con políticas de empleo para reducir el costo económico y social generado por la subutilización de los recursos humanos.

Finalmente, un cambio en el comportamiento de la variable natalidad, que es la variable estratégica, dependerá de las modificaciones y rapidez de los cambios en las estructuras económicas, sociales y psicológicas de la sociedad, así como de las respuestas que den a estos cambios los distintos grupos sociales. Estos cambios estructurales, paralelamente con las facilidades que se den para la difusión y uso de métodos anticonceptivos, originarán cambios en los niveles de la fecundidad. Lo anterior contribuirá a desacelerar el crecimiento de la población y a modificar a mediano plazo algunas de las características del problema. Éste subsistirá, pero más atenuado, porque la modificación de la estructura por edades y la disminución del potencial de crecimiento requerirán de un plazo mayor.

XI. URBANIZACIÓN Y URBANISMO: SITUACIÓN Y PERSPECTIVAS

Luis Unikel *

Introducción

La concentración geográfica de la población constituye, hoy en día, uno de los procesos de mayor trascendencia en el mundo contemporáneo.

Este fenómeno, que se ha difundido por todo el mundo, se caracteriza por cambios importantes en la distribución y composición de la población, por la incorporación progresiva de grandes sectores sociales al "estilo de vida urbano", y, en general, por transformaciones continuas, y a veces aceleradas, en la estructura rural-urbana de los países, particularmente de los subdesarrollados.

En México, esos cambios han venido ocurriendo en forma por demás rápida debido, entre otros factores, a un proceso de urbanización notoriamente intenso a partir de 1940. Además todo parece indicar que ese fenómeno seguirá ocurriendo durante los próximos diez años a un ritmo tal que amerita mayor atención de la que ha recibido hasta la fecha, tanto en lo que respecta a su investigación como en lo concerniente a las medidas que deben tomar los sectores público y privado para obtener el máximo beneficio económico y social, y para reducir al mínimo posible los innumerables problemas que origina.

El presente ensayo tiene tres objetivos principales (los dos primeros referidos exclusivamente a México), los cuales a su vez constituyen las secciones que lo conforman: *1)* informar al lector, en forma breve, de los principales acontecimientos sobre la urbanización ocurridos de 1900 a la fecha; *2)* dar una idea de la magnitud del desarrollo urbano que posiblemente ocurra de 1970 a 1980, y *3)* exponer una serie de reflexiones del autor sobre el fenómeno urbano, tanto generales como referidas al caso de México.

Definición, causas y efectos de la urbanización

Definir el proceso de urbanización con rigor teórico presenta serias dificultades. Contribuye a ello la indiscutible conexión de este fenómeno con otros tan amplios y complejos como los de modernización y desarrollo económico. Sin embargo, existe consenso en cuanto a que la

* El autor, investigador de El Colegio de México, agradece la colaboración de Omar Lazcano en la elaboración de este ensayo.

urbanización es un fenómeno multidimensional que se manifiesta en los órdenes básicos de la sociedad: el económico, el social, el psicológico-social, el político y el demográfico-ecológico. A la vez se acepta que una de sus dimensiones, más notoria y necesaria de tomar en cuenta, no obstante su alcance limitado, es la demográfico-ecológica.[1]

De acuerdo con este punto de vista, la urbanización es "un proceso de concentración de la población y de las actividades humanas en los puntos centrales del espacio".[2] Este fenómeno de concentración puede darse en las ciudades ya existentes o a través de la creación de nuevas localidades urbanas y se traduce en un aumento de la proporción de población calificada como urbana.

Según esta definición los principales elementos condicionantes de la urbanización son: el crecimiento de la población urbana, la expansión física de las ciudades y la migración de la población rural a los centros urbanos. A su vez, cada uno de esos elementos es generado o fomentado por otros factores. Por ejemplo, el crecimiento natural de la población urbana es influido por el nivel y la distribución del ingreso, el grado de avance socio-cultural, la estructura por edad y sexo de la población, etcétera. La expansión física de las ciudades resulta de la movilización de la población y de sus actividades del centro de las metrópolis hacia su periferia, así como del propio crecimiento demográfico de las zonas periféricas. Por último, la migración rural-urbana es generada por un doble juego de fuerzas, las que expulsan población rural —debido entre otros factores a la ineficaz tenencia de la tierra, la elevada presión demográfica sobre ese recurso y al acentuado marginalismo rural— y las que la atraen hacia las ciudades, que son todas aquellas que representan para los migrantes, mayores perspectivas —reales o esperadas— de superación, principalmente económica.

Los efectos de la urbanización —mucho más patentes y comentados que sus causas— pueden clasificarse, a grandes rasgos, en dos categorías: los que se producen dentro de las ciudades (intraurbanos), y los que tienen lugar en el ámbito regional (interurbanos). Los primeros tienen su origen en la concentración de las actividades industriales, financieras, comerciales, culturales, políticas y administrativas (que generan economías y deseconomías externas y de escala) y en los aumen-

[1] A. Quijano es quien ha logrado los mayores avances en la investigación teórica de la urbanización como fenómeno global e histórico de la sociedad actual. Véase A. Quijano, "La urbanización de la sociedad en Latinoamérica", *Revista Mexicana de Sociología*, Vol. XXXIX, núm. 4, Instituto de Investigaciones Sociales, UNAM, 1969, pp. 669-703.

[2] H. Elridge, Tisdale, "The Process of Urbanization", en J. Spengler y O. Duncan (Eds.), *Demographic Analysis*, Nueva York, The Free Press of Glencoe, 1963, pp. 338-343.

tos extraordinarios de las necesidades de servicios, obras públicas, terrenos, vivienda, transportes, empleo, etcétera. Los efectos interurbanos resultan de la mayor interdependencia entre ciudades, y entre los centros de éstas y su *hinterland*, debido, fundamentalmente a la creciente movilización de personas, vehículos, bienes e información. En la segunda parte del trabajo se tratarán con mayor detalle algunos de estos aspectos.

La urbanización de 1900 1970 [3]

Nivel y ritmo de la urbanización

México ha registrado dos etapas en su proceso de urbanización, la primera, de 1900 a 1940, se puede catalogar como lenta; la segunda, de 1940 a 1960 —puede extenderse hasta 1970—, de urbanización rápida. La relativa lentitud y rapidez del proceso ha sido expresión de las distintas posiciones y movimientos registrados por el nivel de urbanización del país.[4]

De 1900 a 1940 el proceso de urbanización estuvo determinado por hechos de muy diversa índole demográfica, socio-económica y política. La etapa prerrevolucionaria (1900-1910) se caracterizó por el aislamiento de la población rural debido a la nula o escasa comunicación existente con los centros urbanos. Esto originó, en gran parte, que el único centro urbano que creció en forma considerable fuera la ciudad de México.

El periodo 1910-1921 fue, por el contrario, de gran agitación social y, entre otros sucesos, se rompieron los lazos semifeudales que ataban a la población campesina a la tierra. Como resultado, las ciudades crecieron en población; en particular la de México fue la que registró el mayor crecimiento demográfico.

Después de 1921, y hasta fines de la década de 1930, la población

[3] Las cifras que se presentan en esta parte del trabajo, así como las ideas principales, corresponden al capítulo v, "La urbanización", Centro de Estudios Económicos y Demográficos, *Dinámica de la población de México*, El Colegio de México, 1970, pp. 117-143 y a L. Unikel, "El proceso de urbanización en México: distribución y crecimiento de la población urbana", *Demografía y Economía*, Vol. II, núm. 2, El Colegio de México, pp. 139-182.

[4] El nivel de la urbanización de una unidad territorial es la magnitud que este fenómeno ha alcanzado en esa área geográfica. El "nivel" puede medirse a través de varios tipos de indicadores. Uno de los cuales es la proporción de población urbana. La rapidez del proceso se ha calculado mediante el incremento medio anual del nivel de urbanización, al cual se le ha dado el nombre de tasa de urbanización. Para mayores detalles, véase L. Unikel, *op. cit.*, pp. 145-146 y 163-164.

entró en un periodo de relativa estabilidad. La migración rural-urbana decreció considerablemente, en gran parte debido a la cesación de las actividades militares y a los efectos de la política de reforma agraria que por esos años empezó a tener importancia.

Sin embargo en la parte final de la década 1930-1940, se reanudaron, y aún se intensificaron, las corrientes migratorias hacia las ciudades de México, Guadalajara, Monterrey y algunas de la frontera norte. En este fenómeno influyeron hechos como los siguientes: la expropiación del petróleo, la creación de organismos financieros estatales de desarrollo, la construcción del sistema troncal de carreteras y de obras hidráulicas de gran irrigación, los efectos de la ley seca norteamericana en la frontera norte de México y diversos efectos de la segunda Guerra Mundial.

La segunda etapa, de 1940 a 1960, se caracterizó por tres rasgos fundamentales: en primer lugar un rápido ritmo de urbanización (el del decenio 1940-1950 fue de tal magnitud que es imposible que vuelva a registrarse); en segundo término un incremento continuo y acelerado en la tasa de crecimiento natural de la población, de 2.7% anual de 1940 a 1950, a 3.1% anual de 1950 a 1960. Este hecho se ha traducido, no obstante el importante volumen migratorio rural-urbano, en un cambio en el peso relativo que tradicionalmente han tenido en el incremento de la población urbana la migración del campo a la ciudad y el crecimiento natural. De 1940 a 1950, el primer factor fue el que contribuyó en mayor proporción, mientras que en los siguientes 10 años lo fue el crecimiento natural. El tercer rasgo destacado de estos 20 años de urbanización fue la disminución del predominio poblacional del área urbana de la ciudad de México con respecto a las siguientes 8 ciudades más grandes del país, a partir de 1950. Sin embargo, este proceso casi se detuvo de 1960 a 1970 (cuadro 4), debido principalmente a que durante este decenio la elevada tasa anual de crecimiento de la población del área urbana de la ciudad de México superó a la de 1950-1960.

La disminución en la primacía, reflejo de la formación de centros regionales de desarrollo —Guadalajara y Monterrey, principalmente—, y de la formación de subsistemas de ciudades mejor integrados, es causa y efecto de una serie de procesos económicos y socio-políticos cada vez más complejos que están ocurriendo en México. Entre ellos destacan la creciente industrialización del país y los cambios cualitativos que se están produciendo en algunas de sus ramas, como la petroquímica; el deterioro en las condiciones de vida del campesino; la formación de una clase media con aspiraciones cada vez más exigentes, y el mejoramiento y la ampliación de la red de comunicaciones y transportes en el ámbito nacional, particularmente el rural.

El crecimiento urbano de 1900 a 1970

En el presente siglo, la población urbana de México, aquella que vive en localidades de 15 000 y más habitantes,[5] creció más rápidamente que la población total del país; sin embargo, este crecimiento no

Cuadro 1. México: Población total, urbana y de las 17 ciudades mayores del país, 1900-1970

Población y por cientos	*1900*	*1940*	*1960*	*1970*
Población (miles de habitantes)				
(1) Total	13 607	19 649[d]	34 923	49 100[e]
(2) Urbana [a]	1 434	3 928	12 747	22 100[f]
(3) De las 17 ciudades mayores [b]	973	3 005	8 969	15 100[g]
(4) Del área urbana de la ciudad de México [c]	345	1 560	4 910	8 567[g]
Por cientos				
(2)/(1)	10.5	20.0	36.5	45.0
(4)/(1)	2.5	7.9	14.1	17.4
(4)/(2)	24.1	39.7	36.9	38.8
(3)/(2)	67.8	76.5	70.5	68.4

a Población que habita en localidades de 15 000 y más habitantes (véase la nota 5). Para fines de comparación internacional se emplea como límite urbano 20 000 y más habitantes, en cuyo caso las cifras correspondientes a México para 1900, 1940, 1960 y 1970 son, respectivamente (en miles de habitantes): 1 262, 3 624, 12 132 y 20 400.

b Corresponde a las 15 áreas urbanas de 100 000 y más habitantes en 1960, más las ciudades de Aguascalientes y Ciudad Juárez.

c Incluye la población residente en el área de continuidad física que tiene por centro a la ciudad de México (12 cuarteles) y se extiende, sin considerar los límites político-administrativos, en territorio del Estado de México.

d Luis Unikel, "El proceso de urbanización en México: "distribución y crecimiento de la población urbana"..., *op. cit.*, cuadro 13.

e Población al 30 de junio de 1970, calculada a partir de la cifra censal.

f Población estimada, véase la nota. 5.

g Cifras estimadas con base en cifras preliminares del censo de 1970 y llevadas a mitad del año.

FUENTES: Censos generales de población y elaboraciones con tales fuentes de información. Véase Luis Unikel, "El proceso de urbanización en México: distribución y crecimiento de la población urbana", *Demografía y Economía,* Vol. II, Núm. 2, El Colegio de México, 1968, cuadro 13; cifras preliminares del censo de 1970.

[5] Este límite fue obtenido en el estudio de L. Unikel, "Ensayo sobre una nueva clasificación de población rural y urbana en México", *Demografía y Economía,* Vol. II, núm. 1, 1968, pp. 1-18. Según éste, las localidades se dividen en cuatro clases: rurales (menos de 5 000 habitantes), mixtas rurales (de 5 a 9 999 habitantes), mixtas urbanas (de 10 000 a 14 999 habitantes) y urbanas (de 15 000 y más habitantes). Este límite calculado para el lapso 1940-1960, se utilizó para todo el periodo sólo con fines de análisis comparativo.

Cuadro 2. México: Incremento medio anual de la población urbana y de la total, y su relación, 1900-1970

(Por cientos)

Incrementos medios y relación de incrementos	*1900-1960*	*1900-1940*	*1940-1960*	*1960-1970* [a]
Total (1)	1.46	0.91	2.80	3.37
Urbana (2)	2.66	2.33	5.29[b]	5.37
Relación (2)/(1)	1.82	2.56	1.89	1.59

a Datos estimados. Véase las notas e, f y g del cuadro 1.
b El incremento medio anual de 1940 a 1950 fue de 5.9 y el de 1950 a 1960, de 5.5.
FUENTE: Cuadro 1.

Cuadro 3 A. México: Localidades según su tamaño, 1900, 1940 y 1960

Grupos de localidades según el tamaño de la población	LOCALIDADES		
	1900	*1940*	*1960*
Total del país	*52 749*	*105 508* [h]	*89 005* [h]
Urbana	*33*	*55*	*123*
1 000 000 y más [a]	—	1	1
500 000-999 999 [b]	—	—	2
100 000-499 999 [c]	2	5	14
50 000- 99 999 [d]	4	8	20
20 000- 49 999 [e]	17	23	51
15 000- 19 999	10	18	35
No urbana	*52 716*	*105 453*	*88 882*
Mixta	146	195	342
10 000-14 999 [f]	25	35	72
5 000- 9 999 [g]	121	160	270
Rural	*52 570*	*105 258*	*88 540*
2 500- 4 999	395	436	747
1 000- 2 499	1 609	1 934	3 203
Menos de 1 000	50 566	102 868	84 590

a Metrópolis.
b Centros regionales.
c Ciudades grandes.
d Ciudades medianas.
e Ciudades pequeñas.
f Mixtas urbanas.
g Mixtas rurales.
h No incluye las localidades censadas con otras, ni las deshabitadas.
FUENTES: Censos generales de población; mapas y fotos aéreas; Dirección de Planeación y Programa, Secretaría de Obras Públicas.

fue homogéneo a través de todo el periodo. En él se observan las dos etapas mencionadas previamente (cuadro 1 y 2): de crecimiento lento (1900-1940) y de crecimiento rápido (1940-1970).

En cada una de estas dos etapas, el por ciento de población urbana respecto del total de la población casi se duplicó a pesar de que la segunda abarca sólo la mitad del periodo de la primera. Este hecho

Cuadro 3 B. México: Distribución de la población por tamaño de localidades, 1900, 1940 y 1960 *

Habitantes según el tamaño de la población	HABITANTES *(miles)*					
	1900	*%*	*1940*	*%*	*1960*	*%*
Total del país	*13 607*	*100.0*	*19 649* [h, i]	*100.0*	*34 923* [h]	*100.0*
Urbana	*1 435*	*10.5*	*3 928* [j]	*20.0*	*12 747*	*36.6*
1 000 000 y más [a]	—	—	1 560	7.9	4 910	14.1
500 000-999 999 [b]	—	—	—	—	1 511	4.3
100 000-499 999 [c]	446	3.3	781	4.0	2 548	7.3
50 000- 99 999 [d]	280	2.0	589	3.0	1 533	4.4
20 000- 49 999 [e]	536	3.9	694	3.5	1 630	4.7
15 000- 19 999	173	1.3	304	1.6	615	1.8
No urbana	*12 172*	*89.5*	*15 721*	*80.0*	*22 176*	*63.4*
Mixta	1 128	8.3	1 492	7.6	2 757	7.9
10 000-14 999 [f]	294	2.2	431	2.2	881	2.5
5 000- 9 999 [g]	834	6.1	1 061	5.4	1 876	5.4
Rural	*11 044*	*81 2*	*14 229*	*72.4*	*19 419*	*55.5*
2 500- 4 999	1 327	9.8	481	2.4	2 531	7.2
1 000- 2 499	2 411	17.7	3 968	20.2	4 761	13.6
Menos de 1 000	7 306	53.7	9 780	49.8	12 127	34.7

* No se presentan las cifras para 1970 por la falta de datos de población de las áreas urbanas.

a Metrópolis.

b Centros regionales.

c Ciudades grandes.

d Ciudades medianas.

e Ciudades pequeñas.

f Mixtas urbanas.

g Mixtas rurales.

h No incluye las localidades censadas con otras, ni las deshabitadas.

i Este dato difiere en menos 4 390 habitantes de la cifra que proporciona el VII Censo de Población, debido a tres erratas de los volúmenes estatales del mencionado Censo: 2 000 habitantes en la ciudad de Mérida, 2 345 habitantes en el estado de Durango y 45 habitantes en el de Oaxaca.

j Esta población difiere de la que se obtiene con la información censal con localidades de 15 000 y más habitantes, porque incluye las áreas urbanas principales del país: 6 en 1940, 21 en 1950 y 28 en 1960.

FUENTES: Censos generales de población; mapas y fotos aéreas; Dirección de Planeación y Programa, Secretaría de Obras Públicas.

se refleja de manera incontrastable en el número de ciudades y su población. En 1900 existían en México 33 centros urbanos con una población total de 1.4 millones de habitantes, en 1940 las ciudades eran 55, su población 3.9 millones y en 1960 las localidades urbanas habían ascendido a 123 con una población de 12.7 millones (cuadro 3).

A continuación se describen brevemente, la magnitud y algunas características del crecimiento de la población urbana, a través de las tres formas distintas en que se manifiesta tal crecimiento.

Crecimiento de la población urbana: ciudades existentes y reclasificadas

El notable cambio en el nivel de urbanización operando en las dos etapas que se tratan, se puede analizar en función del crecimiento de las ciudades existentes al inicio de cada periodo y de las localidades que, debido a su crecimiento, fueron reclasificadas de no urbanas a urbanas.

La población urbana creció, de 1900 a 1960, en 11.3 millones de habitantes, el 82.2% de los cuales correspondió al crecimiento de ciudades ya existentes y el 17.8% restante al de ciudades reclasificadas. Este fenómeno se presentó con diferente intensidad en los periodos 1900-1940 y 1940-1960; así, mientras en el primero el por ciento correspondiente a ciudades ya existentes fue de 74.8 en el segundo fue de 84.2.

Hubo sin embargo, casos excepcionales de ciudades que dejaron de pertenecer al grupo de localidades urbanas en cierto año del periodo considerado. El caso más destacado de este fenómeno se registró en el Estado de México, en donde El Oro, que había sido una ciudad minera muy próspera, al perder importancia su actividad económica principal, sufrió cuantiosa emigración.

Crecimiento de la población urbana por integración física

Éste es un fenómeno relativamente reciente en México que se debe a la expansión territorial de la ciudad hacia su periferia y a la absorción de localidades periféricas. En 1940, las áreas urbanas eran 6; de ellas, las más notables eran las de las ciudades de México, Orizaba y Tampico. En 1960, el número aumentó a 28, de las que destacan, aparte de la ciudad de México, las de Guadalajara y Monterrey. Las ciudades de la frontera norte —entre las cuales se cuentan las de más rápido crecimiento demográfico— constituyen casos especiales, pues su expansión física, aunada a la experimentada por sus vecinas del lado norteamericano, ha originado áreas urbanas internacionales de importancia estratégica para ambos países. Tal es el caso del área urbana de Ciudad Juárez-El Paso, cercana al millón de habitantes.

Cabe hacer resaltar el hecho de que el incremento urbano registrado en el país por integración física en el periodo 1940-1960, que fue de 876 000 habitantes, aproximadamente el 70% correspondió al área urbana de la ciudad de México.

A pesar de que este fenómeno no ha tenido, hasta ahora, gran peso en el crecimiento urbano, se espera que, de continuar las tendencias observadas, cobre mayor importancia en el futuro. Esto resulta muy importante por las implicaciones que el fenómeno tiene. Como ilustración de lo anterior se deben destacar los efectos de tipo político, al producirse la expansión sobre terrenos ejidales; de tipo económico, al reducirse la ya escasa disponibilidad de terrenos agrícolas, generalmente productivos y muchas veces irrigables; de carácter ecológico-urbano, ya que al disponerse de esos terrenos se permite y fomenta que las ciudades sigan creciendo; de tipo político-administrativo, cuando la expansión física de una ciudad tiene lugar, como en el caso de las ciudades de México y Torreón, en dos entidades federativas.

Crecimiento natural y social de la población urbana

Los incrementos medios anuales de la población urbana de 1900 a 1960 han superado sistemáticamente a los de la población total, o sea que, si se supone que tanto la población urbana como la total crecen a la misma tasa, el crecimiento total de la población urbana ha sido mayor que su crecimiento natural. Esto implica un proceso de migración rural urbano que, con altas y bajas, ha sido continuo de 1900 a 1940. Como era de esperarse, este fenómeno fue particularmente intenso en el periodo 1910-1921, a causa del movimiento revolucionario. De 1921 a 1930 la migración del campo a las ciudades conservó cierta importancia en la medida en que el país entraba en calma y se institucionalizaba.

En contrapartida, la urbanización sufrió de 1930 a 1940 la mayor desaceleración del periodo, debido a una importante reducción relativa de la migración rural-urbana. Este descenso fue resultado, posiblemente, del extenso programa de reforma agraria llevado a cabo durante ese decenio. Es probable que la repartición de tierras y la construcción de las primeras obras importantes de regadío hayan arraigado temporalmente a la población campesina que, en otras circunstancias, habría migrado en mayores volúmenes. Por otro lado, las pocas ciudades existentes, algunas de ellas todavía afectadas en su economía por el movimiento revolucionario de 1910, no ofrecían suficientes atractivos.

Durante 1950-1960 se experimentó un fenómeno semejante al de 1930-1950: el peso relativo del crecimiento natural de la población urbana superó al de la migración campo-ciudad. Sin embargo, lo ocurrido en el primer decenio mencionado, a diferencia del segundo, puede atribuirse en mayor medida a la elevada tasa de crecimiento natural de la población urbana que a una disminución de la migración. Esta última fue, en términos absolutos tan numerosa como la de 1940-1960, periodo que registró la máxima tasa de urbanización.

En último término, 1960-1970, probablemente ha sido testigo —según estimaciones hechas por S. Eckstein—[6] de una migración masiva campo-ciudad superior a la de cualquiera de los decenios precedentes. De ser así, el volumen de migrantes pudo haber superado los 3 millones de personas. Sin embargo, en vista de que el crecimiento natural de la población total —y seguramente el de la urbana— aumentó en 10% respecto al decenio anterior, se puede casi aseverar que la migración campo-ciudad habrá jugado, al igual que en 1950-1960, un papel de menor importancia relativa que el crecimiento natural en el aumento de la población urbana del país.

La estructura urbana

La distribución (no geográfica) de la población urbana por tamaños de localidades, indica una evolución muy importante y, en teoría, favorable al desarrollo socioeconómico dèl país, por cuanto a que la elevada primacía del sistema de ciudades principales descendió a partir de 1950, después de su elevado y casi sistemático incremento desde 1900 (cuadro 4). Sin embargo, debido a la aceleración del crecimiento del área urbana de la ciudad de México —del 5.5% anual al 5.7%, de 1950-1960 a 1960-1970—, el descenso durante el último decenio en el índice de primacía [7] sólo ocurrió al nivel de dos ciudades. Los índices restantes se mantuvieron constantes (cuadro 4).

Esto quiere decir que de 1960 a 1970 la desproporción demográfica del área urbana de la ciudad de México respecto a las ciudades principales que le siguen en tamaño de población sólo disminuyó imperceptiblemente.

[6] S. Eckstein, *El marco macroeconómico del problema agrario mexicano* (documento preliminar), Centro de Investigaciones Agrarias, México, 1968, pp. 146-170.

[7] Véase la nota *a* del cuadro 4.

Por otro lado, de 1900 a la fecha, la población de la capital de la República ha observado un aumento constante en el por ciento que representa de la población nacional, estimándose que en 1970 absorbía el 17.4% (cuadro 1).

Cuadro 4. México: Índices de primacía del país de 2 a 10 ciudades, 1900-1970

Índices de primacía de: [a]	*1900*	*1910*	*1921*	*1930*	*1940*	*1950*	*1960*	*1970* [d]
2 ciudades	4.4	3.9	4.3	5.7	6.5	7.2	6.1	5.9
4 ciudades	1.7	1.6	1.9	2.4	2.7	2.9	2.7	2.7
6 ciudades	1.2	1.1	1.3	1.7	2.0	2.2	2.1	2.1
8 ciudades	0.9	0.9	1.1	1.4	1.6	1.8 [b]	1.8 [b]	1.8
10 ciudades	0.8	0.8	0.9	1.2	1.4	1.6 [c]	1.6 [c]	1.6

a Se mide por la expresión $Ip(n) = \frac{P_1}{P_2 + P_3 + \ldots P_n}$ en que P_1, P_2, P_3 y P_n son las poblaciones de las ciudades que ocupaban los rangos 1, 2, 3 y n.
b Los valores exactos son 1.82 y 1.79, en 1950 y 1960, respectivamente.
c Los valores exactos son 1.57 y 1.59, en 1950 y 1960, respectivamente.
d Cálculos elaborados con cifras estimadas.
FUENTES: Centro de Estudios Económicos y Demográficos, *op. cit.*, p. 134, cuadro V-11.

Distribución de la población no urbana

La distribución de la población de México según distintos tamaños de localidades se caracteriza, tanto por tener una proporción relativamente elevada de población que habita en centros urbanos, como por las decenas de miles de localidades de escasa población, dispersas a lo largo del país. Estas localidades de muy reducida población, salvo excepciones, tienen un nivel de vida precario, carecen de servicios públicos elementales, con frecuencia se encuentran aisladas geográficamente, tienen fuentes de ingresos escasos y son vulnerables a los factores externos. En suma, son localidades de difícil integración a un patrón de desarrollo moderno.

La distribución de la población no urbana manifestó lentitud relativa en los cambios ocurridos durante los primeros 40 años del siglo y rapidez en el periodo 1940-1960. La población rural, que en 1900 ascendía al 81.2%, disminuyó levemente al 72.4% en 1940 y en forma más acentuada de ese año en adelante. A pesar de ello el país seguía siendo, en 1960, predominantemente rural (55.5% de la población vivía en localidades menores de 5 000 habitantes). En 1970, la población rural fue casi el 50% de la población total del país. Sin embargo, en números absolutos (sin hacer ajuste alguno) alcanzó la cifra de 24.2 millones de habitantes.

El descenso relativo de la población residente en localidades menores de 2 500 habitantes durante la etapa de urbanización lenta fue escaso. El por ciento, que en 1900 era de 71.4 se mantuvo casi inmutable hasta 1940; a partir de ese año el descenso porcentual fue más rápido y llegó, en 1960, hasta el 48.3%. Un fenómeno semejante aconteció con la proporción de población que habita en las localidades menores de 1 000 habitantes.

Estas caídas porcentuales tan significativas no fueron más que el producto de la migración masiva y continua de las zonas rurales a las urbanas, particularmente de 1940 a la fecha. El desplazamiento de población rural-urbana previo a 1940 fue, comparado con el que sucedió posteriormente, de poca magnitud.

Finalmente, es necesario destacar que, a pesar de la importante desruralización ocurrida en el país, la población que habita en localidades muy pequeñas sigue aumentando en términos absolutos. La población que vive en localidades menores de 1 000 habitantes se ha incrementado de 9.8 millones de personas en 1940 a 12.1 millones en 1960. La cifra correspondiente a 1970 fue de 13.7 millones de habitantes (al 30 de junio) lo cual correspondió al 28.1% de la población nacional.

La urbanización en 1970 y 1980

La población urbana del país en 1970 se estimó en 22.1 millones de personas,[8] o sea el 45.0% de los 49.1 millones de habitantes que tenía el país, según cifras preliminares del último censo (ajustadas al 30 de junio de 1970). De acuerdo con el monto estimado de población urbana, ésta registró un incremento anual de 5.4% en el decenio 1960-1970, casi equivalente al 5.5% del decenio precedente.

Si se hacen a un lado los riesgos inherentes en toda proyección de población y, particularmente, en una que involucra número y tamaños de ciudades, se considera necesaria su elaboración para tener, por

[8] Esta cifra no es definitiva y está sujeta a los cambios que implique el cálculo correspondiente a la población de las áreas urbanas del país, el cual toma en cuenta la integración física a las ciudades principales, de localidades menores de 15 000 habitantes. Sin embargo, la población en 1970 (al 30 de junio) de las 181 localidades mayores de 15 000 habitantes, incluyendo las áreas urbanas de 1960, resultó ser muy aproximada a los 22 millones de habitantes.

lo menos, una idea de la magnitud de los posibles cambios que tendrá la urbanización demográfica en México, de 1970 a 1980.

La proyección preliminar de la población y estructura urbanas probables para 1980, se basan en las consideraciones siguientes:

a) La tasa de urbanización seguirá desacelerándose —tal y como ha ocurrido de 1950 a la fecha.[9] Así, la proporción de población urbana de la total, fluctuará entre el 50 y el 54%.

b) La estructura de ciudades del país seguirá manifestando una tendencia hacia un sistema de ciudades menos preeminente, lo cual implica que la concentración de la población en ciudades mayores de 50 000 habitantes, excluyendo al área urbana de la ciudad de México, será más rápida que el crecimiento de la población urbana total.

Con base en estos supuestos y de acuerdo con una proyección de la población de 71.9 millones de habitantes para 1980,[10] se ha estimado que la población urbana (en localidades de 15 000 y más habitantes) fluctuará entre 36 y 39 millones de habitantes.

Los resultados de la proyección preliminar, obtenidos mediante la aplicación del método de "índices proporcionales",[11] indican que México tendrá, en 1980, la estructura urbana siguiente:

a) 3 ciudades mayores del millón de habitantes: el área urbana de la ciudad de México, entre 12.5 y 13.8 millones; el área urbana de Guadalajara, superará los 2.5 millones; y el área urbana de Monterrey, rebasará los 2 millones de habitantes.[12]

[9] Véanse las tasas de urbanización en Centro de Estudios Económicos y Demográficos, *op. cit.*, cuadro V-3, p. 121. Además, para una explicación sobre la desaceleración en la urbanización véase L. Unikel, *op. cit.*, p. 160.

[10] A pesar de los decrecimientos que puedan ocurrir en la fecundidad de 1975 en adelante, se estima que la población total del país en 1980 oscilará entre 71.9 y 73.6 millones de habitantes (hipótesis media con fecundidad decreciente, e hipótesis alta con fecundidad invariable, respectivamente). R. Benítez y G. Cabrera, *Proyecciones de la población de México 1960-1980*, Banco de México, S. A., 1966, pp. 47-50. Se ha adoptado la cifra baja por razones de subenumeración, corregidas en las proyecciones citadas pero no en las censales de 1960, que se utilizan en la presente estimación.

[11] Véase el ensayo de L. Unikel, en *El perfil de México...*, *op. cit.*, pp. 239-247. La pequeña diferencia entre las cifras aquí presentadas y las del Perfil de México se debe a la introducción de nuevos elementos en los cálculos. Estos cálculos se están verificando en el Centro de Estudios Económicos y Demográficos de El Colegio de México, mediante una aplicación más rigurosa del método de "índices proporcionales", y además, utilizando los datos preliminares del censo de 1970.

[12] Se entiende por área urbana de una ciudad, a la ciudad misma de que se trata, más el área contigua edificada, que sin seguir límites político-administrativos, obedece a determinados criterios de accesibilidad, densidad y otros análogos. El área en el caso de la ciudad de México abarca parte de varios de los municipios del Estado de México adyacentes al Distrito Federal.

b) 6 ciudades entre 500 000 y 1 millón de habitantes: Ciudad Juárez, Puebla, León, Tijuana, Mexicali y Chihuahua.

c) Entre 35 y 37 ciudades mayores de 100 000 y menores de 500 000 habitantes.

d) Entre 31 y 36 ciudades mayores de 50 000 y menores de 100 000 habitantes.

e) Entre 185 y 192 ciudades de 15 000 a 50 000 habitantes.

Las cifras anteriores, no obstante las reservas con que deben considerarse, no son improbables y señalan al lector implicaciones diversas: la indiscutible celeridad con que seguirá concentrándose la población en México; la formación de una estructura urbana cada vez más extendida a lo largo del territorio nacional; el posible surgimiento de un mayor número de ciudades de importancia regional, principalmente en los intervalos de tamaños de población (b) y, en menor número en el (c); una interconexión creciente entre un mayor número de ciudades, independientemente de sus nexos con la ciudad de México; la consolidación de los subsistemas de ciudades actualmente en plena formación, como el que va desde Guadalajara hasta las ciudades de Baja California Norte, el de las ciudades del Bajío y otros, y la formación de nuevos subsistemas como el de la zona ístmica de Veracruz y Oaxaca y sus ramificaciones hacia la parte sur de la región del país.

En suma, para 1980 México no sólo será un país predominantemente urbano, de acuerdo con su nivel de urbanización, sino que habrá una red de ciudades de diversos tamaños que cubrirán casi todo el territorio nacional. El sistema de ciudades continuará manifestando el predominio notorio del área urbana de la ciudad de México; sin embargo, el número de ciudades con tasas de crecimiento superior a la de la capital de la República aumentará sustancialmente.

Reflexiones sobre el proceso de urbanización

Urbanización y urbanismo

El proceso descrito exige meditar seriamente sobre las causas y las consecuencias —negativas y positivas— de un fenómeno tan complejo. Ahora bien, debido a la rapidez e intensidad con que ese fenómeno está ocurriendo en México, es necesario llamar la atención de quienes tienen ingerencia en el estudio, planeación y realización de las obras urbanas y regionales, sobre la inaplazable necesidad de evaluar los errores y aciertos de lo que se ha hecho al respecto en el país. De lo contrario, se seguirá desaprovechando la urbanización como factor del desarrollo socio-económico y, seguramente, se contemplará un agravamiento de la problemática urbana de México.

Las ideas y razonamientos que se exponen en esta segunda parte del trabajo confirman la inquietud del autor arriba expresada. Ahora bien, dada la relativa universalidad del fenómeno urbano, el caso de México no constituye una excepción y ofrece, en consecuencia, rasgos y características que se presentan en países de diversos niveles de desarrollo, aunque obviamente tenga los suyos peculiares.

Al presente, todo parece indicar que la urbanización (demográfico-ecológica) es un proceso irreversible. Las consideraciones que se hacen al respecto, aun a largo plazo, son en el sentido de que la concentración de la población mantendrá un ritmo de crecimiento superior al de la población total. Así, aunque la población mundial no llegara a convertirse en una "ecumenópolis", tal como C. A. Doxiadis [13] ha pronosticado que sucederá en el curso del siglo XXI, existen actualmente varias megalópolis —unión física de dos o más zonas metropolitanas—, así como una tendencia a expandirse en tamaño y multiplicarse en número en países de los cinco continentes. Uno de los casos más notables de este nuevo fenómeno urbano está ocurriendo en los Estados Unidos de América en donde se estima que en el año 2000 el 60% de su población vivirá en cuatro megalópolis, una de las cuales, la de la costa de California, ocupará una superficie de 13 000 kilómetros cuadrados a lo largo de casi 1 000 km.[14] El área urbana de Tijuana, México, formará parte de esta megalópolis.

Durante los años sesenta, varias décadas antes de que se produzcan fenómenos como el mencionado, de efectos difícilmente previsibles, se agudizó la problemática urbana, tanto en los países ricos como en los pobres. En unos como en otros el fenómeno urbano se volvió más complejo y se relacionó más directamente con el desarrollo social, económico y político-administrativo, de como lo estaba hace 20 o 30 años. Ello se ha debido a los rápidos y drásticos cambios en la forma de vida urbana provocados, principalmente, por las innovaciones tecnológicas en las comunicaciones y en el transporte de personas, bienes e información. Esta transformación ha sido más radical en las grandes

[13] La labor y las ideas de este urbanista griego han provocado muchas polémicas, a pesar de lo cual han tenido innegable influencia en el urbanismo actual. Sus escritos están publicados, principalmente, en la revista *Ekistics*, creada por él. Esta revista ha sido el vocero de lo que Doxiadis denomina la cuenca de los asentamientos urbanos. Sobre la ecumenópolis véase C. A. Doxiadis, "Ecumenopolis: Toward a Universal City", *Ekistics*, Vol. 13, núm. 75, Atenas, enero de 1962, pp. 3-18.

[14] K. Lynch "The Possible City", *Technology Review*, Cambridge, Mass., Instituto Tecnológico de Massachussetts, enero 1968, p. 37.

urbes de los países subdesarrollados por varias razones: mayores tasas de crecimiento demográfico; mayor porciento de población con expectativas crecientes y menores recursos para satisfacer tales aspiraciones; más drásticas repercusiones psico-sociales en grandes grupos de población de bajo nivel cultural y de inadecuada preparación para adaptarse rápidamente a los efectos que produce la tecnología muy avanzada, como la que constantemente proviene de los países más industrializados; etcétera.

En América Latina, las repercusiones que ha tenido la urbanización —la más rápida del mundo— han dado lugar a opiniones como la siguiente (que resume la importancia actual y futura del fenómeno urbano en la región): "No es exagerado decir que el desarrollo de América Latina es el desarrollo de su urbanización." [15]

Pero también los países desarrollados tienen serias limitaciones para satisfacer las necesidades básicas de la creciente población urbana. Por ejemplo, un estudio sobre la vivienda en los EU señala que se construyen al año (1968) 1.5 millones de viviendas cuando que son necesarias 3 millones de nuevas unidades.[16] En América Latina la situación en materia de vivienda es varias veces más precaria. Los estudios de Naciones Unidas prueban, en forma evidente, la imposibilidad financiera de los países de la región para cubrir el déficit cuantitativo acumulado de vivienda urbana. Se ha estimado conservadoramente que el monto de la inversión anual que se necesitaría realizar en América Latina para construir diez unidades de vivienda por cada mil habitantes, alcanzaría casi el 40% de la actual inversión bruta global (que equivale a más o menos 17% del producto bruto).[17] Y aun con esa inversión, sólo se evitaría que el déficit de vivenda aumentase. Como es lógico suponer, son mucho menores las posibilidades económicas de América Latina para satisfacer las necesidades básicas de la población urbana adicionales a las de la vivienda, como son el empleo, el transporte y la educación.

Respecto al problema del financiamiento, Urquidi expresa una idea

[15] Felipe Herrera, Documento 45-1 de la Reunión sobre Financiamiento Municipal en Latinoamérica, Banco Interamericano de Desarrollo, Washington, D. C., enero de 1966, p. 1.

[16] W. L. Hooper, "Innovation in Housing: Pipe Dreams of Practical Reality", *Technology Review, op. cit.*, p. 25.

[17] Rubén Utria, "Los factores estructurales del desarrollo, y el problema de la vivienda en América Latina" *Boletín Económico de América Latina*, Vol. XI, núm. 2, octubre de 1966, Naciones Unidas, CEPAL, pp. 246-275. citado por Víctor L. Urquidi en "La ciudad subdesarrollada", *Demografía y Economía*, Vol. III, núm. 2, El Colegio de México, 1969, pp. 146-147. Sobre la situación de la vivienda en México, véase J. Puente Leyva, "El problema habitacional", *El perfil de México en 1980, op. cit.*, pp. 253-303.

que generalmente no se tiene en cuenta: el problema habitacional, y con mayor razón toda la problemática urbana, no se resuelve sólo con obtener recursos financieros suficientes, sino que es también un problema de conceptos básicos.[18] A esto Utria añade: "Se observa más bien una actitud contemplativa frente al progresivo crecimiento del déficit de servicios habitacionales y comunales y aparente intención urbanístico-ornamental en el tratamiento de la planificación urbana." [19]

La distancia entre las ideas de los planificadores y la realidad es cada vez mayor. Ello obedece, en gran medida al enfoque poco científico y subjetivo de la problemática urbana que ha sido inoperante ante la realidad: comercio irrestricto y especulativo de los terrenos urbanos; aplicación unilateral de las leyes de zonificación y de fraccionamientos; sistemas fiscales deficientes en materia de bienes raíces, desperdicio y mal uso del suelo urbano, etcétera.

Sin embargo, el concepto de anarquía y caos urbano, comúnmente empleado, tiene una razón de ser. Su explicación está no sólo en una falta de planeación, sino muchas veces en una planeación mal enfocada y más bien en una "planeación" urbana idealizada e impotente ante los intereses creados. C. Wright Mills decía sobre el particular: "Se ha hablado mucho sobre la ausencia de un orden discernible en nuestro medio ambiente. A mí esto me parece estúpido. ¿No son acaso la ganancia capitalista y la acumulación de capital el denominador común de todo ese orden? ¿No son características de nuestro medio los intereses privados inmobiliarios y la publicidad desatada? Para ellos, nuestras ciudades no resultan en modo alguno desordenadas; al contrario, las encuentran tan ordenadas como los archivos de sus títulos de propiedad." [20]

Para mayor abundamiento D. Stea advierte que las teorías y prácticas del urbanismo que miran a la planificación y al diseño urbano como arquitectura a grande escala no servirán y sólo diferirán los problemás de las ciudades a la segunda mitad del siglo XX.[21] Que los problemas del crecimiento urbano necesitan todavía clarificarse lo atestigua en parte el que la gran mayoría de ellos no haya sido resuelto. Es más, hay muchos indicios de que han aumentado èn número y gravedad los problemas que las "soluciones" intentaron aliviar. "Se ha dicho que la mayoría de las llamadas soluciones a los problemas

[18] V. L. Urquidi, *op. cit.*, p. 147.

[19] R. Utria, *op. cit.*, p. 272.

[20] Citado por F. Ramón, *Miseria de la ideología urbanística*, Editorial Ciencia Nueva, Madrid, 1967, pp. 142-143.

[21] D. Stea, "La conducta humana y el diseño urbano", *Revista de la Sociedad Interamericana de Planificación*, Vol. II, Núm. 7, septiembre de 1968, p. 12-13.

del desarrollo urbano no son más que respuestas parciales a corto plazo o cuestiones mal planteadas." [22]

No obstante las críticas expuestas, sería indebido e injusto culpar al urbanista y al urbanismo de los problemas de las grandes ciudades y de los desafortunados intentos por resolverlos. Muchos otros factores —sociales, económicos, políticos, administrativos, ecológicos e históricos— intervienen en la compleja dinámica urbana; algunos de éstos, particularmente los de índole político-administrativa son los de mayor influencia en la posible solución de los problemas urbanos. Como ilustración de lo anterior se ha declarado que la paradoja de la llamada crisis urbana norteamericana consiste en un desperdicio de los avances tecnológicos que podrían innovar la vivienda, debido a la extrema lentitud con que se producen los cambios institucionales —tanto en las actitudes de la población, como en las estructuras sociales y en la maquinaria político-administrativa— para poder aprovechar tales avances tecnológicos.[23]

Se pueden ennumerar varios factores adicionales que influyen decisivamente en el crecimiento de la problemática urbana, tanto en países desarrollados como subdesarrollados, y que el planificador sólo puede contemplar como espectador, ya sea por escasez de conocimientos o, principalmente, porque están fuera de su alcance.

Con lo anterior se requiere expresar que, ante la indisoluble unión de la urbanización con el desarrollo socio-económico y el sistema político administrativo, la explicación de la dinámica urbana y por tanto de la problemática que genera, debe buscarse, no sólo en la ciudad misma, sino más bien en un contexto más amplio del crecimiento y del cambio social, tanto a escala regional, como nacional e internacional.

Ventajas y desventajas relativas de la ciudad

No obstante que los gobiernos y muchos de los técnicos en la materia expresan su inconformidad con la existencia y, principalmente, con el crecimiento de las grandes ciudades, es tal la fuerza del proceso de urbanización —particularmente en los países subdesarrollados— que puede considerarse como un fenómeno imposible de frenar. Ante este hecho está surgiendo un nuevo enfoque —todavía poco generalizado— que adopta una actitud diferente, diríase más realista, basada en el intento de resolver o aliviar la problemática urbana, sin eliminar el crecimiento urbano ni las grandes concentraciones humanas.

Este punto de vista abandona la postura exclusivamente crítica hacia

[22] V. L. Urquidi, *op. cit.*, p. 150.
[23] W. L. Hooper, *op. cit.*, p. 25.

la ciudad y la urbanización en general y reconoce, en cambio, que este proceso no sólo trae consigo problemas, sino que tiene también efectos positivos. Uno de éstos es —además de los conocidos en relación al avance científico, tecnológico y cultural— la reducción de la presión demográfica sobre el recurso tierra de labor a través de la migración campo-ciudad. Este proceso, generalmente calificado como negativo, ha dado lugar, aun en el caso de que sea provocado por factores de expulsión del campo, a la incorporación física de millones de habitantes rurales a las áreas urbanas. Es cierto que muchos de estos migrantes pasan a formar parte del creciente volumen de población marginada, la cual constituye, por un lado, una pesada carga para la gran ciudad y, por otro, "...recursos humanos potencialmente más adaptables al proceso de modernización que aquellos que se quedan atrás, más apegados a las normas tradicionales y probablemente con menos deseos de arriesgarse hacia una nueva forma de vida futura." [24] A este respecto —dadas las condiciones poco propicias por las que atraviesan las zonas rurales en América Latina— convendría discutir si la vida urbana, tan precaria como llega a ser para la población marginada, no constituye, en términos comparativos, una mejoría.

Otro aspecto positivo de la urbanización es que crea expectativas y eleva el nivel de las aspiraciones, tanto de la población migrante como de la nativa. "Decidida la migración, la nueva familia urbana, asume, a pesar de las limitaciones que encuentra, una actitud expectante, cuando no optimista, ante un medio ambiente comparativamente más rico en posibilidades y en formas de interacción."[25] Desafortunadamente, debe admitirse también que estas aspiraciones se ven exageradas por la difusión de formas de comportamiento (producto de la comunicación de masas) derivadas de sistemas de valores y patrones de consumo de países ricos, con lo cual el "efecto imitación" tiene dos consecuencias principales: fomenta la frustración y aumenta el grado de agresividad, y canaliza inquietudes y energías hacia meras ilusiones. A eso hay que agregar que se empieza a notar cierta movilidad social dentro de los grupos de población marginada. Portes, Turner y otros investigadores han encontrado en sus estudios de campo en barriadas (en México colonias proletarias) de Santiago y Lima que, "lejos de ser el amenazante cinturón de miseria que las clases altas y medias imaginan, el conjunto de poblaciones periféricas puede ser definido más acertadamente como cinturón de seguridad social. El área marginada alberga sin duda la nueva ciudad de los pobres. No pare-

[24] W. Petersen, "Urban Policies in Africa and Asia", *Population Review,* Vol. 10, núm. 1, Indian Institute for Population Studies, enero, 1966, p. 35.

[25] J. Hardoy, *Políticas de urbanización y reforma urbana en América Latina,* 1970 (documento mimeografiado, p. 7).

cen ser, sin embargo, los pobres al final de una carrera descendente, los más miserables, apáticos y frustrados los que habitan estas zonas, sino precisamente aquellos que han logrado alguna movilidad ascendente y que se han trasladado a la periferia en busca de un mínimo de seguridad a través de una residencia propia".[26] Puede añadirse que la urbanización alienta la industrialización y permite dar servicios en mayor número y de mejor calidad (aunque sea a largo plazo, plazo que puede reducirse si se hacen cumplir las leyes de fraccionamientos) a una mayor proporción de la población, que de otro modo sería materialmente imposible que los recibiera de no ser en forma subsidiada.

Quedan pendientes de contestar, sin embargo, muchas preguntas importantes relacionadas con los problemas urbanos, tales como: ¿es la gran ciudad la mejor o la única opción que tiene la población marginada para obtener un ingreso más o menos regular, una habitación aceptable y servicios públicos básicos? ¿qué factores explican que la población marginada en las grandes ciudades resista condiciones de vida miserables, sin que regrese a sus lugares de origen o manifieste su inconformidad abierta a través de la protesta organizada? ¿es necesario el sacrificio generacional —consciente o inconsciente— de la población marginada para que sean sus hijos los que tengan oportunidad de alcanzar un mejor nivel de vida? ¿cómo es posible acelerar y materializar lo que hoy es sólo expectativa de mejora económica y social?

A estas cuestiones se deben agregar los serios problemas generados por la urbanización o que este proceso agudiza: escasez de empleo tanto para la población migrante como para la nativa; costos de urbanización fuera de las posibilidades financieras de los países subdesarrollados y, en general, problemas de naturaleza político-administrativa, ecológica y social.

Por tanto, ante las ventajas y desventajas que trae consigo el proceso de urbanización, surge una pregunta importante: ¿compensan los beneficios que brinda el desarrollo urbano el elevado costo económico y social que por él se paga? Según Petersen no es factible que los países en desarrollo aspiren a la obtención de los beneficios de una sociedad moderna, urbana e industrial, si al mismo tiempo tratan de evitar no solamente el costo del cambio social, sino también la ciudad como producto resultante.[27]

De cualquier manera no es necesario hacer investigaciones detalladas para advertir que la distribución de las ventajas y del precio so-

[26] A. Portes, "El proceso de urbanización y su impacto en la modernización de las instituciones políticas locales", *Revista de la Sociedad Interamericana de Planificación*, Vol. IV, Núm. 13-14, marzo-junio de 1970, pp. 16-17.

[27] Petersen, *op. cit.*, p. 35.

cial y económico que pagan los citadinos por tales ventajas —según distintos grupos sociales— es muy desequilibrado e injusto. Por ejemplo, mientras unos cuantos se benefician de las crecientes plusvalías que genera el crecimiento y concentración de la población (particularmente en lo que respecta a la compra-venta especulativa de bienes raíces), la gran mayoría no tiene acceso institucional a la obtención de un lote de terreno, a una casa, o a servicios públicos básicos. No debe olvidarse que el campo también contribuye directa o indirectamente al financiamiento de la urbanización. En países como México un por ciento importante de las divisas se obtienen de la exportación de materias primas agropecuarias. Así, además de la tradicional desventaja en la relación de intercambio entre el campo y la ciudad, el primero aporta una parte importante de las divisas necesarias para importar la maquinaria y pagar regalías por el uso de patentes extranjeras, que en su mayor medida aprovecha la industria urbana. Si a esto se agrega que la maquinaria y tecnología importadas son, en gran medida, para establecer industrias intensivas de capital que absorben poca mano de obra, se cierra uno de tantos círculos viciosos entre la urbanización, la industrialización y el desarrollo socio-económico de la sociedad subdesarrollada.

De hecho, muchos de los problemas urbanos —tales como la formación de grandes zonas de población marginada— son debidos, en gran medida, a la disparidad entre quienes usufructúan los beneficios que brinda la ciudad y quienes contribuyen al pago de los costos que ella supone.

Al efecto Turner expresa que

> ...la existencia de asentamientos urbanos no reglamentados es el producto de la diferencia entre la demanda popular de vivienda y la oferta que provee la sociedad en forma institucional... las colonias proletarias y otras formas incontroladas de asentamientos urbanos no son aberraciones sociales sino una respuesta perfectamente natural y con mucha frecuencia una respuesta sorprendentemente adecuada a la situación. La estrategia no es que tales asentamientos existan —lo cual es inevitable— sino que tantos de ellos sean mucho peores de lo que pueden ser.[28]

Por tanto, considerar a la ciudad como un mal necesario no es la solución. Se requieren nuevos enfoques que eviten planteamientos irreales de los problemas urbanos, tanto físicos como humanos para lo cual

[28] J. Turner, "Uncontrolled Urban Settlement: Problems and Policies", *Urbanization: Development Policies and Planning,* United Nations, Nueva York, 1968, pp. 108 y 120.

será preciso, entre otras cosas, formular y llevar a cabo algún tipo de "reforma urbana" que distribuya en forma más justa los beneficios y los costos de la ciudad actual, y la del futuro, en América Latina.

Relaciones entre el desarrollo y la planeación

Es indiscutible que la ciudad es el mayor laboratorio del comportamiento humano. Sin embargo, este contexto social ha ido perdiendo independencia relativa (por naturaleza la ciudad no puede ser autónoma ni autosuficiente) en la medida en que los países del mundo se han urbanizado y las intercomunicaciones se han intensificado. Así, la urbanización es causa y efecto de procesos, tanto intra-urbanos (ámbito urbano) como inter-urbanos (ámbito no urbano) que cubren el espacio regional y nacional.

Hasta el presente, en la mayoría de los países y en especial en los subdesarrollados, el desarrollo y la planificación nacional, regional y urbana han tomado lugar casi totalmente desvinculadas. Una de las razones de esta desconexión es que la planificación urbana y la regional se han formulado y llevado a efecto para algunas ciudades o zonas del país, mientras que la planificación nacional se ha concentrado en el desarrollo sectorial o de algunos grandes proyectos. Los planes a este nivel conceden poca importancia al factor espacial y no se toma debida cuenta de la localización de las actividades económicas y sociales ni de la distribución territorial de la población urbana y rural. Los planes sectoriales llevan implícito el que a una asignación conveniente de capital corresponde una distribución adecuada de mano de obra, de población y, en general, de actividades socio-económicas. La mayoria de los planes sectoriales de desarrollo —como en el caso de México—, no definen las zonas o ciudades del país que deben crecer más rápido, ni tampoco qué sectores de la economía tienen prioridad en las inversiones que se asignan a cada región. Esta circunstancia, agravada por la desconexión de los planes, puede plantear problemas tan serios como la formulación y realización de programas y proyectos de inversión cuyos objetivos sean incompatibles para el desarrollo, a corto o a largo plazo, del país, de una región o de una ciudad. Esto puede ocurrir porque en los planes nacionales por sectores de actividad no se consideren las implicaciones que las inversiones a esa escala tienen en el desarrollo y crecimiento regional y urbano. Al mismo tiempo, al nivel urbano continuamente se construyen obras (planeadas o no) financiadas por el sector público y por el privado, sin que se establezca una jerarquía acorde con un plan de inversiones públicas —que debería recibir directrices regionales o nacionales—, sin que exista preocupación alguna por los efectos que tales acciones tienen en el ámbito regional y nacional. Por ejemplo, la construcción de un medio de transporte rápido como es el tren metropolitano, independientemente de la mayor o menor eficiencia que tenga para aliviar el problema del transporte urbano, debe considerarse como un factor que afecta la balanza de pagos del país, pues se financia parcialmente con créditos del exterior.

Respecto a las inversiones privadas el problema es más grave, pues en muchos países subdesarrollados aún impera el principio de *laissez-faire*. Las leyes de zonificación o de fraccionamiento urbanos son generalmente inoperantes ya sea por obsoletas, porque no conducen a un fin específico por falta de planes de desarrollo urbano, o porque las evaden, parcial o totalmente, los especuladores y fraccionadores de la tierra urbana. En general, las acciones a escala urbana se realizan sin considerar los efectos que pueda tener sobre la región o el país.

La escasa comunicación nacional-regional-urbana refleja intereses distintos, tanto de los administradores como de los técnicos. Estos últimos piensan que lo nacional es más importante que lo regional o lo urbano, en tanto que los primeros piensan lo contrario. En realidad, las tres escalas de estudio y planeación son interdependientes y no deben realizarse de manera aislada, no obstante las grandes dificultades técnicas, financieras y político-administrativas que es necesario lograr para salvarlas. A lo anterior hay que agregar la mayor o menor dependencia a que están sujetos los países subdesarrollados de aquellos que son hegemónicos, por cuanto a que las inversiones directas o indirectas de estos últimos países afectan el curso del desarrollo socioeconómico y del proceso de urbanización de los más atrasados .

La falta de coordinación nacional-regional-urbana existe entre los técnicos, y entre éstos y los administradores ejecutivos. Los técnicos manejan, en su intención por resolver problemas interdependientes, conceptos, instrumentos de trabajo y enfoques muy diferentes, lo cual origina incompatibilidad en las acciones y, sin desearlo, hasta en los objetos y metas. Esto necesariamente dificulta estudiar y planear las ciudades, las regiones y el país desde una perspectiva interdisciplinaria e inter-espacial.

La necesidad de planificar el desarrollo del país aumenta a medida que el número e intensidad de las fuerzas que afectan la economía, el cambio social y la urbanización, se vuelven más complejas. En este contexto, la región, tanto la natural (cuenca hidrográfica) como la nodal (ciudad-periferia) deben constituir las unidades territoriales que permiten llegar a un sistema integrado de planificación a diferentes niveles: el local, el regional y el nacional. La escala internacional también debe tomarse en cuenta, debido a las razones antes expresadas.

El problema de formular y llevar a cabo planes de esta índole, a pesar de la bondad y lógica implícitas, no ha sido resuelto. Los repetidos intentos de algunos países —con escaso éxito y a un alto costo— entre los cuales destacan la Gran Bretaña y Francia, lo prueban. En un reciente estudio sobre planeación y política económica de estos países, los autores hacen señalamientos que conviene subrayar y tomar en cuenta en los estudios y planes regionales de países subdesarrollados. Por ejemplo, con cierta duda afirman que

> ...la integración de los planes regionales dentro de un plan nacional de desarrollo permite una visión coherente de la estrategia requerida para diferentes regiones en distintos momentos.[29] Sin embargo, los autores son más categóricos al plantear los problemas que se han suscitado y los que faltan por resolver: Por tanto, está aún por comprobarse el argumento en favor del tipo de política regional que actualmente se realiza en el Reino Unido y Francia. Se necesita un amplio análisis de costo beneficio, que todavía no se ha realizado para llegar a conclusiones firmes... en Francia, el inmenso costo del desarrollo regional en términos de desembolso financiero y de sus efectos sobre el crecimiento de la economía nacional ha dado lugar a un enfoque cada vez más selectivo y a una concentración deliberada en un pequeño número de polos de desarrollo predeterminados cuya expansión beneficiará tanto a la región como a la nación. El enfoque del problema de la expansión de la región de París elaborado en el Quinto Plan proporciona indicios de las dificultades implicadas en la armonización del crecimiento nacional y regional y la creciente tendencia en los círculos oficiales en favor de un establecimiento más exacto de los costos reales del desarrollo regional.[30]

La experiencia francesa en planeación regional es de mayor utilidad para el caso de México, entre otras razones, lo que el gobierno francés, a través de la integración de su planeación regional y nacional, está intentanto es reducir lo que se ha dado en llamar la macrocefalia del área urbana de París. Igual cosa se pretende hacer en México, con la ciudad capital.

A pesar de que lo realizado en la Gran Bretaña en materia de desarrollo regional sea menos adaptable a las situaciones de México, debe tomarse en cuenta, pues constituye el esfuerzo más importante llevado a cabo por mayor espacio de tiempo —desde 1937— con el propósito

[29] G. Denton, M. Forsyth, M. Macllenan y PEP, *Planeación y política económica en la Gran Bretaña, Francia y Alemania,* México, Siglo XXI Editores, S. A., 1970, pp. 235-236.
[30] *Ibid.*, p. 337.

de lograr un desenvolvimiento económico regional más equilibrado, a la vez que un crecimiento demográfico y económico más lento del Gran Londres. Por ello, es significativo mencionar que los técnicos y funcionarios británicos, al igual que los franceses, expresan dudas sobre el camino que ha seguido la política regional. A este efecto Denton y sus colegas, al referirse al factor tiempo, dicen en su estudio que una política regional destinada primariamente al logro de objetivos a mediano plazo para el crecimiento del PNB, no necesariamente será apropiada al interés nacional a más largo plazo. Los autores subrayan "Tales argumentos, aunque perfectamente válidos en términos del objetivo particular que se tenga en mente —por ejemplo, un programa a mediano plazo para el desarrollo—, dejan pendiente la más trascendente cuestión de si es compatible con el interés nacional en el largo plazo, digamos en 20 o 30 años, el que se den incentivos especiales a las empresas para situarse en las regiones menos prósperas".[31]

La investigación de la dinámica regional en México ha sido escasa y, desafortunadamente, todavía no se nota una toma de conciencia por parte de los organismos gubernamentales y aun de los centros de investigación (salvo contadas excepciones) por introducir la variable espacial en los estudios del desarrollo socio-económico del país. Las notables disparidades regionales, ocasionadas entre otros motivos por un intenso y rápido proceso de urbanización hacen inaplazable la realización de estudios y la formulación de planes nacionales de desarrollo urbano regional que den contestación a tres preguntas *a)* ¿ha sido la distribución de población y de actividades socio-económicas un factor que ha operado en detrimento del desarrollo regional y nacional de México? Y aun en caso de que la respuesta fuera negativa, es indispensable determinar: *b)* ¿cuál o cuáles patrones de distribución de la población y actividades conducirían a un mejor y más rápido desarrollo regional y nacional? Por último, suponiendo que se diera una respuesta suficientemente razonada para el caso de México y no solamente la basada en los esquemas (aún no probados ni teórica ni prácticamente) de la teoría general de los polos de desarrollo, quedaría pendiente el dar respuesta a la más difícil de las cuestiones: *c)* ¿cómo llevar a cabo un plan integrado ciudad-región-país y qué instrumen-

[31] *Ibid.*, p. 337. Otros investigadores como Berry, Alonso y Lasuen han puesto en tela de juicio, parcial o totalmente, la teoría de los polos de desarrollo. Véase J. R. Lausen, "Desarrollo y asentamiento", *Cuadernos de la Sociedad Venezolana de Planificación*, Núms. 45-46, 1967; W. Alonso, "Urban and Regional Imbalances in Economic Development", *Ekistics*, Vol. 27, núm. 162, 1969, pp. 351-355; y B. Berry, "City Size Distribution and Economic Development", en J. Friedmann y W. Alonso (Eds.), *Regional Development and Planning*, Cambridge, Mass., M. I. T. Press, 1965, pp. 138-158.

tos y medios financieros, administrativos, legales y políticos se deben poner en práctica para lograr los objetivos y metas que, a corto y largo plazo, implicaría un plan como el mencionado?

Penetrar en la complejidad de estas interrogantes está fuera de los alcances de este estudio. Sin embargo, sí debe subrayarse su importancia y la urgente necesidad de contestarlas a la brevedad posible, no tanto porque se considere factible modificar sustancialmente la actual estructura urbana, sino para que los sectores público y privado del país cuenten con elementos de juicio que les permitan anticiparse a los acontecimientos que probablemente ocurrirán en materia de urbanización y evitar, al máximo posible, que los estudios, planes y acciones relativos al desarrollo urbano-regional sigan siempre a la zaga con respecto a las consecuencias del fenómeno mismo.

De realizarse las recomendaciones sugeridas, deberán efectuarse cambios sustanciales en el enfoque que a la fecha se ha dado al desarrollo urbano, regional y nacional. La planeación nacional deberá incluir al factor espacial (la distribución geográfica de las inversiones) tanto a escala urbana como regional. La estrategia de desarrollo regional deberá considerarse como un instrumento del desarrollo nacional en el cual todas las partes del país contribuyan, en la medida de sus potencialidades, para el logro de objetivos nacionales. Uno de estos deberá ser un desarrollo sostenido, al mismo tiempo que las disparidades entre las regiones disminuyan o, por lo menos, no aumenten. En otras palabras, deberá procurarse que las fuerzas con que cada región del país contribuye al desarrollo del país, sean del mismo signo.

La conexión pragmática país-región-ciudad exigirá que el desarrollo regional no se haga exclusivamente con base en cuencas hidrográficas, como ha sido hasta el momento en el caso de México, sino que será necesario incluir planes de regiones urbanas (regionales nodales) como son el número creciente de zonas metropolitanas, entre las que se destaca por su importancia la de la ciudad de México, que alcanzó una población (enero de 1970) de 8.5 millones de habitantes.

Por lo que hace al desarrollo urbano, la multiplicación de zonas metropolitanas que abarcan dos o más municipios hará necesario que se tomen acciones más vigorosas en relación al estudio, planeación y administración de tales unidades urbanas. En estas circunstancias, el municipio, considerado independientemente, ve reducida aún más su escasa capacidad económica y política que tiene para satisfacer las necesidades de la ciudad. Al mismo tiempo se crean conflictos de autoridad entre municipios contiguos que tienen ingerencia en el desarrollo de una misma unidad urbana. La situación se complica cuando la zona metropolitana se extiende a lo largo de dos entidades federativas o dos países. Entre las que abarcan dos o más municipios se contaban, ya en 1960, las ciudades de México, Guadalajara, Monterrey, Cuernavaca, Puebla, Orizaba, Tampico, Torreón, Veracruz y Colima y otras de menor tamaño; hoy en día, el número de casos seguramente es mayor. Se extendían a dos entidades la zona metropolitana de la ciudad de México que abarca partes del Distrito Federal y del Estado de México, la de Torreón, que incluye municipios de Coahuila y Durango, y la de Tampico, que contiene dos municipios de Tamaulipas y uno de Veracruz.

Por último, deberá tratarse como un fenómeno de capital importancia —tanto por el número de ciudades de que se trata, como por el creciente volumen de población y la situación estratégica geo-política y económica— el caso de las zonas metropolitanas de las ciudades fronterizas del norte del país. Hasta ahora las ciudades del lado mexicano sólo han sido tratadas en los "planos reguladores" —no planes—, elaborados de 1958 a 1964, bajo el patrocinio de la Secretaría del Patrimonio Nacional. Estos planos no tuvieron conexión con los que probablemente existieron del lado norteamericano.

Por lo tanto, los planes y las acciones para estas zonas metropolitanas, entre las que destaca la de Ciudad Juárez-El Paso con cerca de un millón de habitantes, deben realizarse bajo cierto grado de coordinación. Algo semejante debe pensarse para Tijuana y San Diego, los cuales probablemente quedarán unidas en lo que resta de este siglo; así como para Matamoros-Bronswille, Reynosa-McAllen, Nuevo Laredo, Laredo, y las otras ciudades mexicanas que tienen otra adyacente en el lado norteamericano.

En suma, una de las alternativas que podría seguir el país para intentar la coordinación de la planeación nacional con la regional y la urbana, con objeto de que ello conduzca a un mayor, más acelerado y mejor distribuido desarrollo socio-económico, será la de formular planes de desarrollo regional que constituyan puentes de unión entre los de nivel nacional y los urbanos, así como con los metropolitanos. Ello implicaría la formulación explícita de objetivos y metas que señalen la ubicación geográfica de las inversiones así como su distribución sectorial. Asimismo deberá buscarse un mínimo de incompatibilidades entre tales objetivos y metas, tanto en el tiempo como en el espacio.

Los obstáculos políticos y administrativos y las limitaciones presupuestales y técnicas, dificultan llevar a la realidad ideas como las antes formuladas. Desafortunadamente, la experiencia de México en planeación, ya sea urbana, regional o nacional es relativamente escasa siendo la primera, técnicamente hablando, la menos desarrollada.

No obstante las ventajas que puede aportar la coordinación de la planeación a distintas escalas geográficas, ello originaría dificultades políticas y administrativas bastante serias. Uno de estos problemas sería, una vez hecha la zonificación del país, la de asignar los recursos de inversión de acuerdo con ciertos propósitos o metas, como por ejemplo reducir el subempleo, elevar el producto interno, etcétera. La experiencia al respecto en otros países señala que siempre habrá regiones o ciudades que se quejarán de discriminación, de tener iguales o mayores derechos que aquellas asignadas en el plan, etcétera.

A su vez, la modificación periódica de los límites de regiones y ciudades seleccionadas para ser objeto de una acción especial por parte de las autoridades superiores, y que puede reducir el problema político, plantea serias complicaciones técnicas y administrativas. En síntesis, la coordinación de la planificación, a distintos niveles geográficos, difícil de explicar en detalle desde un punto de vista teórico, es mucho más complicada de poner en práctica, especialmente en países como México, donde la asignación de recursos se hace en forma predominantemente centralizada. Esta misma circunstancia podría, en un momento dado, facilitar la asignación de recursos tanto sectorial como territorialmente, más no de la coordinación de la planeación nacional con la regional y urbana. Esto último exige fuerza política y poder económico a los dos últimos niveles, factores que actualmente se concentran en el sector público federal.

No obstante el largo camino que falta por recorrer para que la planeación en México, y en particular la regional y urbana, constituyan instrumentos fundamentales de la política gubernamental, justo es destacar algunos intentos serios que hacen abrigar una esperanza al respecto: el Plan Director de la subregión de Monterrey, los estudios y acciones llevados a cabo en la zona metropolitana de Guadalajara, la investigación y las obras que en materia de poblamiento realiza el actual gobierno del Estado de México, y, por último, los trabajos de la Secretaría de la Presidencia con relación a la zona metropolitana de la ciudad de México.

Investigación y política

En la investigación de la problemática urbana, a semejanza de lo que ocurre con todos los problemas sociales, se presentan divergencias en los puntos de vista de quienes estudian el fenómeno y de aquellos que pueden tomar medidas para modificarlo. Tales divergencias, principalmente de enfoque, a su vez se reflejan en el escaso apoyo financiero que se brinda a la investigación y en la poca atención que se da a los resultados de la misma.

Este dilema que se plantea entre la investigación y la acción en cuanto al desarrollo urbano, no es conveniente ni hay razones de principio para que exista. Ambas, el estudio y la aplicación de políticas de urbanización, constituyen partes de un todo y no deben existir desligadas. De lo contrario, la acción seguirá siendo sólo un paliativo que contempla cómo los problemas urbanos se agravan, y la investigación, un ejercicio intelectual interesante pero de poca utilidad para el funcionario que toma decisiones.

Esta situación se genera por una serie de malentendidos, especialmente en lo que hace a los intereses que persiguen el investigador social y el funcionario que toma decisones, o de quienes deciden sobre el tipo investigación a realizar y los recursos disponibles para ello. A este problema debe agregarse la escasa e inadecuada comunicación entre los propios técnicos que estudian la dinámica del fenómeno urbano y los que formulan planes de desarrollo urbano y regional.

Cada una de las partes involucradas dice y cree tener la razón y acusa a la otra de incomprensión. En realidad ambos razonamientos son parciales. Al científico social le preocupa principalmente la dinámica del proceso urbano, al planificador el prever y formular planes que conduzcan a la solución de los problemas y, al político, la solución propiamente dicha. No obstante, la clara y lógica interrelación entre las etapas y objetivos mencionados, el conflicto y la aparente incongruencia subsisten. Una forma de reducir tal falta de concordancia podría consistir en el establecimiento de una mayor y mejor comunicación entre quienes estudian y plantean resolver los problemas urbanos y quienes toman las decisiones; en una mayor utilización, de parte de estos últimos, de los escasos recursos humanos especializados en la materia, disponibles en el país; en fomentar la formación de nuevos *científicos urbanos* de elevado nivel académico y no sólo con antecedentes de arquitectura o ingeniería sino de manera fundamental, de sociología, economía, psicología y ecología; en impulsar en forma sistemática y creciente la investigación urbana interdisciplinaria, mediante la creación de institutos de investigación urbana y regional. Éstos podrían complementar los conocimientos académicos adquiridos y ser, a la vez, los centros donde se estudiara en forma continua y sistemática la problemática urbana, nacional o regional, de acuerdo con los propósitos de esas instituciones (a largo plazo) y los de los sectores público y privado (a corto y mediano plazo).

Dicho en pocas palabras, sólo la acción combinada del científico urbano, del planificador y de las autoridades financieras y ejecutivas, podrán lograr el propósito, que en todos es supuestamente el mismo: mejorar el nivel de vida de la población del país y de sus distintas regiones.

Lo propuesto no es fácil de llevar a la práctica —aunque sí lo sería el intensificar y mejorar la calidad de los estudios urbanos y regionales— debido particularmente, a la necesidad del Ejecutivo de tomar continuamente decisiones, y no puede, en muchos de los casos, esperar las respuestas que aporta la investigación. Esto se debe en gran medida a que la limitación de los recursos financieros y técnicos no permiten acelerar los estudios que requiere el sector público. Este hecho es el que provoca, en parte, el dilema; su eliminación sólo puede realizarse, en todo caso, por etapas sucesivas. Tales etapas deberán aportar, a corto plazo, el diagnóstico de la situación urbana y regional, explicar su dinámica, evaluar los instrumentos y medios vigentes relacionados con el proceso y coadyuvar a la formulación y realización de políticas de desarrollo urbano y regional.

La persistencia del *aparente* dilema entre el estudio de la dinámica urbana y regional, y la acción a esas escalas, en un país como México (con un rápido proceso de urbanización) probablemente agudice la problemática urbana y regional; se seguirán buscando soluciones a través de los *planos* reguladores, instrumentos catalogados como inútiles y obsoletos en los países donde el urbanismo busca nuevos caminos como Inglaterra y EUA; la asignación de inversiones en muchos casos no será prioritaria, debido entre otros factores, a la falta de conocimientos para establecer objetivos y metas acordes con la realidad y las necesidades sociales y económicas del país; en suma, México seguirá desconociendo los avances de la nueva ciencia urbana —en rápida formación en otros países, tanto desarrollados como subdesarrollados— y permanecerá atrasado en la materia, como ha estado durante los últimos tres decenios.

Nuevas perspectivas en el enfoque de la problemática urbana

Las ideas expuestas no pretenden dar una imagen fatalista de los problemas urbanos, ni dramatizar en torno de una situación que, sin duda alguna, se ofrece poco promisoria. Su finalidad es la de presentar el fenómeno en la forma más realista posible, sin desconocer la dificultad que ello entraña, por tratarse de un fenómeno de complejidad creciente.

En las presentes circunstancias, resulta patente la crisis urbana por la que atraviesa el mundo y, en particular, los países de América Latina, crisis que forma parte integral de la problemática general que afrontan estos países en su deseo de alcanzar el desarrollo nacional y satisfacer, simultáneamente, las necesidades de una población en constante aumento.

Este primer gran dilema del proceso de desarrollo presenta, a su problemática urbana. En México aún no se realiza esta importante evaluación.

La probable explicación de los fracasos está en: *a)* el planteamiento erróneo de los problemas urbanos; *b)* la aplicación inadecuada de los instrumentos y medios vigentes para resolver tales problemas; *c)* la falta de los instrumentos y medios idóneos; y, más bien, en *d)* la combinación de los tres factores anteriores.

Para superar esa situación, según un creciente número de expertos en la materia, no debe considerarse a la ciudad como un mal necesario o como una entidad aislada e independiente, sino como un elemento con la potencialidad para ser un factor básico en el avance social, económico y político de los países de América Latina. Algún tipo de reforma urbana, que se integre con una reforma agraria, puede ser una forma de aprovechar esa potencialidad.

Afortunadamente, tanto en el urbanismo como en la planificación regional y nacional, se inicia una tendencia renovadora que considera, dentro del primero, aspectos sociales y económicos, y territoriales en la segunda.[32] En suma, empieza a reconocerse la conveniencia de planes nacionales de desarrollo urbano.

Asimismo, el número de estudios que destacan la necesidad ineludible de llevar a cabo algún tipo de reforma urbana es creciente. Ésta, que tendría las variantes propias del sistema político y socioeconómico de cada país, debe contemplar, entre otros aspectos, una serie de reglamentaciones relativas al uso de la tierra urbana, de tal manera que haga factible la realización de planes de desarrollo urbano a un costo mínimo para la sociedad; que reduzca al mínimo conveniente la inflación y la especulación con la tierra; que evite la acumulación irrestricta de bienes raíces en manos privadas, fuente de la creciente concentración del poder económico en unos cuantos grupos sociales, y, en parte, del deterioro en la distribución del ingreso de la población; que transfiera al sector público una proporción mayor de las plusvalías que actualmente usufructúa una minoría y cuyo origen no es otro que el propio crecimiento urbano y las obras que realiza el

[32] Diversos autores, *Journal of American Institute of Planners, Vol.* XXXVI, núm. 4, julio de 1970; Trever Mac Murray, "British Town Planning in Transition", *Technology Review,* Vol. 72, núm. 8, junio de 1970, pp. 47-55. Para el caso de América Latina, véase: Roberto Pineda y Jaime Valenzuela, "El proceso de urbanización y la enseñanza del planeamiento en América Latina"; en Ramiro Cardona (Ed.), *Migración y desarrollo urbano,* Bogotá, Asociación Colombiana de Facultades de Medicina, 1969, pp. 113-130; Facultad de Arquitectura de la Universidad de Colombia en Medellín, "La universidad y las entidades oficiales frente a los problemas de la planeación", *Ibid.,* pp. 131-10; Universidad Pontificia Boliviana, Facultad de Arquitectura, "La universidad y el proceso de urbanización", *Ibid.,* pp. 141-146.

vez, una serie de contradicciones y dilemas más específicos. Estos conflictos se presentan, por ejemplo, entre: el avance tecnológico y su elevado costo social; el aumento de la productividad de la tierra y la contaminación del agua de los ríos, lagos y mares con productos químicos; el otorgamiento de subsidios a las industrias para que instalen aditamentos que eliminen las sustancias tóxicas que contaminan el medio ambiente, permitir que el consumidor pague, a través del precio, el costo de tales aditamentos o bien hacer que los propios industriales realicen ese gasto; el uso cada vez más extendido del automóvil (de tamaño irracional con relación al número de personas que transporta) y el transporte colectivo de personas; las medidas aplicadas para resolver algunos de los problemas en las grandes ciudades y los efectos que éstas tienen en aumentar su capacidad receptora de población; los intereses de las empresas nacionales y los de las extranjeras; y, en general, entre el bienestar social y el interés privado.

En otras palabras, en lo que corresponde a la ciudad, no es ésta la causa principal ni única de los problemas de nuestra sociedad urbana y rural y, por lo tanto, la crisis urbana no se resolverá con sólo disminuir el tamaño de las grandes ciudades o frenando su crecimiento. La cuestión es mucho más complicada que eso, pues la problemática urbana es a su vez causa y efecto de la situación socio-económica regional, nacional e internacional.

Muchos de los fenómenos que afectan a la ciudad no pueden evitarse con buenos deseos o mediante una planificación de tipo indicativo. Es necesario reconocer que los factores externos a los países de América Latina, los que resultan de la dependencia económica, tecnológica y socio-cultural, y que no ha sido posible controlar, influyen de modo fundamental, no sólo sobre la urbanización demográfica, sino sobre todos los órdenes de la vida social. También debe aceptarse que la existencia de los problemas urbanos no elimina las ventajas de la ciudad, pues ésta sigue generando economías de escala y externas, no obstante las deseconomías que aparecen en algunas de sus actividades y zonas. De hecho, las ventajas y los problemas urbanos resultan del gran tamaño que han alcanzado ciertas ciudades. La cuestión crítica está en determinar cuándo una ciudad como, por ejemplo, el área urbana de la ciudad de México, tiene ya rendimientos decrecientes, o, en otras palabras, cocientes beneficio-costo cada vez menores.

A pesar de la dificultad que plantea la realización de estudios que aporten ideas sobre los beneficios y los costos de la urbanización de un país, o del crecimiento de una ciudad, éstos deben intentarse. A un nivel más general es ya inaplazable la tarea de hacer el análisis crítico de los logros y fracasos experimentados en los intentos de aliviar la sector público; que frene la subdivisión prematura de terrenos suburbanos; que garantice el cumplimiento estricto de las leyes de fraccionamientos y que reduzca la congelación de cuantiosas inversiones, en bienes raíces que generan, a plazos cortos o medianos, grandes ganancias con poco riesgo y que podrían emplearse más productivamente con fines sociales y económicos.

Se trata de que el sector público controle el mercado de tierras urbanas y las considere como artículos de primera necesidad, tal como lo hace con otros bienes, respetando la propiedad privada, pero reduciendo al máximo la especulación y el lucro sin medida con los terrenos urbanos.

Para lograr todo lo anterior debe contar con instrumentos y medios institucionales que pongan en práctica tales estrategias. Estas tareas pueden realizarlas algunos organismos existentes, con sólo modificar algunas de sus funciones, o nuevas entidades públicas que se encarguen del estudio, planeación y acción relacionadas con la urbanización nacional y regional.

Será necesario introducir en el sistema fiscal impuestos progresivos a los terrenos baldíos, de tal forma que frenen la especulación para que la población necesitada pueda hacer uso de esos terrenos, de acuerdo con los planes de desarrollo urbano establecidos. De lo contrario, la ciudad se verá precisada a ocupar terrenos cada vez más distantes de su centro, para acomodar a crecientes volúmenes de población que no pueden pagar los elvados precios de la tierra. Esto agrava los problemas del tránsito y transporte de personas.

La reforma urbana, además de incluir las medidas expuestas a escala intraurbana, deberá tener alcances nacionales y regionales. En fin, deberá formularse una política de urbanización nacional y regional en la cual se definan explícitamente las funciones de las ciudades que conforman el sistema urbano del país. A este respecto, Hardoy sugiere la promoción de nuevos sitsemas especiales de ciudades, que rompan con los modelos colonial y neocolonial y aprovechen las ventajas de una gradual integración nacional y latinoamericana.[33]

En suma Hardoy propone romper con el modelo histórico, resultado del colonialismo externo e interno, y modificar las tendencias actuales de la urbanización haciendo una nueva serie de centros hacia los cuales se pueda canalizar buena parte de las inversiones económicas y de la nueva población urbana.

Debemos estar preparados, en ese caso, para la posible ampliación acelerada de ciudades existentes, de tal modo que esto se logre al menor costo social y económico y con el máximo beneficio.[34]

[33] Hardoy, *op. cit.*, p. 36.

[34] Supóngase que se decide descentralizar del área urbana de la ciudad de

Las ideas anteriores pueden parecer sólo "buenos deseos" que fue precisamente lo que se criticó sobre el urbanismo convencional al principio de estas reflexiones. Sin pensar que una reforma urbana con algunas de las características como las enunciadas se vaya a realizar en México o pueda llevarse a cabo, sí debe destacarse la posible influencia que en este aspecto puedan provocar acontecimientos que ocurren en otros países. Por ejemplo, los Estados Unidos experimentan la mayor crisis urbana de su historia. Esto ha provocado una confusión en el campo del urbanismo y una insatisfacción bastante generalizada por parte de los estudiantes de urbanismo. Asimismo. crece rápidamente el número de maestros y profesionistas del urbanismo descontentos con la situación imperante. Por tanto, las demandas hacia un cambio de enfoque en el estudio y práctica del urbanismo, son cada vez más intensas. Entre las modificaciones que en los Estados Unidos se consideran necesarias, se cuentan: el que haya más planificadores provenientes de la clase baja y no solamente de los niveles medio y alto y sin que importe el sexo o grupo étnico al que pertenezcan. Se discute y plantea la conveniencia de que el urbanista tenga un rol distinto al que tienen actualmente en la sociedad. Asimismo, estos especialistas consideran inaplazable replantear los propósitos y la naturaleza de la educación actual en planificación urbana. También mencionan la necesidad de aumentar sustancialmente el nivel académico de la disciplina, de tal modo que ésta eleve su grado de cientificismo y se equilibre con el pragmatismo hasta ahora predominante. Generalizando, todo parece girar alrededor de las siguientes cuestiones básicas: ¿cómo mejorar la enseñanza en materia de urbanismo de modo que responda a las necesidades de aquellos que desean seguir esta disciplina, de los que utilizan sus servicios y, particularmente, de la sociedad en su conjunto?

Ahora bien, sin olvidar las diferencias existentes entre la situación norteamericana y la de los países de América Latina, la pregunta planteada tiene validez general y requiere, tanto del urbanista como del planificador, de una respuesta.

En México, como en los demás países de América Latina, debe fomentarse una inquietud similar por contestar tales interrogantes. Para ello es necesario conocer más a fondo la realidad urbano-nacional de América Latina, lo cual permitirá al planificador urbano y regional formular planes no utópicos, cuyos instrumentos y medios sean facti-

México, de 1970 a 1980, a 1 millón de habitantes, principalmente hacia las ciudades de Pachuca, Cuernavaca, Puebla, Querétaro y Toluca. Generalmente la atención se concentra en los procedimientos necesarios para desplazar a esa población y se olvida lo relacionado con los efectos que sobre las ciudades receptoras tendría esa medida.

bles de llevar a la práctica y aceptados por quienes toman las decisiones políticas. Sólo así la ciudad dejará de ser el centro de grandes y crecientes disparidades sociales y económicas y se convertirá en un lugar mejor adaptado y más adecuado en beneficio de las mayorías y no sólo para el disfrute de unos cuantos privilegiados.

XII. ASPECTOS SOCIOECONÓMICOS DE LA ALIMENTACIÓN EN MÉXICO

Juan Ramírez Hernández,
Pedro Arroyo y Adolfo Chávez V.

INTRODUCCIÓN

UNO DE los principales problemas que en la actualidad se le plantea al mundo en general es el de asegurar una alimentación adecuada para su población, tan numerosa y en tan rápido crecimiento. La situación no es igual en todas las regiones del globo; por una parte, en los países desarrollados, donde vive la tercera parte de la población se cuenta con suficientes alimentos, los que en ocasiones son consumidos con exceso, y por otra, en los países de escaso desarrollo, con las dos terceras partes de la población mundial, grandes núcleos sociales sufren múltiples carencias, con serias consecuencias económicas y de salud.

Sin embargo, y en esto es importante insistir, en los últimos años ha habido una gran tendencia hacia el mejoramiento.[1] En muchos países de escaso desarrollo, que posiblemente alojan a una tercera parte de la población mundial, se han estado realizando grandes esfuerzos por mejorar el abastecimiento de alimentos, movimiento que por su magnitud y extensión ha sido calificado como la "revolución verde". Como consecuencia, varios expertos en la materia consideran que gracias a la tecnología derivada de esta revolución, será posible llegar a satisfacer las demandas mundiales; pero sin embargo, se ha encontrado que esta revolución ha planteado nuevos problemas, tales como competencia entre productores de distinto nivel tecnológico, dificultades de almacenamiento y transporte, establecimiento inadecuado de precios nacionales e internacionales, insuficiente distribución a los grupos necesitados, acentuación de desniveles en el poder adquisitivo, aparición de excedentes, etc., cuya solución no es fácil y reclama una serie de medidas de política que deben ser diseñadas, planeadas y llevadas a la práctica en forma simultánea a las labores de producción propiamente dicha. México ha sido uno de los países iniciadores de esta revolución verde y en el momento actual es considerado como uno de los líderes

NOTA: Los autores son, respectivamente, Jefe de la Sección de Economía de la División de Nutrición del Instituto de la Nutrición (INN); Jefe del Departamento de Proyectos Experimentales de la División de Nutrición del INN, y Jefe de la División de Nutrición del INN.

[1] *The World Agricultural Situation. Review of 1968 and Outlook for 1969*, U. S. Department of Agriculture, Economic Research Service, Washington, D. C., 1969.

mundiales en varios de los más importantes aspectos tecnológicos al respecto, pero también es uno de los países en donde, en forma más urgente, se requiere una planeación integral de todos los aspectos involucrados en el proceso de alimentar a la población del país, desde la producción hasta el consumo.

Es bien conocido el esfuerzo que México ha hecho en materia de producción agrícola general y de alimentos en particular en los últimos 40 años, con el que se ha logrado abastecer el mercado interno y con frecuencia exportar cantidades variables al mercado mundial.[2] Esta labor, que debe enorgullecer a los técnicos agrícolas y a los campesinos, está ayudando en gran medida al desarrollo general de la economía nacional, pero también, por otra parte, ha dado lugar a la falsa sensación de que se están resolviendo los problemas nutricionales y que con sólo continuar en la misma forma, en un breve plazo, estos problemas serán superados definitivamente.

Se estima que en el momento actual el 60.7% de la fuerza de trabajo nacional se dedica a producir, transportar, procesar o vender alimentos; este esfuerzo genera aproximadamente el 44.2% del producto nacional bruto.[3] No sólo por ello son importantes los alimentos en la economía, sino principalmente porque son una de las bases fundamentales de la capacidad, salud y bienestar de la población.

La estrecha relación entre la alimentación y el desarrollo socioeconómico del país fue subrayada a principios del siglo pasado por Humboldt, quien dijo: "un tercer obstáculo contra el progreso de la población de la Nueva España y acaso el más cruel de todos, es el hambre; los indígenas americanos están acostumbrados a contentarse con la menor proporción de alimentos necesarios para vivir..."[4] Esta situación puede ser explicada a la luz de varias investigaciones que plantean el mecanismo siguiente: la desnutrición crónica de las clases trabajadoras estimula el subdesarrollo socioeconómico mediante una limitación de la actividad física y mental, o sea de la eficiencia y la productividad, lo que disminuye la producción y el ingreso, y a su vez condicionan incapacidad para consumir una dieta adecuada; en esta forma, que es un círculo vicioso, se regresa a la desnutrición crónica.[5]

[2] *50 años de revolución en cifras*, Presidencia de la República, Secretaría Privada, y Nacional Financiera, S. A., Subgerencia de Investigaciones Económicas, México, D. F., 1963.

[3] Salvador Zubirán, "El papel de la industria en la nutrición", discurso pronunciado en la Reunión de Ciencia y Tecnología, Instituto Nacional de la Investigación Científica, 23 de septiembre de 1970, México.

[4] Alexander von Humboldt, *Ensayo político de la Nueva España*, libro segundo, tomo 2, Robredo, México, 1941.

[5] Adolfo Chávez y Juan Ramírez, "Nutrición y desarrollo económico", *Salud Pública*, México, núm. 5, 1963.

Este ciclo social de la desnutrición es más complejo de lo que parece. Se inicia desde las edades tempranas de la vida, a través de una alimentación insuficiente e incorrecta en la infancia, primero a través de la madre que, estando mal nutrida, no aporta durante la gestación o en los primeros meses de vida los elementos nutritivos que requiere el niño, lo que después se agrava, por una alimentación inadecuada y un destete incorrecto. Las consecuencias de esta situación son múltiples; uno de cada diez niños en todo el país muere por desnutrición o por infecciones relacionadas, y los que se recuperan o sobreviven, presentan anormalidades en su crecimiento y desarrollo con consecuencias futuras en su capacidad física y mental. Esta situación, aunada a la prolongación de una alimentación defectuosa en el resto de la vida, condiciona un estado de adaptación biológica que el Dr. Zubirán ha calificado de desnutrición crónica, definida por "una reducción del tamaño corporal y de la capacidad de trabajo de los individuos, poca resistencia a las enfermedades y, sobre todo, disminución de la energía psíquica; esto trae como consecuencia un proceso de adaptación social, caracterizado por apatía, indiferencia y escasa capacidad productiva".[6]

En los últimos doce años, el Instituto Nacional de la Nutrición ha realizado una serie de estudios, tanto de campo como de gabinete, dirigidos a obtener la mayor información posible sobre la magnitud y las características del problema nutricional en México.[7] En este trabajo se presenta un análisis de estos estudios, a los que se agrega nueva información, sobre todo en los aspectos dedicados a la regionalización de los problemas nutricionales. Este enfoque de regionalización tiene los propósitos de precisar la naturaleza de los problemas, definir los sectores sociales más afectados, localizar las áreas más necesitadas y,

[6] Salvador Zubirán, "El problema de la nutrición en México", *Libro conmemorativo del Primer Centenario de la Academia Nacional de Medicina*, México, 1964.

[7] Véanse: *Encuestas nutricionales en México* (Publicación L-1), División de Nutrición, Instituto Nacional de la Nutrición, México, 1965; C. Pérez Hidalgo, A. Chávez y C. Martínez, "Metodología simplificada de encuestas nutricionales", *Salud Pública*, México, núm. 11, 1969; M. Muñoz de Chávez y M. Hernández Zúñiga, "Valor comparativo de diferentes métodos de encuesta", VI Reunión Anual. Sociedad Mexicana de Nutrición Endocrinológica, México, 1966; A. Chávez, R. Bogrand, J. Ramírez, C. Pérez Hidalgo, M. Hernández y A. Rojas, "Estudios en una comunidad con arsenicismo crónico endémico: I. Datos generales de la comunidad", *Salud Pública*, México, núm. 6, 1964; J. Aguirre Arenas, *Estudio de una comunidad y organización de un programa de nutrición: Concordia, Sinaloa* (tesis profesional), Dirección de Educación Profesional en Salud Pública, Escuela de Nutrición, México, 1966, y *Los hábitos de alimentación en una región fronteriza: Agua Prieta y Esqueda, Son.*, (Publicación L-15), División de Nutrición, Instituto Nacional de la Nutrición, México, 1969.

como consecuencia, proponer medidas para la solución de tan fundamental problemática.

El procedimiento general de este trabajo será analizar, con un enfoque más económico que médico, el panorama general de las disponibilidades nacionales de alimentos a manera de patrón de referencia, en cuanto al progreso logrado y a los niveles actuales, y definir a través de indicadores económicos, los desniveles sociales, para lo cual se estudian los alimentos disponibles en el Distrito Federal comparándolos con el resto del país. Con esta base se manejaron los datos de consumo real obtenidos mediante encuestas nutricionales, para tratar de establecer las cantidades de alimentos que realmente llegan al consumidor, por niveles sociales y por regiones geoeconómicas, para determinar así el grado en que el patrón de consumo de alimentos y su distribución condicionan la situación nutricional del país. Por último, de acuerdo con los resultados, se proponen soluciones a través de una política nacional de nutrición.

Para lograr este propósito se utilizaron dos instrumentos de trabajo: el análisis por medio de las llamadas hojas de balance y las encuestas directas de consumo. Ambos métodos ofrecen datos diferentes: el sistema de hojas de balance informa las disponibilidades de alimentos (similar al concepto de "consumo aparente"), que son las cantidades que llegan a los mercados nacionales para ser puestos a la venta para la alimentación humana; en cambio el de la encuesta directa informa sobre el consumo real, pues mide los alimentos directamente ingeridos por los habitantes. Las cantidades obtenidas por este último método son aproximadamente 20% inferiores a las obtenidos en las hojas de balance.

En esta presentación no se intenta un análisis exhaustivo de los problemas nutricionales del país, sino que se seleccionan algunos indicadores, sobre todo los relativos a alimentos, calorías y proteínas, por ser representativos del problema y por facilitar la planeación económica y de salud.

La disponibilidad de alimentos en el país

La metodología utilizada correspondió básicamente a la elaboración de las hojas de balance de alimentos, que se formularon utilizando fundamentalmente las fuentes oficiales.[8] A este respecto cabe aclarar que se consultaron aproximadamente 15 oficinas de registro, las que con

[8] FAO *Manual para la preparación de hojas de balance de alimentos*, Washington, 1949.

frecuencia tienen datos diferentes, por lo que de algunos alimentos se tuvieron que hacer investigaciones directas complementarias para seleccionar las más veraces para el propósito.

Esta metodología ya ha sido descrita en otros trabajos y fundamentalmente consiste en investigar y analizar los datos disponibles sobre producción, exportaciones, importaciones, pérdidas, almacenajes, usos industriales no alimenticios, mermas, forrajes y semillas, para al final obtener la cantidad de cada alimento disponible para consumo humano.[9]

Indudablemente este procedimiento tiene dificultades e inexactitudes, las que no fueron homogéneas en los distintos años presentados, por lo que se tuvieron que hacer algunos ajustes y estimaciones.

Tendencias durante los últimos treinta años

En esta sección se analizan los principales cambios que han ocurrido en la disponibilidad de alimentos en los últimos 30 años, que corresponden a un periodo de importante desarrollo nacional y del cual se dispone de mejores informaciones estadísticas sobre producción, comercio exterior, tierra cultivable y otros indicadores importantes.

Aunque se tienen materiales de información más amplios, se decidió presentar solamente los datos quinquenales, ya que sólo se intenta mostrar un panorama general de los cambios ocurridos en este periodo.

En la gráfica I se muestra el notable aumento en la producción de alimentos en los últimos 30 años, que en algunos productos vegetales ha sido verdaderamente explosivo. En este aspecto, México forma parte del grupo de países de más acelerado desarrollo agrícola en el mundo.[10]

En realidad, la situación no es tan halagüeña como a primera vista parece, ya que los niveles de 1940 eran muy bajos y la población ha crecido muy rápidamente. Así por ejemplo, considerando los cereales y granos, en 1940, para una población de casi 20 millones había sólo 2.9 millones de toneladas; en el periodo de 1940 a 1969 la cifra de

[9] Véanse J. Ramírez, *La economía y la nutrición humana: El caso de México* (Publicación L-10), División de Nutrición, Instituto Nacional de la Nutrición, México, 1967: J. Ramírez Hernández y A. Chávez, "La disponibilidad de alimentos en México en el último cuarto de siglo", *Comercio Exterior*, México, Vol. XVIII, núm. 12, diciembre de 1968, y J. Ramírez Hernández y A. Chávez, "Balance de los alimentos en México durante el año de 1967", *Revista Mexicana de Sociología*, México, núm. 31, 1969.

[10] *The World Food Problem. A Report of The President's Science Advisory Committee* Vol, I. p. 5, Washington, mayo de 1967.

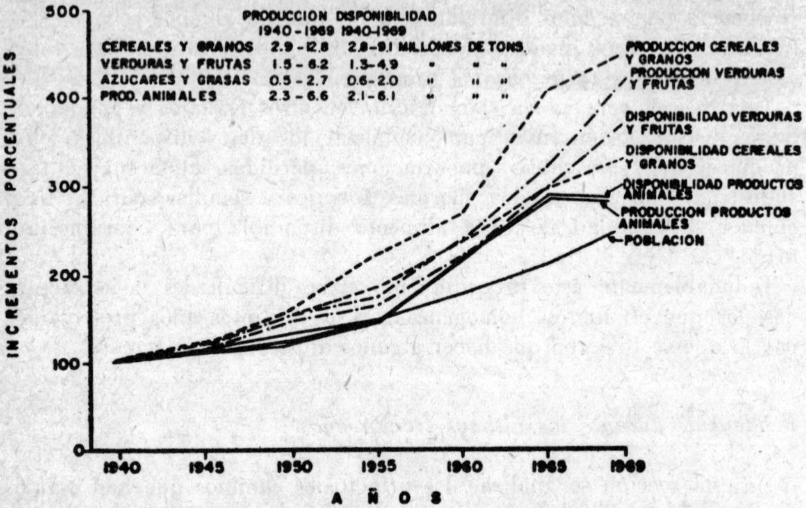

GRÁFICA I. *Incrementos en la producción y disponibilidad de alimentos en México. (En volúmenes de 1940 a 1969)*

producción se cuadruplicó, hasta un total de 12.8 millones de toneladas, pero la población aumentó una y media veces y el resultado es que apenas se está llegando a un nivel aceptable en la disponibilidad de estos productos.

Por otra parte, producción no es sinónimo de disponibilidad, pues en la misma forma que crece la producción, también crecen, y a veces en mayor grado, las pérdidas, las exportaciones y los usos industriales y forrajeros. Para seguir con el mismo ejemplo antes mencionado, se puede señalar que en materia de cereales y granos la disponibilidad real sólo se ha triplicado, efecto que se ve atenuado por el aumento del 150% de la población.

En materia de productos animales, el efecto del crecimiento demográfico es más notable y en 1969 se disponía de una cantidad *per capita* apenas superior a la que se tenía en 1940.

En el cuadro 1 se presenta un resumen de las disponibilidades *per capita* de los principales alimentos en los años tomados como base.

En la mayoría de los productos ha habido un aumento significativo; los más importantes se registraron en los productos más comunes en la alimentación del pueblo, tales como el maíz, trigo, frijol y papa, mismos que desafortunadamente son pobres nutricionalmente. Los alimentos más ricos en valor nutritivo, como la leche y la carne, sólo tuvieron incrementos moderados.

Cuadro 1. Cambios en la disponibilidad de alimentos en México

(Kilogramos en peso bruto por persona y por año)

Alimentos	*1940*	*1945*	*1950*	*1955*	*1960*	*1965*	*1969*
Maíz	95.9	98.1	106.6	122.3	121.4	139.3	121.9
Trigo	28.1	29.2	35.2	24.3	36.2	25.0	38.4
Otros cereales	5.9	5.4	6.7	6.5	7.1	7.8	6.9
Frijol	7.2	7.0	7.9	13.4	15.1	17.6	14.1
Garbanzo	1.4	3.7	2.6	2.3	2.9	2.6	3.0
Otras leguminosas y oleaginosas	1.8	1.9	3.9	3.1	4.0	4.2	3.5
Papa	3.3	4.4	4.1	4.5	6.4	5.5	6.1
Camote	2.6	2.3	2.2	2.3	2.3	2.4	2.0
Tomate y jitomate	7.8	5.0	7.5	7.1	5.8	7.9	8.7
Chile	2.1	2.0	2.0	2.5	3.0	3.7	4.7
Aguacate	2.4	2.5	2.2	2.4	2.6	2.9	2.7
Otras verduras	2.0	2.8	2.7	2.8	2.6	2.3	6.8
Naranja	9.5	11.7	19.3	17.6	19.0	16.8	17.3
Plátano	18.0	17.8	14.5	12.6	15.5	20.4	19.1
Melón y sandía	2.3	1.7	1.9	2.9	3.2	6.1	3.8
Piña	3.2	2.5	2.7	3.0	4.2	4.6	5.3
Otras frutas	16.4	17.3	18.1	17.9	21.3	24.6	23.4
Carnes	21.7	19.4	17.2	18.4	26.9	26.9	26.7
Pescados y mariscos	1.9	1.6	1.8	3.0	2.3	3.0	3.1
Leche	81.2	81.5	76.3	77.8	98.4	101.7	89.2
Huevo	3.4	3.5	3.9	4.8	4.9	5.7	6.1
Azúcar	21.8	22.6	22.6	27.2	30.8	32.1	36.1
Grasas	6.5	7.0	6.2	6.2	5.6	6.5	6.5

En el cuadro 2 se presentan los mismos datos, pero agrupando los alimentos desde el punto de vista nutricional, expresados en peso neto, que corresponde a la porción comestible de cada uno de ellos, por persona y por día.

El mismo cuadro muestra que ha aumentado significativamente la cantidad de alimentos que en promedio cada mexicano tiene para su nutrición. Se hace especial hincapié en la palabra "promedio" ya que debe quedar claro que las cifras dadas para cada uno de los años no corresponden más que al total disponible dividido entre la población nacional.

Tal es el caso del cuadro 2 donde se hace notar que hay incrementos muy diferentes según el alimento de que se trate y que para algunos de ellos el cambio ha sido poco significativo. Sin embargo, consi-

Cuadro 2. Cambios en la disponibilidad de alimentos, calorías y proteínas en México

(Gramos en peso neto por persona y por día)

Alimentos	*1940*	*1945*	*1950*	*1955*	*1960*	*1965*	*1969*
Cereales	334.5	343.2	385.9	392.1	424.5	441.0	431
Leguminosas y oleaginosas	27.5	33.4	37.0	50.3	58.3	65.0	55.0
Raíces feculentas	13.1	14.9	14.1	15.0	19.1	17.5	18.0
Verduras	28.6	22.8	29.1	29.9	27.7	34.0	51.0
Frutas	93.2	96.6	103.5	98.5	114.6	130.2	124.0
Carnes	39.9	35.3	31.4	39.2	45.9	57.8	57.0
Leche	222.5	223.3	209.0	213.3	268.9	278.5	244.3
Pescados y mariscos	2.6	2.3	2.6	6.2	3.2	4.2	6.3
Huevo	8.3	8.5	9.4	11.6	11.9	13.9	14.9
Azúcar	59.8	62.0	61.9	74.4	84.0	89.5	98.9
Grasas	17.7	19.1	17.0	16.8	16.8	17.9	17.8
Calorías	1 991	2 058	2 166	2 277	2 522	2 662	2 619
Proteínas totales	54.3	55.3	58.8	62.6	72.0	78.1	72.0
Proteínas animales	17.1	16.2	15.0	16.1	22.6	23.3	22.7

derando el incremento global en las disponibilidades de alimentos y nutrimentos, que ha sido del orden de un 30% para el periodo considerado y sobre todo a la luz de la situación previa y de la experiencia de otros países, no puede dejar de considerarse el cambio como muy sustancial. En 1940 se disponían de menos de 2 mil calorías y 55 g de proteínas totales por persona y por día, valores semejantes a los que en la actualidad tiene la India; en el decenio último ya se dispone de más de 2 600 calorías y de 70 g de proteínas, que son las cifras reconocidas como mínimas para un país de escaso desarrollo como el nuestro.

En realidad, este logro ha sido muy valioso para la vida nacional, puesto que se puede decir que en el último decenio se entró a una etapa de autosuficiencia en materia de alimentos considerados en total, aunque no se pueda afirmar lo mismo al referirse a cada uno de ellos en particular, especialmente de los más valiosos, pues los de origen animal todavía se disponen a niveles insuficientes y las cifras registradas oscilan mucho, mostrando problemas en su producción y mercadeo.

En cuanto a los demás principios nutritivos, que no están registrados en la gráfica, no se obtuvieron incrementos sustanciales en los alimentos fuentes de riboflavina, niacina y vitamina A y C.

Disponibilidades actuales de alimentos

En este inciso se discuten los últimos resultados obtenidos de los datos del año de 1969, con el objeto de evaluar los recursos alimentarios más recientes.

Los métodos por los que fueron obtenidos son semejantes a los discutidos al principio de este apartado. En el cuadro 3 se presentan, *in extenso,* las hojas de balance para el año 1969. Por lo reciente de esta información es conveniente juzgarla todavía como preliminar y por lo tanto sujeta a corrección.

Los volúmenes de producción registrados son semejantes a los de años anteriores. El maíz sufrió una ligera baja que fue compensada con la movilización de 55 000 toneladas almacenadas, y el trigo, por el contrario, aumentó ligeramente, por lo que tuvieron que almacenarse 90 000 toneladas.

Del estudio de las hojas de balance se desprende que México es ya un país exportador de alimentos, pues en el año en cuestión se vendieron cerca de un millón de toneladas de cereales y alrededor de medio millón de toneladas de verduras y de azúcar; también se exportaron cantidades significativas de frijol, carnes, mariscos y varias frutas. Además, se sabe que algunas de estas cifras están subestimadas; en el caso de la carne no se incluyeron en estas hojas de balance las exportaciones de ganado en pie, tampoco se tomó en cuenta la exportación de camarón que no fue desembarcado en puertos mexicanos, y por último, tampoco fue posible descontar de las hojas de balance la exportación de frutas industrializadas, especialmente cuando ésta se hizo en forma de jugos y aceites esenciales.

En cuanto a importaciones, la única realmente de consideración fue la correspondiente a leche en polvo. Las cantidades importadas tienen cierta tendencia a aumentar, debido fundamentalmente a la expansión del programa de CONASUPO y de otros de ayuda alimentaria y, hasta cierto punto, a la insuficiente disponibilidad de leche fresca.

En general el patrón de disponibilidad de alimentos para el país se conserva prácticamente inalterado con respecto a los años previos. Los cereales son, por mucho, la principal fuente de principios nutritivos para la población mexicana, tal como se muestra en la gráfica II.

Las disponibilidades *per capita* de alimentos dan un total de 2 619 calorías, 72.0 g de proteínas totales de las cuales 22.7 g son de origen animal. Estas cifras son semejantes a las recomendadas, que como se ve en el cuadro 4 son de 2 600, 75 y 25 respectivamente.

Se muestra, por lo tanto, que los volúmenes totales satisfacen las necesidades de la población, pero no en cuanto a calidad, ya que hay

Cuadro 3. Balance de alimentos par

Alimentos	BALANCE NACIONAL (MILES DE TONELADAS BRUTAS AL A					
	Producción	*Importación*	*Exportación*	*Diferencias en almacén*	*Mermas*	*Semilla, forraje, u. industria*
Cereales						
Maíz	8 896.3	8.6	788.4	55.1	254.9	2 039.1
Trigo	2 376.7	0.4	247.3	—90.3	71.3	118.8
Arroz	275.9	4.9		— 0.1	4.9	9.8
Avena	69.0	2.3			0.8	1.6
Leguminosas y oleaginosas						
Frijol	833.0	0.4	53.5	—42.0	4.2	54.1
Garbanzo	156.4		2.2		3.9	5.5
Haba	28.1				0.7	0.8
Otras	157.1	1.4	8.8			
Raíces feculentas						
Papa	344.5	0.1				50.0
Camote	100.0					3.7
Verduras						
Jitomate y tomate	805.1	0.5	276.9		80.5	26.2
Chiles	278.5	1.7	23.6		27.9	
Ejote y chícharo	40.6		10.1		4.1	
Aguacate	144.9				14.5	
Otras	462.7	2.8	106.6		46.3	
Frutas						
Naranja	965.3		32.6		96.5	
Plátano	1 024.5		0.1		102.5	
Melón y sandía	317.0		98.1		31.7	
Piña	301.9		11.7		30.2	
Mango	207.5		1.1		20.7	
Limón	157.5		0.3		15.8	
Manzana, pera y perón	176.0				17.6	
Otras	827.5	14.2	99.4		82.7	
Productos animales						
Carnes	1 344.9	10.5	35.4			
Pescados y mariscos	185.9	0.1	30.5		5.6	
Leche	4 602.4	182.2			478.5	
Huevo	313.1	0.0	0.0		14.9	
Otros alimentos						
Azúcar	2 394.0	0.0	603.7	—46.2		
Grasas	316.0	3.9				
Totales						

NOTA: En algunas sumas totales hay diferencias debidas al manejo de alimentos individuales y humano de la República Mexicana en 1969 [1]

8 221 077)

Disponibilidad anual bruta per capita (Kg)	Peso neto (g)	DISPONIBILIDAD DIARIA PER CAPITA DE ALIMENTOS Y NUTRIMENTOS								
		Calorías	Proteínas (g)	Calcio (mg)	Hierro (mg)	Tiamina (mg)	Riboflavina (mg)	Niacina (mg)	Vit. A (mg)	Vit. C (mg)
121.9	307	1 068	23.8	452	6.6	0.97	0.23	4.6	146	17
38.4	105	372	10.6	58	0.9	0.44	0.10	4.5	0	0
5.5	55	55	1.2	2	0.2	0.03	0.00	0.2	0	0
1.4	4	14	0.6	2	0.1	0.02	0.00	0.0	0	0
14.1	49	136	7.4	60	2.0	0.24	0.06	0.7	0	0
3.0	8	29	1.7	8	0.7	0.06	0.01	0.1	2	0
0.6	1	4	0.3	1	0.3	0.01	0.00	0.0	0	0
3.0	7	36	2.0	4	0.5	0.01	0.00	0.5	0	0
6.1	14	11	0.2	2	0.4	0.01	0.00	0.2	0	1
2.0	4	5	0.0	1	0.1	0.00	0.00	0.00	3	1
8.7	21	4	0.1	2	0.1	0.01	0.01	0.0	309	4
4.7	12	5	0.3	4	0.2	0.02	0.01	0.0	18	8
0.5	1	1	0.1	0	0.0	0.00	0.00	0.0	1	0
2.7	4	6	0.1	1	0.0	0.00	0.01	0.1	0	1
6.3	13	5	0.1	7	0.2	0.00	0.0	0.0	174	3
17.3	30	12	0.1	14	0.1	0.02	0.01	0.1	13	15
19.1	36	35	0.5	4	0.6	0.03	0.02	0.2	22	4
3.8	5	1	0.0	1	0.1	0.00	0.00	0.0	18	2
5.3	8	3	0.0	3	0.1	0.01	0.00	0.0	3	2
3.8	6	3	0.0	1	0.1	0.00	0.00	0.0	23	3
2.9	5	2	0.0	2	0.1	0.00	0.00	0.0	1	2
3.2	6	3	0.0	0	0.1	0.00	0.00	0.0	0	0
13.5	28	18	0.1	14	0.5	0.00	0.01	0.0	52	16
27.7	57	78	11.4	7	1.8	0.15	0.14	2.3	0	0
3.1	6	5	1.1	4	—	0.00	0.00	0.1	0	0
89.2	244	145	8.4	77	3.1	0.13	0.25	0.0	3	2
6.1	15	22	1.7	8	0.4	0.02	0.05	0.0	18	0
36.1	99	381	0.0	0	0.0	0.00	0.00	0.0	0	0
6.5	18	158	0.0	0	0.0	0.00	0.00	0.0	0	0
		2 619	*72.0*	*689*	*18.9*	*2.18*	*0.91*	*26.8* [2]	*803*	*81*

de cifras. [1] Datos preliminares. [2] Se incluyen 12.6 mg provenientes de triptofano.

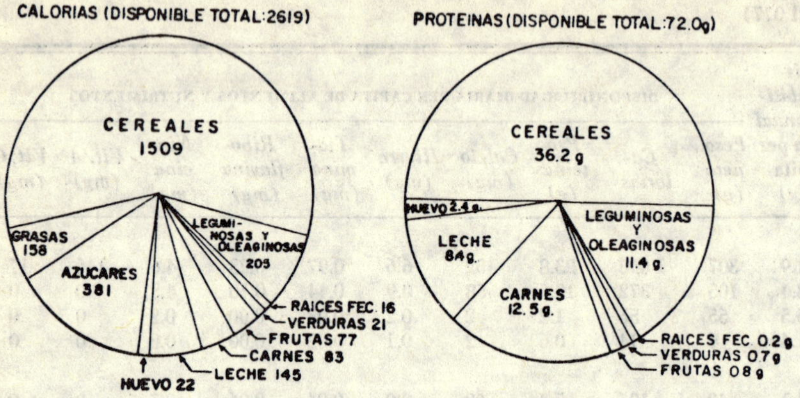

GRÁFICA II. *Alimentos, fuentes de calorías y proteínas disponibilidad nacional, 1969*

Cuadro 4. Disponibilidades y recomendaciones de nutrimentos en 1969

Nutrimentos	*Disponibilidad por habitante*	*Recomendaciones*
Calorías	2 619	2 600 *
Proteínas totales (g)	72.0	75.0 *
Proteínas animales (g)	22.7	25.0 *
Calcio (mg)	689	600 *
Hierro (mg)	18.89	18.0 **
Vitamina A (mg)	0.803	1.80 **
Tiamina (mg)	2.18	1.30 **
Riboflavina (mg)	0.91	1.90 **
Niacina (mg)	26.8	26.0 **
Vitamina C (mg)	81.0	80.0 **

* Recomendaciones de la FAO para países de escaso desarrollo.[11]
** Recomendaciones del INN.[12]

[11] FAO, *Tercera encuesta alimentaria mundial,* Estudio básico No. 11, Roma, 1963.

[12] H. Bourges, A. Chávez y P. Arroyo, *Recomendaciones de nutrimentos para la población mexicana* (Publicación L-16), División de Nutrición, Instituto Nacional de la Nutrición, México, 1970.

déficit, ligero para las proteínas totales y más marcado en el caso de las proteínas animales.

Asimismo, es notorio que existen deficiencias acentuadas de vitamina A y riboflavina; estas deficiencias señalan que hay escasez de leche, para el caso de la riboflavina, y de verduras para la vitamina A.

Un fenómeno de especial importancia es que en los últimos doce años, a pesar de los incrementos de la producción, no ha habido un aumento paralelo de la disponibilidad, sino que esta última ha permanecido sensiblemente igual en el periodo, tal como se muestra en el cuadro 5.

Este estancamiento de la disponibilidad para consumo, a pesar del incremento de la producción, señala, por una parte, una contracción en el fenómeno oferta-demanda para la alimentación nacional en un nivel todavía insuficiente, y, por otra, la existencia de insumos que económicamentte han resultado ventajosos, pues han permitido contar con excedentes para exportación.

Las posibles explicaciones para esta estabilidad de la oferta-demanda, o sea, de la incapacidad de la población para consumir volúmenes significativamente mayores de alimentos, pese a la existencia de alimentos por una parte y de carencias alimentarias por otra, serían, en primer lugar, el poco cambio del poder de compra de la población; en segundo lugar, la existencia de una alta proporción de población con bajos requerimientos alimentarios, tales como el sector infantil y el de población de poco tamaño corporal; en tercer lugar, también se debe agregar el sector con bajo gasto energético por desocupación, subocupación o subconsumo tradicional por adaptación. Cualquiera que sea la explicación, de todas maneras se puede considerar que en estos últimos años no ha existido una real sobreproducción, sino más bien un marcado subconsumo.

No obstante lo anterior, se debe tomar en cuenta el hecho, subrayado por la FAO de que no porque se logre la cifra mínima recomendada se debe considerar que ya no hay escasez de alimentos, sino que aconseja que se debe promover un excedente de aproximadamente 15% para abastecer a la población de escasos recursos.[13] Esto significa que nuestra meta óptima real debe ser de aproximadamente 3 000 calorías por persona y por día. Esta meta no puede lograrse con el solo hecho de aumentar la producción, pues ya ha sido discutido que por más que se aumente la producción, ya no se incrementa paralelamente el consumo aparente, sino que se tiene que recurrir al almacenamiento o a la exportación. Por lo tanto, para aumentar el consumo hay que promover el poder de compra en los estratos socioeconómicos bajos y fomentar la educación alimentaria.

[13] M. Autret, "La Production Mondiale des Proteins et les Besoin Alimentaires Mondiaux", *Presents et Futurs*, Voeding, núm. 30, 1969.

Cuadro 5. Disponibilidad de calorías y proteínas en los últimos años

(Por persona y por día)

Nutrimentos	*1958*	*1959*	*1960*	*1961*	*1962*	*1963*	*1964*	*1965*	*1966*	*1967*	*1968*	*1969*
Calorías	2 528	2 320	2 523	2 501	2 544	2 674	2 492	2 662	2 747	2 625	2 547	2 619
Proteínas	75.2	69.4	74.9	74.4	73.6	76.5	73.1	78.1	79.4	76.0	75.1	72.0
Proteínas animales	20.5	20.6	22.6	20.3	22.2	21.4	21.6	23.3	21.7	22.9	22.9	22.7

Cuadro 6. Cambio en los promedios de disponibilidad bruta anual y neta diaria de alimentos de origen animal por habitante en el DF

Alimentos	*Conceptos*	*1960*	*1962*	*1964*	*1966*	*1968*	*1969*
Leche	Bruto kg/año	189.4	185.7	181.4	178.1	173.2	171.2
	Neto g/día	518.9	508.9	497.5	487.8	474.6	469.0
Huevo	Bruto kg/año	15.4	15.3	15.6	15.9	16.1	16.1
	Neto g/día	37.5	37.3	38.0	38.8	39.2	39.2
Carne de res	Bruto kg/año	30.0	32.8	31.4	28.8	28.5	30.1
	Neto g/día	63.2	69.0	66.2	60.8	60.2	63.3
Carne de cerdo	Bruto kg/año	9.7	8.5	11.4	7.9	9.6	9.6
	Neto g/día	21.7	19.0	25.7	17.6	21.6	21.4
Carne de aves	Bruto kg/año	3.9	3.9	4.6	5.5	5.8	5.9
	Neto g/día	6.0	6.0	7.0	8.3	8.9	9.1
Otras carnes	Bruto kg/año	3.0	3.0	3.0	2.9	2.4	2.5
	Neto g/día	6.5	6.5	6.4	6.1	5.3	5.4
Pescado y mariscos	Bruto kg/año	6.2	7.1	8.1	8.7	8.8	8.8
	Neto g/día	12.7	14.6	16.5	17.8	18.1	18.1

El renglón de los productos animales es especialmente importante para la nutrición ya que su consumo se relaciona fundamentalmente con la salud y bienestar sociales, pero también es un renglón muy difícil de promover si no existen, por una parte, inversión cuantiosa de recursos económicos y técnicos y por otra, suficiente poder adquisitivo de los sectores mayoritarios. El caso de la leche tiene especial importancia en la alimentación de los niños y por lo tanto en el futuro del país. A pesar de esto, la disponibilidad de leche ha descendido en forma que puede considerarse alarmante y en la actualidad sólo se tiene el equivalente de un vaso de leche por persona y por día.

Distribución de las disponibilidades

Toda la información que ha sido mencionada corresponde a promedios nacionales, los que si bien son útiles desde el punto de vista económico para la planeación de la política nacional en materia de alimentos, no informan mayormente de lo que en realidad está pasando en el país.

Se sabe que el desarrollo económico nacional no ha beneficiado por igual a todos los sectores que componen la sociedad mexicana, sino más bien ha dado lugar a la expansión de ciertos grupos, con reducción proporcional, aunque no absoluta, de los otros. Así, se ha mencionado que a principios de siglo nuestra población económicamente marginal y de cultura tradicional abarcaba las dos terceras partes de la población y que ahora este mismo sector socioeconómico sólo absorbe la cuarta parte. Sin embargo, en cifras absolutas esta población marginal permanece igual o ha aumentado ligeramente.

De acuerdo con lo anterior se podría plantear la pregunta de si el aumento en los consumos aparentes de alimentos que ha experimentado el país en los últimos 30 años ha beneficiado a toda la población por igual o solamente a los sectores urbanos en proceso de expansión numérica y económica.

Como un primer paso para aclarar la situación antes señalada se llevó a cabo una investigación sobre la disponibilidad de alimentos en el Distrito Federal, para que, después de deducir estas cantidades de los totales nacionales, fuera posible estimar las disponibilidades del resto del país. En este trabajo se informa únicamente sobre los resultados obtenidos con las investigaciones de balance de los alimentos de origen animal, ya que éstos son más significativos como indicadores nutricionales y se tiene más confianza en su veracidad.

El Distrito Federal cuenta indudablemente con importantes factores que los distinguen del resto del país. En él se concentran la mayor parte de los estratos sociales alto y medio y, por lo tanto, existe mayor poder de compra en general, además de que las condiciones de oferta y demanda de alimentos son mucho más elásticas. Así pues, la estructura y la magnitud del mercado del DF son completamente diferentes de las del resto del país. Se sabe que estas mismas condiciones pueden prevalecer en varias de las colonias que pertenecen al Estado de México y en otras grandes ciudades como Guadalajara, Monterrey, Puebla, Ciudad Juárez, Torreón, León, Tijuana y algunas más, pero no fue posible hacer en ellas un estudio semejante al aquí presentado; de esta manera, estos datos deben ser considerados sólo como indicadores de las diferencias existentes en el país entre las zonas urbanas y el campo entre los distintos niveles socioeconómicos.

En el cuadro 6 se presentan las disponibilidades *per capita* de los alimentos de origen animal en el Distrito Federal, tanto en cifras brutas por año como en cantidades netas por día.

Las cifras del cuadro 6 señalan que, en promedio, en el Distrito Federal existen por habitante grandes disponibilidades de alimentos de origen animal que representan aproximadamente el doble que las discutidas en el capítulo anterior para el país en general.

En el cuadro 7 se presenta el porcentaje que del total de alimentos dispone el Distrito Federal para su consumo en 3 años diferentes del decenio pasado.

En el mismo cuadro se puede ver que, a pesar de que el Distrito Federal tiene el 15% de la población del país, dispone para su consumo entre el 22 y el 58% de las disponibilidades nacionales según el alimento de que se trate.

En el DF existe una preferencia muy marcada por algunos productos como carne de aves, pescado, mariscos y huevo, de los cuales esta entidad capta alrededor de la mitad de los volúmenes nacionales, mientras que de otros, como la carne de cerdo, chivo y carnero, en la misma zona se consume entre la cuarta y la quinta parte del total nacional.

Este fenómeno de desigualdad en la concentración de alimentos, que llega al grado de dejar al resto del país con disponibilidades muy poco significativas para la nutrición, se muestra en el cuadro 8 en el que se comparan ambos mercados.

Las diferencias registradas por este método son francamente impresionantes. El Distrito Federal dispone, por habitante, de siete veces más carne de aves, más de tres veces de huevos, pescados y mariscos y más del doble de leche y carne de ganado que el resto del país. Lo anterior se advierte en la gráfica III en la que las disponibilidades de alimentos se han traducido a proteínas y para evitar el efecto de las oscilaciones anuales, se obtuvo un promedio de los datos disponibles en todo el último decenio.

Cuadro 7. Proporción de alimentos de origen animal que absorbe el Distrito Federal

Alimentos	*1960* Disponibilidad nacional (miles de ton.)	*1960* % del DF	*1965* Disponibilidad nacional (miles de ton.)	*1965* % del DF	*1969* Disponibilidad nacional (miles de ton.)	*1969* % del DF
Leche	3 443	26.8	4 068	27.0	4 306	30.6
Huevo	173	42.7	242	39.6	298	39.5
Carne de res	618	26.9	739	28.6	858	26.1
Carne de cerdo	249	18.9	276	20.4	318	22.4
Carne de aves	37	52.7	57	56.1	76	58.1
Otras carnes	46	31.4	64	28.4	68	28.7
Pescado y mariscos	79	38.0	126	42.8	150	41.9
Población	34.9	13.9	41.8	14.8	48.2	15.4
Millones de habitantes						

Cuadro 8. Disponibilidad bruta anual y neta diaria de alimentos por habitante en el Distrito Federal y en el resto del país

Alimentos	*Conceptos*	*1960*		*1965*		*1969*	
		Resto del país	*DF*	*Resto del país*	*DF*	*Resto del país*	*DF*
Leche	Bruto kg/año	84.3	189.4	83.4	169.6	73.2	177.0
	Neto g/día	230.8	518.9	228.4	464.6	200.5	484.9
Huevo	Bruto kg/año	3.3	15.4	4.1	15.5	4.4	16.1
	Neto g/día	8.0	37.5	10.0	37.9	11.0	39.2
Carne de res	Bruto kg/año	14.9	34.0	14.8	33.8	15.6	29.1
	Neto g/día	31.4	71.7	31.2	70.3	32.8	63.3
Carne de cerdo	Bruto kg/año	6.7	9.7	6.1	9.0	6.0	9.6
	Neto g/día	15.0	21.7	13.7	20.1	13.6	21.4
Carne de aves	Bruto kg/año	0.6	3.9	0.6	5.1	0.8	6.0
	Neto g/día	0.9	6.0	0.9	7.8	1.2	9.1
Otras carnes	Bruto kg/año	1.1	3.0	1.2	3.0	1.1	2.6
	Neto g/día	2.3	6.5	2.6	6.3	2.4	6.0
Pescado y mariscos	Bruto kg/año	1.6	6.2	2.0	8.6	3.0	8.8
	Neto g/día	3.4	12.7	4.0	17.7	6.2	18.1

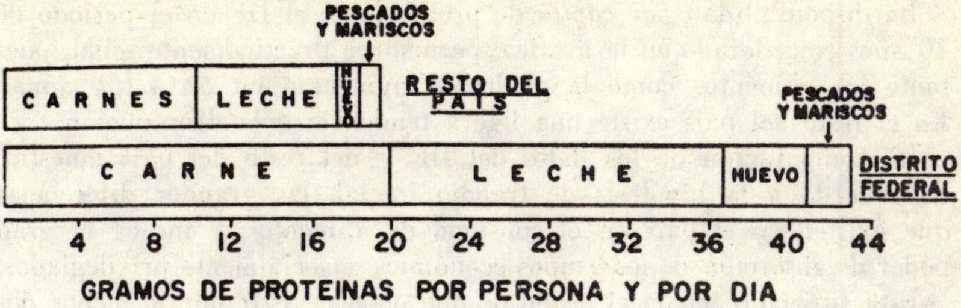

GRÁFICA III. *Disponibilidad de proteínas de origen animal en el D. F. y en el resto del país (1960-1969)*

En la gráfica III se muestran claramente las diferencias del Distrito Federal con el resto del país, lo mismo que las fuentes principales de proteínas animales en la dieta. De esto último cabe destacar que la carne y la leche aportan la mayor parte de las proteínas, y que el huevo, los pescados y los mariscos todavía no forman parte importante tanto del mercado como de la dieta del Distrito Federal, lo mismo que, y en mayor medida, del resto del país.

Además es importante destacar que la disponibilidad de alimentos en el DF crece mucho más rápidamente que en el resto del país, como se muestra en la gráfica IV en la que se toma a 1960 como año base; sin embargo, el fenómeno no es tan acentuado pues la población del primero crece más rápidamente.

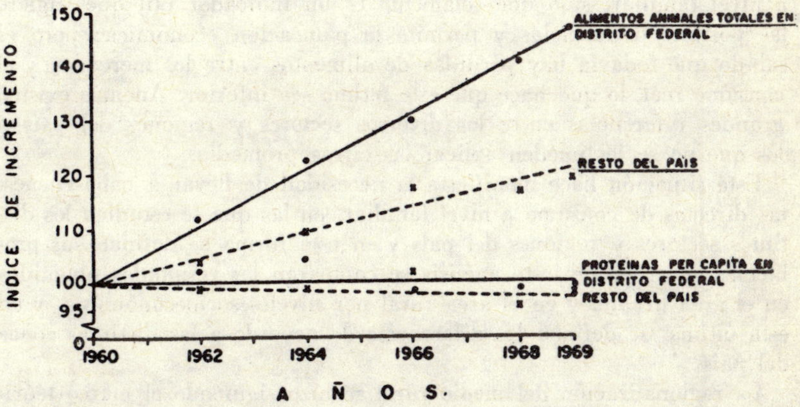

GRÁFICA IV. *Tendencias en disponibilidades de alimentos y de proteínas de origen animal en el D. F. y en el resto del país*

La disponibilidad *per capita* de proteínas en el DF en el periodo de 10 años considerado en la gráfica, permanece prácticamente igual, pues tanto los alimentos como la población aumentan en un 4.4% anual. En el resto del país existe una ligera tendencia a la disminución.

La comparación de los datos del DF y del resto del país muestra, de acuerdo a la hipótesis de trabajo inicial, las grandes diferencias que existen en el país en el consumo de alimentos, e indica el gran poder de absorción de los grupos económica y socialmente privilegiados.

Esta situación señala el hecho de que deben existir por lo menos dos niveles distintos en materia de distribución, comercialización y consumo de alimentos. Por una parte está el Distrito Federal y las grandes ciudades, donde la disponibilidad de alimentos es adecuada y, por otra, las ciudades chicas, pueblos y población dispersa, donde la distribución y el consumo son francamente insuficientes. Por lo tanto se puede considerar como ilusoria la idea de que el país ha superado el subdesarrollo desde el punto de vista de la alimentación. Es cierto que en promedio ya se dispone de las cifras mínimas, pero también es cierto que existe una sociedad dual en la que un sector de la población más rico y poderoso cuenta ya con variados y valiosos alimentos, mientras que otro, el de los obreros no calificados y la población rural, está limitado a una dieta monótona con alimentos de escasa calidad.

Encuestas de consumo a nivel familiar

Como fue mencionado en el apartado anterior, el análisis económico de la disponibilidad de alimentos no informa de los consumos reales a nivel familiar, sino que solamente es un indicador útil que sugiere las posibles deficiencias y permite la planeación económica; pero es sabido que todavía hay pérdidas de alimentos entre los mercados y el consumo real, lo que hace que este último sea inferior. Además existen grandes diferencias entre los diversos sectores y regiones del país a los que no se les pueden aplicar las cifras promedio.

Esta situación hace manifiesta la necesidad de llevar a cabo encuestas directas de consumo a nivel familiar, en las que se estudien los distintos sectores y regiones del país y en esta forma se definan sus problemas; por ello, en este análisis se comparan los resultados obtenidos en el área urbana y en el área rural por niveles socioeconómicos, y en esta última, se definen las diferencias de acuerdo a las distintas zonas del país.

La regionalización del medio rural se hizo siguiendo el marco teórico propuesto por Bassols Batalla,[14] que divide al país en 104 regiones

[14] Ángel Bassols Batalla, "La planeación regional de México", *Comercio Ex-*

geoeconómicas. El autor define cada una de ellas diciendo "una región geoeconómica es una área geográfica identificable caracterizada por una estructura particular de sus actividades económicas, con referencia a un conjunto de condiciones asociadas físicas y/o biológicas y/o sociales, que presentan un alto grado de homogeneidad y que mantienen un cierto tipo de relaciones internas y con el exterior". Estas regiones fueron clasificadas en 4 niveles de acuerdo al promedio de mortalidad preescolar registrada en los años de 1963 a 1965, en cada uno de los municipios que las integran. Como indicio de buena nutrición se juzgó una mortalidad menor de 6 por mil preescolares; de regular, cuando fue de 6 a 12; como mala, de 12 a 18 y como muy mala a la mayor de 18.

Se aceptó a la mortalidad de niños de 1 a 4 años como base del trabajo de regionalización, debido a que ha sido considerada como un buen índice de la situación nutricional de la población. La razón de esto es la estrecha interrelación entre las carencias nutricionales en la época de mayores demandas fisiológicas, con los procesos infecciosos y parasitarios.[15] En intentos previos de regionalización hechos por el INN se ha mostrado la alta correlación entre la mortalidad de los niños de 1 a 4 años y los consumos de alimentos.[16]

Esta metodología que sustenta el trabajo de regionalización, tiene dos posibles fuentes de discrepancia; en primer lugar la división geoeconómica no es definitiva y el mismo autor la juzga como susceptible de mejorarse cuando se cuente con mejor información estadística, y en segundo lugar, que la información estadística de mortalidad no es completa en algunas de las áreas poco comunicadas y de baja densidad de población. Por esto la clasificación nutricional tampoco puede considerarse como definitiva. Se hicieron algunos ajustes en cuanto se tuvo información directa como en el caso de la región henequenera de Yucatán, la sierra de Chiapas, la meseta Tarasca y la Tarahumara, pero persisten dudas de otras como el norte de Campeche, las costas de Guerrero y la Tierra Caliente en las que se sabe que las estadísticas son defectuosas, pero no se dispuso de criterios adecuados para corregirlas.

El siguiente paso en la metodología fue promediar los resultados de 35 encuestas agrupadas de acuerdo a los criterios de población urba-

terior, México, Vol. XII, núm. 5, mayo de 1963, y *La división económica regional de México*, UNAM, México, 1967.

[15] V. G. Wills y J. Waterlow, "The Death Rate in The Age Group 1-4 as an Index of Malnutrition", *J. Trop. Pediat.* núm. 3, 1958.

[16] G. Balam, A. Chávez y L. J. Fajardo, "Las zonas del país con mayores problemas nutricionales", *Revista Mexicana de Sociología*, México, 1967, núm. 23.

na o rural y estas últimas según los niveles de mortalidad previamente discutidos.

Consumo de alimentos en la ciudad y en el campo

Desde el punto de vista histórico se sabe que existe una serie de alimentos originarios de Mesoamérica que a pesar de los cuatro siglos y medio de contacto con las culturas del Viejo Continente todavía son la base de la alimentación de los grupos más desposeídos. Entre estos alimentos destaca el maíz, que continúa siendo la base de la dieta nacional. Este alimento ha sido clasificado por el Dr. Zubirán como "fuente de la dicha y la desgracia del pueblo mexicano",[17] porque a la vez que ha dado sustento energético a la población trabajadora, también por su desequilibrada composición y su carencia en varios principios nutritivos, produce con frecuencia desnutrición.

En realidad se puede decir que conforme el maíz se complementa con alimentos de mejor calidad, la dieta se hace más balanceada y lo contrario, entre más rígida y monótona es, con mayor proporción de maíz, más se marcan las deficiencias y más difícil es que el organismo compense sus carencias, sobre todo en situación de mayores demandas como el crecimiento, el embarazo, la lactancia, la enfermedad, etcétera.

Por lo tanto, aquellas personas que consumen la llamada "dieta indígena", con un 60 a 80% de las calorías provenientes del maíz, con agregados escasos de frijol y otros pocos productos más, presentan mayores problemas nutricionales que aquellos que ya consumen una "dieta mestiza", con mayor proporción de otros alimentos, incluyendo los de origen animal. En realidad este problema no debe ser atribuido al maíz en sí mismo, sino al "monoconsumo" pues lo mismo puede pasar con cualquier otro alimento, en especial cereal o maíz, que no sea debidamente complementado.

En el medio rural, seguramente por características de más aislamiento, menores recursos económicos y mayor persistencia de la cultura tradicional, tanto en sus hábitos de cultivo como almacenamiento, procesamiento y consumo de alimentos, se encuentra con más constancia la dieta indígena. En el medio urbano, por lo contrario, hay una mayor tendencia a la occidentalización y por lo tanto a la diversificación dietética.

En la gráfica V se muestra la distinta estructura de la dieta rural y de la urbana, consideradas en general.

Las principales fuentes calóricas del medio rural son el maíz, con aproximadamente un 60% del total, el frijol, el azúcar y las grasas;

[17] Salvador Zubirán, "El problema de la nutrición en México", *Loc. cit.*

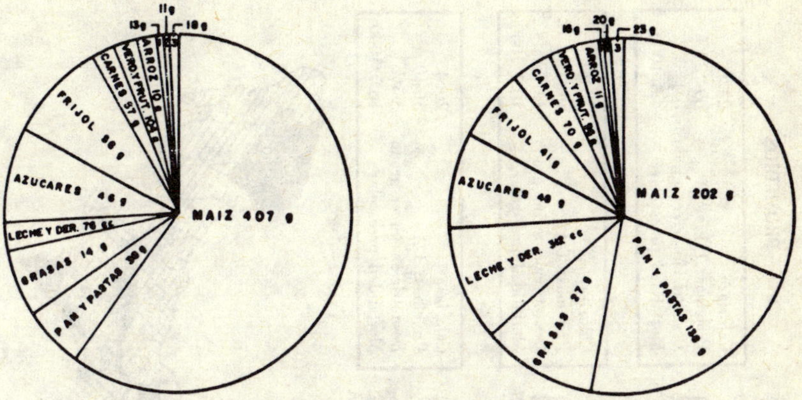

Gráfica V. *Componentes de la dieta mexicana según su aportación en calorías*

los demás alimentos tienen poco significado energético. Cabe hacer mención de que en la gráfica V están reunidas todas las encuestas rurales, de todas las diferentes zonas y niveles y, por lo tanto hay varias, sobre todo las del centro y sur del país, donde se consume rutinariamente la dieta indígena de maíz y frijol, quizá con la excepción de algún día a la semana o algunas fiestas, y también hay otras zonas sobre todo las del norte y Golfo del país, donde hay cierta tendencia al consumo más diversificado.

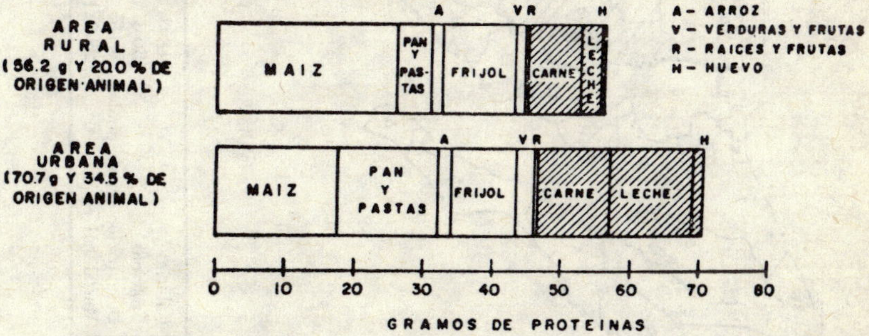

Gráfica VI. *Consumo promedio de proteínas por persona y por día*

Situación nutricional

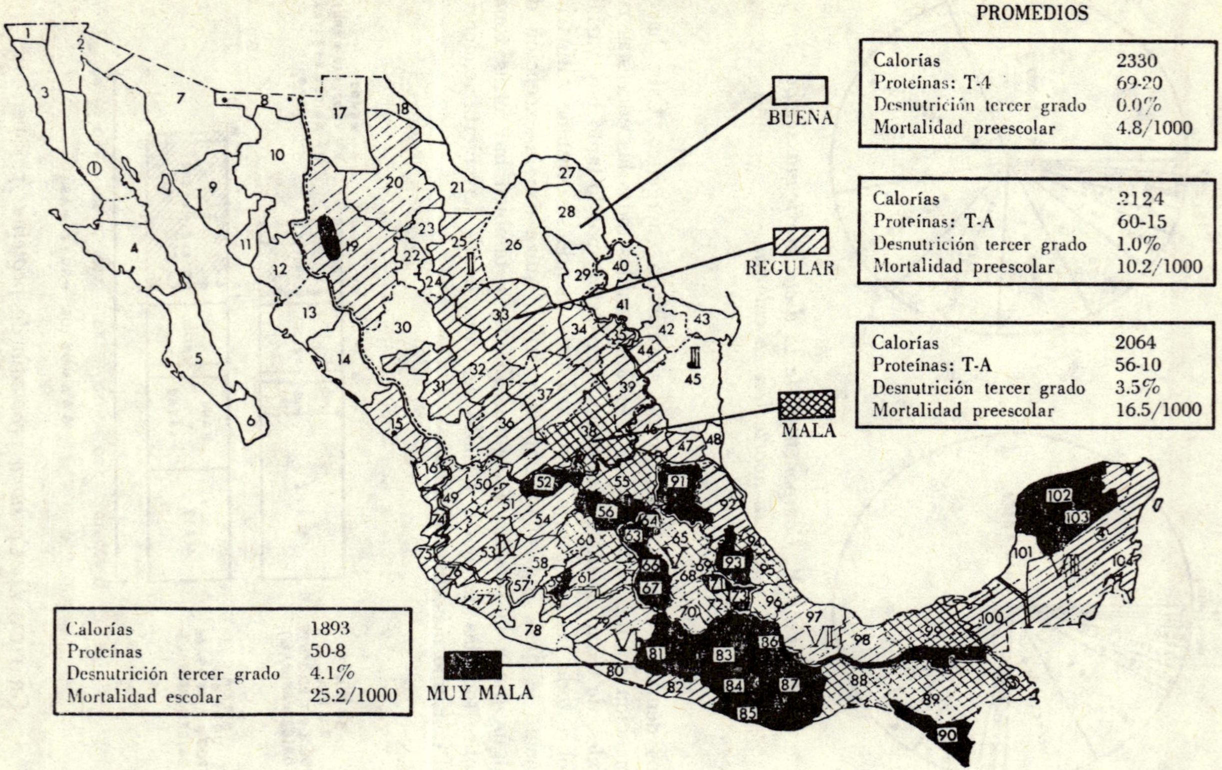

En la gráfica VI se presenta el aporte proteico de la dieta rural y urbana. En la primera área se muestra que el consumo es de 56.2 g de proteínas totales, de las cuales el frijol, el maíz y otros productos vegetales como trigo, aportan el 80%. La carne y muy escasa cantidad de leche y huevo, aportan el 20% restante. En el área urbana la situación es mejor ya que el total es mayor (70.7 g) y también la diversificación y la participación de los productos animales es mejor.

En realidad, tanto en el área urbana como en la rural existen desniveles marcados, de gran importancia para la nutrición nacional. En el cuadro 9 se presentan los datos separados según niveles.

En el medio urbano la dieta es relativamente adecuada en los estratos sociales que habitan en las unidades habitacionales y en las vecindades, que corresponden a obreros y empleados de medio o bajo ingreso, es decir, a los niveles que se definen como clases sociales media baja y baja alta; pero, en las barriadas periféricas del llamado cinturón de miseria del DF, con grupos sociales subocupados, que corresponderían a los niveles llamados clase social baja media y baja baja, el consumo de alimentos llega a ser francamente deficiente. El consumo de estos sectores y por lo tanto su nutrición, es ligeramente inferior al de las zonas rurales clasificadas como de nutrición regular. Este sector de la población urbana es cada vez más importante, tanto por su constante aumento, causado principalmente por la creciente migración de la población rural a zonas marginales de las ciudades, como porque constituyen la mayor parte de la mano de obra disponible para la industria.

Cuadro 9. Consumo de calorías y proteínas de los distintos niveles rurales y urbanos

Niveles	*Calorías totales*	*Proteínas totales*	*Proteínas animales*
Urbano			
1. Unidades habitacionales	2 380	86.1	45.8
2. Vecindades	2 320	67.1	23.5
3. Barracas periféricas	2 030	59.0	14.3
Rural			
1. Zonas de buena nutrición	2 330	69.0	20.0
2. Zonas de regular nutrición	2 120	60.0	15.1
3. Zonas de mala nutrición	2 060	56.1	10.0
4. Zonas de muy mala nutrición	1 890	50.2	7.9

En el medio rural los problemas de consumo son serios, aun en el sector llamado de nutrición regular, ya que tiene niveles de consumo sumamente bajos. Como aclaración cabe mencionar que ninguno de los valores de consumo llega a la cifra de disponibilidad nacional de 2 600 calorías y sólo la zona urbana, correspondiente a las unidades habitacionales, sobrepasa a los 72.0 g disponibles de proteínas, debido a que, en primer lugar, en ninguno de los estudios anotados en el cuadro se incluyeron las clases más altas, cuyos consumos deben ser superiores, pero de los cuales no se dispone de información, y también a lo mencionado en relación a pérdidas entre los mercados y los consumidores.

Regionalización de los problemas rurales

Aunque el medio rural mexicano tiene un patrón más o menos uniforme en cuanto a los alimentos consumidos, con las excepciones del norte, que en general prefiere los productos de trigo, y de algunas comunidades del golfo de México, que consumen arroz, existen también desniveles causados por la heterogeneidad geográfica, económica y sociocultural de las distintas zonas. En realidad lo que sucede es que dentro de una situación de tantas limitaciones como la que prevalece en el medio rural, existen pequeñas diferencias en el arreglo de la dieta y en la cantidad de alimentos, que causan grandes diferencias en la nutrición y salud de las comunidades. Esto significa que no es lo mismo comer frijol 3 veces a la semana que hacerlo diario.

En el mapa (p. 312) se presentan las distintas regiones de acuerdo a su clasificación nutricional y en él están también reunidas las características del consumo de cada una de ellas.

Las zonas rurales de buena nutrición, cuya disponibilidad calórico-proteica y también la salud y estado nutricional de los niños son aceptables, se concentran en el noroeste, noreste y región fronteriza. (Las otras zonas que aparecen en blanco en el mapa, en Guerrero, Michoacán y Campeche, más parece que son errores de método que realmente regiones de buena nutrición; sin embargo, como ya se comentó no se dispone por el momento de información suficiente para reclasificarlas.) En general, las zonas de buena nutrición están escasamente pobladas y tienen características culturales y económicas diferentes al resto del país. Sin embargo, los diferentes estudios efectuados en estas zonas muestran que el problema nutricional no ha desaparecido totalmente sino que más bien se ha ido desplazando, centrándose en el momento actual en el niño lactante, al que destetan tempranamente, sin las condiciones de higiene y cuidado necesarios, por lo que las mortalidades en este grupo de edad llegan hasta 100 por 1 000.[18] Obviamente, en estas condiciones los que sobreviven ya no pasan por el penoso camino posterior de la desnutrición crónica.

Las regiones de regular nutrición están sobre todo en el área central del norte, en el occidente y en las porciones más meridionales de ambas vertientes marítimas. En el norte también son áreas escasamente pobladas y ganaderas en su mayoría, que no pertenecen enteramente a la cultura del maíz. En esta región se encuentran muchos casos de deficiencia de vitamina A, sobre todo en los niños, dando lugar a ceguera nocturna por escasez de frutas y verduras. En la costa del golfo de México, y en las porciones tropicales del litoral del Pacífico, donde la tierra es mejor y hay mayor diversificación agrícola, también los consumos son más o menos aceptables. Asimismo, hay zonas de regular nutrición en la vecindad del DF; en algunas de ellas por la influencia económica de la ciudad y en otras, como el estado de Morelos, por tener características semejantes a las zonas tropicales mencionadas.

Los problemas más graves se encuentran en las zonas clasificadas como de mala o muy mala nutrición, las que se concentran en cinco grandes áreas fácilmente distinguibles en el mapa: *a)* En el centro del país que incluye una gran zona desde el Bajío hasta Zacatecas y Durango; *b)* en un anillo amplio y densamente poblado alrededor del valle de México; *c)* en el sur incluyendo las partes montañosas del estado de Guerrero y todo Oaxaca; *d)* en el estado de Chiapas; *e)* en la zona henequera de Yucatán. Todas estas regiones presentan un cuadro claro de desnutrición endémica. Sus consumos, tanto calóricos como proteicos y de otros principios nutritivos, son muy bajos y la salud y estado nutricional de los niños son precarios. Estas áreas pueden ser calificadas, con justicia, como zonas "problema" desde el punto de vista nutricional, cuya situación reclama medidas resolutivas con urgencia.

Varios denominadores son comunes en 4 de las zonas de mala nutrición: un alto grado de indigenismo, terreno montañoso, reducida productividad agrícola y relativamente alta densidad de población para las condiciones económicas de las zonas. Sólo una zona escapa a estas condiciones, que es la del centro del país, especialmente el Bajío, en el cual pese a que el indigenismo no es alto, y a que hay buenas tierras, existe desnutrición acentuada.

Por las características de sus problemas nutricionales, las zonas de mala y muy mala nutrición son comparables a las regiones menos des-

[18] H. Bourges, A. Chávez y P. Arroyo, *Recomendaciones de nutrimentos para la población mexicana, loc. cit.*

arrolladas del mundo y en general se distinguen porque han sido marginadas a través de su historia del proceso nacional de desarrollo, por lo que su dieta conserva características fundamentalmente prehispánicas.

Problemas en los grupos vulnerables

Se ha mostrado que hay grandes desniveles en la disponibilidad de alimentos así como en el consumo de los mismos por los distintos sectores mencionados. Dentro de cada uno de ellos el problema nutricional tiene impacto especial en los llamados grupos vulnerables, de los cuales destacan los niños y las madres. Aunque el objetivo del presente trabajo es de orden económico, se discuten también los problemas de los niños porque, como se mencionó antes, las carencias nutritivas los afectan en forma especial, merman su desarrollo físico, mental y social y disminuyen así los recursos humanos tan importantes para el desarrollo futuro de un país.

Considerados en forma global, los niños preescolares del medio urbano consumen una dieta apenas suficiente, de 1 120 calorías y 35 gramos de proteínas. Por el contrario, los niños del medio rural presentan una gran deficiencia, pues en promedio, sólo consumen 940 calorías y 25.8 g de proteínas. Este problema se agrava si se considera la procedencia de dichas proteínas; en la gráfica VII se muestra el diferente patrón de consumo de los niños en los dos medios considerados.

GRÁFICA VII. *Consumo promedio de proteínas por niño y por día*

Cuadro 10. Distribución porcentual de los diversos grados de desnutrición en preescolares de los distintos niveles urbanos y rurales

Área y nivel	*Buena nutrición*	*Desnutrición incipiente*	*Desnutrición moderada*	*Desnutrición severa*
Urbano				
1. Unidades habitacionales	47.2	45.7	7.1	0.0
2. Vecindades	—	—	—	—
3. Barracas periféricas	30.0	42.3	22.5	2.5
Rural				
1. Zonas de buena nutrición	54.3	37.7	8.0	0.0
2. Zonas de regular nutrición	26.1	48.7	24.4	1.0
3. Zonas de mala nutrición	26.7	46.4	23.8	3.5
4. Zonas de muy mala nutrición	19.3	46.7	29.9	4.1

La principal consecuencia de esta alimentación insuficiente se muestra en el cuadro 10, en el que se clasifican diversas muestras de niños según su estado nutricional, de acuerdo a los niveles y regiones de donde proceden.

En el cuadro anterior se destaca el hecho de que únicamente el área urbana de clase media de escasos recursos y en los sectores de más ingresos de la clase baja, lo mismo que en las zonas de buena nutrición del medio rural, los niños se encuentran en una situación aceptable; la mitad de ellos bien nutridos y la otra mitad con desnutrición incipiente.

En el resto del país, que incluyen toda la población que vive en los barrios periféricos del DF y seguramente de las otras ciudades y la mayor parte de las zonas rurales, el problema es muy grave, pues entre la tercera y cuarta parte del total de niños reclamaría tratamiento especial por desnutrición. En las zonas de muy mala nutrición el problema llega hasta el grado de que el 4.1% está gravemente desnutrido.

Solución del problema

En el curso de este trabajo se ha visto que, conforme se han ido profundizado y aclarando las disponibilidades y los consumos de alimentos en el país, se muestra que la mala nutrición es quizá el problema que afecta más la productividad, salud y bienestar de la población nacional.

El análisis a nivel de disponibilidades nacionales globales da la impresión halagüeña de que los problemas se van resolviendo con el solo aumento de la producción. En la parte en la que se discutieron los problemas de distribución urbano-rural se comenzaron a percibir las grandes diferencias entre los distintos grupos que componen el país. En la regionalización de los consumos, aparecieron serias deficiencias en los grupos sociales poco privilegiados y en extensas áreas del medio rural y cuando se evaluaron las repercusiones en los niños, uno de los grupos más sensibles a las carencias, se demostró la gran extensión y severidad de las consecuencias que ocasionan los serios defectos en la distribución y consumo de alimentos.

En resumen, se puede decir que existe un grave problema socioeconómico, el de la desigualdad, que provoca que grandes sectores de la población de escasos recursos, que abarcan aproximadamente el 55% de la población total, consuman una dieta monótona y pobre, que da lugar a un estado de desnutrición crónica. El problema se agudiza aún más en algunos sectores del medio rural y en los niños, situación que lesiona no sólo el presente, sino también el futuro del país.

La solución de esta tradicional problemática se encuentra seguramente en la planeación integral y coordinada de una política nacional de nutrición.

A continuación se describen algunos criterios teóricos y los principales puntos que pueden incluirse en una política nacional de nutrición. No es desde luego un proyecto definitivo, pero puede servir de base a la discusión de un grupo de planeación, en donde participen políticos, economistas, hombres de empresa, nutriólogos, etc., con una visión más integral de los recursos. Ya el gobierno de la república ha convocado un grupo de estudio en la materia dentro del Consejo Nacional de Ciencia y Tecnología, que en forma completa y multidisciplinaria, se está abocando a esta planeación, cubriendo diversas áreas no consideradas aquí, tales como producción, comercialización, industrialización, elaboración de normas, etc., no sólo para consumo humano, sino también para exportación, alimentación animal y otros aspectos socialmente importantes de los alimentos.

Política nacional de nutrición

Introducción

La problemática sobre alimentación y nutrición previamente presentada, debe incorporarse en forma definitiva a las políticas generales de desarrollo económico. No puede ser desconocida la íntima relación que existe entre la potencialidad de los individuos y la capacidad creadora de las sociedades. El estado de nutrición de las personas es elemento fundamental del capital humano de la comunidad. Una política nutricional va a permitir equilibrar los desajustes existentes mediante la puesta en marcha de mecanismos sociales, culturales administrativos y políticos, para incrementar y mejorar la producción de alimentos, distribuirlos adecuadamente y asegurar un consumo de acuerdo a las necesidades biológicas. Esta acción exige en forma perentoria que todas las fuerzas para el mejoramiento humano en lo que atañe a la alimentación, actúen en forma coordinada y enérgica y nunca de manera espontánea.

Estas consideraciones llevan a pensar que se debe partir de una planificación previa que permita presentar caminos o alternativas, que de acuerdo a los objetivos preestablecidos y a la metodología se apliquen correctamente los recursos presentes y potenciales de las áreas beneficiarias. En todo caso, sólo mediante la planificación se pueden llegar a modificar los aspectos socioculturales y económicos implicados en la alimentación, sobre todo al ritmo para alcanzar en forma progresiva, y al mismo tiempo permanente, el mejoramiento alimentario requerido. Esta política debe conducir las actividades de la alimentación y nutrición humana dentro del contexto de la estructura socioeconómica y del marco institucional existentes y estar en capacidad de adaptarse a los cambios estructurales que vaya alcanzando la sociedad en el futuro.

Entonces, la política nacional de nutrición debe ser considerada como un conjunto armónico integrado, homogéneo y simultáneo de objetivos y decisiones que permita a los organismos oficiales y privados que tengan relación con la alimentación humana, ejecutar de manera permanente y progresiva acciones coordinadas e interdisciplinarias, procurando en un lapso adecuado, satisfacer las necesidades básicas de alimentación del hombre actual y del hombre del futuro.

Es conocida la existencia de varios programas específicos en el campo de la administración y nutrición humana; sin embargo, la falta de unidad de acción por medio de una programación sistemática impide su éxito. Se requiere, por tanto, tratarlos de encuadrar dentro de las realidades del desarrollo socioeconómico del país y de los avances técnicos logrados en la actualidad. Esta programación permitiría asimismo una mejor coordinación de esfuerzos y un aprovechamiento más positivo de los recursos disponibles.

Se piensa que por el momento ninguna otra política podría ser tan beneficiosa para el país que la que se está tratando; sus costos son bajísimos, sobre todo en comparación con otras como las de educación, salud, habitación, etc., y sus rendimientos son muy grandes no sólo en salud, sino también en dinero, pues solucionaría gran parte de los problemas de sobreproducción, mermas, desperdicios, subsidios, etc., haciendo más directo el flujo de los alimentos entre el productor y el consumidor. Se sabe que los alimentos generan el 44% del producto nacional bruto ¿por qué no incluirlos en una planeación?

Debido a que nuestra sociedad ha estado dividida históricamente en dos sectores de población bien diferentes entre sí, al grado de que, por lo menos desde el punto de vista nutricional, se puede sostener que existe una sociedad dual, es imprescindible plantear soluciones bien diferentes para cada uno de ellos. En uno, el de mayores recursos, la solución de su problemática nutricional puede limitarse a los conceptos clásicos de aumentar la producción y promover el consumo, mientras que el otro, el marginal de bajos ingresos, su problema es tan grande y domina en tal forma el panorama que requiere de acciones más directas. Es por ello que en la planeación de la política que a continuación se detalla se incluyen dos programas nacionales adicionales: el de acción a nivel rural y el de protección a grupos vulnerables.

Objetivos de una política nacional de nutrición

1) Aumentar la cantidad y calidad de los alimentos disponibles a través del fomento agropecuario y promover adecuadamente los sistemas de conservación, industrialización y comercialización.

2) Elevar y diversificar el consumo de alimentos de la población mexicana, de manera que la dieta sea suficiente y de mayor valor biológico.

3) Conducir esta acción más vigorosamente en la población del área rural, especialmente en las áreas de mala nutrición.

4) Dar especial atención al problema de la desnutrición de los grupos vulnerables (niños y madres).

Por lo tanto, la política nacional de nutrición constaría de cuatro programas fundamentales: *Programa nacional de disponibilidad de alimentos; Programa nacional de consumo de alimentos; Programa nacional de nutrición rural y Programa de protección de grupos vulnerables.*

La situación nutricional de México exige el trabajar simultáneamente en los cuatro programas y en forma coordinada, ya que existen interacciones mutuas. Por ejemplo, un correcto programa de alimentos facilita el programa de consumo en general y éste induce un mejoramiento al medio rural y de los niños; y, similarmente, una eficiente política rural facilitaría mucho la elevación del consumo y de la producción nacional.

Programa nacional de disponibilidad de alimentos

Las políticas en materia de producción de alimentos seguidas poı los últimos gobiernos de México han tenido un éxito que ha merecido el reconocimiento internacional; sin embargo, nutricionalmente no basta con una buena producción, es necesario que ésta se traduzca en una disponibilidad suficiente y correcta.

Como fue mencionado, la acción gubernamental en el campo de la producción de alimentos ha logrado que la dieta nacional promedio tenga un valor calórico cercano al mínimo aceptable, asegurando la autosuficiencia nacional en los alimentos de consumo más general, como los cereales y leguminosas; sin embargo, todavía no se han alcanzado niveles adecuados en lo que a verduras de origen animal se refiere.

Es el momento de reorientar las metas, de manera que el programa nacional de alimentos cumpla con los siguientes objetivos:

a) Cubrir las necesidades originadas por el crecimiento de la población, que para fines del sexenio 1970-1976, será 29.2% mayor que en 1969.

b) A fin de no sólo cumplir con los requerimientos impuestos por el crecimiento de la población, sino también de lograr un incremento de 7% adicional en la disponibilidad *per capita* de alimentos, para que en 1976 se alcance la cifra de 2 800 calorías por persona y por día, y por lo tanto sea capaz de cubrir por lo menos parte de la población de escasos recursos, es necesario que el aumento en el volumen total de alimentos disponibles para el fin del sexenio sea de no sólo 29.2%, sino de 39.2%.

c) Con el fin de balancear la dieta, los incrementos deben ser diferentes de acuerdo al alimento de que se trate. Hay alimentos que sólo deben incrementarse más o menos en la medida del crecimiento demográfico, como sería el caso del frijol y la papa; y por último, hay alimentos a los que se debe dedicar especial esfuerzo, porque se precisa incrementar su disponibilidad como requisito para iniciar la mejoría nutricional tan urgente, como es el caso de la carne, el pescado, la leche y el huevo.

En el cuadro 11 se presentan los cambios en la disponibilidad de cada grupo de alimentos que el Instituto Nacional de la Nutrición sugiere con el fin de balancear la dieta, dentro de las limitaciones económicas del país. (Estas cifras, por lo tanto, se pueden juzgar como metas intermedias a corto plazo, debido a que no es todavía el óptimo nutricional y están planeadas para 1976.)

En materia de cereales es importante que exista diversificación, sustituyendo parte del maíz por trigo, arroz y avena, a precios bajos. Los incrementos propuestos para leche y huevo son muy grandes, pero se justifican por el bajo nivel actual, por potencialidad que ha sido demostrada en años anteriores y porque son muy necesarios para satisfacer las demandas de una población esencialmente joven.

En el rubro de carne y pescado se debe destacar este último alimento, también por su potencialidad dadas las condiciones geográficas del país, y por su costo a la luz de su riqueza nutritiva; además su consumo es muy bajo, de 3.1 kg por persona por año, que con relativa facilidad puede aumentarse.

Programa nacional de consumo

Si bien el programa de alimentos ha logrado niveles importantes en su desarrollo y México ha avanzado considerablemente en los últimos años, en el momento actual el factor limitante principal es el consumo, como puede inferirse de la existencia de excedentes relativos, de la amplia exportación de alimentos, del periódico abatimiento de precios de los productos agrícolas y de que el aumento en la producción

Cuadro 11. Metas de disponibilidad de alimentos * para la República Mexicana en 1976

Grupos de alimentos	*Disponibilidad 1969 kg/persona/año*	*Metas de disponibilidad 1976 kg/persona/año*	*Cantidad necesaria en 1976 (miles de ton.)*	*Incrementos en la disponibilidad para 1976*
Maíz y otros cereales	167	165	10 280	27.5%
Frijoles y otras leguminosas **	21	25	1 558	55.7%
Papa y otros tubérculos	8	10	623	59.4%
Verduras	23	30	1 869	66.5%
Frutas	69	75	4 673	39.5%
Carne y pescado	30	36	2 243	52.6%
Leche y derivados	89	120	7 477	73.6%
Huevo	6	9	561	88.1%
Azúcares	36	35	2 181	25.0%
Grasas y aceites	7	8	498	55.9%

* En peso bruto, sin descontar porción no comestible.

** Se incluyen oleaginosas de consumo directo como cacahuate y cacao.

no ha llevado aparejado un incremento en el consumo de alimentos según los datos previamente discutidos.

Se juzga que por el momento nada sería tan barato, en términos de beneficio por unidad de inversión, ni tan necesario para el desarrollo general del país como una política efectiva de consumo, que tendría repercusiones económicas directas y sobre todo repercusiones sociales y de salud.

Los factores que limitan el consumo y que, por lo tanto, ameritan una acción decidida son:

a) Bajo poder de compra en las grandes masas de población.

b) Distribución desigual y disponibilidad inadecuada de alimentos a nivel regional y local.

c) Ignorancia acerca de las características que debe tener una dieta adecuada y sobre cómo aprovechar mejor los alimentos.

Por lo anterior, un programa de consumo debe abordar los problemas anteriormente señalados. Además cabe añadir que la distribución, el almacenamiento y el mercado de alimentos son elementos determinantes del consumo, puesto que tienen influencia sobre precios y disponibilidad local.

La CONASUPO, por medio de sus programas de precios de garantía para productos de primera necesidad, de construcción de silos comunales, de supresión de los intermediarios que sean innecesarios y de tiendas populares suburbanas y rurales, ha venido ejerciendo una acción destacada en el campo de la distribución y el mercado, que es necesario extender y apoyar. Deben reorientarse los propósitos de la CONASUPO hacia objetivos nutricionales más precisos, extendiendo su acción a mayor número de zonas y comprendiendo mayor variedad de alimentos, incluyendo los de más alto valor biológico.

En México, como en todos los países en desarrollo, se producen grandes pérdidas de alimentos entre el productor y el consumidor, por acción del clima, de plagas y de la naturaleza perecedera de algunos de ellos. Estas pérdidas son muy perjudiciales. La tecnología moderna tiene los recursos para reducirlas y conservar los alimentos, no sólo aumentando la disponibilidad, manteniéndola durante todo el año, sino también mejorándolos en su valor nutricional y haciendo factible su distribución a todo el país.

La industria de alimentos debe contribuir al mejoramiento nutricional de la población, a través de técnicas adecuadas a nuestra realidad, de introducir productos al alcance de la población de escasos ingresos y de no elevar los precios más allá de lo razonable.

Dada la importancia económica de los alimentos, México debe contar con una institución que desarrolle tecnología moderna que tenga como objetivos un mejor aprovechamiento de los productos del país, establecer medios para su conservación y envase que faciliten su transporte y distribución. Estas funciones pueden ser llevadas a cabo por un Instituto Mexicano de Tecnología de Alimentos, que además de coordinar las actividades que ya se realizan, las complemente y amplíe, en la medida de las necesidades.

Independientemente de los problemas de distribución y precio, sabemos que el consumo puede mejorarse grandemente por medio de educación nutricional y campañas de promoción de alimentos del tipo de las que se han llevado a cabo respecto al huevo, al pescado, al trigo y al azúcar, pero realizadas con mayor frecuencia e intensidad, y con mayor coordinación entre organismos gubernamentales y privados. Cabe subrayar el caso del pescado: México es un país de gran potencialidad pesquera, pero en la actualidad no utiliza este recurso por falta de tecnología adecuada y de educación para un mayor consumo.

La publicidad, aprovechando la difusión masiva, está muy avanzada y es utilizada con gran éxito a nivel comercial. Estos recursos deben encauzarse hacia la urgente educación de las masas. La educación del consumidor no debe ser sólo una simple promoción del consumo, sino que debe enseñarse cómo preparar los alimentos, cómo distribuir el presupuesto familiar en forma eficiente y cómo desterrar prejuicios y hábitos nocivos.

Programa de nutrición rural

El desarrollo socioeconómico de nuestro país ha dado lugar a la formación de una sociedad dual de características divergentes y cada vez más señaladas, entre las que la nutrición es quizá la más importante.

En el estrato más pobre queda incluida la mayoría de la población rural, que escasamente goza de los servicios públicos y menos aún de aquellos destinados a mejorar la nutrición.

Todo lo anterior justifica que dentro de la política nacional de nutrición se considere un programa especial destinado al medio rural que comprenda:

a) Mayor extensión hacia el medio rural de los diversos servicios y programas gubernamentales ya existentes, tanto los de infraestructura (comunicaciones, salud, educación, etc.), como los más relacionados con la nutrición (atención materno-infantil, extensión agrícola, mejoramiento del hogar, distribución de alimentos, etcétera).

La escuela rural debe ser más ampliamente utilizada para la realización de programas de nutrición y por lo tanto debe darse un mayor aprovechamiento de huerto escolar, del libro de texto gratuito, de los talleres prácticos, etc.

b) Programas regionales coordinados de nutrición, en los que se sumen esfuerzos de mejoramiento de la agricultura, de la educación y de la salud con fines nutricionales. Esto se puede lograr creando secciones regionales de nutrición aplicada en las zonas más necesitadas.

c) Educación nutricional especial para el medio rural con la creación de canales de comunicación con la población rural, incluyendo la educación tecnológica para producir más y para conservar mejor y para consumir los alimentos en forma equilibrada.

Programa de protección de grupos vulnerables

Como fue dicho, los problemas nutricionales son más acentuados en los niños y en las madres embarazadas y lactantes. La desnutrición de estos dos grupos tiene graves consecuencias sobre el futuro económico y social del país. Desde luego, los estratos más afectados son los de escasos recursos: grupos urbanos marginales y la mayoría del sector rural.

La política de protección materno-infantil con miras a controlar los efectos más dañinos de la desnutrición debe incluir:

a) La distribución de alimentos de alto valor nutritivo y bajo costo, propios para los niños. Esta es una medida de especial utilidad siempre que lleguen en suficiente cantidad a la población necesitada. El Instituto Nacional de la Nutrición ha trabajado con varias mezclas proteicas con el objetivo de lograr una fórmula que contenga aproximadamente 5 g de proteínas por ración y que cueste 20 centavos o menos.

Sólo hace falta la coordinación y el apoyo gubernamental para llevar a la práctica estos productos. ALBAMEX está interesada en producir los alimentos y la CONASUPO colaboraría en su distribución, pero hace falta un decidido apoyo gubernamental para alcanzar niveles significativos de distribución.

b) La prevención y el tratamiento oportuno de la desnutrición y de los síndromes carenciales. Como del 25 al 33% de los niños del medio rural y 25% de los del medio urbano pobre tienen desnutrición, sea moderada o severa, es preciso realizar esfuerzos importantes en el diagnóstico oportuno y en el tratamiento temprano, especialmente por medio de las unidades sanitarias, centros de salud y centros materno-infantiles. El problema es tan serio que debe contemplarse la necesidad de crear centros de recuperación nutricional con un enfoque educativo, como los que existen en la mayoría de los demás países latinoamericanos y que han dado buenos resultados.

Un medio muy eficaz de reducir la desnutrición es una mayor inversión de esfuerzos y recursos para la prevención de las enfermedades infecciosas de la infancia, sobre todo diarreas y bronconeumonías que tanto deterioran el estado nutricional de los niños.

c) De todas las medidas para mejorar la nutrición del niño, la más barata y eficaz, como quedó demostrado por el Instituto Nacional de la Nutrición, es la educación, ya que aun con los recursos de las familias más pobres (tortilla y frijol) es posible evitar que la desnutrición llegue a grados peligrosos. El problema fundamental es alcanzar, en forma colectiva, a las casi 150 000 comunidades aisladas y esparcidas por toda la república.

Hay actualmente numerosos métodos educativos que pueden lograrlo, tales como el radio, el radio "en circuito cerrado", el periódico hablado, discos para sonido local, unidades móviles de demostración, historietas educativas, la técnica llamada del "peinado" regional educativo con personal auxiliar, etc.

d) Reorientar los programas actuales de nutrición infantil, especialmente los de distribución de alimentos, basándose en la regionalización propuesta en páginas anteriores. Asimismo, es necesario dirigirlos hacia los grupos realmente vulnerables, es decir, hacia las madres embarazadas o lactantes y a los niños preescolares según la regionalización mencionada. Concebidos de esta manera, serían programas básicamente de emergencia ya que es bien conocido que los programas de distribución de alimentos no resuelven los problemas, pues no atacan sus raíces, y sólo los posponen; si, además de la mera suplementación, se agrega una intensa labor educativa, sus resultados serían más permanentes.

Aplicación de la política nacional de nutrición

La aplicación de la política de alimentos y nutrición se hará con base en una correcta coordinación de los esfuerzos que se están llevando a cabo. Por lo tanto, su ejecución no es costosa, especialmente a la luz del beneficio económico y social que produce; fundamentalmente se requiere de un organismo coordinador, con la personalidad y dedicación necesarias, de un organismo técnico que lo respalde, y de los organismos aplicativos que son las diferentes dependencias gubernamentales.

a) Organismo coordinador. Indudablemente, la coordinación debe ser realizada al más alto nivel, por lo que se sugiere que sea la Secretaría de la Presidencia, con la ayuda del Instituto Nacional de la Nutricción y de un comité en el que intervengan técnicos especializados en alimentos y nutrición.

b) Organismo técnico. El Instituto Nacional de la Nutrición aportará los datos necesarios y realizará las investigaciones pertinentes para el cumplimiento de la política nacional de nutrición; aparte de participar en la planeación del nivel general junto con la Secretaría de la Presidencia. Además, se encargará de dar asesoría técnica a los niveles ejecutivos y del adiestramiento del personal técnico, tan insuficiente en la actualidad y a la vez tan necesario para esta política.

c) Organismos aplicativos. Éstos serán las diferentes dependencias gubernamentales que se ocupan de los distintos aspectos del problema. Es preciso reorientar algunas de sus actividades en un sentido más moderno y efectivo respecto a los problemas nutricionales y, en su caso, ampliarlos.

De acuerdo con las políticas previamente discutidas, y los planes específicos que se elaboren de acuerdo con el organismo coordinador mencionado, a cada uno de los organismos aplicativos corresponderían los siguientes aspectos:

A cargo de la Secretaría de Agricultura y Ganadería quedaría fundamentalmente la ejecución del programa de disponibilidad de alimentos, dando preferencia a la producción de aquellos que han sido señalados como más necesarios para la dieta nacional. Sería conveniente que para su ejecución estableciera coordinación con organismos responsabilizados en el área, como la Secretaría de Recursos Hidráulicos, comisiones nacionales de fomento, instituciones de crédito, de comercio exterior, de pesca, de industria de alimentos, etc.

De acuerdo con las políticas de la Secretaría de Industria y Comercio CONASUPO tendría a su cargo el programa de consumo, invirtiendo los recursos necesarios para mejorar la distribución de alimentos en todo el ámbito nacional, mejorar las condiciones de mercado y organizar las campañas de promoción de consumo especialmente en el medio rural.

Con la ayuda de la Secretaría de Educación Pública y del Instituto Nacional de Protección a la Infancia, la Secretaría de Salubridad y Asistencia se encargaría de la realización de los programas de nutrición en el medio rural y de protección a la población vulnerable y llevaría a cabo todas las medidas previstas de extensión de servicios al medio rural, de organización regional de secciones de nutrición aplicada, de atención del niño desnutrido, etc.

Como puede desprenderse de esta idea, la realización de la importante tarea de mejorar la nutrición de los mexicanos es más un problema de planeación, coordinación y dirección de las actividades que ya se están desarrollando que de gasto económico. Indudablemente puede ser necesario hacer algunas inversiones en los campos en los que se requiere mayor esfuerzo, pero éstas no serían muy cuantiosas.

En conclusión, se considera que, dada la etapa histórica actual de desarrollo socioeconómico del país, es impostergable necesidad actuar en forma decidida en el campo de los alimentos y la alimentación, no sólo para mejorar la salud de la población, sino también para acelerar el proceso de desarrollo económico.

XIII. LAS NECESIDADES DEL SISTEMA EDUCATIVO NACIONAL

Pablo Latapí

El título de este ensayo es a todas luces equívoco. El término "necesidades", esencialmente relativo, puede implicar relación a múltiples marcos de referencia; y la noción de "sistema educativo nacional" puede entenderse en relación con diversos aspectos del sistema social del que forma parte.

Con razón Herbert S. Parnes afirma que "no existe una «necesidad» en educación —sea individual o social—, sino en términos de valores y objetivos que deben ser conseguidos, y en términos del importe total de los recursos necesarios para lograr esos mismos objetivos". Por lo cual, "el único objetivo sensato sobre el que un país puede fundar sus «exigencias» educativas estriba en la determinación de ciertas metas de desarrollo social y económico y sus requerimientos en el terreno educativo".[1] Por otro lado, dichos objetivos únicamente pueden establecerse por el examen de lo que Svennilson, Edding y Elvin han llamado "las exigencias de los individuos para su propio desarrollo y las de la sociedad para su desarrollo general".[2]

Consecuentemente —y en atención a la ubicación de este ensayo en la temática general del libro— me referiré aquí a las "necesidades del sistema educativo nacional" desde la perspectiva de las metas del desarrollo social y económico del país según éstas —en su generalidad— identificadas y percibidas en nuestros medios científicos nacionales. Por esto la intención de este trabajo es la de presentar *una apreciación crítica de la educación nacional en el momento presente.*

El fin del sexenio de Gobierno 1964-1970, como toda fecha que pone término a una etapa pre-establecida, invita al investigador en ciencias sociales a evaluar los procesos de desarrollo de su sociedad. Es entonces quizás cuando su deber de crítica social se expresa en imperativos más definidos, sobre todo porque, ante la inminencia de un cambio de Administración, resurge la esperanza de que sus críticas, sus diagnósticos y pronósticos y sus sugerencias sean tomadas en cuenta para mejorar el progreso del país.

Este ensayo, por tanto, intenta ofrecer una apreciación crítica del desarrollo educativo mexicano al término del sexenio 1964-1970. Además de sus obvias limitaciones de espacio, admite confesadamente otras,

[1] H. S. Parnes, "The Meaning of Educational Needs", en UNESCO: *Readings in the Economics of Education,* París, 1968, p. 861.

[2] I. Svennilson, F. Edding y L. Elvin, *Targets for Education in Europe in 1970,* OECD, Washington, 1961, p. 19.

cuales son: la selección forzosamente subjetiva de los temas en él tratados, su inevitable temporalidad, y la renuncia explícita a tomar como punto de referencia para esta apreciación crítica un modelo articulado y orgánico de política escolar, que el autor pudiera considerar deseable para la educación nacional. Esto último no implica que la educación mexicana no esté urgentemente necesitada, en mi opinión, de un modelo semejante (quizás es lo que se busca bajo el descolorido *slogan* de la "Reforma Educativa"); simplemente implica que este trabajo, por su propia índole, tiene pretensiones más modestas que las de ocuparse de la planificación educativa del país.

El ensayo presenta en primer lugar un análisis cuantitativo del sistema educativo nacional al término del sexenio 1964-1970, complementado con algunos observaciones críticas sobre los problemas de la expansión de que ha sido objeto el sistema. Una segunda parte ha tratado de seleccionar varios problemas que se consideran básicos en el desarrollo educativo del país, independientemente de las posibles alteraciones que se introduzcan en un futuro próximo en nuestra política escolar; los comentarios en torno a estos problemas básicos se limitan a precisar su magnitud más que a sugerir su solución. La última parte, finalmente, titulada "prospectiva de la educación nacional", intenta avisorar el efecto que en un futuro inmediato tendrán sobre la educación mexicana algunos fenómenos suficientemente predictibles que alterarán en forma drástica las pautas de desarrollo educativo tradicional. Dada la escasez en México de "futurólogos" y el relativo aislamiento de los núcleos que elaboran "ciencia de la educación" entre nosotros, parece conveniente llamar la atención sobre ciertas interacciones que muy probablemente modificarán sustancialmente nuestras concepciones y nuestras prácticas de "educación" en la década que se inicia.

I) Análisis cuantitativo: los problemas de la expansión[3] (*del sistema educativo*)

Como fruto de una decidida política de expansión que se originó en la década 1951-1960, el sistema escolar mexicano cuenta en 1970 con 11.5 millones de plazas, distribuidas en los tres niveles que lo integran.

[3] Para este análisis el autor se basa en varios estudios elaborados por Carlos Muñóz Izquierdo e Isidoro del Camino, del Centro de Estudios Educativos. Análisis estadísticos más pormenorizados figuran en la serie de Boletines Estadísticos del mismo centro. Las fuentes de los datos aquí presentados son: la Oficina de Estadística Escolar de la SEP, la Dirección General de Estadística de la SIC y la Asociación Nacional de Universidades e Institutos de Enseñanza Superior. Para 1970 se utilizan también algunos datos del Informe Presidencial de este año.

En el sexenio 1964-1970 se incrementó la capacidad total del sistema (aventuramos algunas estimaciones para 1970, a falta de datos estadísticos precisos) aproximadamente en un 50%. Si se considera que la población que demanda escolaridad de cualquier tipo, *e.d.* de 6 a 24 años de edad, sólo se incrementó en un 25.4% en esos 6 años, pasando de 17.6 a 22 millones de personas, se infiere que la satisfacción de la demanda potencial total pasó de 44 a 52% en este periodo. Este progreso es notable sobre todo si se toma en cuenta la aceleración que ha venido experimentando el crecimiento natural de la población mexicana (20.7‰ en 1940 a 34.5‰ en 1960).[4]

Comparando este progreso con el logrado en el sexenio 1958-1964, se advierte, sin embargo, que el incremento porcentual de matrícula en 1964-1970 fue inferior al del sexenio anterior. Efectivamente, en el periodo 1958-1964 la capacidad del sistema escolar se incrementó en un 65.4%; tasa superior en 15 puntos porcentuales a la obtenida en el periodo 1964-1970. Asimismo, un análisis de las tasas de crecimiento que se registraron durante ambos sexenios, en los distintos niveles en que se divide el sistema escolar, revela que —exceptuando el incremento correspondiente al ciclo superior de la ensñanza media— la expansión de cada uno de los niveles educativos fue más rápida, en términos relativos, durante el sexenio anterior que durante el actual periodo de Gobierno. Este fenómeno puede apreciarse en el cuadro siguiente:

Cuadro 1. Matrículas a distintos niveles educativos, 1958-1970

Niveles educativos	*Matrículas totales (miles de alumnos)*			*Incrementos %*	
	1958	*1964*	*1970*	*1958-1964*	*1964-1970*
Totales	*4 710*	*7 791*	*11 500*	*65.4*	*48.0*
Enseñanza pre-escolar	193	317	455	64.2	43.5
Enseñanza primaria	4 105	6 606	9 388	60.9	42.1
Enseñanza media:					
Ciclo básico	253	628	1 153	148.2	83.6
Ciclo superior	95	123	310	29.5	152.0
Enseñanza superior	64	117	194	82.8	65.8

[4] J. B. Morelos, "El problema demográfico de México", que aparece como capítulo x de este libro.

La disminución que se observa en la velocidad de crecimiento de la matrícula del sistema escolar se debe sin duda, entre otras factores, a las razones de carácter financiero que se mencionarán más adelante. Pero es importante analizar más detenidamente las políticas de expansión escolar en cada nivel del sistema, que se siguieron durante el sexenio 1964-1970.

Enseñanza primaria

Correspondió al sexenio 1964-1970 ejecutar la segunda y última etapa del "Plan de Once Años para la Expansión y Mejoramiento de la Enseñanza Primaria", que fue formulado por la administración precedente para el desarrollo de ese nivel educativo durante el periodo 1960-1970.

Este plan logró un incremento notable en la matrícula global del nivel primario.[5] Sin embargo, conviene hacer notar que, a pesar de los esfuerzos hechos por los dos últimos regímenes gubernamentales, en este momentto todavía hay en el país casi dos millones de niños de 6 a 14 años que no han terminado su educación primaria y se encuentran fuera del sistema escolar. Esto significa que —a nivel nacional— el déficit de oportunidades educativas en el nivel primario sólo se redujo en un 33% durante los últimos once años. Ahora bien, el problema que representa la actual incapacidad cuantitativa de nuestro sistema de educación elemental se agudiza aún más, si se considera que la mayor parte de ese déficit se localiza en las zonas rurales del país. En efecto, el coeficiente de satisfacción de la demanda virtual en las zonas urbanas es de 83%, mientras en las rurales sólo se atiende a un 62% de dicha demanda.

Importante como es el resultado del Plan de Once Años en cuanto a la matrícula global de Primaria, debe advertirse que el plan no logró las metas previstas en cuanto a la eficiencia del sistema en este nivel. Se entiende por eficiencia la relación entre alumnos egresados del año terminal y alumnos inscritos al iniciarse el ciclo.

En 1970 terminaron su primaria 740 310 niños[6] que representan un incremento de 69% respecto al número de egresados que hubo en 1964. Si se relaciona esta cifra con el número de niños que iniciaron ese ciclo educativo seis años antes, se advierte que los que terminaron

[5] La matrícula total de la enseñanza primaria correspondiente a 1970 es superior en un 6% a la que se previó al ajustarse el Plan en 1964, lo que es atribuible indudablemente a un error de estimación (fácilmente explicable), de la magnitud de la demanda *real.*

[6] Cifra mencionada en el Informe Presidencial, 1º de septiembre de 1970.

su primaria en 1970 representaron el 30.6% de quienes lo iniciaron en 1965, por lo que 1 millón 700 mil niños abandonaron el sistema primario en forma prematura.

La cifra de egresados de primaria correspondiente a 1970 revela que, al ejecutarse la última etapa del mencionado Plan de Once Años, no se alcanzó la meta que en dicho plan se había propuesto, en relación con la mejoría estructural del sistema primario. De acuerdo con dicha meta, en 1970 deberían haberse inscrito en 6º año el 38% de los niños que iniciaron el ciclo en 1965; en la realidad desertaron, antes de llegar al 6º año, 109 000 niños más de los que toleraban las estimaciones estructurales del plan.

Esto no obstante, la retención escolar que el plan proveía para los primeros 4 grados de primaria fue superada en la práctica. Pero sin dejar de ser alentador, esto mismo refleja probablemente las deficiencias de planeación escolar a nivel regional debidas al desconocimiento preciso de la distribución geográfica de las necesidades de nuevas plazas magisteriales, o al insuficiente examen de la distribución mencionada, o a la falta de atención a las zonas que, por ser más deprimidas, cuentan con un menor poder para hacer valer sus derechos. En consecuencia, el desperdicio escolar que se registró en los dos últimos grados de primaria —entre 1969 y 1970— fue más de dos veces mayor que el que toleraba el Plan de Once Años (*e.d.* de 12.84 puntos respecto a la matrícula que había en el 4º grado de 1968).

Las diferencias entre las zonas rurales y las urbanas, que se señalaron al hablar de la incapacidad cuantitativa del sistema, se presentan en forma todavía más aguda al examinar la eficiencia del sistema de educación primaria. En efecto, la retención promedio del sistema, oculta la gran disparidad entre el medio urbano y el rural, pues proviene de combinar una retención de 63% en las zonas urbanas del país, con una de 9% en las zonas rurales. Dicho de otra manera, por cada niño que termina su primaria en una escuela rural hay 6 niños que la terminan en las escuelas urbanas, a pesar de que un 42% de la población en edad escolar vive en el campo.

Este análisis del desarrollo cuantitativo de la educación primaria quedaría incompleto si no hiciera referencia a otro indicador estadístico cuya evolución es inquietante, sobre todo por su relación con la calidad de la enseñanza. Nos referimos a la proporción de alumno por maestro. Ya en 1964 México se encontraba, desde el punto de vista de este indicador, en el penúltimo lugar entre los países latinoamericanos; pero en los últimos años esta relación continuó deteriorándose aún más. En efecto, durante el presente sexenio se matricularon en primaria 282 mil niños más de los que fueron agregados al mismo sistema durante la administración anterior; sin embargo, se crearon 2 159 plazas magisteriales menos que en el sexenio anterior. De este modo, cada uno de los nuevos maestros tuvo que atender, en promedio, a 52.6 niños durante el presente periodo gubernamental, en tanto que cada uno de los que ingresaron al sistema escolar durante el régimen pasado sólo tenía una carga de 45.4 alumnos en promedio. No es sorprendente, en consecuencia, que algunos datos preliminares revelen que los coeficientes de reprobación han tendido a aumentar durante los últimos dos años.

Enseñanza media

Como se indicó más arriba, la expansión del ciclo superior de la enseñanza media, lograda en los últimos 6 años, fue la única que superó porcentualmente a los incrementos que logró el sexenio 1958-1964 en los distintos niveles del sistema escolar. (Este incremento es, por lo demás, consistente con el crecimiento que se registró durante el sexenio anterior en el ciclo básico de dicho nivel). Es difícil juzgar hasta qué punto la capacidad del ciclo superior correspondió a la magnitud de la demanda. Consta, por ejemplo, que las preparatorias del Distrito Federal, son, año con año, insuficientes para su demanda, aunque en este caso particular puedan estar influyendo en forma conjunta algunos factores de carácter administrativo (la falta de coordinación entre la UNAM y la Secretaría de Educación Pública).

Por lo que respecta a la expansión del ciclo básico de la enseñanza media que se registró durante los últimos 6 años, fue francamente insuficiente si se compara con la nueva demanda que se estuvo generando al desarrollar la educación primaria. De hecho, esta demanda fue incrementada a un ritmo de 10.1% anual, mientras la capacidad del primer grado del ciclo básico de la enseñanza media sólo creció a una tasa de 7.3% cada año. En consecuencia, la proporción de jóvenes que no pudieron ser admitidos en las escuelas secundarias, aumentó del 25 al 37% entre 1964 y 1970.[7]

Enseñanza superior

También en la enseñanza superior el incremento de matrícula logrado en 1964-1970 (65.8%) fue inferior al alcanzado en el sexenio an-

[7] La medida —discutible por la manera como se está llevando a cabo— de suplir la secundaria convencional con los cursos de la Telesecundaria, iniciados hace 3 años, en el mejor de los supuestos sobre sus resultados, es aún insuficiente. En todo el país las secundarias convencionales tienen que rechazar anualmente a unos 200 000 solicitantes; y la Telesecundaria sólo puede recibir en su primer grado a 17 000 estudiantes aproximadamente.

terior (82.8%). En números absolutos, el sistema de enseñanza superior tenía en 1958, 63 899 estudianes; en 1964, 116 628; y en 1970, 194 000 aproximadamente.

Ha habido también un retroceso en la retención del sistema, medida por la proporción que representan (en forma estática) los estudiantes inscritos en el último grado de enseñanza universitaria respecto a los inscritos en el primero: el índice de 25.4% (1964) se deterioró a un 21.4% (1970); no es posible determinar si este fenómeno se explica totalmente por el incremento de matrícula.

II) Seis problemas básicos de la educación nacional

Es difícil seleccionar, para un ensayo como éste, los problemas más importantes de la educación nacional. Difícil no sólo porque, al entrar a la década de los 70, la educación nacional está agobiada por múltiples problemas —muchos de ellos fruto de la superficialidad, improvisación y manipulación de intereses que han caracterizado la política educativa mexicana en las últimas décadas—, sino también porque una selección semejante implica una escala de valores.

Sin embargo, creo que los problemas que aquí se comentan sobresalen de entre la multitud de situaciones críticas que afectan la educación nacional, de tal manera que sin una respuesta a ellos es imposible diseñar ninguna clase de política educativa para el futuro. Por otra parte, al presentarlos desarticuladamente —sin intención de tomar como punto de referencia una determinada "política educativa" que supondría inevitablemente decisiones axiológicas— se deja abierta la libertad de su interpretación y de la búsqueda de sus soluciones a muy diversos enfoques valorales.

1) *El financiamiento de la educación nacional*

El análisis, hecho más arriba, de la expansión del sistema escolar en el sexenio 1964-1970, muestra que esta expansión (medida por la tasa de crecimiento de la matrícula) perdió una cuarta parte de velocidad respecto al sexenio 1958-1964. En la raíz de este fenómeno se encuentra el enfrentamiento que ya ha empezado a experimentar la dinámica del gasto educativo nacional.

La causa fundamental de la situación crítica en la que va entrando el gasto educativo nacional es la retracción relativa que viene experimentando el gasto federal en educación. En el sexenio 1964-1970 (según estimaciones aproximadas),[8] el gasto nacional en educación au-

[8] Estimando que en 1970 el Gobierno Federal ejerció aproximadamente el 90%

mentó en 104% en tanto que el gasto federal en educación aumentó sólo en 91%. En el sexenio 1958-1964, en cambio, las tasas fueron 180.5 y 194.5% respectivamente. En consecuencia, si la federación contribuía con el 66% del gasto educativo nacional en 1964, en 1970 su participación en él es sólo de 60%. Una manera de evidenciar esto es examinando la relación que ha habido en los últimos años entre el gasto educativo del Gobierno Federal y la población total del país, o sea el gasto educativo *per capita* de la federación. En tanto que entre 1960 y 1965 este gasto educativo *per capita* se duplicó (a precios corrientes), pasando de $ 52.35 a $ 106.59, entre 1965 y 1970 sólo se elevó en un 60%, pasando de $ 106.59 a $ 156.84.[9]

El nivel educativo en el que esta situación empieza a repercutir más notablemente es sin duda la enseñanza superior. Los incrementos anuales en el gasto unitario por alumno de enseñanza superior en los últimos años lo muestran claramente:

Cuadro 2. Evolución del gasto medio por alumno de enseñanza superior y sus incrementos anuales de 1959 a 1967

	GASTO POR ALUMNO		INCREMENTOS	
Año	*A precios corrientes*	*A precios de 1959*	*A precios corrientes*	*A precios de 1959*
1959	2 513.74	2 153.74	—	—
1960	2 252.98	2 147.54	4.61	—0.29
1961	2 334.74	2 167.57	3.63	0.93
1962	2 459.21	2 207.39	5.33	1.84
1963	2 737.95	2 412.68	11.33	9.30
1964	3 173.57	2 633.43	15.91	9.15
1965	3 350.53	2 710.58	5.58	2.93
1966	3 357.14	2 615.14	0.20	—3.52
1967	3 210.02	2 393.71	—4.38	—8.47

FUENTES: ANUIES. Indice de precios: Banco de México, S. A.

En otras palabras, el incremento en el gasto por alumno se ha frenado fuertemente a partir de 1965; si bien se ignoran aún los datos

del gasto presupuestado para educación (tanto para la SEP como para erogaciones educativas de otras dependencias federales), como lo ha venido haciendo en los últimos años.

[9] Véase *Noticias y comentarios*, CEE, 1º de febrero de 1970, p. 15.

correspondientes a 1968 y 1969, no hay nada que permita suponer una corrección de esta tendencia.

En el contexto de intenso desarrollo que vive el país, debe preocupar seriamente el problema del financiamiento de la educación nacional. Los economistas de la educación empiezan a considerar a ésta ya no —como lo hicieron en la década de los sesenta— como una "inversión" sino como "la pre-inversión" necesaria a todo desarrollo económico, inicial o continuado. Cualesquiera que sean las modificaciones que se introduzcan en la estrategia de nuestro desarrollo educativo en los próximos años, la desaceleración en el incremento de los recursos federales para educación provocaría tensiones críticas en la economía. Es lamentable que un problema tan fundamental no haya sido oportunamente atendido, a pesar de haber sido claramente pronosticado.[10] Hubo en 1965 y 1966 intentos gubernamentales por incrementar los recursos para educación: la idea de patrimonios para las universidades, la idea de cuotas en la enseñanza superior, la idea de un seguro escolar, etcétera. Ninguno de estos intentos llegó, sin embargo, a realizarse.

El hecho de que la solución de fondo a este problema esté dependiendo de una reforma en las políticas de imposición y de control de los impuestos (reforma, por lo demás urgente desde otros muchos puntos de vista) no debe, sin embargo, inducir a pensar que las reformas fiscal y administrativa puedan ser las únicas soluciones. Los efectos de una reforma fiscal no serán inmediatos; debiera, por tanto, estimarse si el plazo de tolerancia del problema del financiamiento federal a la educación no exige otras medidas concomitantes y complementarias como indispensables en la solución. Entre éstas deberían considerarse las que otros países latinoamericanos han venido adoptando en la línea de cuotas, préstamos y créditos estudiantiles para el financiamiento de la enseñanza superior, tendencia cada vez más extendida tanto en los países en desarrollo como en los avanzados, y que corresponde por lo demás a una urgencia de justicia distributiva. (Es un hecho que actualmente los pobres pagan la educación superior de los relativamente ricos, dado que la "democratización" de la educación no

[10] El autor pronosticó en 1964 que el gasto federal en educación no podría mantener en este sexenio las mismas tasas de incremento que sostuvo en el sexenio 1958-1964, a no ser que se modificasen las pautas de financiamiento tradicionales. El pronóstico hecho entonces, que desafortunadamente se ha cumplido, dio lugar a una polémica que puede verse en el periódico *Excélsior* (29 de enero, 4, 10, 18 y 19 de febrero, y 1º de marzo de 1965). Véase también en relación con este problema y sus posibles soluciones: Carlos Muñoz Izquierdo. *La inversión en el sistema educativo nacional hasta 1970 y sus fuentes de financiamiento*, México, D. F., CEE, 1966.

se consigue por el simple hecho de su gratuidad, como cómodamente han supuesto los políticos).

El alza de los costos de la educación, sobre todo si se desea mejorar su calidad, la disminución de alumnos por maestro y la previsible elevación en el costo medio por alumno que forzosamente está implicada en el hecho de que la enseñanza media y superior tengan una creciente participación relativa en la matrícula total, reclaman una urgente solución a este problema.

2) *Educación y movilidad social* [11]

La contribución de la educación a la movilidad social en el proceso del desarrollo mexicano es un tema todavía poco explorado. Los pocos estudios disponibles, sin embargo, ponen en duda la creencia común de que la educación considerada independientemente esté contribuyendo en forma notable a la movilidad social.

En esta exposición, que pretende meramente indicar algunos problemas básicos de la educación nacional, no me detendré ni en las distinciones teóricas que el tema requiere [12] ni en la explicación detallada de los resultados de las investigaciones de que se dispone.[13]

Más que aceptar ingenuamente que la educación es un mecanismo de gran alcance para la nivelación social, mediante la redistribución generacional de oportunidades sociales conforme al talento individual,

[11] Utilizo en este apartado diversos análisis, aún inéditos, elaborados por Rodrigo Medellín, Guillermo Gómez Palacio y Sylvia Schmelkes, del Centro de Estudios Educativos.

[12] Hay dos tendencias fundamentales en la definición de "clases sociales": una las hace equivalentes a "estratos sociales" más para fines descriptivos que explicativos; otra las considera "agrupamientos de interés" que surgen de determinadas condiciones estructurales, operan como tales y producen cambios de estructura. La actual teoría de las "clases sociales" (que ha ya rebasado los esquemas marxistas) "se ocupa de la explicación sistemática de esa forma peculiar de conflicto que provoca cambios de estructura, y que ocurre entre grupos surgidos de la estructura de autoridad en las organizaciones sociales" (R. Dahrendorf, *Las clases sociales y su conflicto en la sociedad industrial*, Madrid, Ediciones Rialp, 1962, p. 13). El concepto de clase es cada vez más una función de las relaciones de dominación y sujeción.

[13] Véanse, p. ej., Jesús Puente Leyva, *La redistribución del ingreso en México*, México, D. F., 1968; M. de Ibarrolla, *Pobreza y aspiraciones escolares*, México, D. F. 1970; Pablo González Casanova, *La democracia en México*, México, D. F., 3ª edic., 1969; Roberto E. Scott, *Mexican Government in Transition*, University of Illinois Press, Urbano, 1969; Oscar Lewis, "México desde Cárdenas", en *Cambios sociales en América Latina*, México, D. F., 1965; J. Balán, *The Process of Stratification in an Inustrializing Society; The Case of Monterrey, México*, University of Texas, Austin, 1968.

hay que considerar que en la medida en que las oportunidades educativas de los individuos estén determinadas por su origen social y económico, en esa medida la educación será más bien un mecanismo para la transmisión de las desigualdades de una generación a la siguiente.

En México las fuertes desigualdades sociales y económicas gravitan fuertemente no sólo sobre la igualdad de acceso a las oportunidades educativas sino también sobre la igualdad de perseverancia en la educación, sobre la igualdad de aprovechamiento en la escuela y sobre la igualdad de éxito social y económico en relación con la educación recibida. La gratuidad de la educación pública ha actuado más como apaciguador social (al satisfacer el "factor esperanza") para los pobres, que como medio para la realización efectiva de una justa distribución de educación. Incluso, contra su intención política, la gratuidad actúa en el nivel medio y sobre todo en el superior como un mecanismo para que los recursos públicos que provienen de todos subsidien a los relativamente más favorecidos.

Para apreciar la manera como el origen socioeconómico de las personas predetermina la educación en México, conviene recordar que el 18% de la población en edad escolar no asiste a la escuela puramente por factores socioeconómicos. Esta demanda frustrada pertenece en un 40% a familias con ingresos mensuales de menos de $ 200.00; en un 30%, con ingresos entre $ 201.00 y $ 400.00; en un 13%, con ingresos de $ 401.00 y $ 600.00; y en un 9%, con ingresos entre $ 601.00 y $ 1 000.00. En suma, el 93% de ellos provienen de familias con ingresos inferiores a $ 1 000.00 mensuales.

En la educación superior, el caso de la UNAM es ilustrativo: el 66% de sus alumnos pertenecen a un grupo socioeconómico que, por sus ingresos, están en el 5% superior de la pirámide de ingresos, y el 91% procede del estrato que compone el 15.4% más rico de la población. Hay, pues, una selección automática, a lo largo del ascenso escolar, en función de la capacidad económica, que viene a hacer prácticamente nugatoria la intención de justicia de la gratuidad escolar. Esta última está lejos de compensar no sólo el costo de oportunidad (*e.d.* los ingresos renunciados) que implica la escolaridad, sino tampoco las desventajas de la pobreza para el aprovechamiento escolar, las aspiraciones, el hábito de confianza en sí mismo, la actitud de logro y otras actitudes y valores que condicionan una continuada escolaridad. La certificación misma de los estudios, en una sociedad en que las relaciones y las "recomendaciones" son decisivas para el éxito social, tiene un diverso valor práctico para el rico y para el pobre, y en muchos casos es prácticamente ineficaz para romper las barreras de la discriminación contra el pobre, que opera en el mundo del trabajo.

Lo que pudiera denominarse la clase baja mexicana no alcanza a constituirse como un grupo de interés, salvo en algunos pequeños grupos del sector obrero. El sector campesino, explotado de múltiples formas y alimentado por el "factor esperanza" recibe oportunidades educativas en evidente desproporción con la justicia que una política agraria parecería implicar. Los núcleos indígenas, aislados de la comunidad nacional, permanecen casi inmóviles en su marginalismo. El sector obrero, manipulado por un régimen de beneficios a cambio de sumisión y controlado por un régimen legal proteccionista que frena su concientización, sólo en los grandes centros urbano-industriales llega a percibirse como demandante específico de mayores oportunidades educativas. La lentitud con que se corrige la extrema piramidalización del nivel primario, la escasez de escuelas primarias completas en el medio rural (el 74% de ellas no pasan del 4º grado), la bajísima eficiencia terminal de las escuelas rurales (9%), la escasísima oferta de enseñanza secundaria en el campo, la pobreza de oportunidades posprimarias de entrenamiento para el trabajo, son características del sistema educativo mexicano que a la vez que efecto de las desigualdades de nuestra sociedad, son también causa de su persistencia. Quienes logran salir de la clase baja rural, principalmente emigrando a las ciudades, encuentran en la educación más un elemento reforzativo que un factor autógeno de su ascenso social.

La clase media mexicana —que difícilmente puede considerarse "clase social" en otro sentido que en el de su nivel de ingreso—,[14] dada la heterogeneidad de su constitución y de sus formas de relación con el poder, es sin duda la más beneficiada por la educación para su movilidad social. Entre los elementos del *status* a que aspira, por atracción de los modelos de la clase alta, son decisivas la ocupación y la educación. Por esto es esta clase la que constituye fundamentalmente la demanda de enseñanza media y la que está haciendo aumentar la de enseñanza universitaria. En parte está también siendo víctima de sus propias aspiraciones porque, al masificar la enseñanza universitaria está provocando un abatimiento de su calidad, un predominio en ella de habilidades vocacionales sobre la "formación general", y un descenso en los salarios al incrementarse el número de profesionales de segunda categoría o especializados en áreas saturadas.

Para la clase media, sobre todo para aquellos sectores más ambiciosos, la educación está reportando una amplia gama de beneficios con diverso alcance. El "umbral de educación" que se considera indispensable para que no desciendan en la escala social los integrantes de esta clase es, como mínimo, el término de la enseñanza secundaria, aunque

[14] En este sentido estaría definida como el sector que recibe un porcentaje del PNB igual al porcentaje que ese sector representa en la población.

sus padres rara vez hayan terminado la primaria. Esta clase es sin duda la que recibe del sistema educativo en su conjunto el máximo beneficio de movilidad, por lo que puede decirse que la educación nacional más que populista es elitista, en la medida en que favorece la transición ascendente dentro de la propia clase media y, en menor proporción, de ésta hacia la clase alta.

La clase alta, finalmente, constituida por los grupos privilegiados económica y políticamente, no es en el México moderno una clase de alta educación y, por lo tanto, carece de una fuerte tradición cultural. Sus integrantes, una vez establecidos en ella, rápidamente se aíslan de las otras clases sociales y olvidan los mecanismos políticos, económicos y sociales que los hicieron ricos. Siendo la clase dominante, tiene muchas maneras de mantener su poder, principalmente proporcionando beneficios a quienes no los pueden conseguir de otras fuentes. Por esto no ven en la educación la fuente principal de su ascenso y de su permanencia en la cúspide social, pero sí vigilan instintivamente que la educación transmita los valores propios de su clase para perpetuar el sistema de ascenso del que son fruto.

De esta manera la clase alta mexicana percibe la educación de su propia clase (para la que dispone de instituciones privadas) como un elemento de coherencia complementaria para su propia estabilidad social, y la educación de las demás clases sociales como algo indiferente a sus propios intereses directos o, a lo más, como un proceso que tiene efectos sociales demasiado lentos para afectar su seguridad.

3) *Distanciamiento interregional en la distribución de oportunidades educativas*

Las políticas de desarrollo escolar pueden actuar bien en favor de un acercamiento, o bien de un mayor distanciamiento socioeconómico entre distintas zonas de desigual nivel de desarrollo. Esto depende, obviamente, de las características de las regiones que, al recibir una prioridad especial en la ejecución de las políticas de desarrollo educativo, son favorecidas desde el punto de vista escolar en un mayor grado que las zonas restantes. Y si además de estos efectos —de carácter estrictamente educativo— que pueden generar las políticas de desarrollo escolar, se considera que este mismo desarrollo es una fuerza que puede favorecer el desenvolvimiento económico y social de las distintas zonas, es obvio que hay una relación digna de ser analizada entre las políticas escolares y las dinámicas de acercamiento o distanciamiento que operan sobre los niveles de desarrollo de las diferentes regiones de un país.

De acuerdo con lo anterior, puede establecerse que si el desarrollo educativo es más intenso en las zonas más desarrolladas que en las rezagadas, las distancias socioeconómicas que separan a las segundas de las primeras tenderán a acentuarse; y que si ocurre lo contrario, estas distancias tenderán a reducirse.

En su estudio sobre la dinámica de distanciamiento económico-social de México,[15] Medellín clasifica la distribución de oportunidades educativas como un factor que está reforzando el distanciamiento entre las regiones más favorecidas y las menos favorecidas.

Como una ampliación a los datos que Medellín aduce, se exponen aquí algunos resultados del análisis que sobre este tema está próximo a publicar el Centro de Estudios Educativos.[16]

Este análisis toma como base la zonificación de México según el índice de pobreza elaborado por James W. Wilkie,[17] y examina: las relaciones entre los niveles de desarrollo regional y la satisfacción de la demanda escolar; las políticas seguidas en los últimos años en la distribución de las oportunidades de cursar la primaria completa; y las políticas seguidas en la expansión de la enseñanza media y superior.

En el mapa (p. 345), en el que se han sombreado las zonas del país según su nivel de desarrollo, se incluyen tres gráficas que muestran las relaciones que hay entre los coeficientes de satisfacción de la demanda virtual de los diferentes niveles educativos, en el año de 1968, y los niveles de desarrollo en que se encontraban las zonas socio-geográficas en el año de 1960. Como puede apreciarse, hay una correlación muy clara entre ambas variables en los tres niveles que integran el sistema escolar. En el caso de la enseñanza primaria esta correlación es perfecta, *c.d.* igual a la unidad; por lo que los niveles de desarrollo que describe el mapa son exactamente iguales a las diferentes intensidades en que se satisface la demanda escolar en cada una de las zonas del país. En los niveles medio y superior del sistema escolar las correlaciones no son perfectas, pero sí significativas con coeficientes de probabilidad que son superiores, en ambos casos, al 99%.

De las correlaciones anteriores se deduce que las políticas de expansión escolar que se han aplicado tanto durante el periodo 1964-1970 como en el transcurso de sexenios anteriores, no están generando efectos que tiendan a reducir las distancias socioeconómicas que separan a las regiones atrasadas de las más desarrolladas. Ni siquiera puede decirse que dichas políticas hayan sido neutrales o insensibles a la di-

[15] Publicado en el capítulo XV de este mismo volumen.

[16] Véase *Noticias y comentarios*, CEE, 1º de octubre de 1970.

[17] Véase en el estudio de Rodrigo Medellín, incluido en esta obra, la explicación de esta zonificación y cuadro 4, sobre niveles de desarrollo y satisfacción de la demanda escolar por regiones socio-geográficas.

námica de distanciamiento que ha estado operando en México. Por el contrario, las correlaciones expuestas revelan que las políticas de expansión escolar que se han seguido durante los últimos años han actuado en favor de las presiones que han provocado nuestros agudos desequilibrios regionales. Como se señaló más arriba, cuando el desarrollo educativo es más intenso en las zonas desarrolladas que en las rezagadas, las distancias que separan a estas últimas de las primeras tienden a acentuarse; de acuerdo con las correlaciones expuestas, esto es lo que está ocurriendo en los tres niveles en que se divide nuestro sistema escolar.

Si, por otra parte, se compara esta situación (que prevalecía en 1968) con la que se daba 8 años antes, encontramos otras indicaciones que también apuntan hacia la misma dirección que las gráficas citadas. Así, por ejemplo, la correlación que había en 1960 entre los niveles de desarrollo y los coeficientes de satisfacción de la demanda escolar, en el nivel primario, era significativa pero no perfecta como ahora la encontramos. Además, algunas regiones rezagadas mejoraron su situación, respecto a la satisfacción de la demanda por enseñanza primaria, en menor medida que la del mejoramiento promedio del país. Entre estos casos se encuentra la región Centro-Este, que ocupa el penúltimo lugar en la jerarquización de los niveles de desarrollo. Además, esta misma región es la que acusó la disminución en el déficit de plazas escolares de nivel primario de menor magnitud en comparación con todas las demás. A la zona Sur, que ocupa el último lugar según su nivel de desarrollo, correspondió el penúltimo rango de acuerdo con la disminución porcentual de su déficit escolar en el mismo nivel.

Por su parte, la zona Oeste, que se encuentra en tercer lugar en función de su nivel de desarrollo —y por consiguiente en mejores condiciones que otras cuatro zonas— es la región que obtuvo el segundo lugar por lo que hace al mejoramiento en coeficientes de satisfacción de la demanda escolar del mismo nivel. Concomitantemente, esta región es la que experimentó el abatimiento más rápido en su déficit escolar, en comparación con todas las demás.

Un análisis adicional que corrobora las observaciones hechas más arriba, es el que examina la estructuración del sistema primario en las diferentes zonas. En efecto, en 1960 ya existían correlaciones positivas y significativas tanto entre los niveles de desarrollo y el número de alumnos inscritos en el 6º año —expresado como porcentaje de la matrícula total— como entre los niveles de desarrollo y los porcentajes de niños que se graduaron del 6º año antes de abandonar el grupo de edad de 6 a 14 años. Lo sorpresivo es que en 1968 estas correlaciones se vuelven perfectas en lugar de perder intensidad; de tal manera que

Educación y dinámica de distanciamiento regional

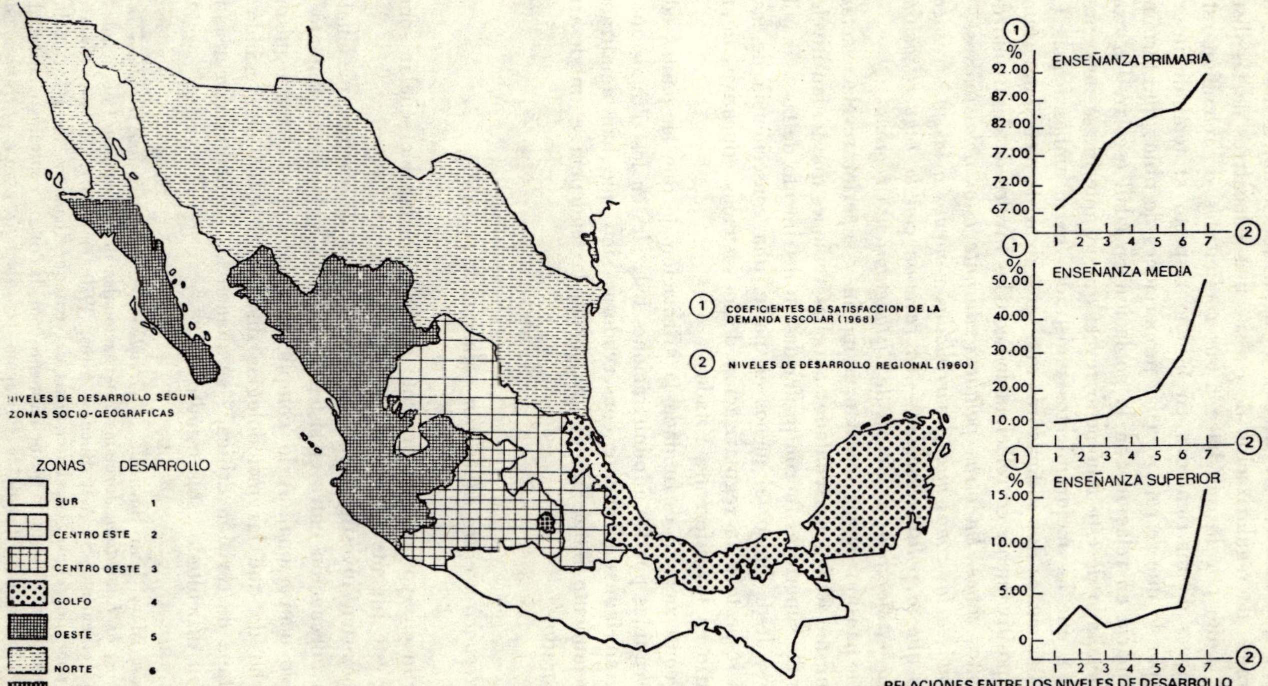

RELACIONES ENTRE LOS NIVELES DE DESARROLLO REGIONAL Y LOS COEFICIENTES DE SATISFACCION DE LA DEMANDA ESCOLAR.

el mapa que describe los niveles de desarrollo también describe ahora los grados de regularización de los sistemas educativos de las distintas zonas, tanto por lo que hace a sus coeficientes de retención estática (relaciones de matriculados en 6º año respecto al total de inscritos) como por lo que se refiere a las proporciones de niños que terminaron la primaria en relación con la población en edad escolar. Un examen más detallado de este fenómeno revela que lo anterior se debe precisamente a que los mejoramientos registrados entre ambas fechas (1960 y 1968), en los dos indicadores que se acaban de mencionar, también están positivamente correlacionados con los niveles de desarrollo de las diferentes zonas. *En otras palabras, durante estos ocho años se favoreció más a las zonas más desarrolladas y menos a las más rezagadas, por lo que la política escolar —en relación con la regularización del sistema— reforzó la dinámica de distanciamiento regional.*

La expansión de las enseñanzas media y superior revela exactamente el mismo fenómeno señalado: aquellas regiones que tenían niveles de desarrollo superiores fueron preferidas en detrimento de las más pobres. Esto es, desde luego, al menos en parte, una consecuencia de las políticas respecto a la regularización de los sistemas educativos de nivel primario en los diferentes Estados.

En consecuencia, es fundada la afirmación de que las pautas educativas seguidas por las administraciones federales en los últimos años no sólo eran lamentablemente conservadoras sino que han agudizado el distanciamiento interregional invirtiendo la tendencia a un desarrollo equilibrado.

4) *Adecuación entre educación y fuerza de trabajo*

En un ensayo como el presente apenas será posible señalar someramente este ingente problema.

No existen investigaciones comprensivas y de alcance nacional sobre la adecuación entre el sistema educativo y los requerimientos del mercado ocupacional. A la complicación inherente al tema mismo y al hecho de que las metodologías disponibles estén atravesando por una etapa de revisión crítica,[18] se añaden las siguientes circunstancias que han dificultado estos estudios:

[18] Véase Mary Jean Bowman, *A Decade of Controversy and Progress in the Economics of Education*, Jornadas Internacionales de Educación (auspiciadas por Olivetti Argentina, S. A.), Buenos Aires, 1970 (mimeo.). En este ensayo la autora pone de relieve las deficiencias del enfoque llamado "de recursos humanos" (manpower), seguido principalmente por la OECD, contraponiéndolo al enfoque de los economistas de la educación (*cost-benefit y rate of return*) de la

—la pluralidad de funciones que debe cumplir el sistema educativo, entre las cuales es una (y de manera diversa en cada nivel y rama del sistema) la de preparar determinadas cualificaciones en la fuerza de trabajo;

—la connatural inercia del propio sistema educativo en su actual concepción, para responder ágil y oportunamente a las nuevas modalidades de la demanda ocupacional;

—relacionado con lo anterior, el rezago estructural propio de las formas institucionalizadas de educación formal, el cual estriba en el hecho de que, por una parte, la preparación de los actuales educadores se llevó a cabo en una época anterior y, por otra, el ejercicio ocupacional de los educandos tendrá lugar en un plazo futuro;

—la ausencia de mecanismos de comunicación entre las entidades productivas y los niveles y ramas del sistema educativo que preparan para el ejercicio de una profesión;

—el cambio continuo en los requerimientos de determinadas habilidades o conocimientos para cada empleo y los complejos condicionamientos (culturales, psicológicos y sociales) de este cambio;

—la desigual distribución geográfica del mercado ocupacional y la heterogeneidad en la composición de la fuerza de trabajo;

—la multiplicidad de factores que inciden en alterar la productividad de cada persona ocupada, independientemente de su educación (tecnificación de los procesos productivos, intensificación de capital, competencia, políticas de empleo, políticas de salarios e incentivos, escasez o abundancia de oferta de mano de obra, etcétera;

—la llamada "elasticidad de sustitución" para diversos empleos, que en la práctica tienen los diversos niveles educativos entre sí, la que no ha sido posible determinar ni mucho menos predecir;

—la dificultad de clasificar adecuadamente las ocupaciones y, sobre todo, de traducir en especificaciones educativas sus requerimientos;

—las discrepancias que hay entre los incentivos que ofrece nuestro sistema económico y los que ofrece nuestro sistema valoral a quienes reciben determinados tipos de educación.

A pesar de la carencia de investigaciones a nivel nacional sobre el tema, es posible, dar una idea de la magnitud del problema en México,

escuela neo-clásica de Chicago. El tendón de Aquiles de la metodología que sirve de base a los modelos de "recursos humanos", es, para ella, el ignorar la amplitud de la sustituibilidad de determinados niveles de educación, en el mercado de trabajo.

si se relacionan ciertos datos básicos sobre nuestro mercado de trabajo y nuestro sistema educativo.

Ya el simple hecho de que en 1960[19] el 43.6% de la población del país, de 6 años o más, no tuviese ningún año de estudio y otro 31% tuviese sólo de uno a tres años de estudio —o sea que el 75% de los habitantes de 6 años o más tuviesen una escolaridad nula o prácticamente nula—, lleva a concluir que, si en algún sentido puede hablarse de un "milagro" de la economía mexicana es en éste, o sea en la habilidad increíble de lograr el desarrollo económico obtenido con una población masivamente analfabeta. Este promedio nacional de la incultura se vuelve más trágico cuando se analiza por regiones: en la zona Sur, por ejemplo, la población de 6 años o más sin ningún año de escuela era el 66.1%, y con 1 a 3 años de escuela el 24.6%, *e.d.* un total de 90.7% con escolaridad nula o prácticamente nula.[20]

El proceso de modernización económica operado en las tres últimas décadas está aún muy lejos de haber superado los problemas de empleo a los que se enfrentaba. Por una parte, se considera que el desempleo oculto o manifiesto oscila entre 4.7 y 7 millones en 1970; dos terceras partes de los desempleados se encuentran en el campo y el resto en el medio urbano.[21] Se estima que se requieren anualmente (en 1970) 560 mil nuevas plazas de trabajo, de las cuales sólo un 23% puede ser absorbido por la industria.

Por otra parte, la productividad de la fuerza de trabajo es muy baja. Si se establece un umbral de "baja productividad",[22] resulta que son productivamente bajas las siguientes proporciones de nuestra fuerza de trabajo: el 53% de los ocupados en la industria, el 37% en la agricultura, el 23% en los servicios y el 47% en otras ocupaciones (co-

[19] No existen aún los datos para 1970; sin duda que habrá habido una notable mejoría.

[20] Para el medio rural, véase en el capítulo II de este libro: Sergio Reyes Osorio y Salomón Eckstein, "El desarrollo polarizado de la agricultura mexicana".

[21] Véase Edmundo Flores, "¿A donde va la economía mexicana" *Comercio Exterior*, enero de 1970, p. 22.

[22] Considerando como de "baja productividad" a los integrantes de la fuerza de trabajo que ganen menos de:

$ 200.—mensuales, en labores agrícolas;
$ 500.—mensuales, en labores industriales;
$ 200.—mensuales, en labores de servicios; y
$ 500.—mensuales, en "otras ocupaciones"

Véase David Ibarra, "Mercados, desarrollo y política económica", en *El perfil de México en 1980*, México, D. F., Siglo XXI Editores 1970, Vol. I, p. 130, cuadro 17. Este trabajo fue publicado también en *Serie de Lecturas*, núm. 4, Vol. II, pp. 500-540.

mercio, transporte y no especificado). Es probable, además, que la variación en la productividad en nuestra economía corresponda plenamente a la estimación hecha por Slawinski para el conjunto de América Latina, según la cual el producto por persona ocupada varía de 21 a 1.[23]

No obstante la falta de investigaciones comprensivas al respecto, es posible indicar con base en diversos estudios fragmentarios o en apreciaciones fundadas en un amplio consenso, cuáles son las áreas principales del desajuste presente entre el sistema educativo y la demanda ocupacional.

El desajuste más comúnmente comentado se refiere a la carencia de técnicos medios, prácticamente en todas las ramas de la economía. Esta carencia ha provocado el subempleo de los profesionistas más frecuentemente que el sobreempleo de los empleados en niveles inferiores. El sistema educativo refleja todavía demasiado una concepción social elitista, tendiente principalmente a la formación universitaria como "ideal" común, y una concepción de la educación en ciertos estratos, más como símbolo de *status* que como instrumento funcional de ascenso ocupacional; este hecho, profundamente arraigado en valores y aspiraciones vigentes en nuestra cultura, ha obstaculizado una reacción suficientemente enérgica del sistema escolar contra la aspiración a una educación universitaria como sería la creación de salidas colaterales terminales en el nivel medio y en los primeros años del nivel superior. El problema pedagógico no es sencillo, principalmente porque las fórmulas curriculares que se adopten tendrán, por una parte, que combinar ciertas dosis de entrenamiento inmediato para determinadas ocupaciones, con una orientación predominante de "formación general" (indispensable por los cambios de la tecnología); y, por otra, combinar también modalidades terminales con posibilidades de continuación, en una concepción de educación permanente conocida en inglés como *recurrent education.*

El obrero calificado y sobre todo el campesino cualificado, por otra parte, son personajes ignorados en el diseño del sistema educativo mexicano. Como, además, ni el entrenamiento en la empresa ni el entrenamiento en agencias sindicales u otras instituciones de la comunidad tienen alcance alguno apreciable, las posibilidades de aprendizaje [24] —fa-

[23] Z. Slawinski, "Problemas de la estructura de la mano de obra en América Latina durante los últimos decenios y perspectivas a largo plazo", en *Problemas de planificación de recursos humanos en América Latina y en el Proyecto Regional del Mediterráneo,* OECD, París, 1967, pp. 187 s.

[24] Uso del término "aprendizaje" en el sentido de un proceso o sistema para producir "aprendices". El hecho de que sea necesario explicitar esta acepción de la palabra revela cuán distante está de nosotros, aun como referencia histórica, el proceso educativo aludido.

bril, artesanal o peonal— están en una absurda desproporción con los requerimientos de una economía en vías de modernización y sobre la que gravita un superávit de mano de obra no calificada.

En esta área de desajuste (y lo mismo puede decirse de la enseñanza profesional de nivel terciario) es donde resulta particularmente urgente el análisis del contenido del trabajo para cada ocupación, con objeto de adecuar la educación a las necesidades precisas de la producción; esto debiera ser un proceso continuo que correspondería —como una de sus responsabilidades más delicadas— conjuntamente a los organismos de empleadores y empleados y a las autoridades educativas.

Una segunda área de reconocidos desajustes es la de la enseñanza profesional. La rigidez del sistema universitario, fruto de la falta de verdaderos filósofos y técnicos de la educación superior, ha mantenido esquemas curriculares tradicionales (¿por qué se requieren precisamente 5 años para casi todas las carreras cuando probablemente la mayor parte de los profesionistas ejercitan sólo un 15 o 20% de los conocimientos de su *curriculum*?), sin lograr tampoco una "formación general" digna de este nombre. La disfuncionalidad de la enseñanza universitaria se manifiesta con efectos paradójicos en el mercado de trabajo: por una parte, hay demanda insatisfecha de personal de alto nivel en muchas profesiones, pero por otra hay "desempleo ilustrado" porque se han cursado estudios que no tienen mercado en México.[25]

El desajuste entre la producción de profesionistas y la oferta de trabajo es particularmente grave en el sector agropecuario, donde se calcula que sólo el 23.4% de ellos está trabajando en este sector.[26]

Las nuevas y repentinas demandas de capacidades ocupacionales, provocadas por la tecnificación de la economía, obligan a los profesionistas más capaces a improvisarse en ramas para las que no recibieron preparación profesional alguna; la medida de este fenómeno no se conoce, pero el costo de oportunidad del mismo es probablemente estratosférico.

Otra área en que el desajuste educación-ocupación recibe creciente consenso es la de ciencia y tecnología. En la medida en que, por una parte, los procesos de producción se tornan más sofisticados en la lucha por sustituir importaciones y por competir en el mercado externo y, por otra, la dependencia tecnológica se experimenta como más gra-

[25] La fuga de talentos (aunque sus causas son más complejas que el solo desajuste con el mercado de trabajo), representó, de 1961 a 1965, sólo de emigrados a los Estados Unidos, el 2.4% de los egresados de las universidades mexicanas. Véase A. Lajous Vargas, *Aspectos de la educación superior y el empleo de profesionistas en México (1959-1967)*, El Colegio de México, 1968, pp. 92-96.

[26] A. Lajous Vargas, *op. cit.*, p. 82.

vosa, se toma más conciencia de la escasez de investigadores de alto nivel. La matrícula en estudios de posgrado en todo el país es solamente de unos cuatro mil quinientos estudiantes, ya que ni la docencia universitaria ni la investigación pura o aplicada ofrecen los incentivos económicos y sociales que corresponderían a la prioridad objetiva de estas ocupaciones conforme a la etapa de desarrollo del país. Dada, además, la baja calidad de la enseñanza a nivel profesional y el subempleo del profesionista como técnico medio, puede predecirse que serán, en un futuro próximo, los egresados de posgrado quienes ocupen el nivel ocupacional que en otras partes corresponde a los profesionistas.

Una política escolar que quisiese apoyar coherentemente una política nacional de recursos humanos, adecuada al momento presente del desarrollo económico de México, tendría que inducir cambios radicales en la estructura y contenido del sistema educativo. Sus tres condiciones previas serían: *a)* la investigación intensa y tenaz de la relación dinámica entre educación y mano de obra; *b)* una reforma burocrática que permitiese responder ágilmente a los requerimientos cambiantes del mercado de trabajo; y *c)* un eficaz sistema de orientación vocacional.

Diversos fenómenos concurren en hacer particularmente urgente y delicada la adecuación de la educación a los requerimientos de recursos humanos en México: el intenso crecimiento demográfico y particularmente el incremento en la población económicamente dependiente; la migración interna que se traduce en mayor demanda de entrenamiento industrial; el creciente desempleo; la baja productividad especialmente de la mayor parte del sector agrícola; y finalmente la creciente presión social por mayor educación.

5) *Transmisión e innovación cultural*

Las diversas teorías filosóficas de la educación se ocupan del dilema de la transmisión o innovación de valores, cada cual desde su propio punto de vista. Para algunos (en la corriente de la *Kulturphilosophie* de Dilthey) la educación es fundamentalmente un órgano de conservación cultural, que debe seleccionar, del conjunto de valores de la cultura (*Kulturgüter*), aquéllos que son esenciales para garantitizar la continuidad de esa cultura y su identidad transgeneracional (*Bildungsgüter*). Para otros (las teorías educativas idealistas, tanto las clásicas, sean antiguas o renacentistas, como las modernas, tanto las de tipo cristiano como las marxistas) la educación es primordialmente un instrumento de innovación valoral mediante la modelación de las nuevas generaciones conforme a patrones valorales derivados de un ideal humano preconcebido. Otros, finalmente (como los seguidores de Dewey), enfatizan a tal grado la función de la educación de adaptar al educando a su medio social, que convierten la escuela en un mecanismo de conservación más que de innovación valoral.

Este dilema muy probablemente ha perdido su importancia en nuestros días por el relativismo y pluralismo ideológico, por una parte, y por otra, por la aceleración del cambio cultural debida a factores independientes de (e incontrolables por) la educación formal. Además, el predominio creciente de ciertas tendencias como el énfasis en la libertad personal, la variabilidad de las pautas de conducta que reciben legitimación social, la intensificación de la información masiva, la complejidad de intereses que intervienen en regular el control estatal de la educación, etcétera, han convertido el dilema mencionado más bien en una amplia gama de opciones de carácter político-pragmático.

No obstante esto, preocupa la manera como la educación mexicana ha venido resolviendo el problema de su orientación en relación con la conservación o el cambio cultural. Las razones de esta preocupación son dos: por un lado la unilateralidad excesivamente "política" con que la filosofía educativa vigente ha procurado la unidad e integración nacional; por otro, el esquema educativo indiferenciado que se ha derivado de esta filosofía, sin atender a las exigencias de las sub-culturas del país.

Los estudios sobre "lo mexicano" —en las tres últimas décadas— señalan de sobra, ya sea desde ángulos psicológicos, antropológicos, sociales o filosóficos, la falta de coherencia valoral de grandes sectores de nuestra sociedad. Otros estudios disponibles —por ejemplo sobre la desintegración familiar que acompaña el proceso de urbanización, o sobre el choque cultural que provoca la modernización— hacen reflexionar sobre la inadecuación de los actuales contenidos educativos para la función que tiene el sistema en la integración paulatina de una nueva sociedad mexicana. Da la impresión de que los problemas de orientación valoral (en temas como la moral social, las actitudes favorables a la modernización, la socialización política, los choques intergeneracionales, etcétera) ni son convenientemente estudiados ni reciben suficiente atención de parte de las autoridades educativas. En muchos casos se confía demasiado ingenuamente en que los sistemas de control social y político son suficiente salvaguarda de la paz social.

Quien con toda seriedad emprenda el estudio de las orientaciones valorales de la educación nacional en las últimas décadas (después de la inmediata posrevolución y del socialismo cardenista), llegará a la conclusión de que este problema básico no ha sido abordado científicamente. Las proclamaciones doctrinales de las autoridades de Educación Pública o bien se han limitado a repetir consabidos *slogans* político-históricos, o bien han aludido a ideales humanistas universales, manteniéndose a una prudente distancia de la explosiva realidad de nuestra desintegración valoral. Por otra parte, la carencia de una verdadera tradición de investigación educativa y de un sentido crítico en la opinión pública hacen que incluso indicadores alarmantes de desajustes valorales —como el conflicto estudiantil de 1968 o la acción de las "porras" en la Escuela Nacional Preparatoria— sean interpretados superficialmente más como problemas "políticos" que como problemas "educativos".

La idea de reflexionar serenamente sobre las orientaciones de valor de la educación nacional o de emprender un estudio sistemático sobre estos temas encontrará probablemente oposición por diversas razones: el inmediatismo por el que se prefiere aplazar, de sexenio en sexenio, este tipo de problemas; la reticencia a someter a la discusión pública y exponer al juego de intereses temas que puedan implicar una revisión de premisas doctrinales triunfalmente sostenidas; y el temor a tener que afrontar decisiones de política escolar sumamente difíciles de implementar.

Entretanto, la educación nacional sigue su marcha sin que nadie pueda decir fundamentalmente hacia dónde va y sin que a nadie interese demasiado comprobar si su contenido valoral responde o no a las demandas de nuestros procesos sociales.

III) Perspectiva de la educación nacional

Pasaremos ahora a hacer algunas observaciones sobre el futuro, más a manera de epílogo que de tratado.

Parece muy difícil a quien hoy en día reflexione sobre el futuro de la educación mexicana, prescindir de la experiencia del país al intentar sin éxito una reforma educativa a fines de la pasada administración. El episodio inconcluso de esta "reforma educativa", frustrante para cualquiera que esté familiarizado con lo que implican las verdaderas reformas educativas, motivará necesariamente una seria duda sobre la capacidad efectiva de la estructura educativa mexicana de autorreformarse dentro de las actuales pautas de poder, administración, financiamiento y valores de la Secretaría de Educación Pública.

A pesar de haberse anunciado con la mayor solemnidad en el IV Informe de Gobierno del entonces presidente Gustavo Díaz Ordaz y a pesar de haber contado con el apoyo presidencial y con la buena disposición de la opinión pública y de los grupos interesados, la reforma educativa no pudo llevarse a cabo —ni siquiera pudo ser sólidamente elaborada— por la administración de educación pública del sexenio 1964-1970.

El saldo que deja este episodio inconcluso de la reforma educativa es el siguiente:

1) *Se confirma la incapacidad técnica de la SEP durante la administración pasada para llevar adelante la necesaria reforma.* Si se examina el documento final en que la SEP recogió los resultados de sus trabajos y exploraciones en torno a la proyectada reforma,[27] se estará de acuerdo en afirmar que en su conjunto, es "un documento extraordinariamente pobre, desarticulado, carente de la necesaria base científica y evidentemente inoperante para la proyectada reforma".[28] A esta incapacidad técnica debe añadirse probablemente la incapacidad para manejar políticamente el proceso de cambio que implica una reforma educativa importante, debido a las relaciones internas de poder dentro de la SEP; así parece mostrarlo la frustrada experiencia de la Comisión Nacional para el Planeamiento Integral de la Educación en 1968.

2) *Carecía la SEP de un organismo de alta investigación científica para llevar a cabo la reforma educativa.* Como lo han señalado repetidamente varios funcionarios, la complejidad de la tarea educativa nacional requiere una labor orgánica de investigación científica que la SEP no ha sido capaz de desarrollar. Esta ausencia se hizo patente en el episodio de la reforma educativa, pues si bien —laudablemente— la Secretaría recabó las opiniones del público y en especial de los maestros en torno a la Reforma, no tuvo la capacidad de investigación necesaria para diagnosticar científicamente las deficiencias de la educación nacional y programar su remedio.

3) *Queda en pie un grave problema nacional: el del descontento juvenil.* Se recordará que en la mente del ex presidente Díaz Ordaz en 1968 esta reforma educativa era considerada como la solución de fondo a los problemas de nuestra juventud: a su protesta social, a su insatisfacción política, a sus desviaciones morales. Si la causa de estos problemas en el texto del informe de 1968 (en los informes de 1969 y de 1970 se modifica la interpretación original) eran las deficiencias educativas, se siguió en estricta lógica que al no ponerse remedio en la causa, seguirán existiendo los efectos. En otras palabras, el Gobierno no puede esperar, en su propia lógica, que los problemas juveniles estén resueltos si no ha puesto el remedio en donde él mismo considera que está su causa.

4) *La tarea de llevar a cabo la prometida reforma educativa pesa sobre la actual Administración.* La desafortunada experiencia de este episodio emplaza a la actual administración educativa a remediar las

[27] *VII Asamblea del Consejo Nacional Técnico de la Educación*, SEP, México, D. F.

[28] CEE, *Noticias y comentarios*, 1º de octubre de 1970.

causas de este fracaso. Las disfuncionalidades de la educación nacional respecto a los requerimientos de nuestro desarrollo social son ya sumamente críticas; y por otra parte crece en la opinión pública la conciencia de los problemas irresueltos que arrastra la educación nacional.

Ahora bien, ¿hasta qué punto es razonable esperar una seria reforma educativa durante la Administración actual? Es difícil saberlo. Pero si se analiza el marco condicionante de una verdadera reforma de la educación nacional tendrá que convenirse en que es relativamente poco lo que la sola estructura educativa puede hacer para aliviar nuestros problemas sociales si los demás subsistemas sociales siguen operando como hasta ahora. Son demasiado estrechas las interacciones entre las diversas partes de un sistema social para poder ser modificadas a partir de una sola de sus partes.

Esto aparece con toda claridad cuando se identifican las relaciones disfuncionales entre educación y sociedad en México y se intenta precisar sus causas. Este ejercicio (que puede hacerse con cualquiera de las disfuncionalidades expuestas en la segunda parte de este ensayo) lleva inevitablemente a localizar como causas mediatas de los desajustes de la educación mexicana, tanto formal como informal, fenómenos o procesos que están fuera de la estructura educativa misma y son incontrolables en gran parte de ella. Por esto, mientras no se modifiquen algunas características (que hasta fechas muy recientes parecían inmutables) del estudio de desarrollo económico adoptado por el país desde el decenio de los cuarenta y del peculiar estilo de asignación y control del poder que el país venía experimentando, los cambios que las reformas exclusivamente "educativas" pueden lograr son casi insignificantes. Sin negar que los cambios educativos también provocarían cambios en otras estructuras sociales, son mucho más relevantes, en el momento actual para una posible reforma educativa mexicana, los condicionamientos que imponen a esta reforma las estructuras económicas y políticas vigentes. Desde este punto de vista, la eficacia de una reforma educativa estará en función de la capacidad que el país tenga para abrirse a otras modalidades en aspectos básicos de sus procesos económicos y políticos.

Esto no obstante hay cambios predictibles en la estructura educativa que conviene prever en una reflexión prospectiva. Desde el punto de vista de la planificación educativa puede decirse que se está revisando en todo el mundo la relación entre sistema educativo y educación. Principalmente por el auge de la tecnología de la comunicación, se ha venido evidenciando que la concepción tradicional del sistema educativo como "la institución social que tiene la función de educar" ha sido superada. La proliferación de las fuentes de información ha relativizado el significado educativo de la escuela. Algunos pensadores han reaccionado denunciando no sólo la inutilidad sino aún la ilegitimidad del sistema educativo.[29] Por valiosa que sea su crítica, sin embargo, todavía las soluciones constructivas que estos pensadores ofrecen no pasan de ser utópicas.[30]

Lo que hace el caso es discutir si, ante la distinción entre "sistema educativo" que empieza a hacerse operativa de diversas maneras, los países del Tercer Mundo —y para nosotros concretamente los países latinoamericanos— tenemos algo propio y específico por hacer. Desde hace ya varios años hay plena conciencia en los planificadores de la educación latinoamericana, de que no es ni deseable ni posible a nuestros países seguir imitando las tendencias de desarrollo educativo de los países avanzados.

Sin entrar a otras razones, simplemente no podemos financiar, ya a muy corto plazo, un desarrollo educativo que siga las pautas del mundo desarrollado. Incluso los países avanzados se encuentran ya en una encrucijada financiera. No sólo por ser el sistema escolar autogenerador de una demanda creciente, sino porque el costo unitario de la educación sube anormalmente (como ha notado Coombs)[31] por ser la educación sistemática intensiva de trabajo y relativamente estática en la tecnología que absorbe —y en consecuencia más rápida en incrementar su productividad—, se avecina a corto plazo una crisis financiera para todos los sistemas escolares. Este fenómeno al que también se enfrentan los países avanzados hace afirmar a Coombs que "seguir simplemente ampliando los sistemas educativos existentes conforme a su antigua imagen sería una fórmula para el desastre".[32]

En América Latina esta crisis financiera de la educación sistemática se agrava debido a otros factores específicos: su juventud demográfica que presiona a una fuerte expansión del sistema; la automática baja de calidad en la educación (provocada por la escasez de recursos) que causa a su vez una mayor deserción; el costo creciente que implica al ampliar los niveles educativos medio y superior que son los menos desarrollados; el necesario freno en su gasto educativo, el cual ha aumentado en los últimos quince años al doble ritmo del incremento en

[29] En América Latina destaca en esta tendencia Iván Illich, aunque la corriente se manifiesta también en los países desarrollados.

[30] Véase Pablo Latapí, "Educación y sistemas escolares en América Latina: problemática y tendencias de solución", en *Jornadas Internacionales de Educación*, Buenos Aires, 1970 (mimeo.).

[31] P. H. Coombs, "Time for a Change of Strategy", en C. E. Beeby (editor), *Qualitative Aspects of Educational Planning*, IIEP, París, 1969, p. 15.

[32] P. H. Coombs, "The Need for a New Strategy of Educational Development", en *Comparative Education Review*, febrero de 1970, p. 81.

el PNB y en el gasto público. Por todo eso, algunos expertos opinan que la época de la expansión lineal de los sitemas escolares en América Latina debe forzosamente terminar, para dar lugar a un nuevo estilo de desarrollo educativo que sí podamos financiar.

Estas consideraciones hacen patente que la educación que requieren países como el nuestro resulta prohibitiva financieramente mientras no se revise su actual manera de relacionarse con el sistema escolar. Esta relación entre educación y sistema escolar se torna para nosotros cada vez más crítica, y podemos afirmar que estamos en un callejón sin salida si persistimos en mantener las pautas del desarrollo escolar tradicional.

Sin pretender entrar aquí a discutir las posibles soluciones para el futuro del sistema educativo nacional, conviene indicar que sólo a través de una decidida innovación, tanto en la educación formal como sobre todo en la informal, podremos salir de esta encrucijada. Probablemente esta innovación nos lleve a soluciones estructurales originales las cuales serían: una relativa desinstitucionalización del sistema educativo, un fuerte incremento en su flexibilidad interna, un considerable acortamiento de la escolaridad formal, un énfasis en la formación general dentro del sistema, transfiriendo la preparación ocupacional inmediata a los organismos de producción, etcétera. Por otra parte, es obvia la urgencia de modernizar la administración educativa en todos sus niveles y de rediseñar el tipo de educador requerido.

Es probable que transformaciones de este tipo pueden sernos posibles si aprovechamos la tecnología hoy día disponible. El principal valor que esta tecnología puede tener en estos momentos para la educación mexicana no estriba, a mi juicio (como en los países desarrollados) en la sofisticación de los procesos educativos, ni siquiera para un mejoramiento de la calidad. Las innovaciones tecnológicas nos son importantes no tanto por lo que significan en sí mismas, sino por los cambios globales que su empleo puede provocar. Esto se está comprobando claramente en algunos experimentos:[33] por ejemplo, la introducción de la televisión en la enseñanza, si se hace con plena coherencia con la naturaleza de este medio, ha implicado la revisión total del currículum, la reelaboración de los textos, la reselección y el reentrenamiento de los maestros, el cambio de los sistemas de supervisión y administración, y una diferente relación de la actividad escolar con la comunidad. Nuestro problema es saber seleccionar y manejar aquellos insumos tecnológicos que sean capaces y suficientes para catalizar otros cambios mucho más profundos.

[33] Véase E. McAnany, *El Salvador ETV Project: Report of the First Year of Research,* Stanford University, Stanford, Calif. 1970 (mimeo.).

En esa misma línea de pensamiento cabe pensar en el potencial educativo que representarán los medios de comunicación masiva, una vez que se rompa el mito capitalista de que estos medios deben estar al servicio de intereses comerciales. Los satélites educativos para América Latina, que estarán en operación para 1975 [34] y este hecho alterará radicalmente la comunicación entre los hombres y, en consecuencia, la educación. Sí, en frase de G. Gozzer, el decenio 1971-1980 será para la educación "decenio de la informática" por el incremento de las fuentes de información y consiguientemente la transformación de sus mecanismos de dirección y control, no parece posible reflexionar en el probable futuro de la educación mexicana sin tomar en cuenta el impacto de estos cambios.

A los problemas, ya de por sí complejos, que implicaría una reforma educativa en el México actual conforme a las pautas convencionales del desarrollo escolar, hay que añadir, por tanto, los que plantean las transformaciones tecnológicas que inevitablemente se impondrán.

Conclusión

Esta apreciación crítica de la educación nacional hasta 1970 sugiere a la vez la complejidad del actual panorama educativo y la impreparación del país para afrontar sus problemas.

Es de esperar que, dentro del impulso que va cobrando la investigación social en México, se incremente una investigación inter-disciplinaria de los procesos educativos. Esta es la aportación que la ciencia puede hacer para liberar a nuestra política escolar de su tradicional improvisación. Las reformas internas que los procesos políticos mismos requieren para el mismo fin, no han sido objeto directo de este trabajo.

[34] Conviene señalar que México está retrasado respecto a otros proyectos, ya muy avanzados, de satélites educativos en países latinoamericanos; y esto no por falta de capacidad técnica sino por falta de investigación educativa.

XIV. EL SUBDESARROLLO CIENTÍFICO Y TECNOLÓGICO: SUS CONSECUENCIAS

Miguel S. Wionczek

I

La historia del desarrollo económico de los países industrializados revela que su bienestar actual se debe en gran medida al patrocinio otorgado durante largo tiempo por el Estado y el sector privado a la educación en todos los niveles y a la investigación científica y tecnológica. Los estudiosos del proceso de desarrollo ponen de relieve, además, que los países que han entrado relativamente tarde en la etapa del desarrollo económico moderno, tienen ventaja frente a los que iniciaron la Revolución Industrial entre 1770 y 1870 ya que pueden aprovecharse de inmediato no tan sólo de la herencia científica y tecnológica acumulada durante muchas generaciones sino de los adelantos más recientes. Hay incluso quienes sostienen el criterio de que los "milagros económicos" ocurridos en la posguerra en ambas Alemanias y en el Japón fueron resultado de la destrucción física, durante la segunda Guerra Mundial, de sus acervos productivos y tecnológicos anticuados y de su forzosa sustitución por estructuras productivas más modernas. Las escuelas de pensamiento que consideran que la entrada tardía en el proceso de desarrollo moderno ofrece más bien ventajas que desventajas parece tener aplicación a los países avanzados. Empero, fallan en el caso de los países que han comenzado a últimas fechas a participar en el proceso de desarrollo industrial —como, por ejemplo, México— cuya modernización de las estructuras productivas abarca un periodo de apenas 30 a 40 años.

Las dificultades que enfrentan los países semidesarrollados, en lo referente a la transferencia, adaptación y propagación interna de los resultados del progreso tecnológico y científico acumulado en el ámbito mundial desde la primera Revolución Industrial, indican que la disponibilidad externa de la ciencia y la tecnología quizás tiene menor importancia que otros factores como las condiciones internas propicias para la incorporación de los adelantos científicos y tecnológicos de origen externo y las modalidades de su control en los países avanzados. Al no haber podido, o querido, cambiar las actitudes políticas y sociales heredadas de su pasado preindustrial, los países procedentes del mundo subdesarrollado, que se incorporaron tardíamente al desarrollo, quedaron, por decirlo así, indefensos frente a la revolución científico-tecnológica que está ocurriendo fuera de sus fronteras; incapacitados para usarla para sus propios fines de desarrollo y modernización, y lo que es aún peor, en muchos casos siguen adquiriendo a través de los canales comerciales la tecnología anticuada o superflua que aumenta, en vez de disminuir, su dependencia del exterior.

El caso de México es particularmente interesante. Cualquiera que tenga nociones básicas de la historia intelectual, científica y tecnológica de México entre las postrimerías de la Colonia y principios del siglo XX, difícilmente aceptaría la tesis de que en ese largo periodo histórico México era un país "bárbaro" que vivía completamente al margen de los adelantos científicos y tecnológicos de Europa y Estados Unidos. De hecho, en los últimos decenios de la Colonia y primeros de la Independencia, el nivel de la vida científico-tecnológica de México se asemejaba al de aquel entonces de muchos países de ambos lados del Atlántico del Norte. Atendiendo al grado de su excelencia, las élites científico-intelectuales mexicanas de esa época, superadas solamente por las dos sociedades europeas dominantes —la inglesa y la francesa— podían compararse con las élites españolas, italianas y hasta las norteamericanas. Cuando se escriba algún día por primera vez la historia de la ciencia y la tecnología en el México del siglo XIX, se descubrirá que durante todo ese periodo el país participaba activamente en el intercambio de las corrientes e innovaciones científicas, tecnológicas e intelectuales con el resto del mundo. Su actividad en el campo de la ciencia lo atestiguan las revistas científicas mexicanas de mediados del siglo pasado, cuyo nivel no fue superado sino hasta fechas muy recientes. Que el México del siglo pasado no era nada subdesarrollado en el campo tecnológico lo comprueban muchas publicaciones oficiales de esa época, así como la amplia literatura sobre las entonces llamadas "mejoras materiales", literatura que no era otra cosa que un vehículo de difusión de los adelantos tecnológicos europeos y norteamericanos. Si bien es cierto que la ciencia y la tecnología mexicana y los procesos de transferencia de la ciencia y la tecnología desde el extranjero se desarrollaban en un ambiente de círculos selectos, puede parecer extraño que en un país atrasado en el orden social y políticamente conservador en extremo, como lo era el México de antes de la Revolución, se rindiera culto bastante apreciable a la ciencia y a la tecnología. Este culto se perdió de manera todavía no explicada en las postrimerías de la gran revolución popular.[1]

[1] Aunque todas las grandes revoluciones, incluyendo las emprendidas en nombre de la razón, como la francesa de 1789, y la rusa de 1917 se tradujeron de inmediato en una ola de anti-intelectualismo, una vez consumada la caída del *ancien régime*, resurgían de pronto los valores intelectuales y científicos ajustados a las nuevas condiciones sociales. Al parecer el caso de la Revolución mexicana es distinto. Durante los cincuenta años posteriores a la destrucción del Porfiriato no se han producido en México las élites científico-intelectuales pa-

Es un hecho que entre 1925 y fechas muy recientes la aportación potencial de la ciencia y la tecnología al desarrollo económico-social de México fue considerada como de bajísima prioridad. Se llega a esta conclusión, luego de examinar la cuantía de los recursos estatales y privados dedicados en los últimos cuarenta años a este campo y de hacer un recuento de los recursos humanos de elevada preparación científica y tecnológica de que dispone hoy el país, con una población de más de 50 millones. De acuerdo con una encuesta realizada en 1965 por la Academia de la Investigación Científica, México contaba ese año con apenas un par de centenares de hombres dedicados a la ciencia pura y alrededor de 1 200 investigadores de tiempo completo en el campo tecnológico.[2]

Como la comparación de la triste situación en México con los países que figuran a la cabeza en la actual revolución científico-tecnológica parece injusta, la comparación puede establecerse con los países semidesarrollados. Los resultados de la misma tampoco parecen halagüeños. La magnitud y la preparación de los cuadros humanos dedicados al esfuerzo científico-tecnológico en México es menor —tanto en términos relativos como a veces, absolutos— que en varias repúblicas latinoamericanas. Citaremos un ejemplo. En el año 1967 la comunidad científico-tecnológica de México apenas logró publicar en el extranjero 14 libros científicos, número que nos sitúa no al nivel de Argentina o Brasil, sino al de Portugal o Bulgaria.

Hasta hace pocos años la sociedad mexicana ni siquiera se daba cuenta del atraso científico-tecnológico en que se encontraba el país. A muy pocos se les ocurría pensar en la necesidad apremiante de formular una política científico-tecnológica estatal, ya que comúnmente se consideraba que el problema del subdesarrollo en estos campos se resolvería de manera más o menos automática con la importación de la tecnología extranjera ampliamente disponible al norte del Río Bravo. A las pocas

recidas a la generación de Mora-Ortíz-Alamán-Otero del inicio de la Independencia, a la de los tiempos de la Reforma o a las del periodo de 1890-1910. Con pocas excepciones honrosas los científicos y los intelectuales pos-revolucionarios se adaptaron a las exigencias del nuevo aparato burocrático que tomó el poder, es decir, perdieron su función innovadora dentro de la sociedad. En lo que se refiere a los "tecnócratas" éstos en su mayoría optaron por el papel de servidores del Estado, y no de la sociedad, con los resultados que apenas empezamos a conocer. Véanse, sobre el particular, entre otros, numerosos ensayos de Daniel Cosío Villegas en sus *Ensayos y notas*, Editorial Hermes, México 1966, 2 tomos.

[2] José Luis Mateos Gómez, "Estudio preliminar sobre la situación de la investigación científica y tecnológica en México y de algunas posibilidades de aumentar su ritmo de desarrollo", PRI-IEPES, Reunión Nacional para el Estudio del Desarrollo Industrial de México, Naucalpan de Juárez, julio de 1970, Vol. III, pp. 374-386.

voces que expresaban su preocupación por tal estado de cosas se les respondía que si bien era cierto que la producción de científicos y tecnológos en México era escasa y desorganizada, ello se debía a que el científico y el tecnólogo mexicanos eran inmunes al fenómeno de la "fuga de cerebros" que acosaba a otras sociedades donde el esfuerzo tendiente a la creación de la estructura científico-tecnológica era mucho mayor, y se razonaba que de todos modos la economía mexicana seguía creciendo a un ritmo impresionante. Los optimistas o los indiferentes olvidaban sin embargo, que el hecho de que no hubiera "fuga de cerebros" reflejaba no tanto la idiosincracia del mexicano que supuestamente no puede vivir fuera de su país, sino que más bien era resultado de la deficiencia, a todos los niveles, del sistema educativo nacional. Al mejorarse la preparación de los científicos y los tecnólogos mexicanos dentro y fuera del país, el fenómeno de la "fuga de cerebros", particularmente en el caso de los investigadores de ciencia pura, ha alcanzado en los últimos años una magnitud considerable. Si no nos damos cuenta de esto, es porque no suelen estudiarse fenómenos que podrían contradecir conceptos ya creados. El crecimiento económico, impresionante por cierto en términos cuantitativos, en contraste con la oferta muy limitada de científicos y tecnólogos, y la superabundancia de políticos de la vieja escuela, son hechos que no demuestran que la ciencia y la tecnología sean de importancia marginal para el proceso de desarrollo. El estancamiento científico-tecnológico se ha traducido, primero, en un costo social casi prohibitivo del desarrollo dentro de un modelo basado en al acumulación primitiva de capital en el sector privado y en el uso de la oferta casi ilimitada de la mano de obra mal preparada, y, segundo, en la creciente dependencia tecnológica del exterior. Si los gobiernos posrevolucionarios hubieran dado, ya desde 1925, el apoyo necesario a la ciencia y a la tecnología nacional, la racionalidad científica resultante quizás hubiera abatido el costo social del crecimiento y acelerado con toda probabilidad el ritmo de desarrollo. Hubiera fortalecido, asimismo, la verdadera independencia del país de los dueños o los acaparadores del progreso científico-tecnológico en los países avanzados.

Es muy fácil atribuir a la aceleración de la revolución tecnológica que está ocurriendo fuera de México la creciente brecha tecnológica entre México y los países avanzados. No cabe duda, sin embargo, que la brecha sería hoy día mucho menor si las élites políticas posrevolucionarias en vez de seguir librando batallas ideológicas verbales contra los "científicos" se hubieran dado cuenta de que el hacer instrumento político de los científicos y los tecnólogos afecta muy seriamente la eficiencia de la sociedad; si hubieran aceptado que los individuos dotados de aptitudes mentales y morales necesarias para el trabajo científico y tecnológico necesitan gozar de un mínimo de prestigio dentro de la sociedad y de independencia intelectual, y además, si hubieran comprendido que la investigación científica y tecnológica no sólo cuesta dinero sino que difícilmente puede ser supeditada a las necesidades políticas de corto plazo.

Una de las cosas que comparten las sociedades capitalistas y las socialistas es que en ambas (por motivos distintos) se ofrece margen de libertad en la investigación y condiciones de vida decentes al científico y al tecnólogo. En México, por el contrario, hasta hace poco tiempo, estos grupos pequeños se enfrentaban a la alternativa bastante humillante de llevar una vida de sacrificio y abnegación o la aceptación incondicional de las reglas del juego político. Entre las razones de tal situación cabe destacar, entre otras, las siguientes:

a) El anti-intelectualismo —conocido con el nombre más elegante de pragmatismo— de las élites políticas posrevolucionarias, resultante del surgimiento de un liderazgo a nivel nacional, regional y local con antecedentes de enseñanza muy endebles, la incorporación en el aparato político de los intelectuales "cooptables" y la profunda suspicacia del mismo aparato hacia los no dispuestos a vender su independencia a cambio de su participación política de segunda;

b) Las profundas deficiencias del sistema educativo mexicano construido sobre las bases del populismo verbal;

c) El primitivismo de la nueva clase empresarial nacional que si bien podía servirse de técnicos dispuestos a resolver los sencillos problemas del momento miraban con el más profundo desdén a los científicos y tecnólogos de alto nivel ya que los esfuerzos creadores de éstos no se traducían para la clase empresarial en la maximización de sus ganancias a corto plazo;

d) La rápida estratificación, fomentada por el sistema político, de la fuerza de trabajo en dos grupos: el de las élites obreras relativamente pequeñas (los sindicatos económicamente privilegiados) y el de la gran masa de la mano de obra no calificada; esta estratificación ha dado por resultado políticas gremiales restrictivas dentro de los sindicatos selectos y el repudio de la educación técnica y a la investigación tecnológica que podrían afectar sus privilegios; y

e) La disponibilidad aparentemente fácil de tecnologías relativamente sencillas procedentes sobre todo de Estados Unidos.

Apenas en los últimos años, al empezar a ganar terreno las dudas acerca de la bondad ilimitada del modelo mexicano de desarrollo y de su automaticidad rostowiana, se dejó sentir en varias partes la preocupación por el subdesarrollo tecnológico y científico del país. Esta preocupación no ha surgido, sin embargo, ni de las autoridades encargadas de la educación pública, ni de la comunidad científico-tecnológica en su conjunto, ni de las élites empresariales, los tres grupos de los que podrían esperarse —en otras condiciones— actitudes de inteligente comprensión y modernizantes hacia el esfuerzo científico y tecnológico nacional. Las razones de este fenómeno parecen estar estrechamente ligadas a la burocratización de los estratos dirigentes del sistema educativo, a la ausencia de un *esprit de corps* en la comunidad científico-tecnológica, y a la persistencia del desdén para el intelectual entre la nueva burguesía. La preocupación por el subdesarrollo tecnológico-científico general de México provino de otras direcciones: de los economistas políticamente no comprometidos pero llenos de dudas respecto al futuro del modelo de crecimiento basado en la sustitución de las importaciones a ultranza sin la expansión del mercado interno; de la limitada generación, todavía nueva numéricamente, de los tecnólogos y científicos que durante sus estudios en el extranjero se dieron cuenta del progreso continuo de la tecnología y la ciencia modernas, y de los pequeños y medianos industriales amenazados por el creciente control de las tecnologías de origen externo de las empresas oligopolísticas extranjeras, nacionales y mixtas. A esta coalición tan poco homogénea se debe el inicio del debate, a mediados de la década pasada, acerca del subdesarrollo tecnológico y científico del país y el planteamiento de la urgente necesidad de formular, si no una política científica y tecnológica nacional, sí por lo menos una definición de algunas prioridades al respecto.

Como era de esperar, el desconocimiento de la problemática general y lo novedoso del debate provocó mucha confusión y la difusión de algunas ideas aparentemente racionalistas, pero que en el fondo nada tenían que ver con un nacionalismo sensato. Al descubrirse, casi de la noche a la mañana, el grado de dependencia científico-tecnológica de México, se hicieron oír voces de desesperación que invocaban la urgencia de romper esta dependencia, también de un día para otro, mediante la creación de ciencia y tecnología "netamente mexicanas", no obstante ser patente que ningún país del mundo puede darse el lujo de cortar por completo sus vínculos con los adelantos científicos y tecnológicos logrados en el ámbito mundial durante muchas generaciones. Otra escuela de pensamiento, la "desarrollista", propuso una solución menos ambiciosa pero también llena de grandes peligros reales: la subordinación de la ciencia y la tecnología a las necesidades inmediatas del desarrollo del país. Sin negar el atractivo aparente de esta segunda corriente, cabe advertir que peca de un simplismo impresionante. Primero, prosupone que ya existe el diagnóstico claro, detallado y coherente de las necesidades del desarrrollo del país, algo como un plan maestro de desarrollo económico-social. Segundo, considera que la ciencia y la tecnología se prestan fácilmente a la dirección centralizada de tipo burocrático y administrativo. Dejando a un lado el que de hecho no existe hasta la fecha en México el diagnóstico de las necesidades nacionales económicas y sociales a largo plazo, las experiencias de otros países indican que el manejo centralizado de tipo burocrático, particularmente en sociedades con nivel inicial científico-tecnológico bajo, puede sofocar más bien que fomentar los esfuerzos creativos en este campo.[3] En estos asuntos parece regir la regla de que la solución de los problemas urgentes depende principalmente de la acumulación previa de los conocimientos ya disponibles y de su adaptación al medio, y no de la presión burocrática basada en las prioridades fijadas un tanto al azar.

El proceso de creación científica y de innovación tecnológica es lento y lleno de riesgos y nadie puede garantizar los resultados de antemano. Tanto los adelantos grandes como los pequeños son resultado del esfuerzo de grupos creativos y no de las directivas de un "comité central" de ciencia y tecnología;[4] dependen del esfuerzo a muy largo plazo y no de la elaboración de programas de emergencia.[5] Más aún, como puede verse en las experiencias de otros países que en el intervalo de pocas generaciones han logrado salir del subdesarrollo científico-tecnológico, el éxito depende no sólo de la movilización de recursos humanos y financieros para la solución de los problemas de alta prioridad inmediata y partiendo del supuesto que tal movilización es factible. Depende más bien de la actitud positiva de la sociedad en su conjunto hacia el esfuerzo intelectual, del buen funcionamiento del sistema educativo y de la capacidad de quienes ejercen el poder político de pensar en la problemática socio-económica nacional a largo plazo.

El caso del Japón, país que se ha singularizado quizá más que cualquier otro por su progreso científico y tecnológico en el último cuarto de siglo, es particularmente ilustrativo. Tenemos aquí una sociedad que cuenta a la vez con un grado muy elevado de cohesión nacional, un sistema educativo sorprendentemente avanzado, un aprecio muy marca-

[3] Véase al respecto el artículo de Daniel Cosío Villegas "Institutos, consejos y controles", *Excélsior* (México), 15 de enero de 1971.

[4] Particularmente cuando el "comité central", como lo hace notar Daniel Cosío Villegas en el ensayo antes citado, está compuesto de políticos cuyos encuentros con la problemática científico-tecnológica son más bien circunstanciales.

[5] Véase sobre el particular Emilio Rosenbluth, "Investigación científica y tecnológica: así que pasan seis años", PRI-IEPES, Reunión Nacional para el Estudio del Desarrollo Industrial de Méxcio, Naucalpan de Juárez, julio de 1970, Vol. III, pp. 356-360.

do, tanto en las esferas públicas como en el sector privado, hacia el esfuerzo científico y tecnológico, una movilidad social basada en el esfuerzo científico y tecnológico, una movilidad social basada en el esfuerzo creativo y el trabajo y no en relaciones de discutible amistad o influencias, y una aceptación general de la tesis de que la educación, la tecnología y la ciencia forman un conjunto indivisible. En el Japón se da una conjunción de todos estos factores. El alto grado de cohesión social permite amortiguar las influencias científico-tecnológicas externas potencialmente negativas que podrían conducir al país por la vía del bienestar ficticio; el sistema educativo genera recursos humanos bien preparados para las difíciles tareas tecnológicas y científicas; el aprecio para los que se dedican a estas tareas, les proporciona bienestar psicológico y sentido de participación; la movilidad social basada en la *perfomance* objetiva les ofrece incentivos materiales; y, finalmente, la aceptación general de la indivisibilidad de la educación, la tecnología y la ciencia crea un marco general en el que las prioridades científicas y tecnológicas surgen de los "productores" de la ciencia y la tecnología y no de las decisiones burocráticas. Cabe preguntarse, habida cuenta de estas circunstancias, cuántas de estas condiciones necesarias para el desarrollo científico y tecnológico sostenido se dan en sociedades como la mexicana.

II

Pasando al problema particular de la dependencia tecnológica de México cabe advertir que la información disponible sobre este aspecto del atraso científico-tecnológico del país es sumamente escasa. No puede ser de otra manera si se tiene presente que hasta hace poco el Estado mexicano parecía poco consciente del papel de la tecnología en el desarrollo, mientras que las empresas tanto públicas como privadas, así las extranjeras como las de propiedad nacional seguían negándose a divulgar cualquier información sobre las modalidades de la compra de tecnología en el exterior, considerando las exploraciones sobre este tema como una intromisión indebida en sus asuntos internos.

Lo poco que sabemos podría resumirse así:

1) Mientras la parte decisiva de los conocimientos técnicos usados en la actualidad en México proviene directamente del exterior, sobre todo de los Estados Unidos, en muy pocos casos la tecnología importada está sujeta a la adaptación interna.

2) No es posible definir qué parte de estos conocimientos corresponde a la tecnología libremente disponible en el ámbito mundial y llega al país a través de la educación de los mexicanos en el exterior, libros y otros de la bibliografía técnica; qué parte viene incorporada en bienes de capital y productos intermedios importados y qué parte llega asociada directamente con la inversión extranjera.

3) Hay evidencia circunstancial en el sentido de que la más importante es la transferencia de la tecnología extranjera a nivel de las empresas mediante acuerdos contractuales.

4) Estos acuerdos asumen en México preferentemente las tres formas siguientes:

a) acuerdos sobre servicios técnicos, conforme a los cuales una empresa de un país desarrollado proporciona técnica y servicios de personal técnico a una empresa afiliada o independiente ubicada en México;

b) acuerdos de concesión de patentes, en virtud de los cuales la empresa cedente otorga a la empresa concesionaria ciertos derechos para utilizar patentes, marcas comerciales e inventos, procedimientos y técnicas no patentados en relación con la fabricación y venta de productos por la concesionaria, por lo general solamente para el mercado interno;

c) acuerdos sobre diseño y construcción con arreglo a los cuales la empresa extranjera proporciona a una empresa ubicada en el país conocimientos técnicos y administrativos para el diseño y construcción de las instalaciones que la segunda necesita.

Cada una de esas tres categorías (acuerdos sobre servicios técnicos; concesión de patentes, y diseño y construcción) es ampliamente utilizada por las empresas privadas y públicas, según las circunstancias. En vista de que las empresas de propiedad exclusiva del Estado y las de participación pública (mayoritaria o minoritaria) desempeñan una función cada vez mayor en la fase actual de la industrialización de México, que se caracteriza por el establecimiento de industrias pesadas e intermedias, es muy probable que la transmisión de tecnología al sector público y semipúblico represente una proporción *creciente* de la transmisión total de tecnología, tanto respecto de su costo como de sus efectos sobre la economía. Empero, las modalidades de estas transacciones tecnológicas del sector público están rodeadas por un ambiente de secreto que caracteriza cualquier otra de sus actividades. No es éste el lugar para indagar por qué es así.

La poco intervención del Estado en los asuntos de la transmisión de tecnología extranjera, se limita a la legislación fiscal sobre el particular. De acuerdo con la legislación vigente desde finales de 1964, existe una distinción entre los pagos hechos a los nacionales o a las empresas extranjeras no residentes en el país por concepto de: *a)* servicios técnicos, y *b)* regalías por concesión de patentes y marcas de fábrica. En el primer caso, los pagos están sujetos a un impuesto fijo del 20% que recauda por retención en la fuente; en el segundo caso, a los pagos se les aplica una tasa progresiva que fluctúa del 3 al 42%. Las cantidades pagadas por servicios técnicos y concesión de patentes a residentes o a empresas extranjeras constituidas conforme a la legislación mexicana, son deducibles de los ingresos imponibles del beneficiario; sin restricciones respecto de su cuantía, y se consideran parte integrante de los ingresos brutos del individuo o de la empresa residente que los percibe, independientemente de la forma de propiedad. No se aplica ninguna depreciación acelerada a los gastos de investigación y diseño efectuados por empresas nacionales o residentes; en otras palabras, no existen incentivos fiscales especiales para ese fin.

Aunque en un número creciente de países en desarrollo se considera que todos los acuerdos con empresas extranjeras sobre suministro de servicios técnicos y concesión de patentes deberían estar sujetos al visto-bueno de las autoridades, tal práctica no existe todavía en México.[6] El único caso en que el Estado puede intervenir en estos asuntos es el que se refiere a los beneficios fiscales concedidos a las nuevas empresas industriales en virtud de la Ley de Fomento de Industrias Nuevas y Necesarias de 1955. Esta ley dispone que las empresas que deseen obtener exenciones fiscales de los derechos de importación y exportación, y del impuesto sobre las utilidades de las sociedades mercantiles por plazos de dos a diez años según la clasificación de cada industria, tendrán que proporcionar a las dependencias oficiales competentes (secretarías de Industria y Comercio y de Hacienda y Crédito Público) información, entre otras cosas, sobre su personal extranjero, el uso de tecnología patentada y la naturaleza de los acuerdos sobre pagos por regalías, patentes y servicios técnicos, indicando claramente si esos contratos han sido concertados por nacionales o extranjeros. Como el Gobierno goza de la más amplia discreción para aprobar las solicitudes de exenciones fiscales previstas por la Ley de Fomento de Industrias Nuevas y Necesarias, se tiene entendido que tales solicitudes se recha-

[6] A fines de 1968, los acuerdos entre las empresas extranjeras proveedoras de tecnología y las empresas radicadas en el país (tanto las subsidiarias y filiales de las empresas extranjeras como las empresas mixtas y de propiedad exclusivamente nacional), estaban sujetas al control del Gobierno por razones de balanza de pagos, entre otros países, en Brasil, Chile y Colombia. El convenio sobre el trato común de la inversión extranjera aprobado a fines de 1970 por los países miembros del Mercado Común Andino prevé que los contratos de licencia para el uso de tecnología importada y para la explotación de marcas y patentes serán sujeto de autorización previa en todos los países miembros y no podrán contener una serie de cláusulas restrictivas tales como la división del mercado, la obligación de utilizar materias primas, bienes intermedios y equipos suministrados por el propietario de las patentes, etcétera.

zan si los pagos estipulados en los contratos sobre regalías, patentes y servicios técnicos recibidos del extranjero exceden del dos por ciento de las ventas de una empresa nueva. Cabe señalar que aunque los beneficios fiscales que se prevén en la susodicha ley son de consideración, algunos estudios disponibles indican que muchas empresas se abstienen de solicitar esas exenciones fiscales debido a la complicada administración de la ley y a la gran variedad de información —considerada secreta por la empresa —que hay que presentar a las autoridades, sin que previamente exista la certidumbre de cuál será la decisión definitiva que recaiga sobre la solicitud.

Otros factores que indirectamente restringen el alcance de los acuerdos sobre servicios técnicos y los contratos de administración concertados con empresas extranjeras no residentes, son la política restrictiva en materia de inmigración que en general se aplica en México y las limitaciones cuantitativas impuestas a la contratación de personal extranjero. Estas restricciones, que se remontan al decenio de 1930, se aplican a toda actividad mercantil e industrial en México. Se exige a todo el personal extranjero, excepto a los extranjeros residentes que son considerados como inmigrantes después de haber prestado sus servicios a la misma empresa durante cinco años consecutivos, permiso para trabajar, independientemente de la duración de sus servicios. Según señala un estudio reciente de la OCDE, "la Secretaría de Gobernación ejerce una presión moderada sobre las empresas extranjeras" para que rápidamente "mexicanicen" a su personal.[7]

La lectura cuidadosa de los documentos y estudios, publicados y sin publicar, preparados por organismos públicos e instituciones nacionales de investigación económica y tecnológica no ha revelado la existencia de investigaciones o de proyectos de investigación sobre los beneficios de la tecnología importada para la economía y la sociedad, el costo de la transmisión de tecnología o sus efectos en la balanza de pagos.

Al contrario, la disponibilidad de información referente a la cuestión concreta de los pagos por transmisión de tecnología entre las empresas que operan en México y que son propiedad o están controladas por extranjeros, y las empresas extranjeras proveedoras de tecnología, disminuyó considerablemente desde 1965 en adelante cuando los informes anuales del Banco de México dejaron de publicar un cuadro que consignaba las estadísticas sobre el servicio de las inversiones directas extranjeras, clasificado en *a)* utilidades netas repatriadas, *b)* utilidades netas reinvertidas, y *c)* remesas totales al extranjero por concep-

[7] Angus Maddison, *Foreign Skills and Technical Assistance in Economic Development,* OECD Development Center, París, 1965, p. 34.

to de intereses, regalías y otras categorías. De los datos publicados en el quinquenio 1961-1965, puede deducirse que las remesas por el último de los conceptos mencionados crecieron en ese periodo más rápidamente que las remesas de utilidades netas sobre las inversiones extranjeras directas.

Cuadro 1. Remesas de utilidades y pagos al extranjero por otros conceptos, 1961-1965

(en millones de dólares)

Año	*Remesas de utilidades netas*	*Pagos al extranjero por concepto de intereses, regalías etcétera*
1961	57.3	65.6
1962	56.4	66.7
1963	68.1	81.4
1964	90.0	95.9
1965	69.8	91.7

FUENTE: Informes anuales del Banco de México, S. A.

Se sabe que la misma tendencia se aceleró más aún en la segunda mitad de la década de los sesenta, lo que podría explicar la desaparición de los datos sobre este tema en los informes oficiales. Así, en 1966, las remesas de utilidades netas sobre las inversiones extranjeras directas sumaron 16.4 millones de dólares, y los pagos al extranjero hechos por las mismas por cuenta de intereses, regalías y otros, 100.3 millones. En 1967 las sumas respectivas eran de 69.4 millones de dólares y 133.8 millones y en 1968, 89.2 millones y 156.2 millones. En otras palabras, en tanto las remesas de utilidades netas provenientes de la inversión extranjera directa aumentaron en el breve periodo de 1961-1968 en alrededor de 50%, las de pagos por intereses, regalías y conceptos semejantes crecieron en el mismo tiempo alrededor de 120%.

La comparación de las remesas de utilidades netas al extranjero, efectuadas por filiales y subsidiarias de compañías extranjeras con las estimaciones extraoficiales de los pagos por concepto de regalías y otros servicios técnicos, excluyendo intereses, durante el lapso 1953-1962, el único periodo con respecto al cual hay datos bastante precisos sobre el segundo de los dos renglones, ofrece un cuadro muy interesante:

Cuadro 2. Remesas de utilidades y pagos de regalías y servicios técnicos, 1953-1962

(en millones de dólares)

Año	*Remesas de utilidades netas*	*Remesas de regalías y otros pagos por servicios técnicos*
1953	56.9	14.7
1954	38.1	17.2
1955	48.7	12.7
1956	54.5	26.1
1957	47.8	29.2
1958	41.2	35.5
1959	59.1	34.7
1960	72.2	39.1
1961	57.3	42.6
1962	56.4	48.5

FUENTE: Raúl Garduño García *Ensayo sobre el crecimiento económico y la inversión extranjera* (El caso de México: 1950-1964), UNAM, Escuela Nacional de Economía, 1966.

Extrapolando las cifras consignadas en el cuadro 2 al periodo 1963-1968 puede llegarse fácilmente a la conclusión de que en 1968 las remesas de las empresas extranjeras al exterior por concepto de regalías y asistencia técnica sumaron unos 120 millones de dólares, o sea ocho veces más que las hechas apenas unos 15 años antes. Sin embargo, en realidad, los gastos globales del país originados por la compra de tecnología en el exterior deben ser mucho mayores. Esto se debe a los siguientes factores:

a) es muy probable que las cifras disponibles sólo comprendan los acuerdos de concesiones de patentes y los contratos de servicios técnicos entre las empresas privadas con casas matrices en los países desarrollados y sus afiliadas (sucursales y subsidiarias) en México, sin que se excluya por completo la posibilidad de que esta serie estadística abarque también algunos acuerdos de este tipo entre empresas de países adelantados y firmas de propiedad nacional;

b) parece dudoso que el costo de los acuerdos con el extranjero sobre diseño y construcción esté incluido en estos datos, ya que es probable que en muchos casos tales gastos se incluyan en los gastos de bienes de capital importados, y que las remesas respectivas no se contabilicen por separado;

c) no se dispone de datos sobre los pagos por transmisión de tecnología extranjera a empresas propiedad del Estado controladas por éste. Lo más probable es que los pagos por transmisión de tecnología adquirida por el sector público figuren en partidas residuales de la balanza de pagos en la cuenta corriente y en la partida *errores y omisiones;*

d) un estudio publicado en octubre de 1969 por la Secretaría de Hacienda y Crédito Público estimaba los pagos totales del sector privado al extranjero por concepto de asistencia técnica *solamente* (excluyendo las regalías) en 67.2 millones de dólares.[8] Es muy probable que las remesas por cuenta de regalías fueran aún mayores si se tomaran en cuenta las regalías pagadas al exterior por el sector público.

En vista de estas consideraciones, las cifras correspondientes a los pagos por tecnología extranjera que figuran en el cuadro 2 y las estimaciones para el periodo más reciente deberían considerarse como aproximaciones muy burdas y no como indicios exactos de la cuantía exacta de las remesas. Además, los cambios en la distribución de las inversiones privadas extranjeras por sectores que han ocurrido en la economía mexicana en los últimos diez o quince años ofrecen otro indicio de una tendencia a subestimar tanto las remesas por concepto de tecnología, real o supuestamente recibida por las filiales y subsidiarias extranjeras desde sus casas matrices, como las relativas al costo total nacional en divisas de la compra de tecnología en el exterior.[9]

Cabe señalar que, aunque el valor total de las inversiones privadas directas de propiedad extranjera en México aumentó aproximadamente tres veces entre 1953 y 1968, pasando de 720 millones de dólares a 2 300 millones entre estas dos fechas, las inversiones privadas extranjeras en dos sectores que utilizan tecnología relativamente constante —minería y energía eléctrica— disminuyeron en forma muy sensible debido a las políticas de "mexicanización". Si se excluyen los sectores que utilizan una proporción relativamente reducida de tecnología extranjera tales como la agricultura, la construcción, el comercio y otros servicios, los sectores que en conjunto representaron la cuarta parte del total de las inversiones extranjeras privadas tanto en 1953 como en 1968, se advierte el rapidísimo crecimiento de las inversiones privadas extranjeras en el sector que utiliza tecnología muy intensamente —la industria manufacturera. El valor de la inversión extranjera en este sector se multiplicó más de siete veces entre 1953 y 1968, pasando de 225 millones de dólares a 1 715 millones, mientras las remesas de re-

[8] Secretaría de Hacienda y Crédito Público, "Asistencia técnica del extranjero", *Investigación Fiscal,* México, núm. 46, octubre de 1969.

[9] Sobre los cambios sectoriales en la ubicación de la inversión extranjera en México véase Miguel S. Wionczek, "La inversión extranjera privada en México: Problemas y perspectivas", pp. 135-137 de este volumen.

galías y otros pagos por servicios técnicos relacionados con las inversiones privadas directas del extranjero crecieron aún más rápidamente. La existencia de este tipo de relación entre la tasa de crecimiento del valor de las inversiones extranjeras en el sector clave de la economía y las remesas de pagos por transmisión de tecnología sugiere que se ha producido un aumento muy considerable del costo en divisas de la tecnología por unidad de nuevas inversiones extranjeras manufactureras. Al comprobar el encarecimiento de la tecnología importada sin la gran mejoría cualitativa que ella aporta, uno no acierta a explicar las razones de este encarecimiento dada la falta de estudio sobre los factores internos que impiden el pleno aprovechamiento de la tecnología recibida. De hecho sabemos muy poco acerca del grado de adaptación de la tecnología extranjera a la disponibilidad local de otros factores de producción, de la fijación de los precios de la tecnología conforme a los nexos de propiedad entre las empresas interesadas y de las modalidades de las relaciones financieras entre la economía mexicana y los países adelantados. Lo que sí sabemos es que México no está en condiciones de decidir qué tecnología necesita ni tampoco de comprarla en los mercados internacionales competitivos.

Hace ya mucho tiempo debería haberse emprendido un estudio de los efectos reales de la transmisión de tecnología extranjera sobre la balanza de pagos de México en el que se tuviera en cuenta, no sólo su costo directo en divisas, sino también sus efectos indirectos sobre la sustitución de importaciones y el fomento de exportaciones. Algunas proyecciones recientes de la balanza de pagos aparentemente dan por supuesto que los pagos al exterior de las subsidiarias extranjeras por tecnología, aumentarán en los próximos 5 a 10 años a un ritmo mucho más lento que las inversiones extranjeras privadas mismas y que sus utilidades netas. Hay pocas bases para aceptar esta hipótesis que supone que ya está en marcha en México un proceso de sustitución de la tecnología extranjera por la nacional, y de que está disminuyendo el costo de la tecnología por unidad de nuevas inversiones extranjeras. Parece mucho más probable que el creciente costo total de la tecnología importada seguirá agudizando las dificultades de la balanza de pagos, a menos que se logre aprovechar mejor la tecnología extranjera ya disponible y se proceda a controlar sus compras futuras. Obviamente estos objetivos no son alcanzables en ausencia de una política tecnológica nacional coherente, y sin una revisión de las bases mismas del modelo del desarrollo económico vigente desde 1940.

La urgencia de estudiar el asunto de la transferencia de tecnología parece surgir de la convicción ya difundida por todo el país de que México paga un precio demasiado alto por la tecnología adquirida en el extranjero.[10] Como nadie parece saber en términos exactos: *a)* ¿cuál es el costo real —para la economía en general y para las empresas compradoras— de la tecnología extranjera que se adquiere bajo las modalidades tradicionales?; *b)* ¿cuál podría ser el costo de las tecnologías alternativas?, y *c)* ¿cómo evaluar los beneficios de esa tecnología en función de los cambios que introduce en la economía?, la discusión sigue girando en torno de ideas muy generales:

a) el país no puede abandonar su objetivo de absorber rápidamente nuevas tecnologías y utilizar tecnología de "segunda mano", por consideraciones económicas a largo plazo, especialmente en vista de la necesidad de diversificar las exportaciones;

b) no es aceptable, por razones políticas, la dominación tecnológica en virtud de acuerdos que vinculen la nueva tecnología a las inversiones privadas extranjeras;

c) por razones tanto políticas como económicas, el capital privado extranjero, de acuerdo con el Estado y el sector privado nacional, debe prever su retiro gradual de las actividades industriales en las que la tecnología es relativamente estable, o donde ya existe fácil acceso a tecnología no atada que sólo requiera servicios de asesoramiento al capital nacional que remplace las inversiones controladas desde el exterior;

d) por las mismas razones, el capital extranjero debe contribuir, en los sectores de la tecnología dinámica, al desarrollo en el país de la investigación científica aplicada;

e) además, debe disminuir el costo de la tecnología extranjera mediante la asistencia financiera exterior y la liberación general de las condiciones en las que son negociados los acuerdos de prestación de servicios técnicos, concesión de patentes y diseño y construcción entre los propietarios extranjeros de tecnología y las empresas públicas y privadas de México.

La posición expuesta anteriormente parece reflejar muchos de los legítimos agravios de una sociedad que está sujeta al rápido proceso de industrialización que se enfrenta al poder tecnológico de los países más avanzados, y cuya dependencia de la tecnología extranjera sigue en aumento.[11] Pero, debido a la falta de estudios detallados en este

[10] Esta opinión no está limitada a México. En el informe del Simposio Latinoamericano de Industrialización organizado por la CEPAL en 1966, se planteó la cuestión de "hasta qué punto, dadas las condiciones latinoamericanas, convendrá conservar totalmente abierta la posibilidad de recurrir al *know-how* del exterior a través de acuerdos de licencia" (E/CN.12/755, p. 112).

[11] Las discusiones públicas recientes a este respecto tienen pronunciados matices políticos. En una serie de entrevistas publicadas a fines de 1967 por el periódico *El Día*, de la ciudad de México, sobre la "dependencia tecnológica y el

campo, y al hecho, generalmente admitido, de que en México el Estado no había ofrecido hasta fines de 1970 el apoyo financiero necesario para la investigación científica y tecnológica, estas quejas, expresadas en términos muy generales, tienen un valor muy limitado en la búsqueda de nuevas soluciones. Además, parecen olvidar que, en su mayor parte, los conocimientos técnicos están controlados de una manera u otra en los países más avanzados por las grandes empresas privadas y, en particular, por las llamadas empresas multinacionales y que los beneficiarios de la nueva tecnología en México insisten también en ejercer control exclusivo de los conocimientos adquiridos. Solamente la aplicación de medidas antimonopólicas a los acuerdos sobre la transferencia de tecnología, como lo hacen Estados Unidos y Japón, podría cambiar la situación. En ausencia de tales medidas, insistir en que, como sucedió en el Simposio Latinoamericano de Industrialización, "en muchos casos podría organizarse una importación colectiva de [conocimientos técnicos extranjeros] a través de institutos tecnológicos o de asistencia técnica nacionales —para toda la industria o para determinadas ramas industriales— que difundirían por todo el medio industrial local los aspectos tecnológicos recibidos del exterior", carece de realismo.

III

A últimas fechas han podido observarse algunos cambios alentadores en las actitudes del Estado mexicano frente a la problemática científico-tecnológica.[12] A fines de 1967, un estudio patrocinado por El Colegio

desarrollo económico", la mayoría de los participantes —jóvenes profesores universitarios— sostuvieron que los países más avanzados imponen a México la dependencia tecnológica como una de las nuevas formas para controlar la dirección del desarrollo del país. Opiniones semejantes se han oído durante las discusiones públicas anteriores al establecimiento por el Gobierno Federal, al inicio de la presente Administración, del Consejo Nacional de Ciencia y Tecnología.

[12] Entre 1935 y fines de la década pasada la preocupación del Estado por la ciencia y tecnología se tradujo solamente en el establecimiento de varios organismos cuyo efecto en este campo nunca se ha hecho sentir. Recordando que ya en 1935 fue establecido el Consejo Nacional de la Educación Superior y de la Investigación Científica; en 1942, la Comisión Impulsora y Coordinadora de la Investigación Científica, y en 1950 el Instituto Nacional de la Investigación Científica (INIC) el informe de este último elaborado en julio de 1970 admitía que "desafortunadamente, los escasos recursos financieros que se les ha asignado [a estos organismos]; la falta de autoridad para poder cumplir realmente con sus funciones de manera unificada; la ausencia de facultades para intervenir con amplitud en la investigación aplicada; la ausencia en el país en épocas anteriores de una "masa crítica" de científicos y tecnólogos, de la cual hoy se dispone, que pudiese respaldar su acción; y, por último, la falta de una política guber-

de México demostró que los gastos nacionales en la investigación científica y tecnológica eran ridículamente exiguos.[13] En octubre de ese mismo año se celebró en la ciudad de México un Congreso de Ciencia y Tecnología con el fin de hacer un inventario de los servicios de enseñanza y de investigación disponibles, y de sus resultados. En el mismo Congreso surgió la iniciativa de crear un comité de alto nivel que se encargaría de formular una política tecnológica y científica nacional, determinaría las prioridades respecto de la investigación y calcularía la cuantía de los recursos financieros necesarios.[14] Finalmente, al iniciarse la presente Administración se creó el Consejo Nacional de Ciencia y Tecnología, sobre cuya labor futura todo vaticinio sería demasiado prematuro.

Hasta que bajo los auspicios del Instituto Nacional de Investigación Científica se generalizó, a mediados de 1970, el debate sobre las necesidades científicas y tecnológicas de México, se manejaba el tema en términos del gasto por la compra de la tecnología extranjera, por un lado, y de la carencia de recursos financieros internos disponibles para el fomento de la investigación científico-tecnológica nacional, por el otro. Mientras por una parte, como se mencionó antes, se extendía la creencia de que la tecnología extranjera costaba demasiado en términos de divisas, se demostraba por la otra que en lo referente al gasto interno en ciencia y tecnología, el rezago de México —en comparación no sólo con los países avanzados sino también los semi-desarrollados— crecía rápidamente. El mencionado estudio de El Colegio de México estimaba que en 1964 se invirtieron en México alrededor de 150 millones de pesos en investigaciones científicas y tecnológicas, y de este total apenas 25 millones de pesos se dedicaron a investigaciones industriales. Esto denota que a mediados de la década pasada el país destinaba algo como 0.15% del ingreso nacional a la investigación pura y aplicada, en comparación con un promedio del 2% en los países desarrollados. Teniendo en cuenta el diferente nivel del ingreso por habitante. los gastos de investigación científica y tecnológica representaban en México, hace apenas cinco años, entre un sesentavo a un ochentavo de los gastos de los países industriales. Introduciendo cier-

namental en ciencia y tecnología ligada al desarrollo económico y social, han determinado que la actuación de esos órganos en el beneficio del país, si bien imbuida por los mejores y más altos propósitos, haya sido muy limitada". Instituto Nacional de Investigación Científica, *Política nacional y programas en ciencia y tecnología* (Documento final), julio de 1970, (mimeo.), p. 1.

[13] Víctor L. Urquidi y Adrián Lajous Vargas, *La educación superior, la ciencia de la tecnología en el desarrollo económico de México*, El Colegio de México (México, 1967).

[14] Eduardo Morales Coello, "Ciencia, tecnología y desarrollo", *Comercio Exterior* (México), Vol. XVII, núm. 2, diciembre de 1967.

tas correcciones a estas estimaciones burdas en función de la magnitud del gasto científico-tecnológico para fines militares y espaciales en los principales países industriales del mundo, quizás podría llegarse a la conclusión de que a mediados de la década pasada México gastaba en ciencia y tecnología un veinteavo de la suma que debería haber gastado sólo para impedir que creciera la disparidad científico-tecnológica con el mundo avanzado. En estas circunstancias, la dependencia de una economía en proceso de rápida industrialización de la ciencia y la tecnología procedente del extranjero tuvo que intensificarse con suma rapidez.

Cabe advertir que es sumamente difícil estimar el costo financiero, económico y social de la creciente dependencia tecnológica del país, comparando solamente la magnitud de las remesas por concepto de compra de tecnología con los escasos recursos dedicados al fortalecimiento de la capacidad científico-tecnológica interna. Tal comparación supone que tanto el Estado como el sector privado compran tecnología en el exterior en condiciones de competencia perfecta y del amplio conocimiento de la aplicabilidad de la tecnología importada a las necesidades del proceso productivo. Supone también que el gasto interno en ciencia y tecnología se canaliza con alto grado de racionalidad. Ambos supuestos no encuentran apoyo en la realidad mexicana.

Dejando a un lado el problema del "costo justo" de la tecnología importada que es imposible definir, hay que insistir que en el caso de México como en el de todos los demás países con muy baja capacidad propia de generar progreso científico y tecnológico, no hay pruebas fehacientes de que el gasto contabilizado como correspondiente a la compra de tecnología corresponda efectivamente en su totalidad a la transferencia real de ésta. Además, tampoco hay razones para creer que los precios pagados reflejan el precio internacional de la tecnología adquirida. La única investigación disponible sobre los gastos en divisas por la asistencia técnica extranjera recibida al nivel de las empresas —el estudio de la Secretaría de Hacienda del año 1969—[15] contiene pruebas circunstanciales pero muy convincentes en el sentido de que una gran parte de los pagos representa la asistencia técnica ficticia, o en otras palabras, corresponde a la salida subrepticia de las utilidades no fiscalizadas tanto de las filiales de las empresas extranjeras como de algunas netamente nacionales. Así, por ejemplo, la investigación de la SHCP comprobó que muchos de los pagos por concepto de asistencia técnica no estaban amparados por contrato alguno con sus presuntos proveedores. El caso más interesante es quizás el de las cadenas de los supermercados que recibían asistencia técnica de un lugar tan extraño como Panamá.

[15] *Investigación Fiscal, op. cit.*

Dado que por razones desconocidas la SHCP no procedió a realizar un estudio semejante sobre los pagos al exterior por concepto de regalías se sabe muy poco de este aspecto de la compra de tecnología por México. Sin embargo, existen pruebas circunstanciales de que en lo referente a las regalías, por un lado, en las operaciones entre las filiales de propiedad extranjera y sus respectivas casas matrices hay muchos casos en que la casa matriz fija el precio de la tecnología de manera arbitraria, independientemente de su valor en el mercado internacional; y, por otro, en que las empresas nacionales suelen pagar regalías excesivas. Si bien es fácil explicar el primer fenómeno, siempre que se tenga presente que el objetivo de una empresa internacional, con filiales en distintos países, es maximizar sus ganancias globales por todos los conceptos y no maximizar las utilidades contables de una sucursal, la explicación del segundo tampoco es difícil. En las negociaciones sobre la compraventa de tecnología, pocas empresas nacionales en países subdesarrollados cuentan con amplia información sobre la disponibilidad mundial de las tecnologías que necesiten. Además, su relativa debilidad financiera les condena en muchas ocasiones a comprar tecnología atada a las fuentes de aprovisionamiento de los bienes de capital y productos intermedios de origen extranjero. Finalmente, habida cuenta de que operan en un mercado altamente protegido y desprovisto de competencia, el costo de la tecnología importada tiene poca importancia; es uno de tantos costos que a fin de cuentas paga el consumidor nacional.

El asunto se complica todavía más cuando un país como México procede a diversificar su estructura productiva con base en la incorporación progresiva de los insumos nacionales. Tal política conlleva, por un lado, la creciente demanda de tecnología de origen extranjero, y, por otra, hace las nuevas industrias nacionales satélites de las subsidiarias extranjeras productoras de bienes finales. En muchos casos, las industrias nacientes de bienes intermedios, aun de propiedad nacional, dependen casi por completo de la tecnología procedente de las grandes empresas extranjeras ya establecidas en el país, sus clientes principales si no únicos. Al procederse a la diferenciación y la ampliación de la estructura industrial ocurre un fenómeno semejante al que tiene lugar al iniciarse el proceso de sustitución de importaciones al amparo de alta protección. En la etapa inicial del proceso de sustitución, los antiguos exportadores al mercado ahora protegido saltan las barreras de prohibición de importaciones estableciéndose en el país y compensando a veces con creces la pérdida del mercado de exportación con las rentas oligopolísticas originadas en la producción para el mercado protegido. Al pasar el país a la siguiente etapa, la de producción de bienes intermedios, la pérdida de las utilidades procedentes de las exportaciones de estos bienes a las filiales ensambladoras se compensa con las ganancias que se originan ahora, proveyéndose a ellas de tecnología o vendiéndola a terceros. Por consiguiente, no puede extrañar el hecho de que gran parte de las importaciones mexicanas de tecnología provenga de un solo país cuyas inversiones representan alrededor del 80% del total de las inversiones extranjeras privadas en México.

No cabe duda de que la mejor fiscalización y el control de las transacciones tecnológicas y la diversificación de sus fuentes, reduciría considerablemente el gasto de divisas por concepto de transmisión de tecnología, eliminándose tanto las transferencias espurias como disminuyendo las rentas monopolísticas que reciben los vendedores de la tecnología "atada". Empero, el atraso científico-tecnológico de un país como México le cierra estos caminos de acción. Cualquier control que se pretenda establecer de la transmisión de tecnología conlleva la necesidad de conocer previamente las necesidades tecnológicas de una sociedad. Para conseguir la tecnología extranjera adecuada y a precios competitivos hay que contar en forma paralela con la tecnología propia.

Cabe advertir que la tarea de abaratar el costo de la tecnología importada y escoger la adecuada es particularmente difícil cuando la transmisión de tecnología —como suele ocurrir en México— asume la forma de un "paquete" que consiste en la importación conjunta del capital extranjero, bienes de capital y tecnología mediante la inversión extranjera directa. La ausencia de control sobre esta última no permite conocer el costo real para el país importador de la tecnología incorporada en bienes de capital y bienes intermedios que, junto con la tecnología patentada y asistencia técnica, entra al país. El problema se complica todavía más por el hecho de que el llamado aporte tecnológico —en especial en el caso de las empresas mixtas con participación de capital nacional— suele contabilizarse como una parte de la aportación financiera del inversionista extranjero. Como en la mayoría de los casos el coparticipante nacional no está en condiciones de estimar el valor financiero de la aportación tecnológica externa, la conversión de la aportación tecnológica en aportación de capital es objeto de negociaciones en las que el empresario nacional se encuentra en situación de desventaja. El negociador extranjero suele aducir que no es sino justo que el comprador de su tecnología participe en forma equitativa en los gastos generales de investigación pura y aplicada de la empresa cedente. El argumento parece convincente. La alternativa aparente que enfrenta el comprador nacional de tecnología es incurrir en los fuertes gastos que supone crear su propia tecnología, en vez de adquirir la disponible en el exterior. De hecho, tal costo sería muy alto y a veces prohibitivo. Empero, el problema no reside aquí aun cuando el dueño de la tecnología tiene el verdadero monopolio de ella.

Si bien el costo de la elaboración de una tecnología podría representar para su nuevo usuario gastos de gran magnitud, la cesión de la tecnología ya existente por su dueño supone solamente gastos marginales de poca cuantía.[16] Por consiguiente, el precio de compraventa de tecnología es el resultado —en el caso del monopolio tecnológico— de la fuerza de regateo del comprador y, en el caso en que existan tecnologías alternativas, del conocimiento del mercado tecnológico internacional por parte de su potencial comprador. Si la empresa compradora no tiene amplia información al respecto y por otras razones no está en condiciones de elegir libremente entre tecnologías alternativas, se verá forzada a aceptar las condiciones del propietario de la tecnología deseada.

En el mundo real, el monopolio de la tecnología suele darse muy raras veces y, cuando se da, esto ocurre en sectores que poseen una tecnología sumamente dinámica que tiene poca demanda y escasa aplicación en países con nivel de desarrollo semejante al de México. Esto no quiere decir que el dueño de cualquier tecnología no pretenda, para fortalecer su posición negociadora, ofrecer una "tecnología exclusiva" que suele ser atada a marcas comerciales y otras prácticas restrictivas. Empero, la experiencia del Japón, país que ha tenido el mayor éxito en la compra en masa de tecnologías extranjeras, ha demostrado la amplia disponibilidad de las tecnologías alternativas en el ámbito mundial. La única manera de conocerlas consiste en la recopilación global de información tecnológica, tarea que solamente puede llevar a cabo con éxito un Estado consciente de que su función es no tan sólo recopilar los datos tecnológicos sino divulgarlos entre las empresas nacionales interesadas, y ayudarles en sus negociaciones con los propietarios extranjeros de las tecnologías necesitadas. Aunque sería poco realista pensar que el Estado en un país como México puede seguir el ejemplo del Japón, la experiencia japonesa indica que los compradores nacionales de tecnología extranjera seguirán estando en seria posición de desventaja frente a los proveedores, mientras no mejore sustancialmente el propio potencial científico-tecnológico nacional. Es probable que las exhortaciones de los países en desarrollo, dirigidas a los dueños de la tecnología moderna, para que faciliten los adelantos tecnológicos en condiciones menos onerosas, surtan un efecto sólo muy limitado, como también da pocos resultados tangibles la asistencia de los países productores de materias primas para que se les paguen "precios justos". Independientemente de los sistemas sociales y las ideologías políticas, el comercio de tecnología, lo mismo que el comercio in-

[16] Constantine V. Vaitsos, *Transfer of Industrial Technology to Developing Countries through Private Enterprises*, Bogotá, Colombia, febrero de 1970 (mimeo.).

ternacional de bienes, no se rige por razones éticas, reglas morales o consideraciones de beneficencia. Los precios y las demás condiciones de la transferencia de la tecnología dependen de la fuerza relativa de las partes negociadoras.

IV

El grado del avance científico-tecnológico sólo puede medirse superficialmente con los datos sobre el gasto nacional en estas actividades. Según esa medida, la brecha tecnológica entre Estados Unidos y el resto de los países avanzados seguiría en aumento de modo constante ya que Estados Unidos dedica a la ciencia y la tecnología mucho más *per capita* que cualquier otro país del mundo. Sin embargo, se duda de que Estados Unidos pueda mantenerse a la cabeza en este campo por mucho tiempo, dado que una parte muy considerable del esfuerzo científico-tecnológico norteamericano se canaliza hacia actividades que tienen poco que ver con los anhelos pacíficos del mundo actual. Algo parecido está ocurriendo con el esfuerzo científico-tecnológico de la URSS, que ha logrado grandes éxitos en las hazañas espaciales sin haber podido resolver satisfactoriamente la baja productividad de su agricultura.

De acuerdo con ese mismo criterio, tampoco podría decirse que la magnitud del gasto *per capita* aún pequeña en México refleja de manera fiel su avance científico-tecnológico. Desafortunadamente, como lo han demostrado algunas encuestas recientes, la mayor parte del gasto nacional en ciencia y tecnología corresponde a los llamados gastos administrativos. Además, existe una enorme proliferación de institutos de investigación que raras veces merecen este nombre, puesto que están integrados por un director y un par de investigadores no dedicados por entero a trabajar para la institución.[17] La gravedad de esta situación puede deducirse por el hecho de que "prácticamente todas las secretarías [de Estado] tienen algún departamento de investigación, aunque en algunos casos éstos son principalmente departamentos de planeación o de estudios económicos... Cuentan las secretarías de Estado con un 25%, tanto del personal como del presupuesto total de investigación existente en el país; sin embargo, al examinar el número de publicaciones se observa que sólo han contribuido con un 4% de los trabajos científicos publicados".[18]

[17] Ma. Luisa Rodríguez Salas de Gomezgil, *Las instituciones de investigación científica en México* (Inventario de su estado actual), Instituto de Investigaciones Sociales, México, 1970.

[18] Ma. Luisa Rodríguez Salas de Gomezgil, *op. cit.*, p. 378.

Así, el fenómeno de la burocratización y de la defectuosa asignación de los escasos recursos financieros para ciencia y tecnología en México parece ser aún más agudo en el sector estatal que en el conjunto de las instituciones científico-tecnológicas del país. Mientras la situación no mejore y es obvio que no mejorará por decreto, es difícil pensar que el aumento de los recursos financieros se traduzca en mejor productividad de la ciencia y la tecnología mexicanas y en disminución de la dependencia externa al respecto.

El creciente gasto en divisas por concepto de compra de tecnología en el exterior representa solamente una de las muchas facetas de este problema que reviste profunda gravedad. Otra faceta, hasta la fecha no discutida ampliamente en el ámbito nacional, es que una parte considerable de la tecnología importada corresponde a tecnologías superfluas que deforman, en vez de corregir, los patrones de consumo en una economía caracterizada por la extremadamente mala distribución del ingreso, en tanto que otra parte —también muy considerable— se incorpora a los procesos productivos con un grado mínimo de adaptación a la combinación de los factores de producción internamente disponibles. La falta de adaptación suele ocurrir tanto en el caso de transferencia de tecnología mediante la inversión extranjera directa como en el de la compra de tecnología en el exterior por las empresas nacionales. Las razones del uso de tecnologías complicadas y basadas en el ahorro de mano de obra por la empresa extranjera fueron explicadas recientemente con gran claridad por Hans W. Singer en los siguientes términos:

> ...tanto el deseo de maximizar sus ganancias originadas en su gasto en investigación pura y aplicada y en los conocimientos técnicos, como el interés en usar una tecnología que se conoce bien [en la casa matriz], llevará a la empresa extranjera a dar preferencia a las operaciones que usen capital de manera intensiva en vez de emplear un gran número de trabajadores locales. Las máquinas ya se conocen y puede depender uno de ellas... La mano de obra local es diferente y difícil de manejar en los países en desarrollo cuyas tradiciones y estructuras son distintas de las que rigen en las sociedades industriales donde nació la compañía extranjera. Por consiguiente la empresa no tendrá inconveniente en pagar buenos salarios. Éstos, de todos modos, serán todavía bajos en comparación con los salarios pagados en el país de la casa matriz; aún así equivaldrán a una pequeña parte del costo total de una operación basada en el uso intensivo del capital; representarán una buena inversión política para la empresa extranjera; finalmente, eliminarán el peligro de los problemas sindicales que podrán interferir en el uso eficaz de la maquinaria. Empero, la compañía extranjera será mucho más reacia a ajus-

> tar su tecnología a la situación local e iniciar una operación basada en el uso intensivo de la mano de obra... Se necesita un gobierno competente para armonizar la preferencia de la compañía extranjera por la tecnología que le es bien conocida con las necesidades del país receptor que pueden consistir en la creación de mayor empleo.[19]

El grado de preparación del Estado para forzar la adaptación de la tecnología a las necesidades locales debería ser particularmente alto en una economía como la mexicana que *a)* ofrece toda clase de incentivos a la inversión extranjera directa, *b)* consigue la gran mayoría de la tecnología de un solo país que cuenta con los mayores adelantos tecnológicos (Estados Unidos), y *c)* cuya población crece a una tasa de 3.5% al año sin que se reconozca oficialmente la gravedad del desempleo y el subempleo, resultante entre otros factores, de la explosión demográfica desconocida en otras partes del mundo. El hecho de que la tecnología norteamericana sea particularmente difícil de adaptar a los países en desarrollo en vista de la renuencia de las grandes empresas de Estados Unidos a tomar en cuenta la combinación de los factores de producción que caracteriza a las economías subdesarrolladas, es una realidad ampliamente comprobada.[20] El que el Estado, el sector privado y la sociedad mexicana cuentan con pocos elementos para fomentar la adaptación de las tecnologías extranjeras a las necesidades del desarrollo del país y usarlas para fortalecer el proceso interno de la innovación tecnológica, es otra realidad no menos obvia. El punto de partida para salir del atraso científico-tecnológico existente tiene que ser la aceptación auto-crítica de que éste representa uno de los aspectos del subdesarrollo general y particularmente del subdesarrollo educativo. La educación, la tecnología y la ciencia forman un todo y mientras no se ataquen las deficiencias del sistema educativo nacional, no se cambie la escala de valores sociales y no se modernicen las estructuras políticas, las posibilidades del progreso científico-tecnológico del país van a seguir siendo sumamente limitadas. Las negligencias al respecto, de muchas décadas de la vida del México posrevolucionario no pueden ser compensadas con un esfuerzo de los próximos seis años, como lo expresó recientemente con claridad meridiana un destacado científico mexicano, Emilio Rosenbluth.[21]

[19] H. W. Singer, "The Foreign Company as an Exporter of Technology", *Bulletin of Institute of Development Studies*, University of Sussex, Vol. 3, núm. 1, octubre de 1970, p. 11.

[20] Véase, por ejemplo, Richard D. Robinson, *International Business Policy*, Holt, Hart and Winston, New York, 1964, y Wickham Skinner, *American Industry in Development Economies*, John Wiley & Sons, Nueva York, 1968.

[21] Emilio Rosenbluth, *op. cit.*

En éste, como en todos los demás asuntos de importancia vital de México, no basta pensar en términos de un periodo de gobierno. Hay que pensar en el futuro de toda la nación que depende más del estado de su ciencia y tecnología que de las olimpiadas deportivas y políticas del momento.

XV. LA DINÁMICA DEL DISTANCIAMIENTO ECONÓMICO SOCIAL EN MÉXICO[1]

Rodrigo A. Medellín

CUANDO las futuras generaciones vuelvan la mirada a la nuestra, es probable que la denominen "la era de los vuelos espaciales y del desarrollo socio-económico". No que uno u otro se hayan logrado plenamente; pero el empeño por conquistar el espacio y eliminar la pobreza ocupa un lugar destacado en el interés y la voluntad de grandes sectores de la humanidad.

México no ha gastado sumas enormes de dinero en conquistar el espacio; pero sí ha hecho esfuerzos increíbles por vencer el hambre, la ignorancia, la enfermedad; por educar y dar empleo a su población creciente, por desarrollar el país y transformarlo en un *habitat* digno del hombre.

México no ha cometido el error funesto de buscar un mero crecimiento económico; siempre ha visto el crecimiento económico como un aspecto del desarrollo social integral. Los grupos más representativos de México llevan varias décadas luchando por ese desarrollo integral, y el éxito ha sido inmenso. Sin embargo, aunque nuestro desarrollo es impresionante, ha traído consigo un conjunto de fenómenos característicos, que representan desafíos formidables a los sectores responsables del país.

En el plano internacional es bien sabido que las distancias que median entre los países desarrollados y los países en vías de desarrollo, lejos de disminuir, se van agrandando cada vez más. Esto no quiere decir que los países en vías de desarrollo no experimenten una mejora en su nivel de vida. Salvo excepciones, todos van progresando. Sin embargo, por más esfuerzos que se hacen, ha sido imposible reducir las distancias. En ocasiones esas desigualdades parecen agrandarse por el hecho mismo de existir. Ambas categorías de países se distancian cada vez más unos de otros. Últimamente se ha hablado de que este mismo fenómeno se presenta en ocasiones dentro de un país, entre las diversas zonas geográficas, sectores económicos, estratos de ingresos, etcétera. ¿Se puede decir que es el caso en México?

El presente estudio pretende dar una respuesta inicial a la siguiente pregunta: ¿en México se percibe una tendencia a la desigualdad creciente entre las diversas regiones del país? En caso afirmativo, ¿cuál es la causa de que las desigualdades aumenten? ¿detrás de esta des-

[1] El presente trabajo es una versión modificada y ampliada del que apareció en la *Revista Mexicana de Sociología*, Vol. XXXI, núm. 3 (julio-septiembre, 1969), pp. 513-46.

igualdad creciente, podemos percibir un fenómeno de más trascendencia socio-económica; una verdadera dinámica de distanciamiento tanto regional como entre estratos socioeconómicos, sectores de actividad económica y factores de la producción?

En esta ocasión nos reduciremos a estudiar el fenómeno de distanciamiento regional. Nos inspiramos básicamente en las ideas de Gunnar Myrdal sobre los desequilibrios que trae consigo el desarrollo.[2] De ninguna manera pretendemos haber tratado el tema exhaustivamente. Se trata de un estudio exploratorio, emprendido en medio de una escasez de recursos y tiempo. Sin embargo, nos pareció de suficiente importancia como para darlo a conocer, con la esperanza de que en el futuro haya la posibilidad de emprender un estudio más profundo.

El fenómeno que estudiamos es sumamente complejo. Sin duda son muchísimos los factores que influyen. Sin embargo, en este estudio exploratorio solamente se han analizado unos cuantos, de naturaleza más bien sociológica, que nos parecieron de especial relevancia. Básicamente hemos concentrado la atención en los recursos humanos con que cuenta cada región. Un estudio más profundo tendría que intentar abarcar todos los factores de influencia, y determinar la importancia relativa de cada uno.

A pesar de estas limitaciones, nos parece que hay suficiente evidencia para no rechazar la hipótesis que presentamos, y nos parece que el fenómeno es de suficiente trascendencia social como para estudiarlo con más atención y detenimiento.

Además de las estadísticas analizadas y las conclusiones a que se llega, nos parece interesante la conceptualización misma de la dinámica de distanciamiento y su relación con el desarrollo socioeconómico, así como la metodología utilizada para analizar el fenómeno.

Repetimos, ojalá algún día se pueda emprender una investigación más a fondo del tema que aquí presentamos.

Desarrollo y desigualdades sociales

Como en todo país en vías de desarrollo, la estratificación social en México marca grandes desigualdades en todos los aspectos —económico, social, cultural— tanto entre estratos socioeconómicos, como entre sectores y entre las diversas regiones del país México está en proceso de desarrollo. En este proceso, ¿las desigualdades se están reduciendo o se están acentuando?

[2] Gunnar Myrdal, *Economic Theory and Under-Developed Regions,* Gerald Duckworth and Co. Ltd., Londres, 1957 (Traducción española en el Fondo de Cultura Económica).

Una primera respuesta nos la da el fenómeno del marginalismo socioeconómico.[3] En México hay un núcleo de población que se ha quedado totalmente al margen del desarrollo del país.

Su marginalismo no es únicamente de carácter *pasivo* —no recibir los beneficios sociales, culturales y económicos que el desarrollo trae consigo— sino también de carácter *activo* —la incapacidad o imposibilidad de contribuir con la acción personal o colectiva a mejorar la propia suerte y a colaborar con el desarrollo general del país.

Un análisis de los datos de la distribución de ingresos por estratos sociales nos indica que en trece años (de 1950 a 1963) se notó una mejoría grande en los ingresos del estrato medio alto, y parte inferior del rico. El estrato medio bajo permaneció igual. En cambio, se agravó la situación relativa del 30% más pobre de la población, que en 1950 recibía el 9.9% mientras que en 1963 recibió sólo el 6.7% del ingreso nacional; aunque también se eliminaron los ingresos extraordinariamente altos de mediados de siglo. O sea que, salvo el caso de los ingresos altísimos, sí se nota un distanciamiento entre el estrato pobre y los estratos acomodado y rico.[4]

Desigualdad creciente entre regiones del país (Indicadores sociológicos)

Para estudiar la tendencia que han seguido las desigualdades regionales en México, hemos tomado como base el análisis de cambio social que hace Wilkie[5] y en concreto su cuadro sobre el nivel de pobreza estatal y regional en el país;[6] utilizando los pocos datos que presentan los censos en México, Wilkie determina el nivel de pobreza de cada entidad federativa y cada región por décadas en lo que va del siglo. Para ello toma el porcentaje de analfabetos, indígenas monolingües, población rural, población descalza, población que usa guaraches, que come tortillas y no pan de trigo, población sin drenaje en su casa, y saca un promedio de esos siete porcentajes. Las variaciones en el ni-

[3] Pablo González Casanova, *La democracia en México* (2a. ed.; México; Ediciones Era, 1967), pp. 72-82, cfr. también Rodrigo A. Medellín, *La sociedad en México: capítulos para un libro* (Edición Provisional) México, Centro de Investigación y Acción Social, 1969, cap. VII.

[4] Jesús Prieto Vázquez, "La distribución del ingreso en México", *Comercio Exterior*, Vol. XIX, núm. 9, septiembre de 1969, p. 692.

[5] James W. Wilkie, *The Mexican Revolution: Federal Expenditure and Social Change Since 1910*. University of California Press, Berkeley, 1967, Parte segunda, pp. 177-485.

[6] *Ibid.*, p. 236.

vel de pobreza de una década a otra pretenden reflejar el cambio social que ha habido en México.[7]

Wilkie agrupa los Estados en seis regiones geográfico-sociales además del Distrito Federal (ver mapa en la pág. sig.).[8] El nivel de po-

[7] Sobre las limitaciones de este "índice de pobreza", ver Wilkie, *op. cit.*, p. XXVII. En fecha posterior a la publicación de este artículo, apareció en la revista *Economía y Demografía* (vol. IV, núm. 3) un artículo de Unikel y Victoria sobre la "medición de algunos aspectos del desarrollo socio-económico de las entidades federativas de México 1940-1960". Con base en doce indicadores teoréticamente estratégicos, y utilizando el método de análisis factorial a base de componentes principales, establecen un *índice de desarrollo* relativo de las 32 entidades al inicio de cada década. Se le sugirió al autor utilizar este índice al revisar el presente artículo, por su superioridad estadística respecto al de Wilkie. Por dos razones no se hizo. En primer lugar, dada su naturaleza estadística el índice de Unikel-Victoria —como ellos mismos lo hacen notar (*loc. cit.* p. 297, nota 9)— no se presta para calcular tasas de crecimiento, pieza esencial en el presente estudio. En segundo lugar porque, calculada la correlación de Pearson entre ambas medidas, la de Wilkie no quedó tan mal parada. Los coeficientes de correlación fueron los siguientes:

para 1940, r = —.931
para 1950, r = —.933
para 1960, r = —.927

Era obvio que la correlación resultaría de signo negativo: a mayor desarrollo, menor pobreza. Lo sorprendente fue la magnitud de los coeficientes. Todos son significativos más allá del nivel 0.001. Difícilmente se podían pedir más altos. Parece que son tan marcadas las desigualdades y cubren tantos aspectos de la vida social, que prácticamente cualquier indicador nos manifiesta el fenómeno de manera semejante.

Este estudio no intenta un examen del cambio social en el sector medio o de la sociedad ni aun en todos los ámbitos del sector más bajo.

La definición de pobreza que se desarrolla aquí no se refiere necesariamente a la pobreza individual. Las personas incluidas en el índice pueden compartir varias características de pobreza y, sin embargo, tener un ingreso relativamente alto. Hablando globalmente, la integración de México se ve grandemente obstaculizada por la persistencia de un alto nivel en las características de pobreza. La modernización social, junto con el desarrollo económico, es un requisito para elevar el nivel general de vida. El índice de pobreza pretende medir el descenso en el nivel colectivo de penuria social en México en diferentes épocas de su historia (*op. cit.*, p. XXVII).

[8] La región Norte abarca Baja California Norte, Chihuahua, Coahuila, Nuevo León, Sonora y Tamaulipas.

La región Oeste comprende Aguascalientes, Baja California Sur, Colima, Durango, Jalisco, Nayarit y Sinaloa.

La región Centro-Oeste incluye a Guanajuato, México, Michoacán y Morelos.

La región Centro-Este está constituida por Hidalgo, Puebla, Querétaro, San Luis Potosí, Tlaxcala y Zacatecas.

La región Sur se compone de Chiapas, Guerrero y Oaxaca.

La región Golfo está integrada por Campeche, Quintana Roo, Tabasco, Veracruz y Yucatán.

REGIONES GEOSOCIALES DE LA
REPUBLICA MEXICANA
Escala gráfica
0 100 200 300 400 500
KILOMETROS
ESTADOS UNIDOS DE NORTEAMERICA
NORTE
OESTE
CENTRO ESTE
CENTRO OESTE
GOLFO
SUR
GOLFO DE MEXICO
OCEANO PACIFICO
BELICE
GUATEMALA

breza en cada región se obtuvo sacando el promedio del nivel de pobreza de los estados comprendidos dentro de la región. A su vez, como dijimos antes, el nivel de pobreza de cada Estado se obtuvo calculando el promedio de porcentajes de los siete indicadores antes mencionados: porcentaje de analfabetas, de indígenas monolingües, etcétera.

El cuadro 1 nos presenta el nivel de pobreza de cada región, en orden de mayor a menor pobreza, para 1921, 1940 y 1960.

Cuadro 1. Nivel de pobreza (en porcentajes) de las regiones geo-sociales de México, 1921, 1940 y 1960

Región	*1921*	*1940*	*1960*
República Mexicana	53.1	46.0	33.1
Sur	66.0	62.6	51.1
Centro-Este	61.5	54.7	45.0
Centro-Oeste	56.3	50.4	36.9
Golfo	55.8	45.9	35.0
Oeste	49.1	41.8	32.0
Norte	41.1	31.5	21.3
Distrito Federal	16.2	11.2	8.8

FUENTE: Wilkie, *op. cit.,* cuadro 9-10, p. 236.

Mientras más alto es el nivel de pobreza de una región, se supone que más pobre es esa región. Dicho con más precisión, mientras más alto es el nivel de pobreza, mayor es la proporción de clase popular (pobre) en esa región. En 1960, por ejemplo, el Sur tuvo un nivel de pobreza de 51.1 mientras en el Distrito Federal fue únicamente de 8.8.

En este cuadro podemos apreciar con toda claridad el desarrollo socioeconómico de México. Como se ve, en 40 años el país en conjunto bajó su nivel de pobreza de 53.1 a 33.1%. Y esta reducción en la pobreza no se refiere únicamente al país en conjunto; todas las regiones,

El Distrito Federal recibe un lugar aparte.

Para agrupar los Estados en esta forma, Wilkie adopta dos criterios: primero, que los Estados de una misma zona tengan aproximadamente el mismo nivel de pobreza a través de las décadas; segundo, que las diversas regiones, incluyendo al D. F., tengan aproximadamente el mismo número de habitantes. En esta forma se consigue una relativa homogeneidad entre las regiones, sin que, sin embargo, se llegue a una homogeneidad absoluta. La región del Golfo, por ejemplo, agrupa a Estados tan diferentes como Veracruz y Yucatán. El primero se está desarrollando mientras que el segundo más bien parece que va en retroceso. (Wilkie, *op. cit.*, *pp.* 243-245).

sin excepción, fueron reduciendo su nivel de pobreza década tras década, unas más otras menos. Este descenso general en el nivel de pobreza del país se puede apreciar en la gráfica 2.

Una vez que ha quedado bien claro el progreso de todas y cada una de las regiones, lo que nos interesa es determinar si las distancias entre las diversas regiones aumentaron o disminuyeron a través de estas cuatro décadas. El cuadro 1 y la gráfica 2 nos presentan el nivel de pobreza de cada región en cifras absolutas. Para poder determinar si las distancias se han ampliado o se han disminuido, tendríamos que calcular cuántas veces más pobre era una región con relación a otra en 1921 y cuántas veces en 1960. Por ejemplo, la zona Sur era 4.07 veces más pobre (66.0/16.2) en 1921 y 5.8 veces más pobre (51.1/8.8) en 1960. O sea que, no obstante que en cifras absolutas la zona

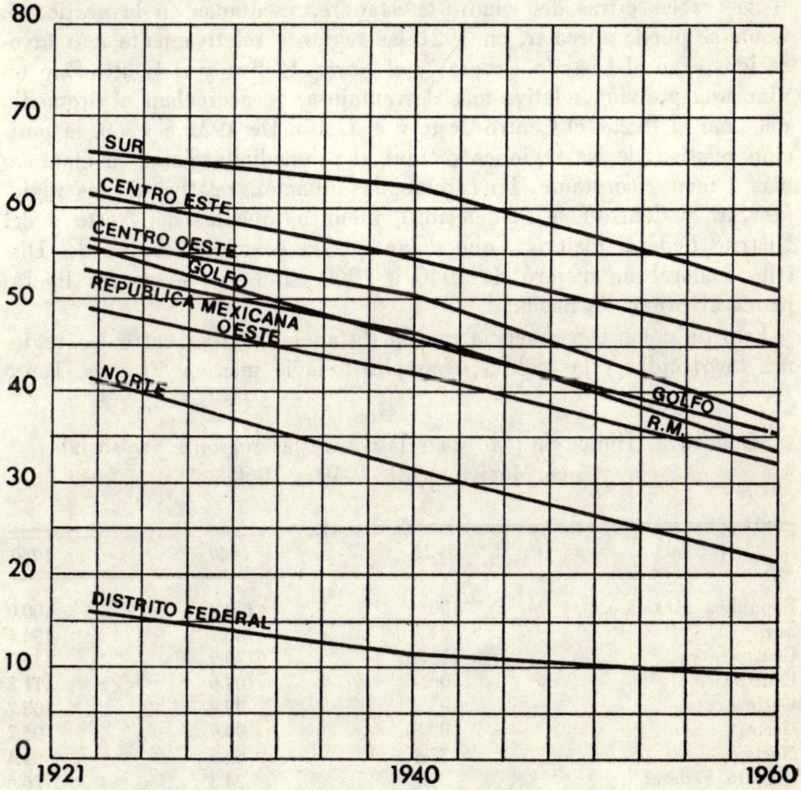

GRÁFICA 2. *Nivel de pobreza (en porcentajes) de las regiones geo-sociales de México*

Sur bajó su nivel de pobreza más que el Distrito Federal (66.0 — 51.1 = 14.9 en el Sur, y 16.2 — 8.8 = 7.4 en el D.F.), la situación relativa del Sur con respecto al Distrito Federal se agravó. En otras palabras, aunque la distancia en cifras absolutas se haya reducido ligeramente, la posición relativa se ha deteriorado. Y es que, conforme mejora la situación general del país (53.1 — 33.1 = 20), una reducción ligera (de 14.9 a 7.4) en la distancia absoluta entre regiones, en realidad implica una distancia relativa mucho mayor.

Para facilitar el estudio de la distancia relativa entre regiones a través de las décadas, podemos preguntarnos si las diversas regiones están más cerca o más lejos del promedio general de la República en cada una de las décadas. Para esto basta convertir las cifras absolutas de cada década en índices donde la base (100) sea el nivel de pobreza promedio del país en esa década. El resultado aparece en el cuadro 2. A su vez las cifras del cuadro 2 están representadas en la gráfica 3. Como se puede apreciar, en 1921 las regiones relativamente más favorecidas eran el Distrito Federal y el Norte. El Sur y el Centro-Este tenían una posición relativa más desventajosa. Se acercaban al promedio nacional el Oeste, el Centro-Oeste y el Golfo. De 1921 a 1960, la posición relativa de las regiones vecinas al promedio nacional se mantuvo más o menos constante. En cambio, la situación relativa de las regiones Sur y Centro-Este se deterioró, mientras que las del Norte y del Distrito Federal mejoró. Cabe notar que la posición relativa del Distrito Federal no mejoró de 1940 a 1960, sino que se acercó ligeramente al promedio nacional.

Esto da como consecuencia que la distancia relativa entre las regiones favorecidas y las pobres se amplió todavía más en 40 años. Tanto

Cuadro 2. Índice de pobreza relativa de las regiones geo-sociales en México, 1921, 1940 y 1960

Región	*1921*	*1940*	*1960*
República Mexicana	100.0	100.0	100.0
Sur	124.3	136.1	154.4
Centro-Este	115.8	118.9	136.0
Centro-Oeste	106.0	109.6	111.5
Golfo	105.1	99.8	105.7
Oeste	92.5	90.9	96.7
Norte	77.4	68.5	64.4
Distrito Federal	30.5	24.3	26.6

FUENTE: Calculado del cuadro 1.

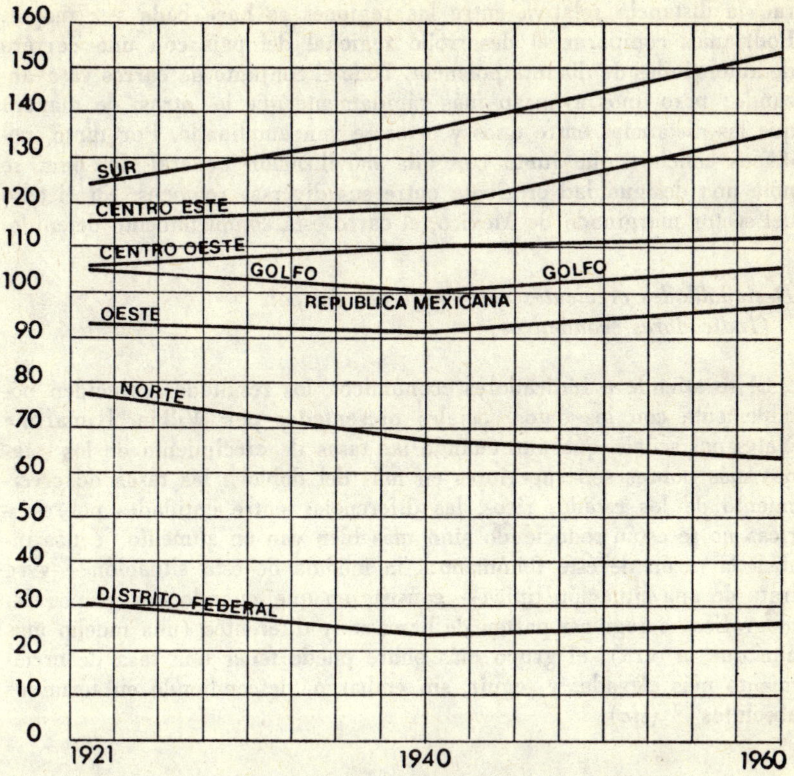

GRÁFICA 3. *Índice de pobreza relativa de las regiones geo-sociales de México*

(República Mexicana = 100)

en 1921 como en 1960 las regiones que más distaban entre sí eran el Distrito Federal y el Sur. Pero la distancia aumentó. En 1921 el Distrito Federal tenía 30.5 en el índice mientras que el Sur tenía 124.3. Cuarenta años después el Distrito Federal tiene 26.6 y el Sur 154.4. Haciendo un cálculo semejante, nos encontramos que de 1940 a 1960 todas las regiones es han distanciado entre sí, salvo el Norte-D.F.

Esto no quiere decir que no haya habido progreso en las regiones que se van quedando relativamente retrasadas. Como ya vimos en el cuadro 1, el nivel de pobreza ha descendido bastante en todas las regiones. Aún en el Sur, la región más pobre, el nivel de pobreza bajó de 66.0 a 51.1 en 40 años. Sin embargo, a pesar de ese progreso general, la distancia relativa entre las regiones se hace cada vez mayor. Podríamos comparar el desarrollo regional del país con una carrera de automóviles de distinta potencia. Todo el conjunto de carros va avanzando; pero unos avanzan más rápidamente que los otros, de manera que las distancias entre unos y otros se van ampliando. Por tanto, podemos concluir que junto con una movilización general del país, se nota una desigualdad creciente entre sus diversas regiones. En el caso del sector marginado de México, el carro está completamente detenido.

Desigualdades crecientes entre regiones del país (Indicadores económicos)

Si se atiende a indicadores económicos, los resultados coinciden notablemente con los datos sociales presentados por Wilkie. Lamartine Yates nos señala que aun cuando las tasas de crecimiento de los estados más pobres son superiores en más del doble a las tasas de crecimiento de los estados ricos, las diferencias entre entidades pobres y ricas no se están reduciendo sino más bien van en aumento. Y nos indica la razón de este fenómeno: "la médula de esta situación —y se trata de una situación típica— consiste en que, cuando dos grupos demográficos o regiones parten de bases muy diferentes (una mucho más alta que la otra), el grupo más pobre puede tener una tasa de crecimiento más elevada, y seguir, sin embargó, descendiendo en términos absolutos"[9] (*sic*).

La dinámica del distanciamiento

Perspectivas para el futuro

Habiendo señalado suficientemente que las desigualdades socioeconómicas entre las regiones de México, tal como se reflejan en el nivel de pobreza y en el PNB *per capita*, lejos de disminuir va aumentando,[10] espontáneamente surge la pregunta: ¿qué va a suceder en el futuro?

[9] Paul Lamartine Yates, *El desarrollo regional de México*, Banco de México, S. A., México, 3ª edición, 1965, pp. 110-112. Nos parece que más bien debe hablarse de términos *relativos* y *no absolutos*.

[10] También otros autores al hablar de la distribución regional del ingreso, ponen de relieve la creciente desigualdad. Cfr. Ifigenia M. de Navarrete, "La distribución del ingreso en México: tendencias y perspectivas", *El perfil de México en 1980* (2 Vols.; Siglo XXI, Editores, México 1970) Vol. 1, pp. 33. Lo mismo advierte Gilberto Loyo en su ponencia ante la Reunión Nacional para el estudio del Desarrollo Regional (Aguascalientes, 19 de mayo de 1970), *El Día*, 20 de mayo de 1970, p. 3.

¿se seguirán ampliando las desigualdades indefinidamente, o llegará un momento en que las desigualdades dejen de aumentar y surja una tendencia hacia menor desigualdad? ¿esto sucederá espontáneamente, o es necesaria una acción planeada y conscientemente orientada para lograrlo? Responder a estas preguntas es tarea difícil, por lo complejo del fenómeno. En este capítulo sólo trataremos de señalar algunas líneas que nos pueden dar luz al respecto. De ninguna manera pretendemos dar una respuesta completa o definitiva.

Diferencia en las tasas de crecimiento regional

Después de hacer ver que no obstante las tasas de crecimiento comparativamente más altas en los estados pobres, las diferencias entre entidades ricas y pobres no se están reduciendo sino que más bien van en aumento, Lamartine Yates termina con una nota optimista: "A largo plazo, manteniendo las mismas tasas, después de haberse ampliado mucho la diferencia, ésta disminuirá finalmente".[11] Ahora bien, lo que es dudoso es que se puedan seguir sosteniendo las mismas tasas de crecimiento diferencial: más altas para los estados pobres y más bajas para los estados ricos. Cuando el ingreso de un estado es pequeño, un incremento también pequeño representa un porcentaje de crecimiento alto. Pero conforme el ingreso va siendo mayor, es difícil conservar una tasa de crecimiento elevada. Es muy posible que esto les suceda a los estados pobres conforme vayan mejorando, y que, por tanto, las tasas de todos los estados tiendan a igualarse. Con esto, las distancias se ampliarían aún más, sin que llegaran a reducirse nunca.

Hacia una comprensión más profunda

Estas reflexiones nos dan una pista para lograr una comprensión más profunda del fenómeno social en México. Es ya grave que conforme se desarrolla el país, las desigualdades aumenten en vez de disminuir; es también grave que haya una incertidumbre respecto a la posibilidad de que, siguiendo el ritmo actual de desarrollo económico en las diversas regiones, algún día puedan ir disminuyendo esas desigualdades; pero mucho más grave sería que las desigualdades aumentasen por el hecho mismo de existir: que una región, por el hecho mismo de estar retrasada inicialmente, se vaya quedando cada vez más retrasada en términos relativos, aun cuando vaya progresando en términos absolutos. Si tal fuera el caso, probablemente nos encontraríamos ante

[11] Lamartine Yates, *loc. cit.*

un fenómeno mucho más serio: ante una verdadera dinámica de distanciamiento entre las diversas regiones, como también entre diversos sectores económicos, factores de la producción y clases sociales.

El concepto de dinámica de distanciamiento

Antes de explorar la hipótesis de si existe en México una dinámica de distanciamiento regional, conviene tener claro el concepto mismo. Es necesario, ante todo, caer en la cuenta de que se trata de una verdadera dinámica socioeconómica. Lo fundamental no es que las distancias entre las regiones se vayan ampliando. La médula del fenómeno es que existe un dinamismo que está provocando este distanciamiento creciente.

En esta dinámica podemos distinguir tres aspectos:

a) En las regiones desarrolladas, el desarrollo mismo crea las condiciones necesarias para un ulterior desarrollo. De tal modo que el ritmo de desarrollo se va acelerando.

b) Las regiones retrasadas carecen de los elementos necesarios para desarrollarse. O en todo caso su desarrollo es comparativamente más lento.

c) Las regiones desarrolladas y subdesarrolladas no están aisladas entre sí, sino que tienen relaciones peculiares. Es bien conocida la tesis de Gunnar Myrdal respecto a los efectos que una región en desarrollo tiene sobre las regiones subdesarrolladas circunvecinas.

1) Efectos de reflujo *(backwash effects)*. El desarrollo mismo de una región tiende a provocar estancamiento y aun retroceso en las regiones circunvecinas debido a la influencia de capitales, a la migración interna de los individuos mejor dotados y a condiciones más favorables a la industrialización de la región en desarrollo.

2) Efectos de difusión *(spread effects)*. Por otra parte hay ciertos efectos centrífugos, de expansión de los centros de desarrollo económico hacia otras regiones, que contrarrestan los efectos de reflujo. Esto se debe a una mayor demanda de productos agrícolas, que a su vez estimulan el avance tecnológico. Los efectos de difusión pueden alcanzar aun regiones lejanas donde existan condiciones favorables para la producción de las materias primas que exige el centro de expansión. Esto puede provocar un aumento en el empleo y en la demanda de bienes de consumo, que impulsan la industrialización de dichos bienes de esa región. En esta forma, si los efectos de difusión pueden superar a los de reflujo, se habrán creado nuevos centros de expansión económica autosostenida. Sin embargo, en ningún caso se puede presuponer que los efectos de difusión, necesaria o espontáneamente equilibren a los de reflujo. En un caso-límite ambos pueden contrarrestarse, y así una región quedaría estancada. Pero que se contrarresten no quiere decir que se logre un equilibrio estable, pues cualquier cambio en los factores desatará un movimiento de desarrollo o de retroceso.[12]

3) El colonialismo interno. Los sociólogos en México han descrito con el término de "colonialismo interno" las relaciones que frecuentemente median entre sectores o regiones con diverso grado de desarrollo. El fenómeno aparece con más claridad donde hay comunidades indígenas. Un centro rector o metrópoli ejerce un monopolio sobre el comercio y el crédito indígena, con relaciones de intercambio desfavorables para las comunidades indígenas, que viven aisladas respecto a cualquier otro centro o mercado. Más aún, "existe una explotación conjunta de la población indígena por las distintas clases sociales de la población ladina".[13]

Tipo de causalidad

Los factores que influyen en esta dinámica de distanciamientos actúan con una causalidad complementaria, circular y acumulativa. Es decir:

1) Los factores se complementan unos a otros y en esa forma refuerzan su eficacia.

2) Los efectos que producen estos factores se transforman a su vez en causas ulteriores, de manera que *a* es causa de *b*, y *b* a su vez se vuelve causa de *a*; en esta forma se establece una causalidad recíproca o circular.

3) Esto hace que las causas se vayan acumulando; el proceso de desarrollo en las zonas desarrolladas y de estancamiento en las zonas subdesarrolladas, se refuerza. Se instaura entonces una causalidad acumulativa ascendente o descendente. Es ya famosa la noción del círculo vicioso de la pobreza. Una región o grupo social precisamente por ser pobre se vuelve cada vez más pobre en relación con el resto de la sociedad.[14] En cambio, en una re-

[12] Myrdal, *op. cit.*, *pp.* 27-33.

[13] González Casanova, *op. cit.* pp. 82-86.

[14] Nurkse da como un ejemplo claro de este círculo vicioso de la pobreza la dificultad que experimentan los países subdesarrollados para acumular capital. Cfr. Ragnar Nurkse, *Problems of Capital Formation in Underdeveloped Countries*, Basil Blackwell, Oxford; 1957, pp. 4-5 (Hay edición del FCE).

gión próspera se enriquece cada vez más rápidamente. Existe el círculo virtuoso del desarrollo.

Situación inicial y ritmo de cambio

Para explorar la hipótesis de que en México exista una dinámica de distanciamiento regional, no nos basta constatar que las distancias entre las diversas regiones se están ampliando. De alguna manera hay que establecer una relación entre la desigualdad creciente y la situación inicial de cada una de las regiones.

Como primer paso, pues, tratemos de verificar la siguiente hipótesis: han bajado más rápidamente su nivel de pobreza a través del tiempo aquellas regiones que comenzaron en situación mejor, y más lentamente aquéllas que empezaron en un nivel de pobreza mayor. La verificación de esta hipótesis nos llevaría a sospechar que realmente existe una dinámica de distanciamiento regional en la República.

Para que las diversas regiones mantuvieran la misma distancia relativa a través de los años, sería necesario un porcentaje de cambio en el nivel de pobreza igual en todas. (Por porcentaje de cambio en un periodo dado entendemos:

$$\frac{\text{nivel de pobreza inicial — nivel de pobreza final}}{\text{nivel de pobreza inicial}} = 100$$

No hay que confundir este término con la tasa de crecimiento del PNB). Ahora bien, un porcentaje de cambio *igual* en todas las regiones implicaría un descenso en el nivel de pobreza absoluto *mayor* en los estados retrasados y *menor* en los estados ricos.

Si el porcentaje de cambio es *menor* para los estados ricos y *mayor* para los pobres, la distancia relativa tiende a *disminuir*. Por el contrario, si el porcentaje de cambio es *menor* para los estados más pobres y *mayor* para los más ricos, la distancia relativa se *amplía*. Esto último sería un indicio de que existe una dinámica de distanciamiento.

El resultado de los cálculos se presenta en el cuadro 3.

Como se puede observar en la columna D, el porcentaje de cambio no fue igual para todas las regiones. Más aún, lejos de favorecer a las regiones más pobres, las desfavorece: el porcentaje de cambio fue menor en las regiones más pobres, y mayor en las regiones más ricas. Esto se ve claro comparando la columna B y la columna E, que nos señalan los rangos en el nivel de pobreza y los rangos en el porcentaje

Cuadro 3. Situación inicial y porcentaje de cambio regional de 1921 a 1960

Región	*Nivel de pobreza en 1921*	*Rango*	*Reducción en el nivel de pobreza 1921-1960*	*Porcentaje de cambio (c/a 100)*	*Rango*
República Mexicana	53.1	—	20.0	37.66	—
Sur	66.6	1	15.9	24.09	1
Centro-Este	61.5	2	16.5	26.82	2
Centro-Oeste	56.3	3	19.4	34.45	3
Golfo	55.8	4	20.8	37.27	5
Oeste	49.1	5	17.1	34.82	4
Norte	41.1	6	19.8	48.17	7
Distrito Federal	16.2	7	7.4	45.67	6

FUENTE: Cuadro 1.

de cambio. No obstante dos inversiones —Golfo-Oeste y Norte-Distrito Federal—, los rangos están bien correlacionados.[15]

Así pues, en conjunto mientras más pobre era una región inicialmente, más lento ha sido su desarrollo, y mientras mejor era su situación inicial, más rápidamente se ha desarrollado.

Esta conclusión parece contradecir los datos de Lamartine Yates que presentamos más arriba: en términos económicos los Estados más pobres llevan una tasa de crecimiento en el producto *per capita* mayor que los Estados más ricos. Aquí, en cambio, hemos encontrado que el porcentaje de cambio social —disminución en el nivel de pobreza— es menor para los Estados pobres y mayor para los Estados ricos. Como hipótesis para explicar esta aparente contradicción proponemos la si-

[15] Esto lo podemos comprobar aplicando la fórmula de correlación de rangos de Spearman:

$$\text{rho} = 1 - \frac{6 \Sigma D^2}{M (N^2-1)}$$

$$\text{rho} = 1 - \frac{6.4}{7 (49-1)} = .9286$$

La significancia a nivel de .01 para N = 7 es de .893, de manera que la correlación obtenida es claramente significativa. Cfr. J. P. Guilford, *Fundamental Statistics in Psychology and Education* (4ª Ed.; New York: McGraw Hill, 1965) pp. 304-308 y 593.

guiente: se trata de dos estadísticas de naturaleza distinta. El PNB *per capita* es un simple promedio aritmético. No nos dice nada respecto a la distribución del ingreso ni respecto al cambio social sobre todo entre los estratos económicamente más bajos de la población. El nivel de pobreza, por otra parte, refleja fundamentalmente la situación sociocultural de los estratos más bajos de cada región. Con esto en mente, podemos sospechar que en los estados pobres han aumentado mucho los ingresos de la población desarrollada —los estratos económicamente superiores—, mientras que la situación de los estratos más pobres ha variado poco. En esta forma el promedio de ingresos *per capita* puede subir, sin que descienda en la misma proporción el nivel de pobreza de la región. Como señalaremos más adelante, esto nos indica que el distanciamiento, y probablemente también la dinámica de distanciamiento, está operando dentro de cada Estado entre los diversos estratos sociales.

Factores de la dinámica de distanciamiento

Si se acepta la concepción arriba expresada de una causalidad complementaria, circular y acumulativa, salta a la vista que no es posible señalar un factor único y absolutamente determinante en la dinámica de distanciamiento. Todos los factores están interrelacionados y cada uno es causa de los demás de una manera recíproca, aunque sin duda puede haber factores más importantes que otros, y aún factores primordiales.

En México los factores que intervienen son múltiples y complejos. Sería motivo de una investigación en forma intentar determinar con precisión todos ellos y la importancia relativa de cada uno. En este trabajo sólo analizaremos algunos —los suficientes, nos parece, para concluir que realmente existe la dinámica de distanciamiento. Los factores que atenderemos son predominantemente sociológicos, aunque necesariamente conectados con lo económico. Este análisis, aunque sea incompleto, nos puede dar luz respecto al futuro: si seguirá operando la dinámica de distanciamiento o si amainará, para dar paso a un desarrollo más equilibrado.

Haciendo un análisis de los factores que hemos podido estudiar, nos parece que podemos dividirlos en tres tipos: *a)* factores que refuerzan la dinámica de distanciamiento; *b)* factores ambiguos —no es clara su influencia en la dinámica; *c)* factores que tienden a contrarrestar la dinámica.

a) Factores que refuerzan la dinámica de distanciamiento

El retraso o desarrollo de una región, así como su ritmo de desarrollo, dependen en gran medida de los recursos humanos con que cuenta; pero a su vez los recursos humanos suelen reflejar el grado de desarrollo de la región. Como veremos, en México existe una correlación alta entre la proporción de población educada y el grado de desarrollo de una región indicado por el nivel de pobreza.

Población educada y distanciamiento regional

El nivel de instrucción de la población, decíamos, constituye uno de los factores primordiales para el desarrollo o estancamiento de una región. Pero al mismo tiempo, dicho nivel está en función del desarrollo económico y social de la región: depende en gran medida de la cantidad de recursos financieros que puedan canalizarse hacia la labor educativa y de los valores sociales que hagan apreciar en mayor o menor grado la educación. Aquí nos encontramos de nuevo ante una causalidad complementaria, circular y acumulativa, que provoca la dinámica de distanciamiento a que nos hemos referido.

Un análisis estadístico nos muestra que en 1960 había una correlación positiva alta entre el desarrollo de una región y el nivel de educación alcanzado por sus habitantes. Analizando renglón por renglón podemos observar lo siguiente:

1) La población sin ninguna instrucción. El porcentaje nacional es de 43.6. Las cuatro regiones más pobres tienen un porcentaje de no educados superior al nacional, mientras que las tres más desarrolladas tienen un porcentaje menor que el global de la República. Más aún, se observa una correlación perfecta entre rangos de pobreza y rangos en carencia de educación. Los porcentajes, yendo de las regiones más pobres a las menos pobres, son: 66.1, 53.2, 53.6, 47.8, 39.0, 27.3, 21.7. Desde luego esta correlación era de esperarse, pues el analfabetismo es uno de los siete índices que se tomaron en cuenta para calcular el nivel de pobreza de cada región. Lo importante aquí no es la correlación en sí misma, sino que esta correlación constituye un dinamismo poderoso de distanciamiento. Las regiones subdesarrolladas, por serlo, tienen un alto porcentaje de personas sin instrucción; y precisamente a esto se debe su dificultad para el desarrollo. En cambio las regiones desarrolladas, tienen una proporción pequeña de personas no instruidas, lo cual facilita que se desarrollen cada vez más, y que puedan reducir aún más su población no instruida. Esto es tanto más importante cuanto que la correlación no se limita a la población sin instrucción sino que se extiende también a quienes sí han cursado algunos años en la escuela.

Los siguientes renglones engloban tanto a la población que acaba de terminar y aprobar un determinado año escolar, como los que terminaron hace tiempo y dejaron de estudiar.

2) Educación de 1 a 3 años. El promedio nacional es de 31%. Aquí las tres zonas más pobres están por debajo de este porcentaje, y las tres siguientes por encima. El D. F. representa un caso anómalo, pues está por debajo del promedio nacional, con 26.8%. Esto probablemente indica que es alto el número de niños que cursan los tres primeros años de primaria y relativamente pequeño el número de personas que se han quedado con tres años de instrucción. Excluyendo al D. F., notamos también una correlación que favorece de nuevo a las zonas más desarrolladas. En orden de mayor o menor pobreza: 24.6, 30.4, 29.9, 33.2, 36.4, 35.3%.

3) De cuatro años en adelante, en cada uno de los renglones la correlación entre rango de pobreza y rango en el porcentaje de personas educadas es muy alta. La única excepción la constituyen las zonas Centro-Este y Centro-Oeste, pues en varios renglones la zona Centro-Este tiene un porcentaje de personas educadas ligeramente más alto que la Centro-Oeste.

Por otra parte si analizamos los porcentajes internos de cada zona vemos que la proporción de gente no instruida o poco instruida es mayor mientras más pobre es una zona, y viceversa. Por ejemplo:

4) En el Sur hay 66% sin instrucción, 24.6% con 1-3 años, 8% con 4-6 años, y sólo 1.28% con más de 6 años.

5) En cambio, en el D. F. hay sólo 21.7% sin instrucción, 26.78% con 1-3 años, 33.68% con 4-6 años y 17.8% con más de 6 años.

6) Las demás zonas se encuentran situadas entre el Sur y el D. F., con proporción de personas instruidas más favorable mientras más desarrollada es la zona. Es decir, la proporción de personas instruidas refleja el grado de desarrollo de la zona pero, a su vez, es factor de mayor desarrollo para las zonas desarrolladas, y de estancamiento o desarrollo lento para las más rezagadas. En otras palabras, salvo un esfuerzo extraordinario por elevar el nivel de las zonas retrasadas en este terreno, la diferencia en el nivel de educación será un factor en la dinámica de distanciamiento, y propiciará unas desigualdades regionales cada vez mayores en el futuro.[16]

[16] Ver los cuadros estadísticos en Rodrigo A. Medellín, "La dinámica de distanciamiento económico social en México", *Revista Mexicana de Sociología*, Vol. XXXI, núm. 3 julio-septiembre de 1969, pp. 513-46.

Estructuras ocupacionales y dinámica de distanciamiento regional

Podemos analizar los recursos humanos de una región desde otro punto de vista.

No cabe duda de que uno de los factores que más promueven el desarrollo lo constituye la preparación técnico-cultural de la población económicamente activa de cada región. Cuando una región tiene una proporción alta de personal directivo, profesionistas y técnicos, etcétera, y una proporción reducida de personal no califcado, esta región podrá hacer grandes progresos. En cambio si lo que abunda son peones agrícolas, obreros no calificados, etcétera, y tiene escasez de personas bien preparadas, aquella región no progresará o lo hará muy lentamente.

Aprovechando los datos que nos presenta el censo de población de 1960 y agrupándolos por categorías y estratos, podemos tener una idea aproximada de la estructura ocupacional de cada entidad.[17] Desde luego no se trata de datos muy exactos. Por un lado no se pueden delimitar con claridad las diversas categorías. Por otro, es difícil comparar un empresario agrícola de Oaxaca con uno de Sonora, aun cuando ambos estén clasificados por el censo dentro de la misma categoría. Con todo, los resultados, aunque sea a *grosso modo*, nos sirven para comparar la estructura ocupacional de las entidades, correlacionarlas con su nivel de pobreza, y prever la evolución futura de la posición relativa de cada entidad. De ahí podremos inferir si las estructuras ocupacionales contrarrestan o secundan la dinámica de distanciamiento regional.

Lo primero que salta a la vista es la desproporción entre los recursos humanos del D. F. y los del resto de los estados. El D. F. acapara el 15% de la población económicamente activa, mientras que los demás estados fluctúan entre el 1.5 y el 5.5%. Regiones enteras apenas superan por poco al D. F. Además, la proporción de personal preparado que se concentra en la capital, es a su vez, desproporcionada en relación a su proporción de fuerza de trabajo. Desde luego el porcentaje de personas dedicadas a labores agrícolas es muy baja, pues en el D. F. casi toda la actividad está concentrada en el sector secundario y terciario. En estos sectores, mientras el 15% de la población es económicamente activa, el 38% es personal directivo de la República, el 34% es de obreros, artesanos y jornaleros. (Desde luego este cuadro no nos indica el número de personas desocupadas o subocupadas, que puede ser alto.) Esta estructura ocupacional del D. F. refleja claramente el

[17] Para la categorización y los cálculos nos hemos inspirado en Howard F. Cline, *Mexico, Revolution to Evolution 1940-1960*, Oxford University Press, New York, 1963, cuadro 26, p. 119.

grado de desarrollo que ha logrado esta entidad en relación al resto del país. Pero al mismo tiempo, y esto es lo que más viene al caso, por su misma estructura ocupacional, el D. F. hará en el futuro progresos mucho más rápidos en materia económico-social que el resto de la República. En otras palabras, su misma posición ventajosa provocará que cada vez tenga más ventaja sobre el resto del país. La estructura ocupacional, pues, señala la presencia de una dinámica de distanciamiento.

Si nos fijamos en la estructura ocupacional de las siete regiones podemos notar lo siguiente:

1) La proporción de personal directivo y empresarios agrícolas en cada zona está perfectamente correlacionada con el rango en el nivel de pobreza de la zona. En orden de mayor a menor pobreza, los porcentajes serían: .43, .43, .58, .58, .93, 1.40, 2.51%. Las cinco regiones más pobres tienen un porcentaje inferior al porcentaje nacional. Por otra parte, si agrupamos el personal directivo y los empresarios agrícolas de la zona Norte y del D. F., incluyen más del 60% de toda la República.

2) Respecto al estrato medio agrícola, aunque no hay diferencias notables, sí se nota una ligera tendencia a aumentar el porcentaje conforme la zona es menos pobre. Como indicamos, el D. F. se encuentra en un caso totalmente aparte.

3) En el caso del estrato medio no agrícola volvemos a encontrar la misma situación que en el estrato de personal directivo y empresarios agrícolas. Tanto el porcentaje con respecto a la región como el porcentaje con respecto al país guardan una correlación perfecta con el rango en el nivel de pobreza. De nuevo las cinco regiones más pobres están por debajo del porcentaje nacional. La zona Norte y el D. F. acaparan el 53% de este estrato.

4) Exactamente lo mismo se puede decir del estrato de transición: obreros, artesanos y jornaleros no agrícolas, ocupados en servicios personales, empleados agrícolas. En este caso la zona Norte y el D. F. comprenden el 50% del país.

5) En el caso del estrato de agricultores y peones agrícolas, la situación es exactamente inversa. Su proporción en la población económicamente activa del país es de 43%. La proporción para cada una de las regiones, de más pobres a menos pobres, es de 80, 69, 65, 63, 57 y 54%. El D. F. tiene sólo el 2%. Si nos fijamos en la proporción que cada región tiene de agricultores y peones agrícolas respecto al total de la nación, fluctúa —excluido el D. F.— entre el 12.9% para la zona Norte y el 20.3% para el Centro-Este. Hay que añadir que la calidad del personal no está indicada en estos datos estadísticos; pero se puede sospechar que es superior, en conjunto, en las regiones menos pobres que en las más pobres.

Así pues, a menos que se realice un esfuerzo considerable, la estructura ocupacional, con una concentración mayor de personal bien preparado en las regiones menos pobres, y de personal poco preparado en las regiones más pobres, secundará una dinámica de distanciamiento regional en el país.

Por otra parte, sería sumamente iluminador hacer un estudio en que se relacionara esta estructura ocupacional con el fenómeno de migración interna. Es muy probable que nos indicara una "fuga de cerebros" y de personal preparado de las regiones menos desarrolladas a las más desarrolladas, especialmente hacia el D. F. Piénsese, por ejemplo, en los muchachos de provincia que vienen a la Universidad en el D. F. y aquí se quedan a radicar permanentemente. Más grave es el caso de los que habiendo estudiado en la universidad de su estado, vienen a ejercer al D. F., bien porque esperan brillar más en la capital, bien porque en su lugar de origen no encuentran oportunidades para ejercer su profesión. La Universidad "Benito Juárez" de Oaxaca, por ejemplo, tiene una Escuela de Administración de Empresas. ¿Hay suficiente demanda local para colocar a sus egresados? Es posible que dicha universidad, sin pretenderlo, esté preparando administradores para el D. F., que al emigrar de su estado lo empobrecen aún más. El caso de los intelectuales que destacan o quieren destacar es clásico —profesores universitarios, escritores, investigadores. Prácticamente todos emigran a los grandes centros urbanos en las regiones más desarrolladas. Así pues, las regiones desarrolladas están consiguiendo personal preparado a expensas de las regiones retrasadas. Esto es otro factor en la dinámica de distanciamiento.

Satisfacción de la demanda escolar y distanciamiento regional

En el párrafo anterior decíamos que el nivel de educación en las diversas regiones del país era un factor en la dinámica de distanciamiento, salvo que se hiciera un esfuerzo extraordinario por elevar el nivel de las regiones más retrasadas y ponerlo a la altura del nivel en las regiones más desarrolladas. Con objeto de comprobar si tal esfuerzo se está llevando a cabo o no, se hicieron una serie de cálculos para determinar en qué medida se estaba satisfaciendo la demanda escolar en los niveles primario, medio y superior en cada una de las regiones. Si la demanda escolar se satisface en menor proporción en las regiones más pobres y en mayor proporción en las regiones más desarrolladas, el sistema educativo escolar, agente primordial en el desarrollo, no está logrando contrarrestar la dinámica de distanciamiento. Inclusive puede estar secundándola.

Con base en datos proporcionados por la Secretaría de Educación Pública y la Secretaría de Industria y Comercio, el Centro de Estudios Educativos calculó la proporción en que se satisface la demanda escolar, según las fórmulas que aparecen en el cuadro 4. Conviene hacer notar que según los resultados preliminares del censo de 1970, las estadísticas continuas de la SEP sobre-enumeraban la matrícula de primaria en cerca de 800 000 niños. Por eso el cuadro 4 presenta porcentajes más bajos de satisfacción de demanda en primaria de los que se reportaban para 1968. Respecto a las desigualdades regionales se puede observar, que salvo el caso de la región Centro-Este para el nivel medio y superior, la correlación entre nivel de pobreza y satisfacción de la demanda escolar es muy alta. A mayor pobreza, menor satisfacción de la demanda, y a menor pobreza, mayor satisfacción de la demanda. Siempre las regiones más pobres satisfacen su demanda por debajo del promedio nacional, mientras que las regiones más ricas la satisfacen por encima de dicho promedio.

Tal como se observa en las columnas 6, 7 y 8 del cuadro 4, la diferencia entre las regiones retrasadas y las avanzadas es mayor mientras se trate de un nivel de educación más alto. Según los números índice, la diferencia entre el Sur y el Distrito Federal es en nivel primario de 42 puntos, en nivel medio de 143 puntos, y en nivel superior de 231 puntos. El Plan de Once Años tal vez represente el máximo esfuerzo educativo por equilibrar las regiones en la enseñanza primaria en mucho tiempo. Y no obstante, podemos concluir que todavía el grado en que se satisface la demanda escolar en las diversas regiones del país en 1970 es un factor que secunda poderosamente la dinámica de distanciamiento. Las regiones más desarrolladas satisfacen en mayor proporción sus demandas educativas, al contrario que las regiones retrasadas. Esto es reflejo de la situación actual, y a la vez causa de mayor distanciamiento en el futuro.

México no cuenta con abundancia de recursos —financieros y humanos— para educar a su población joven, que crece a un ritmo acelerado. Como los recursos son, pues, escasos respecto a las necesidades, hay que distribuirlos de alguna manera.

Como hemos visto, parece que la distribución favorece más a las regiones desarrolladas y menos a las retrasadas. Sería interesante estudiar si no nos encontramos aquí ante grupos de presión con poder diverso. Es probable que la población de las regiones desarrolladas, precisamente por estar desarrolladas, estén en capacidad de ejercer mayor presión sobre las autoridades políticas o educativas correspondientes, para obtener una buena proporción de los recursos escasos,

Cuadro 4. Nivel de pobreza (1960) y satisfacción de la demanda escolar (1970) por regiones en México

Zona	*Nivel de pobreza* *(1)*	*Rango en el nivel de pobreza* *(2)*	SATISFACCIÓN DE LA DEMANDA ESCOLAR					
			EN PORCENTAJE			EN ÍNDICE		
			Primaria [a] *(3)*	*Media* [b] *(4)*	*Superior* [c] *(5)*	*Primaria* *(6)*	*Media* *(7)*	*Superior* *(8)*
República Mexicana	33.1		66.45	36.02	6.25	100.00	100.00	100.00
Sur	51.1	1	54.56	18.36	1.76	81.94	50.97	28.16
Centro-Este	45.0	2	62.36	24.98	4.07	93.84	69.35	65.12
Centro-Oeste	36.9	3	59.98	28.13	3.56	90.26	78.10	56.96
Golfo	35.0	4	62.40	26.09	3.38	93.91	74.43	54.08
Oeste	32.0	5	69.09	32.20	5.44	103.97	89.39	87.04
Norte	21.3	6	73.92	43.99	6.15	111.24	122.13	98.40
Distrito Federal	8.8	7	82.80	69.96	16.19	124.60	194.23	259.04

FUENTE: Centro de Estudios Educativos, con Base en S.I.C., IX Censo General de Población, 1970, datos preliminares.

a Calculada según la fórmula del Centro de Estudios Educativos $SD = \frac{(M - m + ND + E)\ 100}{P}$ donde SD es el porcentaje de satisfacción de la demanda a nivel primario; M es la matrícula total; m es el número de alumnos inscritos con edades superiores a 14 años o inferiores a 6 años; ND es el total de niños imposibilitados —por razones económicas o de salud— para asistir a la escuela y, por tanto, considerados no-demandantes; E es el total acumulado de egresados de primaria de 14 años o menos; P es el grupo de población entre 6 y 14 años.

b La matrícula como porcentaje del grupo de edad 15-19 años.

c La matrícula como porcentaje del grupo de edad 20-24 años.

con lo cual logran su parte del león. En cambio la población de regiones atrasadas, precisamente por estar retrasadas, ni exigen, ni tienen posibilidades de exigir, ni tal vez se les ocurra exigir una proporción razonable de los escasos recursos con que cuenta el país. En caso de ser así, esta situación sería un factor más en la dinámica de distanciamiento.

b) Factores ambiguos

En esta sección analizaremos algunos factores que ciertamente influyen en la dinámica de distanciamiento, pero cuyo influjo no podemos determinar claramente, sea por falta de estudios, sea porque los datos no nos permiten llegar a conclusiones definitivas.

Migración interna y distanciamento regional

Para Myrdal la migración interna forma parte de los efectos de reflujo de una manera inequívoca. "Las localidades y regiones donde la actividad económica se expande atraerán una inmigración neta de otras partes del país. Como la migración siempre es selectiva, al menos por lo que respecta a la edad del inmigrante, este movimiento por sí mismo tiende a favorecer a las comunidades de crecimiento (económico) rápido y a perjudicar a las otras." [18]

Para estudiar el fenómeno en México hemos relacionado el nivel de pobreza de los estados con los movimientos de migración interna del país. Analizando los resultados,[19] hemos llegado a la conclusión de que la migración no está correlacionada con el descenso en el nivel de pobreza de cada entidad —no hay mucha diferencia en dicho descenso—, sino más bien con el nivel de pobreza absoluto de cada una. Las regiones con nivel de pobreza más bajo han tenido una inmigración neta durante el periodo 1950-1960, mientras que las regiones con nivel de pobreza más alto han tenido una emigración neta.

Pero la correlación entre nivel de pobreza y migración no puede establecerse para el conjunto de la República. En México la migración es predominantemente limítrofe:

> Los desplazamientos de población se llevan a cabo entre Entidades Federativas vecinas, o bien —en casos muy contados— cuando la distancia que une a dos entidades no vecinas es muy reducida. La migración neta total y la migración neta limítrofe en México están íntimamente relacionadas entre sí con un índice de

[18] Myrdal, *op. cit.*, p. 37.

[19] Para un análisis detallado, Medellín, *op. cit.*, Apéndice estadístico.

correlación de rho = 0.904, o sea que a mayor migración neta total, mayor migración neta limítrofe.[20]

Teniendo en mente esta característica de la migración mexicana, podemos analizar con más detalle los movimientos migratorios.

Las regiones que tuvieron una inmigración neta son las dos cuyo nivel de pobreza es más bajo: el Distrito Federal, con más de medio millón de personas, y el Norte, donde ingresaron 348 000 en cifras netas. Todas las demás regiones tuvieron una emigración neta en todos los Estados que las componen, salvo las siguientes excepciones: México y Morelos (Centro-Oeste), Veracruz y Quintana Roo (Golfo).

Así pues, siempre que hay desnivel en el índice de pobreza entre zonas limítrofes, aparece la migración de las regiones más pobres a las menos pobres. Atrae el Norte y atrae el Distrito Federal con las zonas del Estado de México y de Morelos que socioeconómicamente forman parte del Distrito Federal.

La proximidad de una región en desarrollo provoca emigración neta de las regiones circunvecinas más pobres. Por otra parte, los datos nos indican que en Estados como Tabasco, Chiapas y Campeche, a pesar de su pobreza, la emigración es relativamente pequeña, probablemente por no tener cerca una entidad desarrollada.

Decíamos arriba que normalmente la migración es selectiva, tanto por lo que respecta a la edad de los inmigrantes —época de máxima productividad del hombre— cuanto por lo que respecta a sus capacidades, ambiciones, dinamismo, etcétera. Así pues, todas estas cifras de migración interna en el país —de las zonas menos desarrolladas a las más desarrolladas— parecen indicar que están operando los efectos de reflujo como una causa parcial de distanciamiento regional. Sin embargo, para determinar con toda claridad el influjo de este fenómeno, sería necesario un estudio más cualitativo de la migración, para determinar si sus características implican un empobrecimiento de las regiones que abandonan y un enriquecimiento de aquellas a las que emigran.[21]

[20] Raúl Benítez Zenteno y Gustavo Cabrera Acevedo, *Proyecciones de la población de México, 1960-1980*, Banco de México, S. A., 1966, pp. 55 y 59. Claro que con el tiempo muchos individuos, en migraciones sucesivas, llegan a estar muy lejos de su entidad de origen.

[21] Un estudio del área metropolitana de Monterrey señala que los inmigrantes tienen niveles educativos mucho más elevados que los que se encuentran en sus comunidades de origen. Es decir, la migración ciertamente es selectiva. Sin embargo, la selectividad es mayor para épocas tempranas de migración y va descendiendo en épocas posteriores. Los que más recientemente han llegado a Monterrey representan una migración en masa, y ya no difieren sustancialmente de las características de la población de las comunidades de origen. Cfr. Harley L. Browning y Walfraut Feindt, "Selectividad de migrantes a una metrópoli en un

Por otra parte habría que determinar —a corto y a largo plazo— si una migración masiva, aun cuando fuera cualitativamente selectiva, resulta un factor favorable o desfavorable tanto para la región abandonada como para la región huésped, y en qué medida. Aquí hay que tener presente el fenómeno del crecimiento demográfico acelerado. La emigración, ¿empobrece o aligera las cargas? La inmigración crea grandes problemas; ¿aporta beneficios? ¿esos beneficios compensan o no los problemas creados?

c) Factores que tienden a contrarrestar la dinámica de distanciamiento

Los principales grupos dirigentes en México se están haciendo cada vez más conscientes —sea por su ideología propia, sea por la urgencia pragmática de resolver los problemas sociales— de la necesidad de reducir las desigualdades socioeconómicas y promover el desarrollo de las regiones menos favorecidas. Se dan cuenta que es indispensable ir reduciendo la distancia entre las diversas regiones, si se quiere lograr un desarrollo equilibrado y rápido. Para ello se tiende cada vez más a planificar consciente, racional y eficazmente el desarrollo en sus diversos aspectos: económico, social, cultural, demográfico, religioso, etcétera, pues de otra forma la dinámica social espontánea ampliaría aún más, y a un ritmo más rápido, la distancia que media entre sectores desarrollados y sectores retrasados. El Plan de Once Años es un ejemplo.

Como señala Myrdal, "...Los modernos estados nacionales bien integrados, que constituyen la sexta parte del mundo no soviético y que se encuentran en buenas condiciones económicas y de rápido progreso, han establecido una red muy compleja de sistemas de intervenciones públicas regularizadas de todo tipo, que tienen el objetivo común de contrarrestar la ley ciega del cambio social acumulativo y de evitar que se produzcan desigualdades entre regiones, industrias y grupos sociales." [22] En cambio en los países subdesarrollados la acción del Estado más bien secunda los efectos de reflujo, con lo cual se constituyen en un factor más en la dinámica de distanciamiento. En México, ¿qué papel juega el Estado al respecto?

Wilkie nos presenta datos para el periodo 1959-1963, durante la administración de López Mateos.[23] Se puede observar que las inversiones

país en desarrollo: estudio de un caso mexicano", *Demografía y Economía.* Vol. III, núm. 8, 1969, 186-200.

[22] Myrdal, *op. cit.*, p. 25.

[23] *Ibid.*, pp. 346-357, donde se hace un análisis más detallado de este punto.

federales se orientaron fundamentalmente a entidades que no caían dentro de las regiones de más alta pobreza.

Si bien durante ese periodo la política se orientó a procurar un desarrollo equilibrado entre los diversos factores de la producción —capital y trabajo—, no se atendió suficientemente al crecimiento regional equilibrado.

Es verdad que el gobierno ejerció una función equilibrada al transferir recursos de zonas más desarrolladas a zonas menos desarrolladas. El gobierno no invirtió en cada región lo que en ella recababa de impuestos o contribuciones. Si lo hubiera hecho, se hubiera convertido en un factor poderosísimo para secundar la dinámica de distanciamiento. Sin embargo, la redistribución no fue de la magnitud necesaria para contrarrestar eficazmente dicha dinámica.

Más bien parece que la política de gastos federales durante ese periodo tendió a apoyar preferentemente a aquellas regiones que se han convertido en focos de desarrollo. Esto tal vez por presiones políticas o porque ahí las inversiones son más productivas, o probablemente con la esperanza de que, si bien a corto plazo la acción del Gobierno Federal más bien secunda los efectos de reflujo, con el tiempo se llegue a un grado de desarrollo tal que los efectos de difusión contrarresten y aun superen a los de reflujo, y en esa forma las zonas desarrolladas hagan partícipes de su crecimiento a las zonas subdesarrolladas circunvecinas. Sea la que sea la intención tras la política federal, el hecho es que en ese periodo no parece haberse contrarrestado suficientemente la dinámica de distanciamiento regional en el país.

La presente administración parece estar más atenta, que administraciones anteriores, al fenómeno de las desigualdades regionales. Explícitamente está orientando la planeación del desarrollo en el país a superar los desequilibrios entre regiones. En su informe presidencial de 1966, el entonces presidente Díaz Ordaz se refirió específicamente a este problema:

> Por otra parte, y a fin de procurar un crecimiento equilibrado, se inició la planeación regional... Los programas de desarrollo regional, debidamente encuadrados en los planes generales de desarrollo del país están ya elaborándose. El grueso de la Inversión Pública Federal se ha canalizado hacia la provincia con el propósito de contribuir al desarrollo equilibrado de la nación.[24]

Conclusión

Hemos dado tres pasos al explorar la hipótesis de una posible dinámica de distanciamiento regional en México:

[24] *Excélsior*, México, 2 de septiembre de 1966, p. 22-A.

1) Comprobar que efectivamente las desigualdades regionales van en aumento, en algunos casos en términos absolutos, y en todo caso en términos relativos.

2) Verificar que la rapidez en el cambio está correlacionada con la situación anterior de cada región: mientras más pobre era una región inicialmente, más lento ha sido su desarrollo y mientras mejor era su situación inicial, más rápidamente se ha desarrollado.

3) Plantear con claridad la naturaleza de la dinámica de distanciamiento y analizar algunos de los factores —en nuestro caso predominantemente sociológicos— que la constituyen. Aunque la evidencia que hemos presentado no es exhaustiva ni definitiva, nos parece suficiente para aceptar que de hecho existe esta dinámica de distanciamiento en el país. Desde luego el cambio socioeconómico en México es sumamente rápido, y pudiera ser que una acción vigorosa tanto del Estado como de la iniciativa privada y en general de todos los componentes del sistema social, o nuevas condiciones, pudieran estar ya contrarrestando esta dinámica. El censo de 1970 nos permitirá corroborar o modificar esta hipótesis.

Como cuarto paso habría que determinar cuáles son los factores restantes que influyen significativamente en la dinámica de distanciamiento y cuál es la contribución relativa —y, por tanto, la importancia— de cada uno de ellos. Habría que analizar factores como las potencialidades socioeconómicas, los recursos de capital acumulados en cada región, el monto de la inversión privada por años por región, las facilidades de crédito; la efectividad de los programas de desarrollo regional, los núcleos de poder regional —sobre todo el caciquismo— y su actitud hacia el cambio, la idiosincracia de los habitantes, la acción de la Iglesia en cada región; los recursos naturales, la cercanía de los mercados, las facilidades de comunicación, etcétera. Como se ve, el problema es sumamente complejo. Sin embargo, el fenómeno es de tal trascendencia para la vida social, económica, política y cultural del país, que merece la atención de los investigadores.

Antes de terminar se impone un par de anotaciones más:

La dinámica de distanciamiento es un fenómeno que se presenta como secuela del desarrollo socioeconómico. En una sociedad estática puede haber grandes desigualdades sociales. Puede suceder que esas desigualdades vayan en aumento. Pero mientras no se desate un proceso de desarrollo, la situación seguirá relativamente estática, y no se presentará la dinámica de distanciamiento.

El marginalismo, el colonialismo interno y la dinámica de distanciamiento parecen tres conceptos que deben quedar integrados en una teoría del desarrollo en México. Un núcleo de mexicanos ha permanecido totalmente al margen del desarrollo. Otros, en proporción y en número cada vez mayor, están incorporados en mayor o menor grado al desarrollo. Es decir, su nivel de vida se ha elevado a veces poco, a veces considerablemente. Sin embargo, podríamos decir, que muchos de ellos participan del desarrollo de una manera desventajosa: viendo cómo, a pesar de todos sus esfuerzos, la distancia que media entre ellos y sectores más privilegiados aumenta; cómo su situación relativa se agrava. Con toda seguridad obtendríamos resultados semejantes si estudiáramos el distanciamiento entre estratos socioeconómicos, entre el sector rural y el urbano, entre actividades primarias y secundarias, etcétera, y es que en realidad la dinámica de distanciamiento repercute en la historia personal de cada uno de los mexicanos. Muchos, gracias a las circunstancias, a su iniciativa y empeño, a que han logrado incorporarse en algún sector o región próspera, superan la frontera del subdesarrollo y logran iniciarse en el círculo virtuoso del desarrollo autosostenido. Por tener una cierta preparación, un sistema de valores orientados a la superación personal y de su grupo, determinadas relaciones sociales, etcétera, logran cada día condiciones más favorables y mayor capacidad para desarrollarse. Pero muchos otros, debido a la poca preparación y a las pocas oportunidades que han tenido, no han logrado iniciar un proceso acumulativo ascendente de desarrollo personal y de grupo, sino que por estar en desventaja inicialmente, les es sumamente difícil superarse. Están atrapados en el círculo vicioso del subdesarrollo. El desarrollo mismo, dejadas las fuerzas sociales a su libre juego, agudiza, esta dinámica de distanciamiento. Sólo una planeación consciente, nacional y eficaz que refuerce los procesos por los que individuos y grupos mejor preparados ayuden a desarrollarse a los menos preparados, puede contrabalancear esta dinámica. Mucho de esto se hace ya en México. Por eso la dinámica de distanciamiento no ha presentado en nuestro país las características agudas que parece presentar en otros países o en el terreno internacional. Sin embargo, conviene tener siempre presente que un mayor desarrollo implica por su misma naturaleza la posibilidad de que se desate una dinámica de distanciamiento más aguda. Y en México, en concreto, aun cuando se ha logrado contrabalancear ya en cierta medida esta dinámica espontánea todavía está presente y constituye un fenómeno que de ninguna manera es posible desatender, so pena de que se convierta en un problema social sumamente grave.

XVI. LA ESTRATEGIA DEL DESARROLLO REGIONAL DE MÉXICO: EVOLUCIÓN MAGNITUDES Y PERSPECTIVAS

Ricardo Carrillo-Arronte

CON EL propósito de evitar la parcialidad en nuestros juicios, y el aporte incompleto de las causas y efectos que generan un problema, trataremos de presentar a continuación un ensayo analítico de la problemática del desequilibrio regional de México dentro del contexto histórico del desarrollo económico del país en su conjunto y las características que éste ha venido presentando en el transcurso de las diversas etapas evolutivas de su proceso de desarrollo a largo plazo.

No trataremos, por supuesto, de agotar la materia, sino simplemente presentar algunas hipótesis y elementos de análisis que nos ayuden a comprender mejor la perspectiva histórica del problema del desarrollo del país.

A la luz de los incipientes conocimientos que nos proporciona a la fecha la teoría del desarrollo, podríamos tratar de ubicar la problemática actual de la economía mexicana, dentro del contexto histórico del desarrollo a largo plazo. A continuación, trataremos de presentar algunas hipótesis respecto a las etapas y características internacionales de este proceso histórico del desarrollo, con el propósito de auxiliarnos de dichos elementos para conocer y analizar mejor la problemática del desequilibrio regional de México.

Dentro de las pautas históricas del desarrollo de los sistemas económicos modernos, se pueden observar con claridad cinco estratos de comportamiento a largo plazo (ver diagrama en la página 415), que podrían ser representados por las siguientes cinco etapas del proceso del desarrollo económico.[1]

El significado medular de las etapas del diagrama citado, es el siguiente:[2]

La herencia socioeconómica: está compuesta por todas aquellas características y estructuras capitalistas o precapitalistas que integran el lastre histórico de un país, y que en un momento determinado del pro-

[1] La sucesión y diferenciación de estas cinco etapas del desarrollo, puede observarse con mayor claridad en los países de economía planificada, a diferencia de aquellas nacionales como Inglaterra o Estados Unidos que al desarrollarse bajo los patrones de capitalismo tradicional, intermezclaron en cierta proporción, las características de las cinco etapas mencionadas.

[2] Para una presentación más amplia de las etapas históricas del proceso del desarrollo económico véase Ricardo Carrillo-Arronte, "La encrucijada política en el desarrollo económico de México", *El Nacional*, México, 7 de noviembre de 1970, p. 6.

ceso evolutivo de una sociedad llegan a constituir, por su rapidez, preponderancia y absolecencia un serio obstáculo para la continuidad del desarrollo de dicha sociedad, razón por la cual, deberán de ser removidas del camino de la superación nacional.

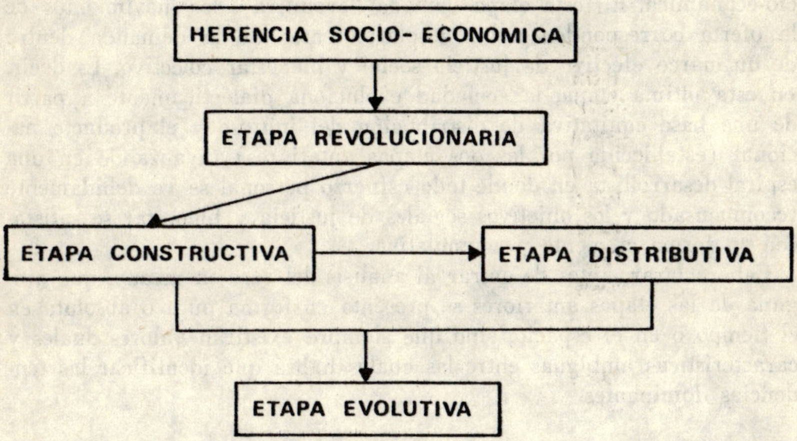

Etapa revolucionaria: es la encargada de remover dichos obstáculos del camino del desarrollo de una comunidad. La forma y cronología con que esta operación se lleve a cabo estarán determinadas por la resistencia al cambio y a las presiones socio-políticas que se generen en la etapa precedente.

Etapa constructiva: como su nombre lo indica, en la etapa "constructiva" del proceso de desarrollo es donde la prioridad de la acción económica de una sociedad tiene como objetivo la construcción de un aparato productivo que sea capaz de satisfacer las necesidades de sus habitantes dentro de niveles de justicia y bienestar. Es decir, esta etapa es la encargada de crear la "oferta económica".

Etapa distributiva: una vez que la etapa anterior ha cumplido el propósito de consolidar el aparato productivo básico del país, el siguiente paso a dar es el replanteamiento de las prioridades de la política económica gubernamental, cuyo nuevo objetivo será ahora el acrecentamiento de la demanda popular para corresponder a la capacidad ya instalada de oferta de bienes y satisfactores. Es decir, habrá que introducir a la política económica nacional los elementos necesarios de distribución del ingreso, que vendrán a proporcionar el poder de compra a las clases mayoritarias para que con ello, el famoso "pastel del desarrollo" (integrado por todos los bienes y servicios producidos por una sociedad), se distribuya equitativamente entre todos aquellos cuyo trabajo hizo posible la elaboración de dicho producto.

Etapa evolutiva: una vez que la creación de *oferta* económica de la etapa "constructiva" ha quedado debidamente correspondida con la creación de la *demanda* efectiva de la etapa "distributiva", se inicia entonces la quinta y última parte de nuestro esquema de evolución socio-económica. En esta etapa llamada "evolutiva", los movimientos de la oferta corresponden a los desplazamientos de la demanda dentro de un marco efectivo de justicia social y bienestar colectivo. Es decir, en esta última etapa, la sociedad evoluciona dialécticamente a partir de una base equitativa de distribución del ingreso y el producto nacional (establecida por las dos etapas anteriores), avanzando en una espiral desarrollista en donde todo esfuerzo personal se ve debidamente recompensado y los objetivos sociales de justicia y bienestar se satisfacen en forma creciente y acumulativa.

Cabe aclarar, antes de entrar al análisis del caso mexicano, que ninguna de las etapas anteriores se presenta en forma pura o absoluta en el tiempo o en el espacio, sino que siempre existirán valores duales y características ambiguas entre las cuales habrá que identificar las tendencias dominantes.

Las etapas del desarrollo económico de México

En relación a las descripciones anteriores podemos racionalizar la "lógica económica" del desarrollo de México identificando el periodo anterior a la Revolución con el de la herencia socioeconómica y, por supuesto, el periodo 1910-1920 con el de la etapa revolucionaria.

Una vez concluido el movimiento armado de 1910, y sus principios y objetivos incorporados a la Constitución de 1917, los gobiernos revolucionarios se dieron a la tarea fundamental de cambiar la orientación "hacia afuera" de la economía nacional, por una actitud de desarrollo "hacia dentro" que resultase más conveniente para el incremento de los mercados internos y el bienestar de todos los mexicanos. Estos objetivos de bienestar y justicia social, sólo podrían ser alcanzados dentro de una estrategia de desarrollo a largo plazo, que empezara por crear o establecer desde las precondiciones mismas de este propio desarrollo. En esta forma, y dentro de la misma "etapa constructiva" de esta estrategia de desarrollo a largo plazo, podemos diferenciar dos periodos cuyas características dominantes podemos identificar con la creación de los prerrequisitos del desarrollo en el primero de estos dos periodos y, con el fomento y la consolidación del aparato productivo nacional, fundamentalmente durante el segundo periodo.

El primero de estos dos periodos de la "etapa constructiva" podría ser ubicado cronológicamente en el lapso de 1920 a 1940, en que los gobiernos revolucionarios tuvieron como principal objetivo la creación y consolidación de los prerrequisitos de nuestro desarrollo, entre los cuales habría que destacar los siguientes: la consolidación institucional de los regímenes de Gobierno, el establecimiento de una infraestructura socio-económica mínima, y la creación de un marco institucional del desarrollo que fue consolidándose conforme los problemas se fueron presentando y las soluciones requiriéndose; como ejemplo de este último prerrequisito podemos citar la creación del Banco de México en 1925 y la de Nacional Financiera en 1933. De manera tentativa podríamos apuntar que, con motivo de la segunda Guerra Mundial, se presentaron determinadas características económicas en los mercados internacionales y nacionales que propiciaron el aprovechamiento productivo de los logros de previsión y acondicionamiento económico del periodo 1920-1940. De hecho, con la segunda Guerra Mundial empieza el segundo periodo de la "etapa constructiva" de nuestro proceso de desarrollo. Es precisamente en esta segunda parte (1940-1970) donde se consolida y completa el aparato productivo nacional que vendrá a proporcionar a nuestra economía la capacidad de oferta económica, tan necesaria para satisfacer los objetivos de bienestar social que la Revolución determinó para nuestra estrategia de desarrollo a largo plazo. Es decir, una vez establecidos los prerrequisitos mínimos del desarrollo económico, el Estado mexicano intensificó sus esfuerzos en la promoción, acondicionamiento y protección de la actividad económica privada, a la cual hizo objeto de una amplísima gama de facilidades y concesiones, que van desde el casi irrestricto cierre de las fronteras a los productos competitivos del exterior, hasta la minimización de los impuestos por pagar, vía la declaración voluntaria de ingresos y nulo control sobre el contenido de las partidas de gasto empresarial. A las anteriores concesiones, hay que agregar, por supuesto, las cuantiosas inversiones del sector público cuyo objetivo fundamental ha sido el de facilitar la actividad económica privada y la capacidad productiva del país.

La polarización del desarollo mexicano

Dada la escasez de recursos a que se enfrentó el gobierno mexicano para sus propósitos de creación de oferta económica, durante esta etapa "constructiva" de nuestro desarrollo, se descuidó relativamente la promoción de las medidas de carácter social que condicionan el poder de compra popular y los niveles efectivos del bienestar social. Esta contrastante situación en el incremento de la oferta económica y el deficiente crecimiento de la demanda ha ocasionado la paradójica situación de que, en un país de pobreza y necesidades, como México, exista por una parte, una industria manufacturera con 60% de sus instalaciones productivas inactivas, y por la otra, una inmensa mayoría del pueblo mexicano con niveles infrahumanos de subsistencia. Esto, en esencia, constituye el producto de la polarización personal y regional del desarrollo, ocasionada por las características mismas de la "etapa constructiva" ya descrita, durante la cual se promovió la irrestricta actividad económica empresarial con sus consiguientes resultados de concentración del ingreso, acumulación de capital y establecimiento de empresas productivas subutilizadas y sobrecapitalizadas. Es decir, la concentración personal del ingreso y el desequilibrio regional de nuestra economía, no son más que las dos caras de la misma moneda, en cuanto la primera se refiere exclusivamente a la persona o a la empresa beneficiada por las políticas de dicha etapa "constructiva", mientras que lo segundo se refiere a la ubicación geográfica del lugar de residencia de la misma empresa o persona. En otras palabras, el desequilibrio regional de la economía mexicana, no constituye un problema *per se* o desarrollado en forma autónoma, sino que en realidad, dicho desequilibrio es el producto y la consecuencia lógica de la actividad económica de toda una etapa del desarrollo del país, durante la cual, la utilización de nuestros recursos escasos tuvo como objetivo fundamental el crecimiento y la integración del aparato productivo nacional, con su previsible contrapartida de descuido relativo de las inversiones del bienestar social y desarrollo regional. Esta etapa "constructiva" de nuestro desarrollo (la cual valga de paso decir, ya cumplió ampliamente con sus propósitos), tuvo como consecuencia negativa la agudización de los desequilibrios en la distribución del ingreso y el bienestar, tanto en lo que se refiere a las personas como en lo que se refiere a las regiones o a los Estados entre sí. Por lo tanto, el desequilibrio regional del desarrollo de México no significa sólo el problema del adelanto o el atraso de una región, una ciudad, una empresa o un individuo, sino que es la esencia y el resultado de la aplicación irrestricta de los principios privados de rentabilidad y la falta de coordinación del desarrollo del país en su conjunto. En esta forma, sólo analizando los interdependientes problemas del país, como partes orgánicamente integrantes de un todo, podrán sus soluciones ponderarse y combinarse en un eficiente programa nacional de inversiones, que venga a compaginar el adecuado crecimiento de los sectores con el armónico desarrollo de las regiones dentro de una estrategia de desarrollo nacional a largo plazo.

El desequilibrio regional del desarrollo económico de México

Una vez que hemos ubicado dentro del contexto del desarrollo nacional la característica de su polarización regional y sectorial, el siguiente paso a dar es la profundización en el análisis de la problemática interna del desarrollo regional, ya que varios de los fenómenos y desviaciones ocasionados por las consecuencias sectoriales de la "etapa constructiva" de nuestro desarrollo, ya han sido abordados con anterioridad en los demás ensayos presentados en este libro. Antes de seguir adelante, sería conveniente recordar la relación de interdependencia que existe entre el desequilibrio regional de nuestra economía y la disección de los aspectos sectoriales de la misma, ya que todos los aspectos de la problemática sectorial del desarrollo socioeconómico de México tienen por supuesto su dimensión espacial, que en realidad se reduce a localizar dentro del territorio nacional el lugar geográfico donde se llevaron o se llevan a cabo dichas actividades. De hecho nos encontramos con que el llamado "desequilibrio regional" de la economía mexicana, no es otra cosa que la excesiva concentración de las actividades dinámicas y de alta productividad en unos cuantos lugares o ciudades afortunadas mientras que el resto del país con la mayoría del territorio y la población es abandonado a un crecimiento vegetativo, cuando no a la franca explotación del "colonialismo interno", con casi nulas posibilidades de romper por sí mismo los diversos círculos viciosos de la pobreza que se padecen.

Marco internacional de referencia

Antes de pasar a analizar las características internas del desarrollo regional de México, cabe determinar si en realidad vale la pena o no el utilizar parte de nuestro tiempo en el estudio de dicho tema, ya que en un país como México lo que abundan son problemas por estudiar y lo que escasea es el tiempo y los recursos humanos para la investigación propia. Por lo tanto, lo primero que hay que determinar es si lo que se ha dado por llamar "el problema del desequilibrio regional" de nuestra economía pudiera en realidad considerarse como un "problema", o si por el contrario el grado de discrepancia económica entre nuestras regiones o estados pudiera considerarse como "relativamente normal" a la luz de las comparaciones internacionales. Para tal propósito, hemos calculado un "índice de desequilibrio regional" para varios países, dividiendo el ingreso medio por habitante de la región del país con el mayor ingreso medio *per capita*, entre el ingreso medio por habitante de la región del mismo país con menor ingreso medio *per capita.* Los resultados de dicha operación para los países con información disponible se presentan en el cuadro siguiente:

Cuadro 1. Comparación internacional de grados de desequilibrio interregional

Año	*País*	*Índice*
1959-1960	Gran Bretaña	1.20
1960	Holanda	1.48
1960	Bélgica	1.78
1961	Francia	1.80
1957	Estados Unidos	2.10
1955	Ecuador	2.31
1959-1960	Brasil	2.91
1960	Yugoslavia	3.14
1955-1956	India	3.14
1960	Italia	3.33
1960	México	5.60

FUENTE: Ricardo Carrillo-Arronte, *Ensayo analítico metodológico de planeación interregional en México,* México, 1969, p. 3.35.

Con todas las reservas del caso, podemos observar en el cuadro anterior que México se encuentra en una posición de desequilibrio regional bastante grave y acentuado, aun si lo comparamos con países de tradicional y conocido desequilibrio como Ecuador, Brasil o la India. Por lo anterior, confirmamos el calificativo de "problema" al desequilibrio regional de nuestra economía, lo que justifica por tanto la continuación del esfuerzo por estudiarlo y resolverlo adecuadamente.

La macrocefalia urbana

Los efectos de la concentración y el desequilibrio regional pueden analizarse desde dos puntos de vista, siendo el primero el de la parte receptora de la concentración socioeconómica (en este caso la ciudad de México), mientras que el segundo de dichos enfoques analiza la parte erosionada y empobrecida.

Desde el punto de vista interno del receptor, o sea del funcionamiento mismo de la ciudad de México, el fenómeno de la concentración tiene a su vez tres aspectos o puntos de vista distintos, según los beneficios o los perjuicios que se obtengan de dicha polarización de actividades socioeconómicas. El primero de estos tres puntos de vista es el empresarial, el cual, como recolector de los frutos de la concentración (mano de obra barata y abundante, economías externas y de gran escala, servicios urbanos y precios subsidiados, costos mínimos de transporte al mercado, etcétera) se ha opuesto sistemáticamente a todo esfuerzo o política descentralizadora, a pesar de que la presencia misma y los residuos de esta actividad empresarial-fabril son una de las causas más importantes que contribuyen a las "desventajas" de la concentración. Esta situación empresarial se explica claramente, en cuanto analizamos la situación de sus empresas, las cuales se benefician extraordinariamente de todas las ventajas de la concentración sin participar en la misma proporción en que se benefician o en que gravitan sobre el presupuesto de la ciudad, de las "desventajas" directas por ellas mismas ocasionadas y cuyo "precio social" es pagado, en lo personal, por los habitantes de la gran ciudad y, en lo institucional, por el país en su conjunto vía el Departamento del Distrito Federal, el Gobierno del Estado de México e incluso el Gobierno Federal mismo. El punto de vista de estos dos nuevos participantes de las consecuencias de la macrocefalia, constituyen las dos restantes opiniones respecto a las ventajas y desventajas de dicho fenómeno. La primera de ellas es el punto de vista de los habitantes comunes y corrientes de la ciudad de México, que en su inmensa mayoría no se benefician de las utilidades de la actividad fabril antes mencionada y que, sin embargo, tienen que sufrir la transformación del antes hermoso y fértil Valle de Anáhuac en "algo seco" y venenoso en el que eventualmente no podrá existir la vida humana, puesto que "si no se toman las providencias pertinentes y se aplican los recursos técnicos necesarios para planear el desarrollo del Valle, las generaciones venideras podrán visitar en el futuro las interesantes ruinas de las que, a fines del siglo XX fue la floreciente ciudad de México", como dijo José Álvarez del Villar, de la Escuela Nacional de Ciencias Biológicas del IPN.[3] Es decir, los efectos negativos de la saturación socioeconómica de la ciudad de México han perjudicado a un número muchísimo mayor que el beneficiado por los aspectos positivos del fenómeno, ya que la gran ciudad empieza literalmente a asfixiarse bajo la contaminación del agua y el aire, el congestionamiento constante de sus vías de comunicación, la sobreutilización de sus servicios urbanos, etcétera... Sólo para mencionar algún dato acerca de uno solo de estos múltiples efectos negativos, diremos que lo que en un tiempo no muy lejano fue "la región más transparente del aire", tan cantada y alabada por poetas y profanos, se ha convertido en la actualidad en una polvorienta región de más de ocho y medio millones de habitantes donde una atmósfera a veces casi londinense, sólo que muchísimo más peligrosa porque allá es niebla fundamentalmente, mientras aquí son gases y detrito industriales, se contamina gradualmente bajo el peso de "6 153 toneladas *diarias* de gases tóxicos

[3] *Excélsior*, México, D. F., 30 de octubre de 1970, primera plana, cols. 1ª y 2ª.

emitidos por más de 50 mil industrias y 700 mil vehículos que coexisten en la ciudad de México"... "además de otros productos tóxicos que resultan de la quema de 2 mil litros diarios de tetraetilo de plomo que llevan las gasolinas que se consumen en un día",... más "los productos resultantes de la quema del petróleo y otros combustibles que proporcionan el 90% de la energía que requerimos tanto en fábricas como en hogares",[4]..., así como el detrito de la combustión de 20 millones de cigarrillos diarios, lo que aunado a 150 toneladas de polvo que en promedio caen cada día sobre la ciudad, hacen un escalofriante resultado de permanente "lluvia tóxica" o "neblhumo" (*smog*), que puede notarse incluso a simple vista ya que la visibilidad de la atmósfera capitalina ha disminuido de 10 grados (buena) en 1950 a sólo 4 grados (mala) en 1970,[5] haciéndose este malestar más agudo y persistente con el agravante de la incontenible desaparición de prados, bosques y zonas verdes dentro del área metropolitana de la ciudad de México, ya que incluso en la actualidad, los habitantes de la gran ciudad disponen de una superficie de "áreas verdes" por habitante de sólo 48 centímetros cuadrados,[6] o sea, una superficie menor que la palma de nuestra mano.

El tercer punto de vista respecto a las características internas del fenómeno de la concentración urbana a que nos hemos venido refiriendo, es el costo público o gubernamental que para el país tiene directamente la conservación y expansión de la gran ciudad, ya que como el último regente lo diría: "cada niño que nace o cada adulto que se avecina en la ciudad, reclama una parte proporcional de sus servicios públicos; reclama asiento en el camión o en el tranvía, lugar en el aula y en el parque, cama en la vivienda y en el hospital..." [7] Los costos y erogaciones necesarios para proporcionar los anteriores servicios son ya de por sí muy cuantiosos, máxime cuando, como en el caso de la ciudad de México, se opera con rendimientos decrecientes y deseconomías de escala, lo cual hace que cada servicio adicional que se proporcione resulte unitariamente más caro en proporción creciente, que los costos anteriores de los mismos servicios. Lo anterior se puede ilustrar fácilmente con el costo promedio anual que ha tenido la introducción y suministro de un metro cúbico adicional de agua potable al Distrito Federal, ya que el costo fue de 40 millones de pesos durante el sexenio de 1952-1958, subiendo a 80 millones para el sexenio 1958-1964, y a

[4] *Excélsior*, México, D. F., 29 de octubre de 1970, primera plana, cols. 1ª, 2ª y 3ª.

[5] Ricardo Carrillo-Arronte, *Ensayo analítico...*, *op cit.*, p. 3.79.

[6] *El Día*, México, D. F., 6 de noviembre de 1970, plana 11.

[7] Departamento del Distrito Federal, *La gran ciudad 1966-1970*. 1970, pág. 2.

100 millones en promedio para el sexenio 1964-1970,[8] encontrándonos con que para 1964, la captación de cada metro cúbico adicional de agua obtenido para la gran ciudad requirió una inversión de 120 millones de pesos, según los propios datos del Departamento del Distrito Federal.[9] El incremento unitario y absoluto de todos estos grandes gastos ocasionados por el ya antisocial y antieconómico crecimiento de la ciudad de México, obviamente tiene su efecto en los presupuestos del Departamento del Distrito Federal, el cual en el año de 1969 llegó a la fantástica suma de 5 691 millones de pesos.[10] Si comparamos esta cifra, con la correspondiente a 1967, igual a 3 880 millones de pesos, veremos que mientras la población del Distrito Federal aumentaba sólo en 6% anual en el lapso 1967-1969 [11] su presupuesto aumentó en un 47%, lo cual indica en forma irrefutable los altos y antieconómicos costos a que está expandiéndose la población del Distrito Federal.

Si realizamos ahora algunas comparaciones de las magnitudes del presupuesto del Departamento del Distrito Federal, con los presupuestos estatales y municipales del país, obtendremos una interesante confirmación a nuestras anteriores afirmaciones, más un significativo elemento de análisis para explicar gran parte de los orígenes del desequilibrio regional de nuestra economía:

a) *comparación de los montos absolutos de los respectivos presupuestos:* para 1967,[12, 13] la suma total de los ingresos de todos los Gobiernos Estatales del país fue de $3 763.9 millones, mientras que el presupuesto efectivo del Departamento del Distrito Federal para el mismo año fue de $3 880.3 millones. Es decir, el solo Distrito Federal tenía *más* ingresos y presupuesto que todos los demás gobiernos estatales juntos, ya que éstos sólo alcanzaban el 97% del presupuesto del primero. Ahora bien, si a los ingresos de los gobiernos estatales, les sumamos los ingresos de los go-

[8] Gilberto Loyo, *Tres breves estudios*, México, D. F., 1970; p. 46.

[9] *La gran ciudad...*, *op. cit.*, p. 32.

[10] *El Día*, México, D. F., 28 de octubre de 1970, primera plana, columnas de la 3ª a la 8ª.

[11] Este crecimiento no incluye por supuesto el crecimiento observado por la parte de la zona metropolitana de la ciudad de México que se localiza en el Estado de México y cuyos gastos de urbanización no han sido erogados aún (Ciudad Netzahualcóyotl y colonias proletarias circunvecinas), o bien, han sido costeados por el Estado de México, los fraccionadores y los propios colonos, como en el caso de Ciudad Satélite, Lomas Verdes, Echegaray, etc.

[12] *Informe General de Labores de la Tesorería del D. F., 1967 y Cuenta Pública del D. F., 1967.*

[13] Dirección General de Estadística, *Anuario Estadístico de los Estados Unidos Mexicanos, 1966-1967.*

biernos municipales para el mismo año de 1967, obtendremos un total de $5 039 millones, lo cual significa que sin contar al gobierno federal, sino solamente a los gobiernos de entidades federativas, el gobierno del Distrito Federal dispone del 44% de los recursos públicos totales del país para distribuirlos entre sólo el 14.4% de la población nacional mientras que el resto del territorio con el 85.6% de la población dispone de sólo el 56% de los recursos. Esto nos indica que los habitantes del Distrito Federal absorben 6.7 veces más recursos públicos *per capita,* que el resto de los habitantes del país, puesto que mientras éstos le "cuestan" al país 121.89 pesos al año por persona, los del Distrito Federal requieren de 815.91 pesos por habitante.

b) Comparación de los montos de gasto presupuestal por habitante: el análisis de este indicador nos proporciona un valioso elemento para poder explicar muchas de las razones del desequilibrio regional y las diferencias de productividad *per capita* de los habitantes de los distintos Estados de la República. Si dividimos la suma de la totalidad de los ingresos estatales más los municipales de cada entidad federativa para 1967, entre el monto correspondiente de la totalidad de sus habitantes, encontraremos una cantidad de gastos *per capita* cuyo ordenamiento es notablemente similar al ordenamiento de los Estados según su nivel de ingreso y productividad *per capita*; por ejemplo el gasto por habitante del Distrito Federal ($815.91) es 19 veces mayor al gasto por habitante del Estado de Oaxaca ($43.48), 18 veces mayor al de Guerrero ($46.22), 14 veces mayor al de Tlaxcala ($59.86), 12 veces mayor al gasto por habitante de Michoacán ($68.65), de Zacatecas ($68.38), etcétera. Estas diferencias aumentarían notablemente si se tomaran en cuenta una serie de gastos realizados por otras instituciones públicas y dependencias del Ejecutivo (como veremos más adelante), como es el ISSSTE, el Seguro Social, la Secretaría de Educación Pública, etcétera... o sea, todas aquellos organismos públicos no influenciados por el determinismo geográfico. Si realizamos comparaciones similares a las anteriores de gasto presupuestal por habitante, pero ahora con el valor agregado o ingreso medio por habitante, veremos que el Distrito Federal tenía ya en 1960, 6.5 veces más producto por habitante que Oaxaca, 5.1 veces más que Guerrero, y 5.5 veces más que Tlaxcala, Michoacán y Zacatecas.[14] Los anteriores datos nos muestran no sólo la correlación existen-

[14] Ricardo Carrillo-Arronte, *Ensayo analítico...*, *op. cit.*, p. Ap. 13.

te entre el gasto presupuestal por habitante y la productividad de éstos entre las distintas entidades federativas del país, sino que además nos ilustra con claridad el hecho de que el Gobierno Mexicano invierte o gasta casi el triple, relativamente, en los habitantes del Distrito Federal por peso producido, que en los Estados pobres del país, lo cual nos comprueba nuevamente lo caro que resulta para México la aparente "alta productividad" de los habitantes del centro macrocefálico del país.

Desde el punto de vista *externo* de la macrocefalia mexicana, o sea, el de las relaciones socioeconómicas entre la capital y el resto de los habitantes del país, se puede observar con claridad la gravedad de las consecuencias del centralismo. Éstas no sólo radican en que el país, vía su sistema de gobierno, corra con los gastos de congestión y las deseconomías de escala de la gran ciudad mientras los empresarios localizados en ella, más los que vengan en el futuro, recojan únicamente los frutos de tal concentración, sino en el hecho mismo de que los recursos en esta forma absorbidos por la macrocefalia podrían tener una productividad social mucho mayor para el país en su conjunto, si se invirtieran en la solución de otros múltiples problemas nacionales cuya prioridad y productividad sociales son mucho más altas que las logradas en la simple "engorda" del cáncer del centralismo que ya corroe a la economía y el bienestar de la totalidad del país. Esta situación genera, además, los círculos viciosos del desequilibrio regional (consumidores-mercado-demanda-actividad empresarial-oferta-ocupación-consumidores), los cuales además de ser de difícil rompimiento deforman duraderamente la actividad económica nacional (tanto en su localización geográfica como en su estructura productiva). Así, disminuyen la perspectiva de crecimiento y desarrollo del país en su conjunto al reducirse las posibilidades de desarrollo de la provincia, cuyos habitantes, capitales, materias primas y mejores técnicos, políticos y elementos educados emigran a la gran ciudad en busca de mejores condiciones. Estos movimientos migratorios (de gentes, recursos y capitales) a pesar de producir resultados muchas veces positivos al nivel de individuos o casos particulares, no constituyen ni mucho menos una solución positiva para el desarrollo del país en su conjunto, ya que tal fenómeno tiende a agudizar los desequilibrios regionales ya existentes.

Hasta el momento, el éxodo provincia-capital ha acumulado ya en esta última la mayor parte del capital, las industrias, los servicios y el personal calificado del país, ocasionando una concentración aún mayor de la demanda efectiva, el poder político y financiero y los centros de cultura, bienestar y recreación del país, lo cual en sí ya constituye un difícil lastre por vencer en la lucha futura por desarrollar la provincia mexicana. Con objeto de ilustrar solamente algunas de las facetas de dicha concentración, al mismo tiempo que intentar cuantificar el grado macrocefálico de nuestro país, presentaremos el cuadro 2, donde se contienen algunas actividades relacionadas con el fenómeno que hemos venido comentando.

Otro de los resultados de esta tremenda concentración de oferta y demanda, es que la disyuntiva tradicional entre localizar las industrias cerca de los centros productores de materias primas o cerca de los centros consumidores del producto terminado, ha perdido mucha de su importancia, ya que como lo demuestra el cuadro anterior, ahora la ciudad de México proporciona ambos (oferta y demanda, materias primas y productos terminados), para la mayor parte de las industrias,

Cuadro 2. Participación de la ciudad de México en la vida nacional

Año	*Concepto*	*% de la totalidad del país*	*Núm. de veces por habitante en relación con el resto del país*
1970	Población total	18.2	——
1960	Existencia de teatros	97.0	148.0
1960	Consumo de electricidad	81.0	19.3
1960	Valor de las impresiones y publicaciones	78.0	16.1
1960	Poder adquisitivo	77.0	15.2
1960	Producción de automóviles	77.0	15.2
1960	Valor de las nuevas construcciones	67.0	9.1
1965-1966	Estudiantes de educación superior	58.0	9.6
1960	Valor del comercio realizado	62.0	7.3
1965-1966	Presupuesto de las instituciones de educación superior	65.0	8.3
1960	Producción de maquinaria	60.0	6.8
1969	Inversiones industriales	51.0	4.6
1969	Fuerza de trabajo	48.0	4.2
1965-1966	Egresados de educación superior	56.0	5.7
1965-1966	Egresados de educación media	53.0	5.0

FUENTE: Ricardo Carrillo-Arronte, *Ensayo analítico...*, *op. cit.*, p. 3.84.

reduciendo peligrosamente las posibilidades de localización de empresas industriales fuera de la ciudad de México.

Las "colonias" de la metrópoli mexicana

En similitud con las antiguas "metrópolis imperiales", sólo que ahora con un "colonialismo intranacional", la ciudad de México ha establecido con el paso de los años una compleja red de relaciones tributarias y de dependencia con el resto del territorio y la población mexicana, que muy bien podría ser tipificada por las mismas características de las relaciones internacionales entre los países desarrollados y los poco industrializados. Pueden ofrecerse como ejemplos las características de la división centro-periferia del trabajo entre productores de materias primas (la provincia) y los productores de bienes manufacturados (la metrópoli); la relación de intercambio negativa para el campo y la provincia y positiva para los industriales de la gran ciudad; la centralización del poder político y financiero, de las actividades culturales e intelectuales, etcétera. Estas características y relaciones de dependencia por supuesto van interrelacionadas por parte de la provincia con una deficiente o nula infraestructura, con la preponderancia de actividades agropecuarias de subsistencia, con deficientes disponibilidades de servicios públicos y privados, etcétera. Todas estas condiciones con el paso de los años han erosionado el espíritu de superación de los habitantes de dichas regiones atrasadas, donde en la actualidad ha generalizado una actitud popular de apatía y fatalismo.

Es evidente, hasta el momento, la gran complejidad y gravedad que reviste este problema del "colonialismo interno" en nuestro país, el cual se arrastra ya por varios siglos de agudización y cuya solución por tanto no será fácil, ni de corto o medio plazo. Esta solución chocará obviamente con intereses creados defensores del *status quo*, y va a requerir, para su puesta en marcha, de todo el esfuerzo de nuestro sistema de economía mixta y del cabal reconocimiento de su función y responsabilidad social por parte de los sectores público y privado.

La dinámica del desequilibrio

El indicador del cuadro 1 del desequilibrio regional de la economía mexicana sólo nos representa, en el mejor de los casos, una fotografía del problema en un momento determinado, o sea, el concepto estático de que los habitantes de la Región I (el Distrito Federal) tienen un promedio de ingresos 5.6 veces mayor que los habitantes de la Región X del Pacífico Sur, compuesta por los Estados de Chiapas,

Guerrero y Oaxaca. Sin embargo, la presentación estática de los problemas de la pobreza en México, representan de hecho un solo momento histórico de todo un proceso cuya realidad resulta ser, casi siempre, mucho más triste y deprimente que la sola instantánea de una de sus etapas en el tiempo. La tendencia y el dinamismo de dicho proceso generalmente apuntan hacia el agravamiento y la agudización de dichos problemas, sin mucha esperanza de convalecencia natural. Éste es precisamente el caso del desequilibrio regional de México, como lo muestra acertadamente Rodrigo Medellín en el trabajo presentado en esta misma obra, y en el que demuestra, que en términos de niveles de vida y bienestar, la brecha que ahora separa a las regiones ricas de las pobres, es 43% mayor de lo que era en 1921 al iniciarse la etapa constructiva de la Revolución.

A las afirmaciones de Medellín, sólo nos resta agregar algunos datos complementarios respecto a la estructura y cuantificación de dicho en-

Cuadro 3. Nivel y dinamicidad del valor agregado regional

Número de la región [a]	*Nombre de la región* [b]	*Valor agregado* per capita *para 1960 (pesos)*	*Tasa media anual del valor agregado 1950-1960*
	Promedio Nacional	3 950	6.18
I	Distrito Federal	9 489	7.91
II	Golfo-Norte	5 783	5.63
III	Norte	4 617	4.96
IV	Pacífico-Norte	4 463	5.33
V	Peninsular	3 524	6.20
VI	Pacífico-Centro	2 444	5.41
VII	Golfo-Centro	3 577	4.09
VIII	Centro	2.441	6.63
IX	Centro-Norte	2 440	3.81
X	Pacífico-Sur	1 694	4.64

[a] El orden de las regiones se determinó en función de sus niveles de bienestar y no solamente de ingreso por habitante.

[b] Las regiones se integran en la siguiente forma: Región I: Distrito Federal; Región II: Nuevo León y Tamaulipas; Región III: Chihuahua y Coahuila; Región IV: Baja California Norte y Sur, Sonora, Sinaloa y Nayarit; Región V: Campeche, Yucatán y Quintana Roo; Región VI: Colima, Jalisco y Michoacán; Región VII: Veracruz y Tabasco; Región VIII: Morelos, México, Guanajuato, Puebla, Querétaro, Tlaxcala e Hidalgo; Región IX: Aguascalientes, Durango, San Luis Potosí y Zacatecas; Región X: Chiapas, Guerrero y Oaxaca.

FUENTE: Ricardo Carrillo-Arronte, *Ensayo analítico...*, *op. cit.*, p. 3.38.

sanchamiento de la brecha interregional en México. Por ejemplo, si realizamos una comparación cruzada entre el valor agregado por habitante en 1960 de cada una de las 10 regiones geo-económicas del país, y la tasa media anual de crecimiento del valor agregado regional de 1950 a 1960 (cuadro 3), encontraremos que cada día la distancia entre las regiones ricas y las regiones pobres del país no sólo se hace más grande, sino también más difícil de resolver ante la creciente inercia del fenómeno y la ausencia de una clara política económica de promoción al desarrollo regional.

Con los datos del cuadro 3 podemos realizar una doble comparación cruzada entre los niveles observados de las tasas de crecimiento y el valor agregado regional, en comparación con los respectivos promedios nacionales, en forma tal que nos permita agrupar nuestras 10 regiones geo-económicas en cuatro grandes estratos, o "niveles dinámicos de desarrollo regional", como lo demuestra el cuadro 4.

De la simple observación del cuadro citado, se destaca una vez más la característica macrocefálica del desarrollo regional de México, puesto que de todas las regiones del país, la Región I (Distrito Federal) es la única que reúne la característica de que sus dos indicadores comparados tengan un valor superior al promedio nacional, o sea, un ingreso medio por habitante en 1960 mayor que el promedio nacional y una tasa anual de crecimiento también mayor que la observada para el país en su conjunto de 1950 a 1960. Esta situación por lo demás es muy explicable si se analiza con cuidado la distribución regional de la

Cuadro 4. Niveles dinámicos de desarrollo regional, 1950-1960

Valor agregado regional per cápita / Tasa de crecimiento del valor agregado regional	Superior al promedio nacional	Inferior al promedio nacional
Superior al promedio nacional	Regiones prósperas I	Regiones en desarrollo V, VIII
Inferior al promedio nacional	Regiones regresivas II, III, IV	Regiones deprimidas VI, VII, IX, X

FUENTES Ricardo Carrillo-Arronte, *Ensayo analítico...*, *op. cit.*, p. 3.39.

inversión pública y privada desde los inicios del proceso de desarrollo en México hace siglos. En otras palabras, podemos decir que la clasificación cuadripartita del cuadro anterior nos ilustra, con claridad, el nivel y la dinámica del desequilibrio regional en México, donde sólo existe una región definitiva e imperialísticamente próspera (el Distrito Federal) cuya atracción o magnetismo ha erosionado el resto del país, como precio por el desarrollo de su ciudad capital. Los efectos de esta erosión o decantación económica, política, social, cultural, intelectual, etcétera, han obstaculizado claramente no sólo el desarrollo de las regiones deprimidas del centro y sur del país (regiones VI, VII, IX y X) que se encuentran cada vez más distantes del desarrollo nacional, sino también han empezado dichos efectos erosionantes a absorber las energías de las regiones norteñas (II, III y IV). A pesar de contar con un ingreso medio por habitante mayor que el promedio nacional, estas últimas han estado creciendo a un ritmo menor que el observado por el país en su conjunto, lo que significa que una vez pasada la euforia fronteriza, el desarrollo de dichos Estados empieza a perder terreno ante el empuje de la macrocefalia mexicana. Es interesante hacer notar las características tan disímbolas de las dos regiones que, junto con el Distrito Federal, representan las tres únicas porciones de territorio cuyo crecimiento económico ha sido mayor que la media nacional, o sea, la Región VIII, que ha crecido de hecho bajo la influencia directa del Distrito Federal puesto que constituye su periferia económica inmediata, y la Región V, cuya lejanía territorial del centro del país y su relativo abandono de la economía nacional, la han salvado probablemente (por lo menos hasta ahora) del magnetismo centralizador que ha erosionado el resto de nuestra República.

Esta situación macrocefálica, de gran concentración económica nacional, está presentando ya claros síntomas de congestión, saturación urbana y deseconomías de escala, mientras por otra parte, la mayoría de las ciudades de provincia languidecen por falta de inversiones y actividad económica productiva. Esta problemática de contrastante anemia y congestión en un mismo organismo (la economía nacional), constituye otro claro síntoma de la necesidad de replantear la política económica del país en beneficio de una mejor distribución del ingreso personal y regional, y un significativo incremento del poder de compra popular.

Factores condicionantes del fenómeno

En el análisis de las "causas últimas" del desequilibrio regional de México, podríamos encontrar quizás que la "dotación" inicial de recursos naturales de cada región del país ha venido jugando desde tiempos inmemoriales, el papel de elemento exógeno que ha influido y condicionado las peculiaridades de nuestro desarrollo regional. Por esta razón es indispensable partir de un cierto determinismo geográfico de la localización y crecimiento de nuestras ciudades y polos de desarrollo, para poder comprender la perspectiva histórica de la formación del desequilibrio regional de nuestra economía. En una forma por demás esquemática, podríamos sintetizar la sedimentación histórica de este fenómeno de la concentración geográfica de actividades socioeconómicas sobre el territorio de nuestro país, como el desenvolvimiento de un proceso que en cuatro etapas graduales y acumulativas han venido sobreponiendo sucesivamente sus respectivos conglomerados urbanos y fuerzas centralizadoras. Estos cuatro grandes grupos o formaciones de centros urbanos podrían ser tipificados en la forma siguiente:

1) Comunidades indígenas, comúnmente asentadas sobre territorios agrícolas;
2) Centros mineros y administrativos de la colonia;
3) Concentraciones urbanas a lo largo de los corredores nacionales de exportación, inicialmente hacia la metrópoli española (corredor México-Veracruz), y con posterioridad hacia los centros regionales de la economía norteamericana (corredores hacia Laredo, El Paso y San Diego-Los Ángeles-San Francisco), y
4) Acentuamiento de las anteriores concentraciones demográficas mediante la orientación de los flujos migratorios (humanos, financieros y de recursos), hacia aquellas ciudades favorecidas por la acumulación de los tres primeros estratos de formaciones urbanas, en función de que en tales ciudades se requerían de servicios y actividades localizadas dentro de dichos centros consumidores, lo que a su vez atrajo (principalmente a la ciudad de México) a un sinnúmero de industrias usufructuadoras de la concentración urbana, el mercado y las economías externas de las grandes ciudades, acelerando con ello la consolidación de los círculos viciosos del desequilibrio regional.

El proceso anterior de desenvolvimiento y sobreposición de los cuatro estratos mencionados de acumulación urbana alrededor de un puñado de poblaciones del país, no fue motivado exclusivamente por la inercia de los movimientos migratorios concentradores. De hecho, el desequilibrio regional actual de la economía mexicana es sólo el producto de la fertilización económica regional ocasionada por el abono de la inversión pública y privada. Es decir, la distribución espacial de la inversión pública y privada, pero principalmente la de la inversión pública, ha tenido una influencia definitiva para el acrecentamiento del desequilibrio regional y la concentración de actividades socioeconómicas alrededor de la ciudad de México. Este crecimiento ya enfermizo de la gran ciudad y el Distrito Federal, se refleja con claridad en la participación creciente que ésta ha ido absorbiendo de la población total del país ya que de sólo 4% de la población nacional que tenían en 1900, se pasó a 10% en 1950 y a 18% en 1970, lo que significa que más de la tercera parte de la población urbana del país se localiza en esta pequeña área que comprende sólo el 0.1% del territorio nacional.

Cuadro 5 A. Proyecciones del crecimiento de la población del país y de la ciudad de México

Años *(1)*	*Población total del país* *(2)*	*Población de la zona urbana de la ciudad de México* *(3)*	*(3)/(2)*
1895	12 632 427 [a]	295 000	2.32
1900	13 607 272	345 000	2.54
1910	15 160 369	471 000	3.11
1921	14 334 780	662 000	4.62
1930	16 552 722	1 049 000	6.34
1940	19 653 552	1 559 782 [c]	7.94
1950	25 791 017	2 872 334	11.14
1960	34 923 129	4 909 961	14.06
1970	48 313 438	8 772 000 [d]	18.16
1975	60 247 000 [b]		
1980	71 387 000		
1985	84 445 000		
1990	99 669 000		
1995	116 721 000		
2000	135 089 000		

FUENTES:

a Censos de población.

b Ricardo Alvarado, "México: proyección de la población total 1960-2000, y de la población económicamente activa 1960-1985", Centro Latinoamericano de Demografía (CELADE); Serie C, núm. 114; Santiago de Chile, junio 1969, p. 12.

c Luis Unikel S., "El proceso de urbanización en México: distribución y crecimiento de la población urbana", *Demografía y Economía,* Vol. II, No. 2, 1968, El Colegio de México, p. 146.

d Datos preliminares del Censo de Población de 1970, considerando dentro de la zona urbana o metropolitana de la ciudad de México a los siguientes municipios del Edo. de México: Coacalco, Cuatitlán, Chimalhuacán, Ecatepec, Naucalpan, Netzahualcóyotl, Nicolás Romero, La Paz, Tlalnepantla, Tultitlán y Zaragoza.

Este efecto "concentrador" de las inversiones públicas y privadas en el país, se puede explicar claramente si nos referimos a las características económicas de la "etapa constructiva" de nuestro proceso de desarrollo, ya que durante dicha etapa el objetivo fundamental fue, como ya lo apuntamos en incisos anteriores, la maximización del aparato productivo nacional. La satisfacción de este objetivo implicó necesariamente la utilización del principio del máximo aprovechamiento de nuestros recursos escasos. De entre estos recursos escasos destacan por su importancia los recursos de inversión y financiamiento y, por tanto, la necesidad de aprovecharlos al máximo fue precisamente lo que condicionó la acción del gobierno sobre los principios de la "rentabilidad monetaria" del capital y las inversiones públicas, principios cuya vigencia y validez todavía en épocas recientes nos ha sido recordada por los más altos funcionarios de nuestro país.

Cuadro 5 B. Proyecciones de la población de la zona urbana de la ciudad de México

	HIPÓTESIS I		HIPÓTESIS II		HIPÓTESIS III		HIPÓTESIS IV	
Años (1)	*Habitantes (miles)*	*Porcentaje de la población del país*	*Habitantes (miles)*	*Porcentaje de la población del país*	*Habitantes (miles)*	*Porcentaje de la población del país*	*Habitantes (miles)*	*Porcentaje de la población del país*
1895								
1900								
1910								
1921								
1930								
1940								
1950								
1960								
1970								
1975	12 176	20.2	11 739	19.5	11 063	18.4	10 938	18.2
1980	16 483	23.1	15 709	22.0	13 952	19.5	12 961	18.2
1985	22 277	26.4	21 023	24.9	17 596	20.8	15 332	18.2
1990	30 040	30.1	28 133	28.2	22 191	22.3	18 096	18.2
1995	40 187	34.4	37 648	32.3	27 987	24.0	21 192	18.2
2000	53 144	39.3	50 382	37.3	35 296	26.1	24 527	18.2

FUENTE: Elaboraciones con base en el cuadro 5 A.

Sector público

Dentro de este marco de análisis regional de las inversiones, las acciones económicas del Estado Mexicano podrían ser catalogadas en tres grandes rubros, siendo el primero de ellos el correspondiente al subsector Gobierno (tanto federal como estatal y muncipal), el segundo al subsector Empresas y Organismos Descentralizados, y el tercero el que agrupe una serie de medidas directas de promoción y fomento a la activididad económica. A continuación analizaremos brevemente el comportamiento de los tres rubros anteriores de actividad gubernamental en relación a su contribución al desarrollo regional de México.

a) El rubro correspondiente al subsector Gobierno puede ser dividido para su mejor comprensión en dos grandes apartados, correspondiendo el primero al Gobierno federal, mientras que el segundo comprende a los Gobiernos estatales y municipales:

El cuadro 6 nos muestra con claridad la enorme concentración de recursos públicos para la educación en el Distrito Federal, concentración que incluso aumenta notablemente conforme se incrementa el nivel de calificación de los niveles educativos, lo que explica gran parte de la atracción que la ciudad de México ejerce sobre las corrientes migratorias que buscan mejores condiciones de vida y de trabajo para ellos y sus descendientes. De las cifras contenidas podemos

Cuadro 6. Gastos en educación de las secretarías de Estado del Gobierno Federal Mexicano para 1959 [a]

(miles de pesos)

Conceptos de gasto	*Distrito Federal*	*Resto del país*
Total	1 054 208	528 089
I.—Nivel elemental	339 619	473 633
II.—Nivel medio	147 804	39 574
III.—Nivel superior	229 926	17 683
IV.—Otras enseñanzas	80 940	4 521
V.—Otros gastos	115 408	777
VI.—Gastos generales de administración	140 510	——

[a] Los conceptos comprenden: I. Nivel elemental: educación preescolar y primaria; II. Nivel medio: secundarias, preparatorias, normales y subprofesionales; III. Nivel superior: enseñanza universitaria, técnica, normal superior y militar; IV. Otras enseñanzas: capacitación (agrícola, industrial, militar, indígena, etcétera), extraescolar (alfabetización, audiovisual, etcétera), especial y educación artística; V. Otros gastos: bibliotecas, materiales para escuelas y museos, becas, ayudas deportivas y culturales, etcétera.

FUENTE: Secretaría de Hacienda y Crédito Púbfico, *Cuenta Pública Federal, 1959.*

apreciar que el 67% de los gastos federales en educación se concentran en el 14% de la población del país, mientras que el 86% restante de la población se debe conformar con sólo un tercio del gasto público en educación. Estas cifras nos arrojan una relación de casi 12 veces más de gasto en educación por habitante en el Distrito Federal en comparación con el resto del país, lo cual nos indica claramente dónde está la preferencia del Gobierno federal por educar a la población.

b) Si analizamos ahora la acción de los gobiernos mexicanos desde el punto de vista de la atención y el gasto por habitante de sus respectivos Estados y Territorios, confirmaremos lo dicho antes respecto a la macrocefalia mexicana, ya que el presupuesto del Distrito Federal que en 1969 fue de cerca de 5 700 millones de pesos, es superior al presupuesto de todos los Estados del país juntos (!). Si comparamos ahora el gasto presupuestal por habitante del Distrito Federal en 1969 ($814), con el de algún otro Estado de la República, observaremos con mayor precisión otra de las facetas de macrocefalia financiera del país. Por ejemplo, el Estado de Sinaloa que es uno de los diez más dinámicos y progresistas del país, alcanzaba en 1969 la suma de 325 millones de pesos de presupuesto estatal, que representa $288 por habitante de la entidad. Así, el gobierno del Estado de Sinaloa dispone, para resolver los múltiples problemas de su necesitada población, de sólo la tercera parte de recursos por habitante de lo que dispone el gobierno del Distrito Federal para atender a sus prósperos y enriquecidos capitalinos. Las anteriores comparaciones presupuestales no incluyen, por supuesto, la capacidad de endeudamiento de dichas entidades, capacidad que de ser considerada agravaría aún más las anteriores comparaciones, si pensamos que solamente una obra de la ciudad de México, como fue la construcción del Metro, ha costado hasta la fecha más de 5 mil millones de pesos (15 veces el presupuesto estatal de Sinaloa) de los cuales sólo la tercera parte ha sido aportada por el Departamento del Distrito Federal.

Si analizamos ahora la estructura de la inversión pública total del país por niveles de gobierno veremos también con claridad que mientras la participación del Distrito Federal va en aumento (3.5% para 1950, 5.9% para 1960 y 9.3% para 1963), la inversión correspondiente de todos los Estados, Territorios y Municipios juntos va en descenso de 5.5% en 1950 a 4.5 y 3.2% para 1960 y 1963, respectivamente,[15] lo que de nuevo nos muestra la macrocefalia mexicana desde el importantísimo aspecto de los fondos disponibles para inversión.

Si analizamos ahora el segundo rubro de la acción gubernamental

[15] Ricardo Carrillo-Arronte, *Ensayo analítico*..., *op. cit.*, p. Ap. 2.

federal, o sea, la actividad de sus empresas y organismos descentralizados, nos encontramos con la paradójica situación de que las empresas industriales del Gobierno federal están mucho más concentradas que las del sector privado puesto que, mientras éstas producen el 2.5% de su valor agregado de 1960 en la Región Pacífico-Sur del país (Chiapas, Guerrero y Oaxaca), el sector público sólo produce en dicha región el 0.1% del valor agregado de sus empresas industriales, o sea, 26 veces menos que las empresas particulares.[16]

Si observamos el efecto en el desarrollo regional de la economía del país, de las actividades del tercer rubro de las políticas gubernamentales (promoción y fomento económico), podremos observar, al igual que en los casos anteriores, una fuerte tendencia concentradora de las actividades económicas, y con ello, un incremento de la brecha entre regiones pobres y ricas de nuestro territorio. Para efectos analíticos, es conveniente dividir esta acción promotora del gobierno en dos apartados distintos, relacionando al primero de éstos con la canalización de crédito e inversiones y, al segundo, con la promoción de industrias nuevas y necesarias. Desde el punto de vista de las inversiones y los créditos avalados o canalizados por el banco oficial de promoción industrial, o sea, la Nacional Financiera, S. A., confirmaremos que bajo la dirección de los criterios de rentabilidad, esta institución ha canalizado, según los datos disponibles más recientes (1940-1950), el 60% de sus créditos, inversiones y avales hacia la macrocefálica zona centro del país donde se localiza el Distrito Federal y su periferia económica. Paradójicamente, a las regiones más pobres y necesitadas del país (que comprenden los Estados de Chiapas, Guerrero, Oaxaca, Aguascalientes, Durango, San Luis Potosí, Zacatecas, Campeche, Yucatán y Quintana Roo) sólo se ha canalizado el 3.0% [17] de sus recursos. Tal distribución de los recursos financieros resulta obviamente incomprensible para una institución gubernamental y "revolucionaria" a no ser por encajar su comportamiento dentro de las pautas de la etapas "constructiva" de nuestro desarrollo nacional.

Si analizamos ahora la acción económica gubernamental, desde el punto de vista de la promoción de empresas nuevas y necesarias, podremos observar que "de 498 exenciones que se otorgaron de 1955 a 1967, bajo la Ley de Industrias Nuevas y Necesarias, el Distrito Federal obtuvo 188, y 129 el Estado de México, de las cuales la mayor parte de ellas están dentro de la zona metropolitana de la ciudad de México".[18] Es decir, el 63% del total de concesiones otorgadas han

[16] *Ibid.*, p. 3.82.
[17] *Ibid.*, p. 3.45.
[18] Jorge Tamayo López Portillo, "Medidas de política que tiendan a impulsar

beneficiado a empresarios que ante la ausencia en dicha ley de mención alguna respecto a las implicaciones regionales de las empresas protegidas, se han ubicado comprensiblemente dentro de la ciudad de México o municipios circunvecinos.

Sector privado

Ante el panorama anterior, de la centralización y el macrocefalismo de la acción gubernamental en México, no es muy difícil prever cuál sería el comportamiento del sector privado nacional y extranjero. Sin embargo, es interesante observar el hecho de que el sector privado no sólo ha contribuido notablemente a la concentración y al desequilibrio regional de nuestro país por medio de la irrestricta localización de sus industrias, sino que además ha utilizado el sistema bancario privado del país para canalizar y sustraer ahorros del campo y de la provincia mexicana para financiar sus intereses particulares en pro de la macrocefalia de nuestra economía. Para apoyar esta afirmación sólo mencionaremos brevemente los tres siguientes ejemplos ilustrativos:

a) En relación con la agricultura, podemos observar que a este sector, notoria y tradicionalmente necesitado de capitales e inversiones, el sistema bancario privado nacional no sólo no le proporciona recursos sino que los quita, ya que de 1942 a 1962 le ha estado sustrayendo en promedio el 30% de los ahorros generados en la agricultura que son depositados en los bancos particulares, los cuales transfieren dichos recursos a otros sectores de actividad no-agrícola de acuerdo con los intereses de dichas instituciones.[19]

b) Respecto a los ahorros de la provincia mexicana en general, hemos de observar según los datos disponibles[20] que en las ciudades de México, Guadalajara, Monterrey y Chihuahua se invierte el 50% de los ahorros generados en el resto del país. Si consideramos únicamente a la ciudad de México, podemos observar que mientras en ella se genera el 44% de los recursos captados por el sistema bancario privado nacional, en esta misma ciudad se invierte el 61% de la totalidad de los recursos de dicho sistema, lo cual significa aproximadamente que de cada tres pesos que invierte el sector privado en la ciudad de México, uno de ellos es sustraído de la provincia para el sostenimiento y desarrollo de nuestra gran ciudad a costa incluso de las famélicas y

regiones de menor desarrollo económico relativo", *Memoria de la Reunión Nacional de Estudio para el Desarrollo Regional* PRI, IEPES, Aguascalientes, 19 de mayo de 1970.

[19] Ricardo Carrillo-Arronte, *Ensayo analítico...*, *op. cit.*, p. 3.23.

[20] *Ibid.*, p. 3.77.

subdesarrolladas economías regionales y estatales, y de sus posibilidades de desarrollo autogenerado.

c) Los dos ejemplos anteriores se refieren al aspecto sectorial y espacial, respectivamente, de los movimientos de capital que realiza el sistema bancario privado con los ahorros y recursos captados. Sin embargo, es importante observar que esta transferencia de recursos del campo a la ciudad y de la provincia a la gran ciudad, no sólo se circunscribe a los movimientos internos de recursos en dichos bancos particulares, sino que de hecho se ha permeado ya hacia las políticas de crédito y financiamiento de estas instituciones. Dentro de ellas, según parece, se discrimina, ya abierta o veladamente, no sólo a la agricultura o a las actividades productivas de las ciudades de provincia, sino a toda aquella empresa que no esté localizada en la congestionada metrópoli capitalina, principio cuya aplicación obviamente agrava el problema de la macrocefalia mexicana y dificulta su solución. El anterior comentario respecto a las políticas de crédito e inversión del sistema bancario privado en particular, y del sector capitalista privado en general, se desprende de investigaciones directas aún no publicadas.

Su contenido concuerda plenamente con las afirmaciones de la empresa Celulosa del Bajío, S. A., en su inserción pagada en conocido diario capitalino dirigida al Presidente de la República, al Secretario de Industria y Comercio y a la Asociación de Banqueros de México en la que se dice que

> ...nuestra industria se encuentra en provincia, fuera de las zonas urbanas, por lo que ninguna institución financiera consideró siquiera la posibilidad de operar en estas circunstancias, no obstante que nuestro balance acusó garantías de por lo menos el doble del crédito solicitado. Este nuevo tropiezo nos llevó a intentar, ahora, la asociación con inversionistas de la capital, sólo para sufrir nueva negativa, pues si bien abundan inversionistas, son pocos los que desean invertir en industrias fuera de las zonas industriales cercanas al D. F. El único inconveniente que le han encontrado a nuestra industria, es precisamente estar en provincia. No les interesa. De lo anterior se deduce que el programa del actual gobierno para industrializar al país y descentralizar la industria no encuentra eco en la iniciativa privada, inversionistas o financieros y que los que llevamos la industria a la provincia, pudiendo haberla hecho aquí (en la ciudad de México), nos encontramos sin un apoyo y con perspectivas limitadas. Nuestra planta se encuentra actualmente parada, esperando poder obtener financiamiento necesario para continuar en nuestro afán, evitando con ello que desaparezca una fuente de trabajo de la que dependen más de 30 familias. Finalmente esperamos que al-

guna de las instituciones financieras oficiales estudie nuestra solicitud de apoyo financiero, a pesar de que nuestra industria esté en provincia.[21]

Perspectivas y posibilidades

Obviamente, las perspectivas del desequilibrio regional de México y del desarrollo del país en su conjunto, se complican y se dificultan a medida que los intereses particulares, despertados y motivados por la "etapa constructiva" de nuestro desarrollo, presionen como en la actualidad lo están haciendo, por el mantenimiento indefinido de condiciones altamente favorables para ellos, cuyo carácter histórico-temporal no puede ser violentado sin perjuicio de los mejores intereses del desarrollo y del pueblo mexicano.

Sin embargo, antes de delinear algunos posibles elementos más a considerar para un replanteamiento de la política económica gubernamental, sería conveniente hacer un poco de "ficción científica" respecto al probable crecimiento de la macrocefalia mexicana. Con este propósito, presentamos en los cuadros 5 A y 5 B los resultados de la proyección de la población de la zona metropolitana de la ciudad de México sobre la base de cuatro hipótesis distintas de crecimiento.

Los resultados de la hipótesis I resultan de proyectar la tendencia observada por el crecimiento de la población de la zona urbana de la ciudad de México desde 1895 hasta 1970 (columna uno del cuadro 5 B), o sea, 75 años de crecimiento continuado. La hipótesis II supone que la tendencia observada en 1960-1970, en el crecimiento de la ciudad se mantendrá en el futuro, o sea, un crecimiento de 6.0% al año. La hipótesis III se basa en el supuesto de que a partir de 1970, la migración a la ciudad de México se reducirá a la mitad solamente y, con ello, el crecimiento de la ciudad a 4.75% anual. La hipótesis IV supone que de 1970 en adelante ya no se permitirá ningún movimiento migratorio a la ciudad, y que por tanto, el crecimiento de ésta, sólo se verá afectado por el simple crecimiento demográfico de los actuales habitantes de la ciudad de México. Esta última hipótesis de trabajo nos arroja un ritmo decreciente de incremento demográfico ya que, siguiendo las proyecciones demográficas de la columna 2 del cuadro 5 B, estimadas por Ricardo Alvarado,[22] se prevé una disminución constante de las tasas mexicanas de fecundidad, lo que ocasiona tasas

[21] *Excélsior,* México, D. F., 19 de diciembre de 1969, plana 19-A.

[22] Ricardo Alvarado, *México: Proyección de la población total 1960-2000, y de la población económicamente activa 1960-1985,* Centro Latinoamericano de Demografía (CELADE), Serie C. Nº 114; Santiago de Chile, junio de 1969, p. 12.

decrecientes de crecimiento demográfico que llegan a disminuir desde el 3.30% de la década 1961-1970, hasta 2.97% anual para el quinquenio 1995-2000.

Como se observa en el cuadro 5 B, las proyecciones de la población para la ciudad de México son realmente fantasmagóricas, inclusive dentro de su periodo más confiable de 1970 a 1980. Estas proyecciones fluctúan para 1980, de 16.5 millones de la hipótesis I que casi duplica la población actual de la zona metropolitana, hasta la conservadora proyección de 13.0 millones de la hipótesis IV, cifra que rebasa ya la población actual de Tokio y Nueva York, y que incrementa en 50% la población actual de la ciudad de México, lo cual también es un incremento considerable dadas las actuales condiciones de la gran ciudad. Ante los problemas de contaminación, congestionamiento y gasto que hoy enfrentan ciudades como Tokio (12.5 millones de habitantes), Nueva York (11.6 millones), Londres (10.0 millones), Los Ángeles (7.1 millones), etcétera... y la misma ciudad de México (8.8 millones), es simplemente imposible pensar en cifras tales como 24.5 millones de habitantes para nuestra metrópoli en el año 2000, aun bajo las autoritarias condiciones de "muralla china" de la hipótesis IV del cuadro 5 B, hipótesis que incluso supone ya un fuerte decrecimiento de la tasa de natalidad en México. De lo anterior se desprende de manera contundente la necesidad de que en una forma consciente se disminuya el crecimiento de la ciudad de México (como se hace ya en muchos países), mediante el desarrollo programado de otros polos de crecimiento, cuyo atractivo económico y demográfico establezca una distribución regional más adecuada de la riqueza y el producto nacional, así como de la creciente población urbana del país.

La descentralización como alternativa

En los párrafos anteriores, hemos recorrido sucintamente la problemática de la centralización en México y las expectativas de la continuación de tal fenómeno. Es claro que el crecimiento macrocefálico observado hasta la fecha, ha cumplido ya con su propósito según las etapas del desarrollo explicadas al inicio del presente ensayo, y que ahora, en bien del país en su conjunto, se debe de replantear en su totalidad la política económica de los gobiernos mexicanos. Este replanteamiento deberá de considerar como su objetivo fundamental el fortalecimiento de la demanda popular por medio de políticas de empleo y distribución efectiva de ingreso, como corresponde a las características de la "etapa distributiva" de nuestro proceso de desarrollo a largo plazo. Es precisamente dentro dé este contexto de desarrollo nacional, donde deben de ubicarse las políticas de descentralización y desarrollo regional, y no como hasta la fecha se han querido presentar, como solución al problema "desequilibrio regional" en abstracto. Es decir, la promoción de la política y la estrategia del desarrollo regional dentro de la etapa distributiva del desarrollo del país, es en esencia la respuesta más adecuada y políticamente menos conflictiva no sólo de nuestro ya asfixiante y enfermizo macrocefalismo, cuya solución es de hecho un subproducto de tales políticas, sino que fundamentalmente la descentralización y el desarrollo regional representan la única salida al dramático problema nacional de falta de empleo y poder adquisitivo popular, el cual sólo habrá de remediarse, pacíficamente, mediante la verdadera y efectiva implantación de las políticas de distribución de ingreso y desarrollo regional que vengan a restaurar el equilibrio perdido entre la oferta y la demanda dentro de los objetivos de bienestar y justicia social.

Posdata

Al recibir la amable propuesta del Fondo de Cultura Económica de publicar una nueva edición de este libro, pensé que a pesar de su éxito editorial debería sustituirla una antología completamente nueva. Después de todo, esta obra fue gestada hace casi un decenio, durante el año de 1970 que en aquel entonces parecía haber cerrado una larga etapa de la vida del país conocida como el periodo del "desarrollo estabilizador", que sacrificó la democracia política y el bienestar social de amplias capas de la población en favor del crecimiento económico cuantitativo. Sin embargo, al releer el contenido de este volumen, desde la perspectiva que se tiene a fines de los setentas, advertí que es tan valedero como cuando fueron escritos los distintos ensayos que lo forman. Lo cual refleja que en la década actual los avances de México hacia una sociedad económica y socialmente más justa, han sido más aparentes que reales. Más aún, como respuesta a la crisis de 1976 —resultado en parte de condiciones económicas externas muy adversas y en parte de la desorganización interna ocurrida en los dos últimos años de la administración pasada— a falta de una alternativa que exceda el populismo verbal se está volviendo al modelo de "desarrollo estabilizador".

Dicha vuelta se apoya en gran medida en la disponibilidad de las riquezas petroleras recién descubiertas, cuya explotación permitirá —según algunos— no sólo sacar al país de la crisis económica actual sino también asegurarle tasas de crecimiento económico sostenido que per-

mitirán a su vez resolver los problemas sociales pendientes. Pero basarse en el supuesto erróneo de que el bienestar económico y social está en función solamente de la riqueza natural, es una visión simplista y muy peligrosa de la problemática nacional. Las experiencias históricas de varias partes del planeta han demostrado la falacia de este argumento. Mientras que muchos de los países pobres se destacan porque poseen grandes riquezas naturales, no faltan los países de altos niveles de desarrollo y bienestar que carecen de tales riquezas.

En otras palabras, si bien el petróleo puede ayudar considerablemente al país a salir de su subdesarrollo, no lo garantiza de manera automática. Al contrario, puede entorpecer la marcha de la sociedad mexicana hacia un futuro más decoroso, porque habrá fuerzas dentro y fuera del país que pretextarán la superabundancia del petróleo en el suelo nacional para posponer la implantación de las medidas de política en el orden económico, social y político que el país necesita con urgencia, independientemente de la magnitud de sus reservas petroleras.

Cualquiera que lea cuidadosamente esta obra se dará cuenta fácilmente que el país sigue enfrentando una serie de problemas muy graves, de los cuales sólo algunos son de naturaleza económica. La resolución de muchos otros no depende sólo de la disponibilidad de un modelo económico sino de una visión global del futuro del país. El segundo volumen de esta antología intentará presentar esta visión a la luz de los acontecimientos de la presente década.

Colegio de México, agosto de 1978

MIGUEL S. WIONCZEK

ÍNDICE DE NOMBRES

ÍNDICE ANALÍTICO

ÍNDICE GENERAL

Este libro se terminó de imprimir el día 15 de Enero de 1979 en los talleres de Lito Ediciones Olimpia, S. A. Sevilla 109, y se encuadernó en Encuadernación Progreso, S. A. Municipio Libre 188, México 13, D. F.
Se tiraron 3,000 ejemplares.

2708